国家出版基金项目
NATIONAL PUBLICATION FOUNDATION

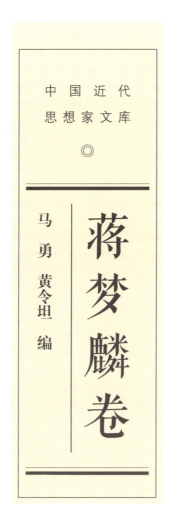

中国近代
思想家文库

◎

马　勇　黄令坦　编

蒋梦麟卷

中国人民大学出版社
·北京·

《中国近代思想家文库》编纂委员会名单

目 录

导　言

中国是一个文明古国，具有成熟的政治架构、思想文化基础，假如不是西方势力东来，中国极有可能在旧有的架构中长此终古。然而历史毕竟无法假设。"走出中世纪"的西方，很快搅动了世界，新发现、新技术迅速改变着世界的面貌，古老的中国文明不可避免地受到"西潮"的冲击，中国的面貌也在渐渐改变。

明代中晚期开始传进的西方文明，就其本质而言与中国文明有异。成熟的或者说早熟的中国文明，其本质就是农业文明。而西方传进来的近代文明，其本质就是工业的、商业的文明。因而近代中国的主题，就是怎样在农业文明的基础上，引进、嫁接、生长出一个工业的、商业的新文明，最好又能与中国固有的农业文明水乳交融、融为一体。

"西潮"冲击下的中国，经过了不少惨痛、失败、绝望，但必须承认，只要回望一下过去的两百年，中国依然取得了巨大进步，中国有了自己的工业文明、商业文明，更重要的是，中国在经历了无数磨难之后，也渐渐建设了自己的制度文明。

过渡时代学习经历

近代中国的进步是一代又一代人奋斗的结果，在这无数的先贤名单中，蒋梦麟的贡献很值得仔细研究。他的一生主要在两个领域工作，一个是长时期主持近代教育的重镇北京大学，是到目前为止任期最长的北大校长，也是南京国民政府教育部第一任部长，近代中国从传统的科举制度中解放出来，特别是建构起一套全面的现代教育架构、制度，蒋梦麟功不可没。

蒋梦麟一生工作的第二个领域是农业复兴。农业破产，是伴随着西方文明进入中国无法回避的遭遇。孙中山、罗振玉、黄炎培、梁漱溟，无数志士仁人都对中国农业复兴寄予无限期待，做出过无数努力，蒋梦麟也是这一长串名单中的佼佼者。他为中国的农业复兴贡献了自己的心智，后来台湾的复兴乃至"亚洲四小龙"的美誉，包含着蒋梦麟那一代人的贡献。

现代教育、农业复兴，是蒋梦麟毕生致力的两个领域，他之所以有机会、有能力在这两个领域做出贡献，也是渊源有自，与其出身、经历、学养密切相关。

将梦麟生于 1886 年，因为他父亲在他出生的时候梦见了一只熊，以为吉兆，故原名"梦熊"，字兆贤，后因参加学潮更名为梦麟，有时又写作梦邻、孟邻。

一方水土养一方人。蒋梦麟的性格、为人，与其生存的环境、乡土文明也有相当关联，值得注意。他的家乡浙江余姚，那里因五口通商最早受到"西潮"影响。蒋梦麟的祖父早在道咸时期就在上海开了一个钱庄，积累了一些家产。不幸的是，他在盛年时伤了一条腿，后来严重到必须截肢的程度。而更不幸的是，蒋梦麟的祖父竟在这次截肢手术过程中因血液中毒而辞世，留下年仅 12 岁的儿子，即蒋梦麟的父亲蒋怀清。

怀清公继承了他父亲留下的七千两银子，这在当时是一笔巨额遗产。只是怀清公年龄太小，无依无靠，只好将这些银子交给未来的岳父去打理。

蒋梦麟的母亲是一位很有教养的大家闺秀，且容貌美丽，能歌善吟，多才多艺。可惜，她在蒋梦麟很小的时候就去世了。

像传统中国社会一切有经济条件的家庭一样，蒋梦麟大约六岁的时候就被送到私塾读书，所读内容也都是传统士大夫早年必修的儒家经典，学习的基本方法就是死记硬背，学习的目标就是科举考试。期望通过科举考试获取功名，光宗耀祖，这是传统士大夫出人头地的必由之路。

经过几年私塾教育，蒋梦麟的知识已有一些积累，年龄也渐渐大了。大约 1897 年的时候，怀清公将他送到刚刚开办的绍兴中西学堂学习。

绍兴中西学堂的监督是蔡元培。蔡元培后来成为著名的教育家，也是影响蒋梦麟生命历程的重要人物。中西学堂课程设置像其名字一样中西合璧，既有中国传统经学、文学、史学，也有英文、数学等西方近代科学知识。这是晚清教育改革发生后的新气象，从而使蒋梦麟在接受传统文化熏陶外，也系统地接触了西方近代科学技术知识。

1899年秋天，蒋梦麟的家乡因水患而发生了可怕的匪患，几百年来宁静的乡村由此而变得骚动不安。怀清公为躲避匪患携全家前往上海，蒋梦麟被安置在一家天主教学校继续学习英文。在上海的这段时间，蒋梦麟直接感受到了西方近代文明，使他看到了中国传统社会与文化的内在缺陷。

蒋梦麟家乡的匪患，其实与中国北部的义和团运动有很重要的关联，是中国政治又到了一个多事之秋的象征。1900年春天，义和团运动因袁世凯就任山东巡抚强力镇压而向四方扩散，直隶首当其冲，长江流域及其以南也不宁静，包括上海在内的东南沿海一带相当不安定。这里是中国经济发展的中心，世界各国在那儿都有重要的经济利益，因此当清政府将向西方列强宣战的消息传出之后，不论中外，迅即陷入高度恐慌之中。为躲避战乱，怀清公连夜举家撤回故乡蒋村，不久又迁往余姚县城，蒋梦麟被安排在县城的一个中学里继续读书。

在余姚县城中学，蒋梦麟只待了一年左右，之后只身来到省会杭州。那时他大概已有出洋留学的想法，因而希望找一所比较好的教会学校继续学习英文。但蒋梦麟对杭州的情况实在不太了解，结果误打误撞进入了一所非常糟糕、落伍的教会学校。这所学校的校长是一位具有极端宗教狂热的传教士，他除了知道向学生强制灌输基督福音外，对西方文化如何传入中国，中国学生怎样才能掌握、理解西学，从来都不热心。

不久，在各地风起云涌的学潮感染下，这所学校的学生与学校当局发生激烈冲突，全体学生一致退学，自行筹办了一所学校，并请大名鼎鼎的章太炎命名为"改进学社"。这些学生的想法非常简单，他们渴望这所学校办得像牛津、剑桥一样出名。这当然是一种不切实际的幻想。不到半年，学生的自治试验就宣告失败，蒋梦麟趁着这个机会进入浙江省立高等学堂继续学习。

浙江省立高等学堂是一所新式学堂，也是当时浙江省最高学府。蒋梦麟在那里不仅学到许多闻所未闻的新知识，而且有机会接触到梁启超、孙中山等人各式各样的新思想。蒋梦麟的思想境界为之一变，并渐渐对一些问题形成了自己的看法，对自己的未来前途也有了不一样的考虑。他此时又觉得，出国留学并非首选，要想在中国出人头地，可能还得头悬梁、锥刺股，像历朝历代士大夫一样，参加科举考试，获取功名，然后踏入仕途，光宗耀祖。基于这样的判断，蒋梦麟在革命、改良如此高涨的气氛中，毅然坚定地复习科举考试的内容。

教育家养成史

1903 年，十八岁的蒋梦麟返回家乡参加考试，如愿以偿考中了秀才。秀才只是科举考试的最初门槛，要想达到光宗耀祖的进士、状元，还有很长的路要走。蒋梦麟在中了秀才之后很快返回浙江省立高等学堂，继续在那里接受学堂教育。

20 世纪初年的中国处在急剧变革的时期，各种可能随时都在发生。当蒋梦麟中秀才的时候，中国知识人上升道路已在发生变化，科举考试不再是青年知识人的唯一选择。那时，不仅朝廷鼓励年轻人出洋留学，学习东西洋的新知识，而且随着中国经济在那些年的发展，一批先富阶级也有力量将子女送往国外读书。正是在这样的历史背景下，原本期待中进士、点翰林的蒋梦麟在 1904 年上半年几经犹豫做出了一个新的选择，那一年暑假，他只身来到上海，参加南洋公学的入学考试，期望在南洋公学为自己打好一个西方文化的基础，以便将来留学美国。

南洋公学是盛宣怀创办的洋务学堂，专门培养洋务人才。南洋公学预科按照美国中学学制设置、管理，其教学、分数等，也与美国的一些大学对接。因此可以说，考上了南洋公学，也就等于敲开了美国一些大学的大门。

在南洋公学，蒋梦麟待了两年。这两年，主要是英语的训练，为进入美国大学做准备。随后，蒋梦麟于 1908 年暑假回到杭州，参加浙江省官费留美考试，结果遗憾地名落孙山。

落榜后的蒋梦麟并没有放弃留学的想法，毕竟他家在过去几十年有些积累。蒋梦麟向他父亲怀清公要了几千元钱，自费留学美国。当年 9 月，蒋梦麟抵达美国，但错过了当时入学的日子，只好请了一位学生帮助补习英语。第二年（1909）春，蒋梦麟获准进入加州大学农学院。

蒋梦麟之所以选择农学，是经过慎重考虑的。他认为，中国既然以农立国，那么当西方工业文明进入之后，中国更应该改进农业，让农业复兴，让乡土重建，让农民富裕。只有达到这个目标，中国的现代化才能得到落实，中国人才能真正获得温饱、尊严与幸福。另一方面，蒋梦麟的幼年毕竟是在乡村度过，耳濡目染，蒋梦麟对田野自然风光、适宜的乡村生活有着深情依恋，对农业技术改良有着浓厚兴趣。此外还有一个比较实在的考虑，那就是蒋梦麟自幼身体羸弱，他想如果能常年在田野中接触新鲜空气，对他并不健壮的身体一定有莫大好处。

在农学院一个学期，蒋梦麟一直兴致勃勃，也学到了不少新东西。半年后的一个偶然机会使他的人生道路发生了改变。一位朋友劝其改行，力主他学一门社会科学。这位朋友的第一个理由是，农学固然重要，但从中国的实际情况来看，目前最需要的似乎并不是农业科学，而是社会科学。除非中国能够参酌西方国家近代发展的经验以解决政治、社会问题，否则中国的农业在中国政治转型完成之前，不可能单独凭借技术进步获得发展。这位朋友的第二个理由是，如果不改修社会科学，那么眼光必然狭隘，只局限于实用科学的小圈子里，无法了解农业之外的重大问题。在这位朋友看来，中国农业式微并不是纯粹的技术问题，社会的、政治的因素远远大于技术的问题。

20 世纪初期，中国的留学生对外部世界有了自己的观察，他们普遍有了改造社会，甚至改造国民性的想法，因而那时的留学生不愿在自然科学、技术科学方面下功夫，从自然科学、技术科学转向人文社会科学的，确实不在少数，比如胡适、鲁迅、郭沫若等都有这样的经历。所以，朋友的建言不能不引起蒋梦麟的思考，并促使他下定决心，从1909 年秋季新学期开始改学教育学。这是蒋梦麟求学生涯的一个大转折，由此也让他后来具有从事教育、复兴农村的双重理由。

1912 年，蒋梦麟完成了在加州大学的学业，前往位于纽约的哥伦比亚大学继续深造，师从杜威教授，继续哲学及教育学的研究。杜威是当时美国最著名的教育理论家、哲学家，他对现代中国教育及哲学发展影响极大，其主要的因素就是他招收到了蒋梦麟以及胡适、陶行知等几位后来极负盛名的中国学生。当然，杜威教授本身的学术成就是第一位的，也是这几位中国学生拜师学艺的前提。

追随杜威教授，蒋梦麟在哥伦比亚大学研究院苦读了五年，像他毕生最紧密的同学、朋友胡适一样，蒋梦麟也没有在西方哲学、西方教育方面选择研究方向。经过几年努力，胡适选择以西方哲学重解中国古代哲学为学术发展的基本路径，而蒋梦麟则以西方哲学、教育学理论重新解释中国古代教育，以《中国教育原则之研究》为论题，于 1917 年 6

月比较顺利地完成了博士论文的一系列程序，并获得了博士学位。

蒋梦麟在美国读书的这几年，正是中国发生急剧变化的时代。本来是以大清帝国臣民的身份来到美国，可是现在大清王朝已成为历史陈迹。中华民国虽然经过袁世凯帝制复辟的挫折，但共和、民主的政治理念已成为中国人的唯一选择。在那几年中，蒋梦麟因机缘巧合认识了孙中山，在孙中山指导下，他曾连续三年边读书边参加革命党《大同日报》的编辑、撰稿工作，用实际行动支持故国的进步发展。

完成了在美国的学业后，蒋梦麟马不停蹄、风雨兼程地回国，在家乡停留了短暂的时光，就又如约赶往上海，接受黄炎培的聘任，在江苏教育会做事。江苏教育会是当时中国东南一个最有实力、最具影响力的机构，黄炎培自清末走来，为中国南部最重要的教育家之一，他在几年前访美的时候，得到过蒋梦麟的帮助，因而对蒋梦麟的能力、为人格外欣赏，所以提前约请蒋梦麟学成归国后到江苏教育会服务。

结识黄炎培，是蒋梦麟一生中一个重要的机缘。黄炎培与蔡元培是蒋梦麟生命中最重要的两个靠山。因为蔡元培，蒋梦麟后来成为北大最杰出的校长之一；此时因为黄炎培，蒋梦麟以江苏教育会的工作做兼差，同时进入商务印书馆，寻找了一个相对稳定且收入并不太菲薄的工作机会。

商务印书馆是中国最早的现代出版机构，成立于 1897 年，那时的主持人为极富学识的生意人张元济。经过近二十年的发展，商务印书馆已成为当时中国的一个文化重镇，在中国思想文化界具有极大的影响力，商务印书馆主办的《东方杂志》《小说月报》等最为畅销，引领了当时的思想潮流。

蒋梦麟因黄炎培的介绍进入商务印书馆，商务印书馆也有借他的留学经历、教育背景，尤其是其人脉资源开拓一些新的事业。在商务印书馆，蒋梦麟受张元济的委托制订过西方名著的翻译计划，尽管这个计划后来并没有由蒋梦麟执行下去，但在一定意义上说，蒋梦麟的计划是后来的商务印书馆持续编译西方人文社会科学名著的起点。

繁忙的编辑、组稿之余，蒋梦麟也给商务印书馆的《教育杂志》撰写新教育的文章，并在大上海各种公开场合发表演讲，传播西方近代教育的新思想与新办法，推动中国新教育的萌生与发展。

商务印书馆的编辑生涯不太合乎蒋梦麟的个性，同时因为江苏教育会的事务也牵扯了他许多的时间与精力，尤其是江苏教育会联合北京大学等单位有意创办一份《新教育》月刊，需要蒋梦麟全身心地投入，于是不到一年时间，蒋梦麟就离开了商务印书馆，全身心地投入到了主编《新教育》月刊之中。

《新教育》以"输入世界最近教育思潮、学术新知，传布国际大事"为宗旨；以"养成健全之个人，创造进化之社会"为目标。创刊仅六个月，就发行到一万份，由此可见其受欢迎的程度。

蒋梦麟为《新教育》投入了全部精力，《新教育》影响的扩大也为蒋梦麟带来一些意想不到的收获。在他主编《新教育》的第二年，就兼职担任北京大学哲学系教授，主讲教育学及教育史。

蒋梦麟兼职北大教授，当然是因为他在《新教育》杂志的影响，另外两个直接的原因也不容忽视，即他既是北大校长蔡元培在绍兴中西学堂的得意门生，又与当时北大明星教授胡适不仅同为杜威的学生，而且交情甚笃，政治理念、教育主张也相当一致。更重要的是，蒋梦麟因为蔡元培，因为五四运动的机缘，成为北大不可或缺的一员。

陈独秀的《新青年》的出版，标志着新文化运动的兴起。为了给新文化运动提供外来思想资源，那时许多新文化机构、学人，想方设法邀请世界知名学者来华访问并进行系列演讲，传播西方思想。正是在这种背景下，蒋梦麟的恩师杜威教授旋风一样地影响了中国。

杜威教授最初在日本一些大学讲学，1919 年 3 月，蒋梦麟、胡适等人得知这一消息后，遂与蔡元培、陶行知等人商量，邀请杜威来中国讲学。4 月 30 日，杜威抵达上海，蒋梦麟、胡适、陶行知等专程赶往码头恭迎，并陪同杜威在上海、杭州等地观光、演讲，联系并与孙中山等政、学、商各界著名人物见面、座谈。按照原来的计划，杜威在上海、杭州、南京逗留一个星期左右，再到北京进行学术访问。不料当他们正在南方陶醉于山水园林的时候，在北京爆发了震惊中外的五四运动。这场运动不仅改变了中国历史发展进程，而且改变了杜威的访华计划。至于蒋梦麟，更因五四运动而改变了他的人生轨迹。

"北大功狗"

五四运动发生之初，在上海的蒋梦麟虽然同情学生，支持蔡元培，但他并没有拿出很多的精力投身于这场运动，因为清末以来的学潮此伏彼起，让人无法在一件事上持久关注。直到 6 月，蒋梦麟在《新教育》

上发表了《改变人生的态度》一文，终于意识到了五四运动对于中国政治未来的意义。蒋梦麟这篇文章对五四运动极为推崇，以为是中国思想文化"解放的起点"，并不是单纯的民族主义抗争，这场运动终将"造成中国文运的复兴"。蒋梦麟的这个判断对后来的五四运动研究影响深远。

一场反帝爱国的学潮引发了政治上的大地震，持续两个月的学潮甚至开始向市民阶层、工人阶层中扩散。究其原因，除了政治活动家的活动、鼓吹，最重要的一个因素，就是洁身自好的蔡元培在五四运动发生不久愤而辞职，不告而别，造成了北京教育界的持续抗争。蔡元培能否复职，成为政府与学生运动主体之间能否妥协的一个标志，南、北学界想尽办法要让蔡元培尊严地、体面地重回北大。作为蔡元培的弟子，蒋梦麟义无反顾地加入了这个运动。6月16日，蒋梦麟出席全国学生联合会在上海举行的成立大会，支持学联要求政府敦请蔡元培回北大继续担任校长。

蔡元培5月9日辞职离开北大的时候，曾将校务委托给胡适等人。当北京乃至全国的学潮陷入僵持而无法收束的时候，要求蔡元培复职的呼声很高，以期以蔡元培复职换取学生重回校园复课。然而，有过决绝声明的蔡元培在面子上实在很难转圜，因为他明白政府中的许多人并不是发自内心地希望他回去，有意另觅听话的人。政府那些人的心迹也为北大方面所知悉，北大上下一致反对换掉蔡元培，另派新校长。处在夹缝中的胡适等人疲于应付，频频函电蔡元培，希望早日返校；并利用蒋梦麟与蔡元培特殊的师生关系，函请蒋梦麟务必劝驾。

对于胡适等人的请求，蒋梦麟自然照办。他专程前往杭州劝说蔡元培早日回北京复职，继续为北大掌舵。谁也没有想到的是，蒋梦麟劝蔡元培回北大，而蔡元培却接受汤尔和的建议，在蔡元培回北大之前，先派蒋梦麟作为蔡元培个人代表回北大主持一切。汤尔和的意思很明白，蔡元培先前称病辞职，闹得全世界都知道了，现在政府让他回去他就回去，势必丧失威望。他建议蔡元培将故事演下去，不妨找蒋梦麟先行北上，稳定北大，看看各方面的反应，再定行止。

蔡元培之所以选择蒋梦麟代理北大校长，除了汤尔和的推荐外，据说还有这样三点原因：第一，蒋梦麟是蔡元培的学生、同乡。第二，蒋梦麟与北大诸多新派教授有着非同寻常的友谊，并一起合作《新教育》月刊。而《新教育》的方针是蔡元培在南京临时政府任教育总长时提出来的。第三，国民党领袖孙中山对蒋梦麟非常欣赏，这也似乎是蔡元培将北大校务委托给蒋梦麟的原因之一。蒋梦麟毕竟是留学美国的教育学博士，对学生心理素有研究，其学问修养足以服人。学生心安、老师服气，其余一切便迎刃而解。

7月21日，蒋梦麟由汤尔和等人陪同抵达北京；23日上午，北大学生集会欢迎蒋梦麟代表蔡元培到校主持校务；25日，教育部批准蔡元培的请求，同意由蒋梦麟代理北大校长。因蔡元培辞职而引起的风波至此总算平息。

蒋梦麟代理北大校长后，面对校内不安纷扰和官僚政客旧势力干预，他努力团结校内各方力量，很快使北大恢复如常。9月12日，蔡元培北上复职后，蒋梦麟继续留在北大协助蔡元培进行体制改革。在课程设置、管理方面，蒋梦麟援美国大学成例，采用选科制，准许学生就性之所近，于规定范围内自由选择，促进学生个性充分发展。在学校内部组织系统方面，蒋梦麟经蔡元培同意，设立四大部：评议会，司立法，其委员由教授互选，校长任评议长；行政会议，司行政，其委员由校长推举，经评议会通过；教务会议，司学术，其委员亦由教授互选；总务处，司事务，总务长及总务委员由校长委任，操全校事务之权。总之，蒋梦麟将他在美国所学教育学理论都尽量参照实际情形予以运用，这些改革对北大后来的发展起到了积极的作用。

在蔡元培精心主持和蒋梦麟积极协助下，北京大学像一叶小舟在风雨中艰难行进。但到了1926年，情况有变。段祺瑞因"三一八"惨案"引退"，奉系军阀入主，北京的政治环境越来越险恶。4月，奉系首领张作霖捕杀了报人邵飘萍，蒋梦麟等一大批北大教授上了张作霖的黑名单。4月26日，蒋梦麟从友朋处获知这一消息，迅即在朋友的帮助下躲进六国饭店好几个月，然后再寻找机会逃离北京，脱离北大。他先在上海蛰居了半年，然后绕道赴杭州，参加革命事业去了。

国民革命军攻克杭州后，国民党中央政治会议浙江分会成立，蒋梦麟出任委员，并兼任省政府委员及教育厅厅长。1927年6月，新成立的南京国民政府决定对全国教育体制进行改组，设大学院，负责管理全国学术教育之行政事务。在各省区，废除教育厅，实行大学区制，以大学区校长总理区内一切学术、教育事项。

按照大学院部署，浙江设立第三中山大学，由蒋梦麟出任校长，负责主持浙江大学区。1928年初，反对大学区制的呼声越来越高。2月，第三中山大学改称国立浙江大学，仍由蒋梦麟任校长。10 月，蔡元培辞去大学院院长，中央政治会议决定由蒋梦麟继任，并同意将大学院改为教育部，于是蒋梦麟又成为南京国民政府教育部第一任部长。

在浙江大学区任职期内，蒋梦麟对于推动各级学校一律使用白话文教科书的贡献极大；对于浙江大学的组建等也做了不少工作。他在任教育部部长期间，主要贡献在于改进、理顺中国现代教育基本体制，明确了什么是大学，什么是中等专科，大学必须具备怎样的条件等基本问题，为中国现代教育此后很长时间持续发展奠定了坚实的基础。

1930 年 11 月，蒋梦麟因中央大学易长、劳动大学停办等事，与国民党元老吴稚晖等人发生冲突。吴稚晖大骂蒋梦麟不好好管理国家大事，整天过问谁是"野鸡大学"，谁可以招生，谁不可以招生等鸡毛蒜皮的小事，"无古大臣之风"。吴稚晖的批评让蒋梦麟深感不安，他在第二天便辞去了教育部部长的职务，以示负责。

蒋梦麟是"党国人才"，国民政府百废待兴，正是用人之际，当然不会让蒋梦麟无事可做。在他辞去教育部部长之后不久，国民政府任命他再作冯妇，重掌北大。1931 年初，蒋梦麟回到了阔别五年的北京，此时改名为北平；重回北大，回到了他那些老朋友之中。

此时的北大，经过先前几年奉系军阀的蹂躏，以及稍后国民政府大学区试验，已经不再是原来的北大，先是被奉系强制合并到"京师大学校"，后又被大学区实验合并至"中华大学"。北大师生为这两次合并进行了无数抗争，终因政治的力量太过强大而不得不屈从。政治上，北大已经屈节降格，经济上也没有获得好处。几年下来，北大经费枯竭已到了不可收拾的地步，内部管理混乱，教授们为了谋生，不得不在外面尽量多地兼课。人的精力终归有限，种了别人的田，荒了自家的地，北大教学质量在蒋梦麟重新接手时严重下降。可以说，蒋梦麟此次再掌北大，是北大历史上最困难的时刻之一。

经费的枯竭，使蒋梦麟此次接手北大很没有信心，教授兼课过多，影响了本职工作；教授之所以过多地兼课，是因为学校没有办法开出合理的薪水，让教授安心教学，有尊严地生活。而对学校来说，也是有苦难言，经费中的十之七八用于教职工的薪水，尽管不多，而学校设备、仪器、书刊的添置，就显得微不足道。严重的恶性循环让教授失望，也让大学越来越难办。因此，蒋梦麟在得知政府的任命后，并不乐意接受。

对于蒋梦麟的这种顾虑，他的一些朋友尤其是傅斯年、胡适等人心中相当清楚。傅斯年对于北大向来热心，于是找胡适商量，如何能筹到一笔款项来帮助蒋梦麟重整北大。经过他们二人与中华教育文化基金会董事顾临详谈，决定由中华教育文化基金会与北京大学每年各出二十万元作为合作特别款项，用于设立研究讲座、专任教授以及购置图书、仪器的费用。

中基会的援助计划使蒋梦麟信心大增，使他有可能放手进行整顿，在全国挑选教授与研究的相关人才。对于那些平庸的教授，蒋梦麟大胆辞退，他明白地告诉各学院院长说："辞退旧人，我去做；选聘新人，你们去做。"这才是大学校长应有的魄力、担当与情怀。

有了中基会的经费支持，蒋梦麟就能聘到最好的教授。经过一段时间的调整，北大教授队伍相当整齐，第一批聘请的研究教授有汪敬熙（心理学）、曾昭抡（化学）、冯祖荀（数学）、许骧（生物学）、丁文江（地质学）、李四光（地质学）、赵迺抟（经济学）、周作人（中国文学）、刘复（中国文学）、徐志摩（外国文学）、陈受颐（历史学）、汤用彤（哲学），稍后续聘梁实秋（外国文学）、叶公超（外国文学）、江泽涵（数学）、萨本栋（物理学）、饶毓泰（物理学）、朱物华（物理学）、张忠绂（政治学）、吴定良（统计学）、葛利普（地质学）、斯伯纳（数学）、奥斯谷（数学）等，皆一时之选。

在解决了北大的经费问题之后，蒋梦麟在胡适等人配合下，对北京大学的行政和教学制度做了很大变更，拟定了北大长期发展计划，明确"教授治学，学生求学，职员治事，校长治校"的基本方针，并以此方针改变了学校原来的一些制度，规定北大以研究高深学术、养成专门人才、陶融健全品格为职志。

在学校的组织系统方面，蒋梦麟改文、法、理三科为文、法、理三个学院，实行学院制，全校共设 14 个学系。文学院先由蒋梦麟兼任院长，后聘胡适担任；法学院和理学院分别由周炳琳、刘树杞担任院长。改文学院之英文、法文、德文、东方文四系为英文、法文、德文、日文四组，合称外国语文学系。

北大此次革新要点在于教师的挑选，蒋梦麟的基本想法是对教师只看学术上的贡献，以期将最理想的阵容摆在北大，从而使北大面貌焕然一新。1930 年以前，国内政治上并不稳定，教育经费积欠严重，教职员不能有尊严地生活，还谈什么研究、教学与创造。蒋梦麟接手后，一方面争取外界财力支持，提高教授待遇，让教授安心教学、研究，不必再为生计而在外校辛苦兼课。另一方面，蒋梦麟依靠制度稳定教授，规定北大教授以专任为原则，在他校兼课者，则薪金较专任者少；在他校兼课较多者，则改任讲师；规定新教授初聘订约一年，续聘订约两年，在聘约有效期内不得中途他去。

为了北大在内的国内外大学毕业生继续有条件地进行更为高深的研究，蒋梦麟改组北大研究院，分文科、理科、法科三个研究所，各所主任由文学、理学、法学院院长分别兼任。规定北大研究院为北京大学在内的国内外大学毕业生继续研究高深学问之场所，报考资格须国内外大学本科毕业者，如志愿研究并有专门著作，经审查合格者，虽未在国内外大学毕业也可报考，唯须经过规定之入学试验，合格者始得为研究生。入院考试的内容规定：一是所专习学科之基本知识，以至少能了解所治学科的基本知识及其沿革历史为及格，此项考试科目至少须在四种以上；二是外国语，以至少能用一种外国语读书、对译为及格。规定本校毕业生在校各学年成绩和外国语成绩平均在 75 分以上者，得免其入学考试。本校助教愿做研究生者，经本系系主任推荐，可免入学考试。研究生在读年限至少两年，至多五年，规定最初两年必须在院研究。

1932 年 10 月，研究院正式招收了 25 名研究生，指导教授及研究课题有马裕藻的古声韵学，马衡的金石学，叶瀚的雕刻瓷器之研究，沈兼士的文字学，刘复的语音学、方言研究，朱希祖的明清史，陈垣的中国基督教史、元史、元典章之语体文及元代社会风俗研究，徐炳昶的中国古代哲学，钢和泰的宗教史、宗教美术，黄节的汉魏六朝诗，周作人的中国歌谣，钱玄同的音韵沿革、《说文》研究，沈尹默的唐诗研究，许之衡的词典研究等。这些教授均为当时中国第一流的学者，这个阵容不仅为北大的中兴做出了巨大贡献，而且为中国的学术事业做出了划时代的贡献；不仅是北大百年历史上少有的阵容，也是中国当时最为整齐，个体及整体实力都最强的阵容。

当年蔡元培的工作重点是加强文科教育和研究，而蒋梦麟此时的重点则是加强理科的建设，他于 1931 年聘请李四光出任北大地质系主任。在李四光的主持下，地质系的教学设备有了较大的改进，先后建立了矿物学实验室、古生物学实验室、矿物岩石光学实验室、岩石分析室、薄片制造室、天平室、绘图室、测量仪器储藏室，修建了地质学馆，开辟了地质陈列室和研究室，还设立了地质学教室、古生物学教室、选矿实习室等等。其他理科各系的发展也大体相同。据统计，到 1935 年，北大全校共有实验仪器 6716 件，标本 15788 种，药品及实习用具 3100 多件。这些虽说是大学教育所必需的设备，但在当时的历史条件下，北大能有这些设备确乎不愧为"全国各校之冠"的美名。

在图书资料建设方面，蒋梦麟力所能及地加大投入，将图书部改称图书馆，另设图书委员会，研究决定有关图书馆的一些重大问题。为了扩大图书阅览设施，于 1934 年在嵩公府西院空地建筑新馆，有容纳 500 个座位的阅览室和供教授使用的 24 间研究室。书库有防火防潮的设备。图书馆藏书逐年有所增加，至 1935 年，北大图书馆共收藏中文图书 170415 册，日文书籍 12275 册，西文书籍 67603 册，中外文杂志 400 余种，中西文报纸 30 余种，并保存有一定数量的孤本、珍本和善本。翌年还购进马隅卿收藏的小说、戏剧书籍 5389 册，其中多为罕见秘本。除学校图书馆外，北大文科研究所藏清朝内阁档案、汉简、拓片等为数尤多。

按照胡适的观察，蒋梦麟是很想把这个新的北大图书馆完全放在一种新的组织和新的效率上。简单地说，就是要"美国化"。因为他们深信，图书馆特别是大学图书馆，无论如何，美国的都是世界第一，这也是美国持续创新、不断强大的一个重要原因。

在蒋梦麟的主持下，北京大学在这一时期取得相当突出的科研成果。尤其是研究教授的规定大幅度地提高了研究教授的待遇，使他们不必为生存状况而操心，从而将主要精力用在科学研究上，有效推动了科学研究水平的提高。理科教授如李四光、丁文江的地质学研究，饶毓泰的物理学研究，王守竟的光学研究，曾昭抡的化学研究，汪敬熙的生物学研究，冯祖荀、江泽涵的数学研究等，都在国际或国内学术界处在领先地位。在人文科学方面，语音学方面设有语音乐律实验室，先是由刘复主持，1934 年刘复去世后，改由罗常培负责，实验室有各种实验语音乐律的仪器 55 种，主要工作是计划调查全国方音，制成各声调曲线及图表。对中国古音韵和方言也进行了一些调查和整理的工作，如刘复编辑的《中国俗曲总目稿》《十韵汇编》，发表了《敦煌掇琐中辑》《中国文法讲话》《西汉时代的日晷》《莽权价值之重新考订》等；罗常培著有《厦门音系》《唐五代西北方音》《中国音韵沿革》《国语字母演变史》《切韵探迹》《中原音韵声类考》《中国方音研究小史》等；魏建功的《古音系研究》《方言研究》等。1936 年 5 月，由胡适、罗常培、顾颉刚、周作人等发起组织歌谣研究会，得到吴世昌、朱光潜、沈从文、徐芳等人的积极赞助，先后编辑出版了《北大歌谣周刊》和《新国风丛书》等。在历史学方面，由孟森主持的明清史料整理室，购入清内阁大库所藏有关明清史的档案60余万件，自1933年起，开始对这些史料进行整理、研究和出版工作。先后由马衡、胡适主持的考古室，藏有各种古器物5000余种，收购和交换的文献资料多达二万余件。考古室还和各学术团体联合组成西北考察团，在新疆一带发掘出汉简一万多件，后经陈受颐、蒙文通、傅斯年、孟森等人的整理，对中国古代史的研究起到相当大的推进作用。考古室的工作重点是整理所收藏的全部金石拓片，并编辑本所收藏的金石文字目录。从事这项工作的有郑天挺、姚士鳌、罗尔纲等人。陈受颐进行了总题为"明末清初中西文化接触"的研究，钱穆也先后出版了《先秦诸子系年》《近三百年中国学术史讲义》《秦汉三国史》等著作。在哲学史方面，有汤用彤关于魏晋南北朝时期佛教史的研究，张颐关于黑格尔哲学思想的研究等。在美学方面，有朱光潜的《谈美》《致青年的十二封信》《西方文艺批评史》等著述。在政治、经济、法律方面，比较有代表性和学术价值的著作有许德珩的《社会学概论》《社会学方法论》《家庭进化论》《唯物史观社会学》，张忠绂的《中国国际关系史》《近代远东外交史》《欧洲外交史》，赵迺抟的《英国制度经济学》《重农学派与重商主义之比较》等。

北大具有悠久的出版传统。从1930年起，又陆续恢复出版了各种刊物。由学校主办的除了《北京大学日刊》外，还有《国学季刊》《社会科学季刊》《自然科学季刊》等。这些刊物基本上都能按时出版，刊载各教授专题研究论文，其他专刊如孟森的《清初三大疑案考实》《明元清系通纪》，张忠绂的《中华民国外交史》，陶希圣的《唐代经济史》，以及《顺治元年内外官署奏疏》《嘉庆三年太上皇帝起居注》《清九朝京省报销册目录》等均先后出版。

傅斯年不幸去世后，蒋梦麟写有一篇《忆孟真》的悼念文章，深情回忆傅斯年对北大发展的贡献，提及傅斯年在北大五十二周年纪念日的演说。傅斯年在那个演说中比较了北大几位校长的贡献、性格，以为蒋梦麟校长的学问不如蔡元培校长，但办事却比蔡校长高明；他自己（傅斯年）的学问比不上胡适之校长，但办事也比胡校长高明。傅斯年说，蔡元培、胡适之两位校长的办事风格，真不敢恭维。傅斯年演讲结束时，蒋梦麟笑着说：孟真（傅斯年）说得对极了。所以，蔡校长、胡校长是北大的功臣，我们两个人不过是北大的"功狗"。

奇迹是这样发生的

1931年9月17日，经过整顿的新北大开学，蒋梦麟在主持开学典礼的时候宣布各科特聘教授名单，北大师生对此感到格外兴奋，北大的希望就在明天。

然而，正是明天，1931年9月18日，震惊中外的九一八事变却不期然发生了。蒋梦麟和北大师生仅仅高兴了两天，他们就知道空前的国难已降临到了他们头上，经过八个月辛苦筹备的新北大可能要因民族危机加深而被摧毁。

面对空前危机、险恶环境，蒋梦麟和北大师生意识到，民族危机很容易让中国错过从容建设一个新国家的机会，但他们在这个时候必须与这种可能反向运动，一定要在险恶的环境中从容建设。民族危机没有吓倒北大师生，反而激起了他们一种莫名的兴奋，那就是打定主意，不顾一切，努力把北大办好，努力为北大持久稳定的发展打好一个坚实可靠的基础。所以北大在1931年之后六年国难中，工作最勤，从未间断。甚至一向对现实政治极为敏感的北大学生，在这时也极少举行游行示威抗议活动。一来因为国民政府迁都南京之后，政治活动的重心实际上也跟着转移了；二来是因为北大在蒋梦麟等一批知识精英引领下，深知学术救国、教育救国，才是最为根本的举措。

从1930年到1937年的七年时间里，蒋梦麟一直把握着北大之舟的航向，竭智尽能，总希望把这学问之舟平稳渡过民族危机的惊涛骇浪。在胡适、丁文江、傅斯年等人帮助下，北大才得以平稳前进，其间仅偶尔调整一下风帆而已。

为了争取时间，蒋梦麟领导北大小心翼翼在浅水中缓进，不敢闯进激流。师生的口号是"在北平一天，当作二十年来做"。当然，他们的谨慎并不是怯懦。每当日本"第五纵队"伪装的学者来到这"文化中心"（实际上他们是把北大看成是反日运动的中心）"拜访"时，蒋梦麟总是毫无保留地表示自己的态度和立场。有一次，一位日本学者对北大教授大谈中日文化关系，话语刚落，蒋梦麟就明确告诉他，除了日本的军事野心外，我们可看不出中日之间有什么文化关系存在。只有在日本政府肯放弃武力侵略的野心的前提下，中日两国才能携手合作。

在蒋梦麟谨慎主持下，北大教学、研究的水平提高了，教授们有充裕时间从事研究，并竭诚督导学生集中精力追求学问，一度曾是革命活动、学生运动旋涡的北大，已逐渐转变为学术研究的中心。七年中只有一次值得记录的示威运动，即当日本迅速向长城推进时，北大学生积极参加了救国运动。

卢沟桥事变后，蒋梦麟前往庐山参加蒋介石的谈话会。谈话会结束，蒋梦麟本希望尽快返回北平，但北上的火车已全部停顿，不得已只好滞留南方。

战争全面爆发后，中国教育机关受到严重破坏。平津沦陷后，华北、华东诸多大学老师、学生知道在日军刺刀下绝无精神自由、学术自由，纷纷内迁西北、西南。为了最大限度地减少战争带给中国的更大的损失，为了战后中国的恢复、发展，国民政府并没有急切地号召从军，更没有放弃战时的大学要像平常一样办的方针。国民政府教育部及时发布调整方案，宣布在西安、长沙创办两所临时联合大学，接纳收容从华北、华东等沿海地区内迁的教育机关。

设在长沙的临时联合大学由北京大学、清华大学和南开大学三校组成，蒋梦麟与清华大学校长梅贻琦、南开大学校长张伯苓为筹委会常务委员，杨振声为秘书主任，负责办理校址勘定、科系设置、师资招聘、学生接收，以及教学设备、实验仪器购置、管理等工作。

平时主持一个大学就相当难，在战时主持联合大学更难，尤其是要将个性不同、历史各异的三个著名大学糅合到一起，重建学术共同体，其难度可想而知。三所著名高校的教授均非等闲之辈，他们的思想不同，见解各异，在许多寻常问题上很难达成共识，怎样让这样的学术共同体正常运转，确实考验着临时联合大学常委的智慧。

初到长沙的蒋梦麟一面为战局担忧，一面为留在战区，特别是沦陷区的亲友担心，他的身体本来就不算强壮，遇到这样的特殊时期，就感到有点支撑不住。"头痛"不过是一个比较形象的说法，特别是胃病使蒋梦麟精神、体力都受到很大影响。胃病发作时，他仍旧打起精神与梅贻琦共同负责，但最终是靠三校许多同仁共同努力、同舟共济，方才让临时联合大学这叶小舟渡过惊涛骇浪，平安靠岸。

临时联合大学在长沙成立后，很快就聚集了两百名教授和一千多名学生。那些从沦陷区来的学生，其父母、家庭的接济因战争而被迫中断。有些学生甚至与战区、沦陷区的家庭完全失去联系，有些在沦陷区的家长虽然明知子女在内地读书，但遇敌伪人员盘查，宁愿谎称孩子死亡，以免招致无谓的麻烦，因而也没有办法正当接济在内地读书的孩子。迁往内地的这些大学，不论是清华、北大，还是南开，也不论其背景是公立、私立，还是外国，战争使得这些大学的经费几乎完全依赖政府拨款，因而其困难不言而喻。经校务委员会决议，教职员的薪水一律按七折支给。

南京沦陷后，日军溯江而上占领了南昌，长沙随之成为日军飞机的轰炸目标之一。而且从办学条件看，长沙也不是理想之处，于是蒋梦麟飞到武汉，集思广益，经蒋介石同意，国立长沙临时联合大学迁往昆明，改称"国立西南联合大学"，简称"西南联大"，或"联大"。

1938 年 5 月 4 日为五四运动纪念日，西南联大在昆明开学。此时，联大共有四个学院，学生总数在 1300 人左右。翌年春，联大新校舍落成，办学规模再度扩大，学生人数已达 3000 人。至抗战结束，联大共有 500 位左右的教授、助教和职员以及 3000 名学生。

以学校历史、校长资历论，蒋梦麟应居于联大的领导中心地位，但他为了三校团结，坚决主张不设校长，实行常务委员制，由三校校长蒋梦麟、梅贻琦、张伯苓及秘书主任杨振声组成，共同主持校务。大政方针实行合议制，推梅贻琦为主席，实际主持学校一切日常行政事务。原定三校校长轮流担任常委会主席，实际常驻昆明掌理校务的仅梅贻琦一人，并一直担任常委会主席。他们三人之间的友谊、团结是联大在困难时期坚持下来的坚实后盾。南开大学校长张伯苓对蒋梦麟说："我的表你带着"。这是天津俗语"你作我的代表"的意思。蒋梦麟对梅贻琦校长说，"联大事务还要月涵先生（梅贻琦）多负责"，因三位校长中以梅贻琦年纪较轻。蒋梦麟常说，在联大我不管也就是管。这是实话，由此才奠定了三校八年合作的基础。

联大的困难首先体现在教师的生活上。从 1937 年起，教师的薪金改为七成发给，加上各种名目的捐款，所得无多。从 1940 年起开始发全薪，但由于货币贬值，物价暴涨，那点薪金很难养家糊口。当时有人就说，现在什么都值钱，就是钱不值钱。教师所得到的，就是这种越来越不值钱的钱。即使一个月的工资加到几百万，最多也只能支撑半个月。教师们大多是靠兼职，以为补贴。大多数人也靠卖文，向报刊投稿，得一点稿费。能作古文的人，向当地富贵人家作"谀墓"之文，这样的交易最好，因为可得实物报酬。

费正清是当时美国驻华大使馆官员，他与蒋梦麟也有很多接触。根据费正清记述，蒋梦麟的经济状况非常糟糕，蒋梦麟与梅贻琦为昆明知识界头面人物，并以苦行僧形象闻名，蒋梦麟的经济状况似乎已到了山穷水尽的地步，就连衣物、书籍都当卖殆尽。

西南联大所面临的困难是严重的，但在极为艰苦的环境下，西南联大的教授们不仅克服了文人相轻的恶习，而且在科学研究、人才培养方面都有至今仍值得称颂的价值。在人才培养方面，西南联大的成绩斐然。许多后来在学术界有极大名声、极大成就的学者，都出身于联大。像诺贝尔奖获得者杨振宁、李政道，当时都是西南联大学生。如联大教授吴大猷自述，他当年在泥土墙地的简陋实验室，以三菱柱放置木架上作分光仪，依然继续进行研究。但在他担任讲授的"古典力学"的课程时，仍于学期结束时拟出十余个不同题目让学生自行选择进行研究，如杨振宁选了《以群论讨论多元分子之振动》。1957年冬，杨振宁、李政道获诺贝尔奖，不约而同致函吴大猷，说明他们多年以来的研究工作均可追溯于此一论文题目。

致力于农村复兴

蒋梦麟为北大、西南联大发展做出过重要贡献，但由于人事格局及其他方面原因，他在联大工作基本上手后，便将联大事务差不多都交梅贻琦管理，而他自己除了复习英文，著作自传体《西潮》外，便是接待一些无关紧要的政界、西方来华人士，或前往重庆参加一些会议。

但这并不意味着蒋梦麟对联大事务不想问，不愿问，或不能问。他之所以在联大日常工作步入正轨后放手不问，主要还是为了让梅贻琦全权处理校内事务，不想让三校在合作过程中发生冲突。对于三校的未来，蒋梦麟看得很清楚，他知道在抗战胜利后一定还会分开，各办各的，但在抗战特殊时期，三校既然有缘合作了，就应该好好合作到底。至于北大，蒋梦麟从来没有失去信心，他在每周年纪念会上常说："现在北大有如佛前微光，抗战过后必会发扬光大"，强调战后国家大事，即以文化教育而论，头绪纷繁，吾辈均须努力以赴之，以求成绩于百年之后。蒋梦麟在为北大的复兴暗暗使劲，暗暗准备。如果不发生重大意外，北大在蒋梦麟领导下，必将有一个更加辉煌的未来。

然而，伴随着抗战的胜利，蒋梦麟却随宋子文组阁担负起了行政院秘书长。在其初任行政院秘书长的时候，蒋梦麟似乎并未想到辞去北大校长、西南联大常委等职务，在他看来，他可以随着宋子文上台而从政，也必将随着宋子文下台而回到学校。他忘了大学校长不得兼任政府官员这一限定是他自己在任教育部部长时制定的，于是在并不太愉快的情形下，蒋梦麟不得不离开他服务了二十多年的北大，离开他一手创建的西南联大。

蒋梦麟离开北大、西南联大的原因相当复杂。其中一个最重要的原因是，蒋梦麟在联大期间确实是为了整体团结而很少过问北大事务，致使北大一些教授觉得在联大中有点儿不受重视。由于蒋梦麟很少与教授面谈，当然与学生更无交流。蒋梦麟绝对不去看望教授，教授也只有极少数人去看望他。北大只有一个校务会议，起初并没有选举代表，被教授逼迫多时，才选出代表，但不肯开会。好像每年有两次会议，就算稀有的事。开会时总设法阻止多谈。蒋梦麟从重庆等地回来，有时有个茶会，或校庆时有茶会，但在这种会中，不过是一些礼仪性活动，很少触及实际问题。

另外一个原因是，蒋梦麟的妻子陶曾谷与北大多位教授关系并不融洽。据傅斯年的看法，蒋梦麟这几年与北大教授感情不算融洽，总是陶曾谷的"贡献"，大家以为"北大没有希望"。傅斯年为此事与蒋梦麟谈过好多次。而蒋梦麟总是说，在联大局面之下无办法，一切待将来。傅斯年苦口婆心劝过多次，最终只惹得陶曾谷不高兴而已。

第三个原因是，陶曾谷似乎希望蒋梦麟到行政院当官，而蒋梦麟本人也有传统士大夫"学而优则仕"的情怀，特别是他当了国民党中央委员后，更自觉地介入现实政治。

鉴于以上种种原因，蒋梦麟在北大，在联大，已可有可无，无所事事。他这样离开北大对他个人来说，或许正是一种不错的选择。1946年8月27日下午，蒋梦麟正式辞去北大校长，北大同仁为其举行了一场欢送会。席间，胡适劝蒋梦麟早日脱离行政院，仍回北大当校长。蒋梦麟对这个建议不置可否，不过他内心深处已经有了新的主意。

1947年3月，行政院改组，宋子文辞职。蒋梦麟随之辞去所担任行政院秘书长，转任国民政府委员。

经过十四年抗战，中国农村一片萧条。日本侵略所造成的破坏且不说，即使在国统区大片地区，由于战争需要，政府强行征兵征粮，人力和物力消耗殆尽。中国农村有待复兴，否则国家经济将出现严重问题。

在这种背景下，中美两国政府为了将中国萧条的农村用近代科学方法重新组织起来，于1948年8月5日在南京换文，成立"中国农村复兴联合委员会"（简称"农复会"）。

8月12日，国民政府行政院例会通过以蒋梦麟、晏阳初、沈宗瀚为农复会中方委员；两位美方委员为穆懿尔（R. T. Moyer）、贝克（J. E. Baker）。五人互选结果，推蒋梦麟为主任委员，晏阳初任执行长。

农复会是一个会议组织，所有决定都经过全体委员反复商讨。其工作情形，正如亲历其事的李崇道所说："五人委员会是最高决策单位，不是首长制，采取委员合议制，事情的决定由大家商议，但没有少数服从多数的投票表决。美方人员也很有雅量，五人中只有二位美国委员。后来委员人数改为三人，则美国委员只占一人。换言之，举手投票若以政治立场来讲，美方一定输。委员会实行辩论方式，要把理由说服到每个人都同意为止，这都是非常独特的制度。……委员会也从不下条子提案，所以没有提案权，但有否决权。各组所提计划，不符合政策则否定之，但没有强制指示要如何做，应如何做。首长只有否决权，因此不可能束缚各组的专家们，这是很大的特点。再从另一角度看，农复会很像学术机构（学院、学府），其实力在于各组的专家，等于一所大学的真正力量在于系，系的力量在于教授。这点也是因为蒋梦麟先生、沈宗瀚先生都是大学教授出身，领导大学院校与研究机构这么久才有这种气魄。除非各组专家提出计划，委员会毫无办法。每个计划各组也要拿出自己的道理来辩论。委员会所订政策是很切实的，如蒋梦麟先生常说的：一个计划提出来必定要符合农民需要，并且必须从基层扎根而往上。"

曾任农复会秘书长的蒋彦士说："蒋梦麟先生领导农复会时，琐事完全不管，公事也不看，公事由我批。我与主任委员说：你们五位构成一个整体，都是我的老板，假如五个人都是我的老板，究竟哪一个是我的上司？我跟他们都讲明，我这个人是很坦率的，我觉得农复会这个机构很好，五个委员都是我的上司，有事情他们决定了，由我执行，大的事情我决不会依个人意见去做，一定要五个人同意我做，我始终保持这个原则，这一点他们非常欣赏。我以这个方式使他们五个凝聚在一起。因为这个五人委员会不同于一般委员会的委员，平时不来，开会才来，他们五个人一天到晚在一块儿，从早到晚都在这里办公。我有报告之类就给大家都发一份，公事如何裁决也是五个人在一起开委员会我向他们报告，我一个人去执行。因为五位委员都是专职委员，必须使他们凝聚在一起，这是很要紧的。在五个委员之间，如何使他们彼此欣赏，来为公众目标做事，这是我的责任。五个委员彼此相处良好，有意见会在会议中讨论。"

农复会成立后，先后在湖南、广西、广东、云南和四川等地设立五个办事处。蒋梦麟、沈宗瀚等分头前往考察，以期推动农村进步。但是由于此时内战已明显吃紧，蒋梦麟虽经蒋介石同意在无锡等地试验，但实际上并没有多少进展。后来农复会的事业渐入佳境，还是到了台湾之后。

1948年12月3日，农复会在南京召开在大陆最后一次会议。第二天便随着政治中心迁往广州。翌年（1949）2月，蒋梦麟率穆懿尔、沈宗瀚到台北商谈工作，并与省政府主席陈诚、财政厅厅长严家淦等人洽商，筹设农复会台北办事处。8月，国民党基本上丢掉了大陆，农复会自广州迁往台北办公，开始在台湾的试验。

农复会迁往台湾第一年，并没有真正开展工作。起初，他们受制于美国对华政策调整，编制预算从一年改为六个月，美国政府密切关注中国政治局势，随时准备停止先前已经达成的合作项目，农复会成员人心惶惶，不知何时终止。1950年2月10日，农复会主要成员在台北蒋梦麟家里举行一个极具关键性的会议，讨论农复会的前途。蒋梦麟首先介绍台湾局势，接着商讨两大问题：

第一，万一台湾局势危机加剧，农复会同仁如何从台湾撤退；

第二，尽量裁减农复会职员，以减少撤退时的困难。

美方代表穆懿尔强调他们只能负责美国职员撤退，而无法帮助中方成员，由此，美方提出农复会的一个改组计划，最大限度地裁员。会议决定正式通知全体职员：

第一，农复会正设法使同仁于危机时撤离台湾；

第二，同仁如欲在2月15日改组前自愿辞职离开台湾，农复会可以同意。

在这样日趋紧张的情势下，农复会还能存在多久，确实让同仁心存不安。

天无绝人之路。没想到朝鲜战争突然爆发为台湾赢得了未来，也让随时准备关门大吉的农复会转危为安。农复会不仅因为这场战争存在了下来，而且在后来的台湾现代化运动中发挥了不可替代的促进作用。

作为农复会的主委，蒋梦麟年轻时代专攻过农业经济、农业技术，又因为生长在农村，对农业、农村、农民，有着很不一样的直接体验。他在接手农复会不久，就与台湾省长陈诚交换过意见，而陈诚早在大陆主政湖北省时就进行过乡村建设的若干尝试，因而他们两人对台湾农业复兴不仅兴趣盎然，而且极易取得共识。蒋梦麟向陈诚介绍道：

> 农复会的工作方针是两方面的，好像一把两面快的剑，一面用之于社会，以推行公平的分配；一面则运用近代的科学方法来增产。因为我们相信，只讲生产而不讲公平的分配，那么增加生产以后，会使富者愈富，贫者愈贫，结果必会造成社会的纠纷，不但于事无补，恐怕对整个社会而论，反而有害。如果只讲公平分配而不讲生产呢？结果等于分贫或均贫，而不是均富。我们的目的是要均富，均富并不是说平均分配，而是公平分配，使大家得到合乎公道的一份，不是使人人得到大小一样、轻重相等的一份。我们一方面讲公道，一方面讲生产，这就是我们的两边锋利的一把宝剑。
>
> 公平分配最要紧的是土地改革，那便是耕者有其田。要讲生产，就必须用近代的科学方法，否则生产量不会增加的。

对于蒋梦麟的主张，陈诚完全赞成，诚挚欢迎农复会以台湾为基地进行试验，大力推动土地改革，推动减租，推动科学种田，推动台湾农业复兴。

陈诚对农复会的支持坚定不移，他在国民党立足未稳时，就设法延续在大陆的做法，推广"三七五减租"。所谓"三七五减租"，据参与其事的蒋彦士解释："全国各地的租金，我们以百分之五十为平均数，有些地方地租高达百分之九十，如四川。台湾省平均大概是百分之五十。换言之，农民生产的稻谷百分之五十要交租，不得超过百分之五十，甘蔗地也是百分之五十。以平均百分之五十来二五减租（打二五折扣），即三七点五。在贵州我们做'二五减租'，二五减租的减法是：如你是地主，他是佃农，而你向他租的地租是百分之七十、百分之六十，打二五折扣（减掉百分之二十五），一定超过三七点五，假如地租是百分之五十，二五减租刚好是三七点五。台湾即假定地租平均都是百分之五十。"

1950年代初期的台湾农业和大陆情况差不多，农民耕种地主的土地，租金至少是收获量的一半。这是很不合理的租佃制度。因此台湾土地改革的第一步，是将农民向地主租用的耕地，租期提高到至少六年；

租金减少到收获量的百分之三十七点五。这不但对农民生产有激励作用，而且会使农民的收入有实际的提高。

台湾土地改革的第二步，是将土地重新分配。此"土地"是指农民向土地所有者租用的土地，农民是佃农。此步骤也分成两个部分：一是将日本撤退时留下来的公有土地、公营事业经营的土地、公事机关所有"公地"，统统收回成为政府公有土地；二是实行耕地私有，由政府征收地主的土地卖给农民。这两部分耕地加起来将近五十万公顷，约占台湾总耕地百分之五十。

政府在这五十万公顷的公私有土地上实施孙中山土地改革的最高理想，即耕者有其田。这工作又可分为两个方面来进行：一是"公地放领"，把公有出租的耕地卖给实际耕作的农民。一是"耕者有其田"，把私有出租耕地卖给耕作的农民。这两项措施都是为了"耕者有其田"。这个计划与"三七五减租"是蒋介石在台湾实施土地改革最重要、最成功的计划。也正是在这个计划中，农复会扮演了一个极为重要的角色，其功能、意义可以从以下三个方面论说：

第一，农复会在政策实施方面发挥鼓励、配合作用。土地改革政策，国民政府早已制定，其主要内容便是孙中山一直强调的"平均地权""耕者有其田"，但由于种种原因，这个政策基本无暇实行，更不用说成功了。在这诸多原因中，一个重要原因是缺少外力鼓励。直到中美两国依"援华法案"成立农复会，土地改革才有了实现的基础。蒋梦麟郑重建议，蒋介石也郑重承诺：只要农复会能帮助中国实施土地改革，则政府愿全力以赴。

第二，经费补助。由于农复会掌管美国对华援助大量资金，因此在土地改革后，有力量、有能力对改革进行经费补贴。这一点非常重要。

第三，农复会利用优势为土地改革提供技术设计。土地改革的对象是地主、佃农，要成功改革必须把握台湾每一块耕地，以及每一户地主、佃农。在办理"三七五减租"时，要办理租约登记，把佃农与地主的关系弄清楚。在"耕者有其田"方面，要把握出租的土地，把每一块出租耕地查明。在私有耕地部分，办理三七五减租时，将近四十万公顷耕地，包括二十六万公顷出租地，共八十二万笔，均需一一查明。"耕者有其田"实施后，二十万佃农获得土地成为自耕农。同时，放领出租已久之耕地三十万公顷。公有耕地放领至1958年止，约有十四万农户获得了土地成为自耕农。这些烦琐的事务，如果没有农复会的规划、指导，很难完成。

台湾土地改革的成功，具有复杂的内外条件。但如果从农复会工作情况看，则有两点是值得肯定的。一是蒋梦麟领导的农复会，由于服务殷勤，取得了农民的信仰，对推行减租政策产生了很大的助力；二是关于土地改革许多基础性工作，如像编制地籍卡片，以及各项统计工作等，大半由于农复会的协助而获顺利推展。

农复会在台湾发展中起过重要作用，就蒋梦麟个人来说，则是其对近百年中国社会变迁及知识人责任的清醒认识、自觉行为。1959 年 5 月，蒋梦麟在北大同学会指出，五四时代倡导的科学、民主口号之所以近半个世纪无成效，一个主要原因就是谈科学与民主的人主要限于学校，而未走出城市，不能深入广大农村。蒋梦麟说，他在台湾十一年，经常到农村去，每一个穷乡僻壤都到过，这才出了象牙之塔。

对于台湾农业发展方向，蒋梦麟提出了几个值得注意的计划：（1）进行土地改革；（2）兴建石门水库；（3）开展防鼠工作；（4）牲畜病害防治计划；（5）作物品种改良；（6）森林资源的航空测量与调查；（7）渔业发展计划。

对于台湾农业发展应持精神，蒋梦麟建议：（1）农民的自助精神。由于人民先有地方性的发轫力及期望寻求改进的愿望，故政府再从事计划及协助推动。（2）农民自愿及自动地参加农业建设计划的执行和实施。（3）政府与人民间的相互了解与沟通。人民可透过各种组织向政府提建议，政府亦随时将政策向农民说明。（4）所有建设计划均希望能逐渐由地方机构负责主持推动，使其可永久地在农村中生根。

农复会在台湾的成功是国民党退到台湾后的意外收获，就蒋梦麟来说，则是他对蒋介石"光复大陆"的失望。蒋梦麟不相信蒋介石有力量"反攻大陆"，而相信两岸分治将持续一个相当长的时期，因此残存的国民政府只有在台湾发奋努力，才是应该走的道。据顾维钧回忆，1955 年 9 月，蒋梦麟在美国曾详细表达这一理性看法。蒋梦麟强调，他是一个现实主义者，不相信在他有生之年能看到"光复大陆"。他认为，世界人民需要和平、害怕战争，特别是美国人。如果没有美国人的帮助，蒋介石领导下的国民党就不可能成功，除非大陆人民起来造反。而仔细分析大陆情形，蒋梦麟认为这种可能根本不存在，至少非常困难。与此同时，那些从大陆逃到台湾来的人，正处在日益增加的困难之中，他们的资财已耗尽，而在台湾谋生的机会又很少。另一方面，台湾本地人，由于政府实行了改革，获得比以往稍好的生活。不论是老台湾人，还是新台湾人，最终都会变为现实主义者，希望过上更加幸福的生活，对重回大陆的期望会越来越小。这是蒋梦麟决心推动台湾发展的心理基础。

鉴于蒋梦麟在台湾农村复兴方面的贡献，菲律宾政府 1958 年为其颁发麦赛赛奖。麦赛赛奖是菲律宾政府以其国总统麦赛赛名义设立的。拉蒙·麦赛赛（Ramon Magsaysay）是菲律宾独立历史上的一个风云人物，原是一个汽车修理工，全凭坚忍毅力、勇气，以及灵活的政治手腕吸引民众，1953 年当选为菲律宾总统。1957 年因飞机失事而遇难。麦赛赛去世后，美国石油大王洛克菲勒后裔捐款成立麦赛赛奖，决定每年就亚洲最有特别贡献的选择六人，分为政府服务、社会服务、文学、科学、美术、新闻事业等六个部门，每人奖给一万美元。1958 年 8 月 31日，蒋梦麟获第一届政府服务奖，其获奖颂辞说：

> 差不多十年前，你被推举为一个新的政府机构的主席。这个机构是为制定和推行中国农村建设计划而创设的。为了达成这个目的，你和你的同僚，在中美两国合设的农村复兴委员会里，制定了一套特别有效的方案。在台湾，农村复兴委员会对于农业生产的增加和改善显然已发生媒介作用，很容易看得出来。同样重要的是农村复兴委员会，一方面推行有效的土地改革，一方面组织农会来实行农产品的加工与推销，设立卫生诊疗所，开凿灌溉沟渠，和使用其它方法增进农村生活之丰足。这些工作使得社会公平正义得到了保障。虽然农村复兴委员会的成就是许多人工作的效绩，但你是该会的主席，你的贡献在使得各方面的工作得到均衡，因而成为该会成就的重要因素。你以前是你的国家里一位杰出的教育家。你在政府的工作上带有一种宽大而富有人道精神的观点，使得你的贡献充满容忍与弹性，同时在你所领导的机构里，对于各项设施作了高度的优越选择。同样，你为你的同僚，在政府服务上，树立了一个崇高的标准。你的服务是以谋取大众福利，而不是以取得个人报酬为尺度的。在指定你为麦赛赛奖金政府服务部门第一位受奖人之时，基金会认为你在这个中美机构卓越的领导是你的同胞农村生活重大进步的一个主要因素。

农复会的成功当然不只是蒋梦麟一个人的贡献，但蒋梦麟的后半生确实都奉献给了台湾，奉献给了台湾农业现代化，直至其生命结束。

教育

加利福尼大学 [*]
（1913 年）

　　加利福尼大学创于千八百六十八年，由加利福尼专门学校所改建者，迄今四十有四年矣。校舍坐落加利福尼省卜枝利市，背山面海，遥对金门，且其天气四季永春，冬无严寒，夏无酷暑，诚读书之善地也。大学近年来进步甚速，今岁学生人数已达五千，职员六百。各种科学，几无不备。全校分十一院，曰文学院，曰群学院，曰理科学院，曰农、工、商、矿、医、药及机械、化学诸院。其属于各院之科目，计分门三十有九，如哲学、教育、法律、政治、历史、理财、天文、地理、地质、动物、植物、建筑、音乐、考古、欧洲各国语言文字、中国语言文字、种植、畜牧、机械、铁路等是也。大学岁入美金百万元有奇，内基本金利息约二十六万元，加省税则项下提拨约七十六万元。故凡本省子弟来学，不收学费，他省或他国人，每半年只收费十元，亦云廉矣。

　　中国学生凡在祖国高等学校毕业者，可直入大学，无庸考试，并准以中文代希腊腊丁文。本校现有中国学生二十余人，女生三人。卜枝利地近金山，一苇之隔，汽船可渡，需时不过三十五分钟，故华侨子弟来学者，颇不乏人。

　　金山为亚美交通孔道，华人独多。统计营业于太平洋沿岸者，不下五万人。有中国报馆四家，日出报章万余纸，祖国要闻日有专电。故在加利福尼大学读书者，于祖国新闻甚为灵通。且巴拿马万国博览会，定千九百十五年在金山开会。彼时万国人民，联袂而至。加省大学将为世界教育之中心点。其学生得以课余之暇，参观会场，其得益良非浅鲜也。特志数语，以为国人来学者告。

---

[*]　载《留美学生年报》1913 年第 2 期。

西美学生会现选卓君荣思、林君齐恩为招待部会员，专以介绍新生入该校为事。其住址如下：

Mr. Y. S. Chuck　　　　　　　Mr. Tsai yan Lum
Chinese M. E. Mission　　　　Chinese M. E. Mission
2504 Regent St.,　　　　　　2504 Regent St.,
Berkeley，Cal.，U. S. A.　　Berkeley，Cal.，U. S. A.

教育真谛[*]
（1914 年）

　　《大学》有言："古之欲明明德于天下者，先治其国；欲治其国者，先齐其家；欲齐其家者，先修其身；欲修其身者，先正其心；欲正其心者，先诚其意；欲诚其意者，先致其知，致知在格物。"上文曰，大学之道，在明明德，在亲民，在止于至善。吾国之教育，以格物为起点，以止于至善为终点。格物之道，浅近而易。吾国学者，数千年来，千注万解，卒至渺茫昏迷，不可捉摸，实则所谓格物者，即近世所谓经验。曷谓经验？即就吾身所阅历诸事而得其奥义是也。凡事经阅历而不得其奥义者，不得谓之格物。如车夫驰电车，终日运行电机，能使车往返自如，然习焉不察，车之结构，绝无所知。大凡常人之于事事物物，均以此态度处之。阅历经久，无真正之经验。故《大学》曰格物，以格字为重。格得事物之真理，然后知其奥义，此即所谓致知。既知事物之奥义，则有一定不移之主见，此即所谓诚意。意诚则正心修身之功自易，身修则个人教育之功成，社会教育于是始矣。个人教育，发展一己之天性；社会教育，发展社会之能力。社会始于家而终于天下，故修身而后齐家治国平天下，本末终始，次序不乱。吾国教育真谛，在《大学》一书，颇足为近世研究教育者之资料。惜乎吾国之邃于国学者，泥古而不化；通西学者，又不知研究国粹；固有者无进步，输入者与旧学格不相入。此足为吾国学界忧也。

　　《大学》之言教育，其大旨与现世教育原理，实相成而不相背。然简略不详，以现世文明之复杂，欲执古时简单之学说以绳准之，则作茧自缚。文明之进步，其有望乎？且夫教育随社会而进行。社会多一新知识，则学校必以之而传诸于青年；社会多一新问题，学校必以相当之教育授青年；而使有解决之之能力，无此两者，则教育失其功用。教育与社会两相背驰，非二十世纪之教育矣。

自生理、心理、群学三科发明后，讲教育者不能离此三者而虚构。所谓二十世纪之教育，即以此三者为根据之教育也。以个人言之，则教育固由生理、心理两者以为之基；以社会言之，则由群学以为之基；以格物致知诚意正心修身而言，则生理、心理之学不可少；以齐家治国平天下而言，则群学不可缺。察生理、心理以行教育，则个人教育之功显；察群学以行教育，则社会教育之功著。以生理而言教育，则体力之发展，卫生之保重尚焉；以心理而言教育，则授科之程序，读书之方法尚焉；以群学而言教育，则学科之编订，教育之方针定焉。不究生理与心理，则对于个人之教育，将戕贼本性，揠苗助长。不究群学，则学校与社会隔不相通，学科虽良，犹蜃楼海市，无益于人间。教育起于个人，而终于社会，自始至终，鱼贯蝉联。以上半言之，则格物而至于修身，个人之事也。以下半言之，则齐家而至于平天下，社会之事也。究其终极，则止于至善。希腊哲学家苏格拉底曰"苏孟波能"（Summum Bonum）即言至善也。此中西古哲之所同也。以个人而言至善，则启发其本性之所有者。《大学》曰明德，先哲曰尽性。以社会而言至善，则增进社会之幸福。《大学》曰新民，新民者，明他人之明德也。先哲曰化俗，尽性化俗，教育之精义尽矣。

近世之教育有二要素，即个人与社会是也。二者同时并进，缺一则不可。以个人而言，厥有三端：一曰体质之健全。希腊人有言曰："健全之心，寓于健全之身。"近世教育家考证儿童进步迟缓者之原因有数，而体质发达之阻碍，实为儿童学业不进步之主素也。苟使儿童身体健全，则学校之成绩必增进。此在西洋教育界中，已成固然之通律，可毋庸作者之证明也。二曰授课之程序。昔孔子因材设教，循循善诱，此乃循序渐进之工夫，使学者易得其门而入也。吾国旧时教育，有十年苦功，未通文理者，无他，授课未得其程序故也。三曰思力之发展。昔门人问王阳明曰："读书不记得奈何？"先生曰："读书要懂得，记得何用？"盖我国千年以来，学者趋重记忆力而忽思力，故思想涸塞，文明遂无进步。孔子曰："学而不思则罔。"吾国学者其罔也久矣。昔晦翁教人，以强记慎思并重。后世学者，取其强记之功，而遗其慎思之方。教育之精义，遂失其传。故今日吾国不讲教育则已，讲之必注重思力始。

近世西洋教育家，日以慎思二字励生徒，盖有深意存乎其间也。以社会而言教育，厥有四端：一曰儿童当受科学的教育也。科学（Science）一门，为我国素所欠缺，然其为用最广。二十世纪文明之发达，科学之功实为最大。科学无他，方法而已矣。凡以此方法而求学识，办事情者，均称之曰科学。近世之法律、政治、历史、心理、教育诸科，均称之曰科学，不独物理、化学等科已也。然科学之方法，用于物质学上者，最精最鲜。故教授科学，恒以物质的科学为基础。二曰儿童当受文学的教育也。文学者，一国之精神所寄，即所谓文以载道是也。凡一国之历史学术无不由文化而达之。无文学，则其国之精神亡矣。故欲涵养儿童成一民族之特性，舍文学其末由。三曰儿童当受美术之教育也。美术者，人生快乐之所系，与社会道德有莫大之关系。以乐而言，吾国有移风易俗，莫大于乐之古训。《礼记》有春颂夏弦之垂教，盖其涵养性情，启发美感，为道德上必不可少之要素。以绘画雕刻建筑而言，希腊人视之若生命。盖使人民有活泼不羁之性质，高尚完美之思想，非美术不为功。四曰儿童当受经史之教育也。经也者，吾国道德之基础；史也者，吾国民族进化之实录也。吾国民族之品格，见之于经；吾国民族之事业，见之于史。不知经者，不知吾国民族之品格；不知史者，不知吾国民族之伟业：皆于中华民国国民之资格有所欠缺。难者曰："现在学校课程繁复，儿童之精力有限，焉有暇时以读经哉？"则应之曰："唯唯否否。"吾之所谓读经者，非谓十三经皆当读也，又非谓一经之中当读其全部也。十三经择数经，一经中择其要者读之可耳。且所谓科学、文学、美术、经史诸教育，皆当择其尤要者酌其轻重而配置之。是在教育专家之调度有方，固无庸作者详述也。总之教育之原料，当取于自己民族累世所聚积之文化，而补之以他民族累世所聚积之文化也。科学者，吾所无而必取于人者也；美术者，吾所不足而必求助于人者也。文学经史，吾国固有者也，此皆吾国儿童教育上应享之权利也。于是乎作《教育真谛》，愿与吾国教育家共研究焉。

与吾国学者某公论学书[*]
（1915 年）

数月前为欧战所刺激，致书吾国学界巨子某公。论中国宜注意军备，以为自保之计。某公复书云："（上略）欲建立足以自卫之军备，亦当从根本主义下手。何谓根本主义？国民之知识及道德是也。不能自练军队，自制军械，而仰鼻息于外国之军官及制造厂，可以言军备乎？武人惜死而又爱钱，可以言军备乎？且现今军费浩繁，欲强兵，先富国。一国之人，乏常识而好专利，见近功而忘远图，何以富其国乎？然则持军国民主义者，探本穷源，仍不能不归宿于知识及道德，而借科学及美术以培养之。德意志及日本之强，推其首基，均不过数十年。李合肥与俾斯麦、伊藤年辈相等，何尝不提倡海军新军。然行之数十年，而我国军备对于日本，且望尘不及，何论德国！是由德国学术之发展，远在百年以前。日本自维新以后，一方面经整军备，一方面鼓励学术，平行进步。而我国则弃置科学及美术，而袭取军备，故收效不同如是也。苟以上之推论不为谬误，则所以保中国者，不外乎教育。而所借以为教育者，又岂外乎科学及美术哉？吾兄研究教育历有年所，当不至以弟言为迂阔也。（下略）"

（上略）钧谕谓立国之要图，不外乎教育。借以为教育者，不外乎科学与美术，此某所深为赞同者也。天下事往往以意思同而所用之字不同，及或发言之注重点有不同，致起种种误会。以今日之中国则此弊更甚。盖吾辈以西洋意思，勉强用中国文字代表。人之所知，与我原义不同。彼将用其武断，漫行攻击。实则有时彼之所攻击，亦我所攻击；彼之所主张，亦我所主张者。某滥竽美洲报界有年，备尝其苦矣。此真王阳明所谓哑子吃苦瓜，有苦说不出也。如钧谕所谓科学、美术两语，吾国人多所误解。大概普通心理以为科学者，不过物理、化学、算术等学。所谓美术者，不过刺绣、花鸟、雕刻、绘画而已。又彼注重兵备者，大都之见解，以为中国一时非练数百万陆军不可。以此而视科学，则科学之效用狭；以此而谈美术，则美术之精义失；以此而谈军政，则徒养成一班大盗而已，即钧谕所谓武人要钱且怕死是也。以某一人之管见，以为科学者二十世纪求知识之方法也。凡知识非由此方法而得者。中古时代之知识，即中国向来所有之无系统的知识也。美术者，养成人生优美之天性，并使人生与环象相调和也。军备者，养成国民尚武之精神，壮体力，重规肃，成一种庄严勇毅之国民也。御外患其一而已矣。中国教育之方针，不外此三者。而归其要，即钧谕所谓知识与道德而已。他种所谓实利教育者，某谓之吃饭教育，西人称之曰面包牛油教育。讲教育者亦所当筹及，然非根本。根本教育一定，所谓吃饭教育者，不过旁枝而已。昔普败于法，费须戴氏（Fichte）在柏林围城之中，演讲《敬告德意志国民书》。谓当时德人图私忘公，改革德国，当改革国心始。改革国心之道，当从事国教始。欲达到此二者，当构造一教育的国家。此正吾国今日所当主张者也。吾国国心之污秽，至今而极。欲洗涤而光明之，亦当从构造一教育的国家始。兹列一览表如左：

$$教育的国家—国心\begin{cases}知识—求学之道\\道德—做人之道\end{cases}\begin{cases}实利教育\\军国民教育\\美术教育\end{cases}$$

　　知识——欲言知识，当先言知识之性质与方法。欧洲十七世纪以前，与夫我国之旧时，非无知识也。唯不言性质，故学多不切用于人生。且不言方法，故学多不真。意见、习俗、武断、凿空四者，混淆杂沓。教者胡讲，学者昏迷。陆象山氏于数百年前曾造反一次。厥后明季王阳明继之。彼二子者，固当时所目为离经叛道者也。二子求知识之方法，在于近世，固不足法。然其学术造反之精神，固后学所当景仰者。今日而言知识之性质，当以群学为指归，求其有利于人群者。今日而言知识之方法，当以科学为标准，举以事实，斟酌毫厘，演绎归纳，绳以名学，求其有系统之知识。无此则军不能兴，利不能实。推而言之，则全国必少进步。有之矣，则教育之功已成其半。其他则为道德。

　　道德——做人之道也。此一问题，甚为困难。以知识而论，则可尽弃吾国所固有知识之性质与方法，而采于人。做人之道则不可。吾国今日之言保存国粹者，于此二者，多不分清楚。主张新学者亦然。此最为可危。窃谓求知识之道，必当尽弃其旧而求其新；做人之道，当新旧斟酌而调和之。言做人之道，可分为三系：曰中国系；曰希腊系；曰耶教系。研究做人（道德）之学术有二：曰历史人种的；曰实践的。吾国儒家及希腊诸哲之讲道德为实践的，定人生之价值，倡为道德以达之。英儒斯宾塞之讲道德为历史人种的，描写各民族历史上及现行之道德观念。兹姑弗具论，请言上列三系之同异。此固吾国学者所当公共研究者。中国系之道德基于人伦；希腊人之道德基于智慧；耶教之道德基于天志。人伦之道德尚礼；智慧之道德尚理；天志之道德尚志。以上三系之性质均有实据兹姑弗述。若以上所分为不谬，则将来改革中国道德，可以此为入手办法。礼之利在维持社会秩序，其弊在阻止进化。理之利弊适反是。志之利在勇往直前，其弊在任天过甚。现在西洋之道德，固一智慧与天志融和之道德。欧化东渐后，吾国之道德，不得不为改革。然国人既不谙希腊之智慧道德，复不知耶教之天志道德。所固有之人伦道德，但基于君臣、父子、兄弟、夫妇、朋友之狭义。而对于社会国家二者，乏积极之观念。况一般青年，近正解除人伦道德之旧衣服。犹如小儿脱去鞋袜，水中涉蹈，方自乐其乐，其肯再穿乎？近来严子几道，忧吾国道德之沦夷，提倡忠、孝、节、义四字，以为补救之方。用意虽美，某恐其讲者自讲，而不听者仍自不听也。中国道德之危象至此为已极。管见以为改良吾国道德之术，似当另筹善法。徒知复旧，终鲜效力。人伦道德为吾国维持社会秩序之具，万不能放弃。唯当参以新义，加以新德。所谓参新义者，如旧时夫妇主敬，今则可于敬字上加一爱字，爱敬兼之。朋友以信，父子以慈孝，则可仍其旧。所谓加新德者何？即个人对于社会与国家之新责任是也。以上所言，为责任的道德。本乎东方道德之特性。虽较旧略为广大，尚未参入西洋系指希腊系。之特性。希腊系之特性为德性。责任道德以人与人之关系为本，耶教系亦为责任道德，个人对天负责任，救人亦天责也。德性道德以发达个人之本能为本。吾国以人之所以异于禽兽者，以人有礼而禽兽无之。希腊人以人之所以异于禽兽者，以人有智慧而禽兽无之。此其大不同点。责任道德与美术无甚关系。德性道德，非美术不为功。智以烛其真，美以养其情，则德性始备。故知识问题一解决，则德性道德亦成其半。盖知识为烛真之具也。余则以美术养成之。西洋人知识与美术之发达，饮水思源，不得不归功于希腊人之德性道德也。（中略）至军备主义一节，某意以为于全国学校中当以尚武精神贯注之。此与根本问题相成而不相背。知识道德之中，包含战死荣之意。使将来国家一有非常之事，全国皆兵，奋勇而战，如德意志国民然。前书谓吾国人如不能战则必亡，即指此。非谓弃根本教育而唯军备是图也。（下略）

美国纽约小学预备职业教育[*]
（1915 年）

　　余游美至纽约参观学校日，与蒋君梦麟偕六月四日访市立华盛顿欧文第六十四小学，睹其种种预备职业教育之设施，为之惊叹。脚跟蓬转不能久淹，乃浼蒋君重复往观详记，而摄其景，蒋君则遂纵论美国职业教育之起源，为文寄示。蒋君者，留古仑比亚大学，习教育。以明锐之头脑，用深邃之功夫，明春且毕业得博士位以归。余将借是介蒋君于吾教育界也。

黄炎培志

职业教育之原理

　　政治的民权主义勃发时，即倡政治的民权主义教育。经济的民权主义勃发时，即倡经济的民权主义教育。此美国教育之方针也。盖其向日之教育问题，为"用何法使由教育而达政治的民权主义"。今见此主义已深印美人之脑底，学校组织咸以此为归的，而成一种习惯。故已不复视为当世之紧急问题，唯美国但有政治民权而乏经济民权。政治界人民纵得享共和幸福，而经济界，则资本家垄断重金，劳动者多为压制，由是而经济的民权主义起矣。然则欲解决此问题，自当从经济的民权主义教育入手。犹向之推行政治民权主义，而由政治的民权主义教育入手也。

　　民权主义之真义，在发展个人固有之能力，并给予同等之机会也。政治民权主义不在是书范围之内，姑弗具论。请言经济的民权主义，此

---

* 载《教育研究》1915 年第 25 期。

主义云何？曰：发展个人生产富力之技能，使享社会经济界同等之机会也。其推行之法，当从两方面观：其一方面须调查社会经济之状况。如国家或地方之实业如何，人民之生计如何，商业之运行如何，经济界之组织法如何，及其他之关于社会种种生活之情形。须用统计的方法，群学的眼光，着实调查。悬推虚想，不能济事也。其一方面当察个人固有之能力及其趋向与夫家庭经济之状况，授以相当之职业技能，使将来出而应世，有独立生产之技艺。察社会之所需，个人之所能，授以相当之训练，此职业教育最要之原理也。

原理不明，徒事模仿，则职业教育将变成一种无用之教科，其弊与向之作八股将毋同。吾闻之，上海有某女校焉，以西洋女学之有烹饪科，遂使其生徒习烹洋餐之法。此乃浅而易见者，故易知其纰缪。吾国学校教科，患此恶症，习而不察者，曾不知其几何。吾又何暇笑某女校乎？

夫学校者，解决社会种种问题之机关也。设课教授，皆有明了之目的。故必先行搜查社会种种之问题，而策解决之方法。社会所凭借乎教育者，亦在乎此。非然者，彼高构崇结巍巍之校舍，直蜃楼海市，一场幻梦而已。

职业教育之实际问题

美国之公家学校大都设备完善，令人羡慕。然关于儿童职业一方面，多不经意。故生徒离校后，不但无职业上之训练，且于选择何种行业绝无知识。查美国男女儿童，年在十四至十八岁，佣工于各种实业者，不下六百万人。年及十四岁之儿童每年离校作工者，约有二百万人之谱。此等儿童，于十人中有七人未曾毕业于小学，四人中有三人以上未至第八年级，二人中有一人以上未至七年级，其未及五年级者，几有半数。此等十四岁之儿童出而谋生，绝无职业技能。以向日所受之教育，全出于书册，一旦处实际社会，不能应用，彷徨无措，至除粗工外，别无所长。此等儿童既无相当之职业，其成家立业之希望甚薄。非唯于个人伤失其固有之能力，于社会亦受莫大之影响。盖破坏社会之不良分子，多出于无恒业者。故于个人与社会两方面观之，职业教育实为美国当今实业大发展时期之重要问题也。

由以上所述观之，就理想而言，职业教育为解决经济民权问题之方法；就实际而言，为解决个人与社会生计问题之方法。皆有确实之主旨，一定之目的，相当之精神。而求适宜之办法，非泛言空论，无所归宿也。

职业教育之种类

美国职业教育可约分为四种：曰大学专门教育，曰中等技艺教育，曰工人补习教育，曰小学预备职业教育。大学专门教育为养成国中高等实业领袖而设，如各大学之工程科、农业科、商科、矿科等是也。中等技艺教育为养成国中实业界中等领袖而设，如高等实业学校是也。工人补习教育为使在工厂商场做工之人，增进其技能与知识而设，如补习学校是也。此种教育最发达者，莫若德国，美国近年来亦渐加注意矣。以上三种职业教育不在此文范围之内，姑弗深究。是文所欲详述者，为小学预备职业教育。

小学预备职业教育

小学预备职业教育问题为关于自十二岁至十四岁，在公家学校肄业之男女儿童将来立身之问题。查纽约市每年离小学而作工之儿童约计四万人，此四万之儿童，在学时但受普通不切实用之教育，出而作工，无甚用处。纽约市教育机关，欲策补救之道，于去年冬试办小学预备职业学校五所。兹就参观所见，述其办法之大概如下。

纽约预备职业小学公立学校第六十四。

预备职业学校为现在之小学变通办法。将八年小学之最后两年，加职业课，非另设一种学校也。此次所参观者，为纽约市公立学校第六十四。校舍在该市较贫之区，附近居民多犹太人及意大利人，故该校学生多系贫家子弟。

校中功课除职业科外，与他小学同。自第一至第六年，全校同一功课；自第七年起，分为两科，曰正科，曰预备职业科。正科生所受之功课，与普通小学同，职业科生则受职业教育，计分十门：（1）匠木工，（2）电线装置，（3）印刷，（4）水管装置，（5）机械工，（6）片铁工，

（7）衣样工，（8）画广告纸工，（9）机械图画，（10）木器工。各科实习室见图。

（1）匠木工。预备将来充平常建筑匠，实习室内储有木料，学生用以筑室，其图样亦由学生自画。第一图中之木架，即所建之模型室也。

（2）电线装置。预备将来以装置电线为业，其所装者，或为电铃线，或为电灯线，及电话线。见第一图。

（第一图）（1）匠木工　图中之木架系匠木工所造，为筑室实习。　　（2）电线装置

（3）印刷工。预备将来充印刷工，自撮字排版而至印刷，均在课室内实习。见第二图。

（第二图）　　（3）印刷工

（4）水管装置。美国公共卫生发达，故用水管甚多，或便室，或浴室，或厨房，均有水管将秽水导出。其用既广，则业此者，自成一技矣。见第三图。

（第三图）　（4）水管装置

（5）机械工。制造小件机器，及机械使用法。见第四图。

（第四图）　（5）机械工

（6）片铁工。用薄铁片制成器具，如提水桶、水漏、水壶等类，即中国之洋铁匠也。见第五图。

（第五图）　（6）片铁工

（7）衣样工。制衣绘样之工，绘成衣样，备制衣之用。见第六图。

（第六图）　（7）衣样工

（8）画广告纸工。美国广告事业甚为发达，盖商品之推销，半赖广告之得法。广告纸之要素，为能使人注目，或美丽，或奇形，种种方法不一，要在惹人注视而已。故广告画亦成一种专技。见第七图。

（第七图） （8）画广告纸工

（9）机械图画。用绘图机画成图样，或为机轮之样，或为屋宇之样，及其他种种画图之法，系用实体模型，从模型绘成图样者，非自他图而模仿之也。见第八图。其中第二排，右第二人桌上，有轮一，即模型也。

（第八图） （9）机械图画

（10）木器工。做各种器具，如箱、桌、椅等是也。见第九图。

（第九图） （10）木器工

选择学科方法。学生于小学第六年级完功后，得随自己之所好，择定科目。如愿入正科者，则入正科，其功课一与普通小学相同。愿入职业科者，则由自己认定学习何门，由校长通知其父母或保护人，得其允许后，即得入之。现该校第七及第八两年，有学生七百人，择习职业科者，有三百五十人，为两级学生全数之半。

受课时间。凡习职业科者，每星期受课十五小时。在实习室者十二小时，余三小时绘关于工作之图画。

除工作外，每日受文科教育自三小时至四小时。如历史、地理、英文、算学等类，与正科生同。其每星期时间之分配如左：

工场实习（十二小时）　　　　关于工作之图画（三小时）

科学（二次）每次计四十五分钟　英文（五次）

历史（二次）　　　　　　　　地理（二次）

算术（五次）　　　　　　　　体操（一次或二次）

聚会或音乐，或幻灯（三次或四次）

每星期计受职业教育十五小时，普通教育十五小时，或十七小时。

正科生在校时间，每星期计二十五小时。职业科生自三十至三十五小时，平均三十二小时，较正科生多五小时至十小时。

职业科生每日晨八时三十分来校，午后三时三十分或四时三十分回家。

职业科生时间既长，故所受之普通学与正科生相去无几。且于工场之内，得授以有关于实践科学或实践算术之课。

工场之组织。每一工场即实习室。约容学生自十五人至二十人，选择场长一人，照料场中一切事务。又管理器具者一人，储藏发给应用器具。

改科。凡学生欲更改学科者，有二方法，或改习正科，或改换职业科中之他门。

择业。各学生自择主科三门，附科两门，共五门，出十门中选择。

教员。正科中教员一人，能教学生四十人。为一班。预备职业科中，教员三人，能教两班。百八十人。故以两班计算，较正科多教员一人。正科每班教员一人，职业科每两班教员三人。

教员薪水。每日六小时薪水五元，年以二百日计，则千元。须有经验五年以上者，方合资格。教员大都系中等实业学校卒业者。

主旨。（一）使儿童寻获自己之职业趋向；（二）使儿童得发展手艺之技能及知识；（三）使儿童寻获自己之所短；（四）养成将来职业之基础。

教育与职业 *
（1917 年 10 月）

　　教育，一方法也，以此方法而解决国家、社会、个人、职业种种之问题者也。教育而不能解决问题，则是教育之失败也。故必先有问题而后有教育，无问题而言教育，则凿空而已矣，幻想而已矣。国家有问题，故有国家教育。社会有问题，故有社会教育。个人有问题，故有个人教育。职业有问题，故有职业教育。

　　教育为方法，国家为问题，则曰国家教育。教育为方法，社会、个人为问题，则曰社会教育，曰个人教育。教育为方法，职业为问题，则曰职业教育。

　　故职业教育无他，提出职业上种种问题，而以教育为解决之方法而已。非谓职业之外无教育也，亦非谓倡职业教育而推翻他种教育也。第以他种教育有研究之机关，而职业教育独阙如，同人等忧之，故设机关而研究焉。

　　职业之界说　职业英字曰"Vocation"，言操一技之长而借以求适当之生活也。例如制鞋，技也，以制鞋而求生活，则此制鞋即职业也。制机器，技也，以制机器而求生活，则此制机器即职业也。植果木，技也，以植果木而求生活，则此植果木即职业也。能簿记，技也，以簿记而求生活，则此能簿记即职业也。洗衣，技也，以洗衣而求生活，则此洗衣即职业也。制机器，工之一也，聚类此者而概言之曰工业。植果木，农之一也，聚类此者而概言之曰农业。簿记，商之一也，聚类此者而概言之曰商业。洗衣，家政之一也，聚类此者而概言之曰家政。农、工、商、家政四者，职业中之四大类，欧美各国所公认者也。按法国尚

---

　　* 载《教育与职业》1917 年第 1 期。

有航业一类。凡职业中所发生种种问题，不外乎此四大类，故言职业教育有（一）农业教育，（二）工业教育，（三）商业教育，（四）家政教育之分。

高等专门与职业 凡卒业于大学而得一技之长，借以求适当之生活者，曰高等专门，英字曰"Profession"，本亦职业之一部分，然近今所谓职业教育者，中等程度以下为限，大学不与焉。

学校与职业 学校为推行教育之机关，故即为间接解决国家、社会、个人、职业及种种问题之机关。学校非专为职业而设，举学校而尽讲职业教育，则偏矣。职业教育为二十世纪工业社会之一大问题，吾国青年之立身，国家之致富，多是赖焉。举学校而尽排除职业教育，则偏矣。吾辈今日所欲研究之问题，非谓因提倡职业教育，将取文化教育（Cultural Education）而代之也，不过以文化教育有不能解决之问题，提倡职业教育，希有以解决之耳。若社会无职业之必要，青年受文化教育而即有谋生之能力，则所谓职业教育者，特赘旒耳，又何提倡之足云。

学校，一中心点也。社会所呈之种种问题，环而拱之，咸欲入其门墙以求解决之方，为彼学校者，处今日复杂之社会，面种种不解之问题，其困难之状况，概可想见。然不能以学校已处困难之地位，而置重要问题于不顾，中华职业教育社之倡设，将以合群众之力，而助学校解决一重要之问题耳。

文化教育与职业教育 今之重文化教育者曰："文化教育，立国做人之基础也。"斯言也，同人亦绝对赞成之，何也？盖文化者，所以增人生之价值，促人类之进步，人种之文野，胥由是而别焉。然以今日社会之状况而论，受四年初等小学教育后，能入高等小学者有几人乎？高等小学卒业后，能入中学者有几人乎？中学卒业后，能入大学者又有几人乎？夫由初小、由高小、由中学而直达大学卒业之学生，其大多数固能养成高等专门之学（Profession），然其余之不能由下级而达上级者，皆无一技之长，以谋独立之生计，此种学生，听其自然乎？抑将设法以补救之乎？如曰听其自然，则学校者徒为社会养成高等之游民耳，抑何贵乎教育？如曰补救之，舍职业教育其奚由耶？

美国圣路易之兰根职工学校[*]
（1917 年 10 月）

兰根职工学校为富人兰根所倡设，至今已六年矣。现有日课学生三百人，晚课六百人，补习班约百人。

教员与教授法 校中教员皆曾操工业而富有经验者，故其教法重实习，兼有用之原理。其关于使用机械之法，甚为注意。又图画、算学、科学、建筑、职业原理等科，均以所习各业有关者为主。所授英文，亦以将来应用为目的，如写粗浅英文，及写信，读商业报告等。

学费 日课生年三十元，作三期交。晚课生每星期读四晚者，与日课生同，读两晚者减半。日课生之习理化者，须付定洋一元，以备赔偿破损之用，如有多余到年底时发还。

（甲）日班之组织

凡欲入日班者，须年在十六岁以上，读完小学六年级，或有相等之程度者。如学生已有职业经验，可减短卒业期限。如学生程度已足，而年在十五、十六之间者，得入预科班。

年限 日班正科生以两年为毕业期，预科班以一年为毕业期。如校中位置未满时，凡操职业者均可来校补习，不拘年限。

预科班 儿童年岁较轻者，不宜学习专技，故先授以普通工业知识，其功课半日为工场实习，其余时习机械、图画、算学及英文。工场实习以实用为主。其成绩品必显有应用之价值者，凡铁木原料之性质，及运用木匠之锯、锤、凿及铁匠之锉、锯、钎等。

---

* 载《教育与职业》1917 年第 1 期。

预科班之课程 该校每学年分三学期，以九、十、十一、十二四个月为第一学期，一、二、三三个月为第二学期，四、五、六、七四个月为第三学期。其预科每学期之课程如下：

第一学期。（木工）木工器械之式样、用法、保护法、打样，并制图架木箱及器具等大概方法，工厂参观。

第二学期。（坚土）泥土之混和法，粘力试验法，各种司门听土之比较，涂墙面法。用三和土筑基、壁、地板、阶、马路等方法。（实践电学）电机名称，电线之粗细，止电法，磁力，室内装电线法，参观电工厂。

第三学期。（片铁工）器械之用法，制器具图形，算器具之容积，剪片铁及钎法。（铁工场实习）器机之种类、用法，及保护法，制简易物件。

正科班之组织 正科班分设两类职业：（一）为营造业。包含木工、泥水工、坚土工、水管工、油漆工五种。（二）机械业。包含制模工、管机工、电工、汽机工四种。

营造业 （木工）

第一学年

（1）第一学期。器械名称及用处，器具之结构。（2）第二学期。钉及螺旋钉之用法，钉器具之法，用机器铇、锯法，磨器械及装配机器法。（3）第三学期。制窗槛法，造木箱法。

第二学年

（1）第一学期。造屋顶，造楼梯，定式样。（2）第二学期。室内装置。（3）第三学期。立柱筑室（在工场内建立居屋之一部分）。关于筑室之演讲如择料及居屋各部分之研究，实用算术如量木之方圆及面积容积等。其余课程为英文图画及筑室取缔法，实践理科如原料之坚固力，钉之联结力，膏之粘力，地板之载重力等。

泥水工、坚土工、水管工、油漆工之课程从略。

机械业 （制模）全课注重制模厂与陶铸厂之关系，及实习制模、铸铁等课。

第一学年

（1）第一学期。器械之保管，制模用器法，单纯制模法。（2）第二学期。单纯制模。（3）第三学期。复杂制模。

第二学年

（1）第一学期。制造模型之大概，制精细模型。（2）第二学期。用机械制模，演讲制模原理，实践算术，打样。

应用理科　管机工、电工、汽机工之课程从略。

兼习课程　上列各科，除工场实习外，须兼习机械学、图画学、应用理科、机械职业之大概、英文、生理、生卫及治伤。

（乙）晚班之组织

晚班为日间操作之下级工匠、艺徒等而设。因个人之需要，而定教科。以十二星期为一学期，两学期为一学季。每星期计四晚，自七点三十分至九点三十分。

科目　木工、水管工、泥水工、招牌工、汽机工、制模工、电工、机械工、机械原理、实践算术、建筑图样，各科以切中各业实在需要为目的。

（丙）补习班之组织

补习班为各工厂所雇之工匠年在十六岁以上者而设。在工厂习工作，在学校习有关于工作之课程。每星期须以两个半天在学校，习实践数学、打样及应用理科。厂主须出年修十五元，又职工在校时，厂主须照常给工资。

职业界之人才问题为教育界所当注意者[*]
（1917 年 12 月）

余尝与商界实业界诸君谈，有一问题为通常所公认者，此问题唯何？曰将何以得适当之人才乎？某君告余曰："人很多，大家荐来的人不知多少，但都用不来的。到了要用人的时，到反找不到适当的人，真是没法想。"又一某君曰："托我找事的人很多，托我找人的亦不少，但托我找事的多不合用，托我找人的我亦找不到适当的人。"又一某君曰："我学铁路工程的，要寻一位置，寻来寻去没有。于是要想去教英文，也寻不到一个英文教员的位置。"三君之言，非个人之私言也，实为现在职业界之三通例耳。第一通例为实业界位置虽不多，而欲求适当之人不易。第二通例为社会求事之人多，而适当之人少。第三通例为求事之人得不到适当的位置。

（一）**第一通例为有求而无适当之供**　此其原因有三：一为无适当之预备。盖实业界所发生之新事业，一般子弟素无预备，如新事业需灵活之子弟，吾国之教育则重循规蹈矩。新事业需思力，吾国教育则重记忆。新事业需适应力，吾国教育则重胶固之格式。新事业需技能，吾国教育则重纸上谈兵。教育与实践生活相背驰，故曰无适当之预备。二为乏介绍机关。求人者与求事者无沟通之机关，则求人者终不得相当之人，求事者终不能得相当之事。三为现在公司行家组织不完。组织不完，则各部分不连贯，事务不统一，而事乏适当之人，人亦不安于所事矣。

施行教育而使儿童得适当之预备，职业学校事也。设介绍机关，而使求人与求事者通声气，职业学校所当兼行者也。至于公司行家组织之

不完，在职业界之自出心力而改良之，非职业学校能力所能及。

（二）**第二通例为所供非所求** 此第一通例之反面观。其原因为教育不应时势之需要，而向日之书本教育，不足以应用，此其与第一通例之一、二两原因同也。补救之道，唯施适当之职业教育而已。

（三）**第三通例为供多求少** 此实为吾国生计贫窒之一大原因。推原供多求少之故，则社会事业不发达一语尽之矣。社会事业何以不发达乎？此其原因甚为复杂，非一人之学力所得究其全而道其详。欧化东渐，国民之旧习惯不足应新需要，故一切社会上种种组织，如将倾之广厦，而遇飓风，昔日之堂奥，今日为瓦屑积聚之场矣。言其基础，则有人生观及文明问题。言其结构，则有政治、社会、教育诸问题。故以远而言之，人生观与文明之基础当改变。以近而言之，则政治必求其稳固。高等与普通教育必求其推广，交通必求其发达。凡关于此种种问题一日不解决，则社会事业一日不发达，而生计之贫窒必如故。职业教育有一定之界限，非若百病消散丸，无往而不利也。故凡因此种基本问题不解决而酿成之社会现象，职业教育不能为力。若诸君以此而责职业教育，则同人谨谢不敏。

职业教育所能解决之问题 关于第三通例之问题，非职业教育所能代谋解决，前已言之矣。其所能解决者，唯关于第一、第二两通例而已。即使有求而有适当之供，所供为所求者是，今之泛言职业教育者，欲以第一通例绳职业教育，是将欲以此而增加社会之要求，不可能也。职业教育正当之希望，唯造成适当之供而已。本社宣言书中，注重调查，调查者何？察社会之要求耳，察其要求者为何，然后养成适当之人才以供之。故职业教育之主题，为察职业界已有之位置，养成适当之人才以充之耳。若职业界无某某位置，则职业教育不能越俎代谋，强为之增设也。

要点一览

（一）职业界位置虽不多，而欲求适当之人不易，有求而无适当之供。

原因：

（甲）无适当之预备；

（乙）无介绍机关；

（丙）组织未完备，人才配置不当。

补救之方法：

（甲）适当之职业教育；

（乙）设介绍机关；

（丙）公司之改组。

（二）社会求事之人多，而适当之人少，所供非所求（第一条之反面观）。

原因：

（甲）无适当之教育。

补救之方法：

（甲）适当之职业教育。

（三）求事之人多，得不到适当的位置，供多求少。

原因：

（甲）社会事业不发达。

（a）文明基本问题的；

（b）人生观的；

（c）政治的；

（d）社会的；

（e）教育的。

补救之方法：

（甲）文明之基本改革；

（乙）人生观之改变；

（丙）政治的稳固；

（丁）高等专门教育之推广；

（戊）交通实业之发达。

右五条为职业教育以外之问题，非职业教育能力之所及。

蒋梦麟博士之职业教育谈 [*]
（1917 年 12 月）

　　九月廿三日晚，请蒋梦麟博士演说职业教育。首由黄任之君登坛介绍，旋请蒋君演说。略谓职业教育，乃辅助国民教育，以养成有完全生活能力之人才。欧美各国，无论何种职业，均有学校，以养成专门人才。我国则师徒承授而已，是以愈趋愈下，生计日蹙也。近来各国对于职业教育最注重者有五：（一）专门高等职业，（二）工艺，（三）商业，（四）农业，（五）家政。法国尚多水产一科，各国均未加入。其组织设备，总以体察地方情形为主旨，务使合于社会之需要。使学成后，无不适之虞也。词毕，继开交谊会，如陈定谟君趣谈，沈绎之君音乐幻术，皆足动人，一时鼓掌之声不绝于耳。末由朱少屏君致谢而散。

---

　　[*] 载《环球》1917 年第 2 卷第 4 期。

高等学术为教育之基础[*]
（1918年1月）

自十九世纪科学发达以来，西洋学术，莫不以科学方法为基础；即形上之学，亦以此为利器。至今日一切学问，不能与科学脱离关系，教育学亦然。故今日之教育，**科学的教育也**。舍科学方法而言教育，是凿空也，是幻想也。幻想凿空，不得为二十世纪之学术。

二十世纪之学术，既为科学的。然科学厥有二种：曰纯粹科学，曰实践科学，或曰应用科学。纯粹科学，独立而不依，不借他科学为基础，如物理、化学、算学是。实践科学，又曰复杂科学，不能离他科学而独立，如工程学、政治学、教育学是。工程学之基础，物理、化学、算学也。政治学之基础，历史、地理、人种、理财、心理、社会诸学也。教育既非纯粹科学，必有借乎他科学。然则其所凭借者，为何科乎？曰："欲言其所凭借，必先言教育学之性质。"

（一）**教育为全生之科学**。何谓全生？在英字为 Complete living，即言享受人生所赐予之完满幸福。英儒斯宾塞，以教育为预备人类生活之方法，分此方法为四步：直接保护生命者为第一步，间接保护生命者为第二步，保护传种为第三步，供给消遣娱乐为第四步（注见斯宾塞 Education）。直接保护生命者，例如衣食住是也。间接保护生命者，例如政府社会是也。保护传种者，例如嫁娶是也。供给消遣娱乐者，例如文学、美术、渔猎、旅行是也。是数者备，则全生矣。子华子曰：全生为上，亏生次之，死又次之，迫生为下。全生者，六情皆得其宜也。亏生者，六情分得其宜也。迫生者，六情莫得其宜也。斯宾塞之论全生，以生理学为起点。子华子则以人之感情为起点，其起点虽不同，而将欲

---

* 载《教育杂志》1918年第 10 卷第 1 期。

达乎全生则一也。社会进化，人类生活，日趋丰富。教育者，所以达此丰富生活之方法也。

（二）**教育为利群之科学**。明德新民，己欲立而立人。个人与社会，固相成而谋人类进化者。社会愈开明，则个人之生活愈丰富。个人生活丰富之差度，则亦与社会程度之高低，成正比例。盖合健全之个人，而后始有健全之社会。故求全生而广大之，即所以利群，利群即以求全生也。社会不振，个人之自由必为之压迫，个人之幸福必为之剥削，则亏生者众矣。故**全生者，教育之目的；利群者，达此目的之一方法也**。

（三）**教育为复杂之科学**。人生至繁。即以物质上言之，一人之所需，百工斯为备。若概精神而言之，则所需之广，何啻倍蓰。教育既以人生为主体，则凡关于人生诸问题，必加研究，教育之事遂繁。此必赖乎各种科学为之基，综核其所得之真理而利用之，此即二十世纪新教育之方法也。爰撮大要，为表如左：

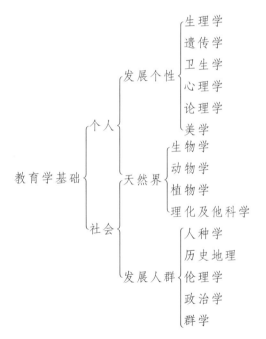

复杂之科学，既有赖乎他科学；**教育学之有赖乎高等学术也明矣。观上表，知教育学不能离他科学而独立；则其有赖乎高等学术也更明矣**。

离社会则不能言教育，舍个人则更不能言教育。盖个人为教育之**体，社会为教育之用，两者兼则教育之体用备**。然将何以达此体用乎？

曰**此即有赖乎高等学术也**。个性将何以发展乎？曰必先习乎生理、遗传、卫生、心理、论理、美感诸学。人群将何以发展乎？曰必先习乎人种、历史、地理、伦理、政治、群学诸科。个人与社会，日与天然界接触，且事事物物，皆在天然律范围之内。即宋儒所谓事事物物皆有至理，朱子解理字曰理有二方面：曰何以如此？曰所以如此。所以如此者得，天然律之体。何以如此者，天然律之用。欲识天然律之体用，必先习乎生物、动物、植物、理化诸科。以上所述各科学，凡**研究较深者，皆得称之曰高等学术。不博通乎此，则不可以研究教育。**以西洋而论，大教育家中如亚利士多得（Aristotle）、马丁·路得（Martin Luther）、福录培（Froebel）、斯宾塞（Spencer）诸子，何一非大学问家？以吾国而论，大教育家中如孟子、荀子、程明道、伊川、陆象山、朱海［晦］庵、胡安定、王阳明诸子，何一非大儒？即以现今西洋社会而论，彼握教育枢纽者，谁非为人所信仰之学问家？其教育院中之学子，何一非兼长他学？有真学术，而后始有真教育，有真学问家，而后始有真教育家。吾国自有史以来，学问之堕落，于今为甚。**今不先讲学术，而望有大教育家出，是终不可能也。无大教育家出，而欲解决中国教育之根本问题，是亦终不可能也。**或曰："方今士夫竞为虚浮，欺世盗名，弁髦学术。子毋作迂阔之言而自速讪谤！"余曰："其然乎？是诚余之迂也。"

配司泰洛齐生辰凯善西泰奈
工业教育之演说[*]
（1918 年 1 月）

　　凯氏于千九百零八年一月十二日，应差列克教育局之请，演说"配司泰洛齐老子之精神及将来之学校"。盖时适祝配氏（Pestalozzi）一百六十二年之生辰也。凯氏以工业学校名此将来之学校，后四年以其演说文修改而增加之，著书曰《工业学校之观念》，其自序有曰："自吾演说以后，于兹四载，'工业学校'之名称，发生于裴氏以前，自彼时及今，树为战帜，辉映空际。全国学界，披靡从风。中小学校，无不视此为朔漠曙光。公家学校之缺陷，希得借此以图改良。然而蜃楼海市，直幻象耳。盖种种揣想臆度，群集其中。理想、实践两者，均袭取皮毛，工业学校之精神，成为一种机械作用。"又曰："吾之作是书，盖欲保卫公家中小学校之发展，不使为谬想臆说所蹂躏。工业学校之政策一误谬，其祸殆将更有甚于书本学校也。"美国聘纳博士译其书而序之曰："凯氏有慨乎德国一般学子之反对工业教育者，武断乡曲；赞成工业教育者，盲骑夜游，故作此书以树正确之标准。"

　　国家之纲维与公家学校之责任　公家学校之设立，所以达国家之主旨。国家有一定之主旨在，故设为学校，实行强迫教育，推行其主旨。此十八世纪以来，德国与他国同也。国家最高之标准，为道德观念。其种种机关，皆为推行其观念而设。国家之至善现于外，个人之至善成于内，使个人得发展其个性，成一自由之人格。

　　国家之主旨有二：其第一方面为私人的，即保卫人民心内与外界之幸福，与夫体育、智育之增进是也；其第二方面为公共的，即以己国特

---

* 载《教育与职业》1918 年第 3 期。

殊之发展而达于道德的社会，极一国之能力，推广此道德社会之范围，渐臻人道的国家是也。其第二方面，虽一时不能达到，唯吾辈当以此存于心。

教育者，养成有用之国民者也。普通学校及职业学校（或称工业学校），皆当以此为宗旨。有用之国民，即抱此国家之二主旨者。今有人焉，富有体力、脑力，享国家之保护，不为国家公共之主旨，尽其所应尽之责任，则非唯为无用之国民，即称之为不道德，亦不为过。若夫坐得祖宗之遗产，但求个人之娱乐，窃有用国民之美名，则断乎其不可。盖其除出赋税外，对于社会公共之工业未尽毫厘之功，而其所受享者皆由此来。他若细微贱工，其所出虽微，亦有道德上之价值，较之彼坐食不事者，其功为高也。

个人处社会之中，其第一责任，为须有能力及志愿以成国家之事。换言之，即须有一种职业，直接或间接以助国家达其目的。此即公家学校第一之责任也。公家学校当使各个学生具有职业之能力，并使在社会上占一相当之职业。然此非道德的责任，不过为必经之初步而已。公立学校第二之责任，为使各个学生自觉其所作之事，不唯为个人求利益，且为社会求利益也。竭其能力以作事，即对于社会而竭其所能也。其第三之责任为发展儿童之欲望之能力。以预备完善之职业，为国家发展一部分之事业，使国家向理想上的道德社会而进行。以上所述，简而言之，公家学校之责任为：

1. 职业教育或曰职业之预备。
2. 授儿童以职业之道德价值。
3. 授儿童以职业所在地方对于社会之道德价值。

职业教育 公家学校之第一责任，为使学生习一种职业，此事骤观之，似与教育普及之思想相矛盾。然主张人类文化普遍之配氏，心目中纯为职业教育所盘旋，盖一国之中，其大多数人民必操一种工作，社会中劳力者必多于劳心者，世界之通例也。且普通人民之能力，多适于劳力。劳力者实文明之基础，学艺之所由以产出者也。故初级公家学校，必须有工场、园圃、厨房、缝衣室及试验室之设备。借以习实践之工作，学校中除授读、写、算、图画、理科、卫生、体操以外，当授以工业，使心与力并进，方得谓完全之教课。初级小学，固不必授以专技之职业（补习学校中授之），而预备职业诸课，则必不可少。

职业之道德价值 公家学校之第二责任，即教儿童以职业之道德价值是也。凡行为之有道德价值者，必于动作之初，于良知上已有发达自己之人格，或社会道德观念等欲望。今以教员之事业譬之，我之教人，以得薪水保职位故，则无道德价值者也。教人不为束脩，以为不尽心行教，则失自敬，是较有道德价值者也。尽心教人，乐不可遏，内以自增其德性，是更有道德价值者也。尽心教人以外，别无最快乐之事，且以之而增进人类之价值，是最有道德价值者也。凡具为增益社会之自觉心，以我之所工作，为社会公共之利益，事虽小，业虽微，其动作皆有道德价值。学校中养成此种自觉心，使之自强不息，别无他术，唯组织学校合乎工业社会之精神而已。

职业之对于社会道德价值 学校欲尽此最后之责任，先当使儿童具牺牲一己为工业社会谋幸福之心，儿童具有此种心理后，始能加高己所处之社会中之道德标准。以工业社会之精神，增进社会之道德程度，乃国民教育最高之观念。学校当以极早之机会，使儿童向此种观念而进行，其术无他，以学校中之工业社会养成其好习惯而已。近世，小学多欲以历史、修身两科教儿童以公民之责任，道德之原理，然其效果，不若行工业社会的训练之大。盖儿童之年力脑力，均不能及乎此也。

译者既节凯氏之演说而逐译其大意，喟然叹曰，凯氏之言，其得职业教育之真义者乎？人格教育之方法，道德教育之实施者乎？熔职业、人格、道德诸教育说于一炉者乎？夫一国之中，劳力者居其多数，普及教育之目的，在使人人受教育。若一国之中人人受教育，则此受教育者，其多数必为将来之劳力者。此所以职业之陶冶尚矣。工其事而乐之，且所以知我之所事，于社会有一部分之利益。吾以吾业为可贵，自尊自重，则人格成矣。聚多数之乐业者而成社会，百工居肆，以成其事，物阜民富，熙来攘往，则民德厚而风俗淳。社会之道德程度，其有不蒸蒸日上者乎？吾观乎德意志之发达而有感矣。

个人之价值与教育之关系[*]
（1918 年 4 月）

教育有种种问题，究其极，则有一中心问题存焉。此中心问题唯何？曰**做人之道**而已。做人之道唯何？曰增进人类之价值而已。欲增进人类之价值，当知何者为人类之价值。然泛言人类之价值，则漫无所归。且人之所以贵于他动物者，以具人类之普通性外，又具有特殊之个性。人群与牛群羊群不同。牛羊之群，群中各个无甚大别。此牛与彼牛相差无几也，此羊与彼羊相差亦无几也。人群之中，则此个人与彼个人相去甚远：有上智，有下愚；有大勇，有小勇，有无勇；有善舞，有善弈，有善射，有善御；皆以秉性与环象之不同，而各成其材也。故欲言人类之价值，当先言个人之价值。不知个人之价值者，不知人类之价值者也。人类云者，不过合各个人而抽象以言之耳。

陆象山曰："天之所以与我者，至大至刚，问尔还要做一个人么？"此言个人之价值也。我为个人，天之所以与我者至大至刚，我当尊之敬之。尔亦为个人，天之所以与尔者，亦至大至刚，我亦当尊之敬之。**个人之价值，即尔、我、他各个人之价值。识尔、我、他之价值，即知个人之价值矣**。个人云者，与尔、我、他有切肤之关系。尊敬个人，即尊敬尔、我、他。非于尔、我、他之外，复有所谓抽象的个人也。

我国旧时之社会，由家族结合之社会也，故合君、臣、父、子、兄、弟、夫、妇、朋友为群。今日文明先进国之社会，由个人结合之社会也，故合尔、我、他各个人而成群。由家族结合之社会，其基础在明君、贤臣、慈父、孝子。**由个人结合之社会，其基础在强健之个人**。

何谓强健之个人？其能力足以杀人以利己者，非强健之个人乎？

曰，非也。杀人以利己，是病狂也。犹醉酒而胆壮，非胆壮也，酒为之也；其能力足以杀人，非能力大也，利诱之也。强健之个人，不当如醉汉之狂妄，而当若猛将之奋勇。

"天之所以与我者，至大至刚。"我当如猛将之临阵，奋勇直前，以达此至大至刚之天性，而养成有价值之个人。**做人之道，此其根本。**

此"至大至刚"者何物乎？曰凡事之出于天者，皆"至大至刚"。卢骚曰："天生成的都好，人造的都不好。"此即承认人之天性为"至大至刚"。教育当顺此天性而行。象山曰："教小儿，先要教其自立。"自立者，以其所固有者而立之，非有待于外也。

个人各秉特殊之天性，教育即当因个人之特性而发展之，且进而至其极。我能思，则极我之能，而发展我之思力至其极。我身体能发育，则极我之能，而发展我之体力至其极。我能好美术，则极我之能，而培养我之美感至其极。我能爱人，则极我之能，而发展我之爱情至其极。各个人秉赋之分量有不同，而欲因其分量之多少而至其极则同。此孔子所谓至善，亚利士多得所谓"Summum Bonum"（译即至善）。

个人之价值，即存于尔、我、他天赋秉性之中。新教育之效力，即在尊重个人之价值。所谓"自由"，所谓"平等"，所谓"民权"，"共和"，"言论自由"，"选举权"，"代议机关"，皆所以尊重个人之价值也。不然，视万民若群羊，用牧民政策足矣，何所用其"言论自由"乎？何所用其"选举权"乎？牧民政策，仁者牧之，不仁者肉之，牧之始，肉之兆也。故牧民政策之下，个人无位置，尽群羊而已。共和政体之下，选举之权，尽操于个人，此即尊重个人之价值也。政治因尊重个人，故曰共和，曰民权。**教育因尊重个人，故曰自动，曰自治，曰个性。**

我一特殊之个人也，尔一特殊之个人也，他一特殊之个人也。因尊重个人之价值，我尊重尔，尔尊重我，尔与我均尊重他，他亦还以尊重尔与我，尔、我、他均各尊重自己。人各互尊，又各自尊，各以其所能，发展"至大至刚"之天性。个人之天性愈发展，则其价值愈高。一社会中，各个人之价值愈高，则文明之进步愈速。**吾人若视教育为增进文明之方法，则当自尊重个人始。**

英国之工业与其所受美德两国之影响[*]
(1918 年 4 月)

英国工业之发达，借制造与商务两者。将生货运入，制成熟货而输出之。故英国之发展工业政策，以造船、寻殖民地两者为要图。船所以运货，殖民地则为海外之商场也。

凡一国之工业，以海外商业为根基者，必与他国相接触而成一竞争之局，因竞争而受影响。故有海外商业之国，其工业发达必速。盖他国之所长者，吾得而采取之也。

英国工业上所受之影响，为美之"托拉斯"主义，作工迅速主义及德之工业教育。美国一天产丰富之国也，其出产既多，必设法开辟之，开辟天产，大资本利于小资本，加以海外商业竞争，其出货成本愈省者，则竞争愈利。此酿成"托拉斯"之原因一也。美国之人生观以"成功"两字为无上之荣光。故美国商家得资本后，愈思推广其事业，至老不息。盖资本愈厚，事业愈大，则其成功愈多。故以大吞小，以强并弱。人之失败，我之成功。此酿成"托拉斯"之原因二也。英国则不然。有贵族在，商业上之成功不足以夺贵族之荣誉。故苟得资财，足以自养裕如，则退休乡里，优游乎击球之场，舞蹈之会，以作毕生之快乐。较之美国商家之以"成功"为毕生事业者，大相径庭。此所以无若美国之大资本出现。然世界交通，英国商人与美国商人相接触，因商业上之竞争，知小资本终敌不过大资本，于是不得不出之以合并，或数家联合，或以较大者并吞较小者。"托拉斯"主义遂流入英国矣。此英国工业界所受美国之影响一也。

美国人因欲"成功"而急欲生产，因欲生产之速而求所以省时之

---

* 载《教育与职业》1918 年第 5 期。

道，于是奖励新法，改良手续。凡可以省时者，无不欢迎，时省则货价自便宜。英国与美国接触，自不得不求省时之法以与之竞争，改良手续，加添作工之速度。工人之能者，作工较速，而得工资亦较旧日为多。厂中工人之数，亦得因此而减少。其结果则工人失业者之数加增，而彼作工较速之工人，虽其工资较多，而作工时所费之精神亦较往日为多，卒至精神衰弱，大碍卫生。于资本家得生产率度增加之利益，于劳动界则有失工或碍卫生之苦痛。此英国工业界所受美国之影响二也。

德国工业发达之秘诀，一为以国家之力奖励工业，二为注重科学，三为工业教育之普及。英国见德国工商事业蒸蒸日上，几有凌驾世界之势，于是反省自悟。科学之声渐高，而工业教育亦渐渐萌芽。英国今日所有之工业学校，皆模仿德国者也。英国重个人主义，人民不喜政府之干涉，然近年来政府干涉工业之趋势，亦渐渐增进。盖世界竞争，有不得不然之趋势也（战事起始时，英国议院反对强迫军制。后以志愿军不足，德国之强迫军战时多效能，故通过强迫制案。美国以英国预备战事之不经济，加入战争时，即集权于政府。至今日全国之铁道、食物、燃料各归一人主持，全国听命。至于军队，除少数之常备军外，尽由强迫制而来）。

近年来英国一班进步人物主张改革教育，以为改进工业之基础。其大旨如左：

（一）强迫工业教育。凡年在十四岁以上，十七岁以下之童子，须受强迫工业教育或受强迫补习教育。

（二）小学各班之人数当减少。采小班制，并积极训练学生之才能。

（三）大学校当陶冶科学精神。

进化社会的人格教育[*]
（1918 年 6 月）

何谓人格？本个人固有之特性，具独立不移之精神，其蕴也如白玉，其发也如春日，而此特性，此精神，即所谓**人格**也。以此为目的之教育，即所谓**人格教育**也。

何谓进化社会？进化社会有三条件：一曰社会所贮蓄之文明，能日日加增也。不能保守固有之文明，不必言进化。能保守矣而不能加增，亦不能言进化。故进化社会，须日日加增其文明也。二曰**社会之度量，能包容新思想也**。退化的社会，度量狭窄，凡有新学说出现，必挫折之，使无存在之机会，而后乃快。有清之文字狱，与俄帝国时代之压制言论自由，即其例也。三曰**大多数之人民，能享文化之权利也**。如文化限于少数之人，则此少数人之思想纵或高尚，往往与一班普通社会相扦隔。其结果也，于俄国则酿成虚无党，于中国则养成迂远不切事务之书呆子。少数之人，高谈阔论，不可一世。而多数国民，其劳力如牛马，其愚鲁如蠢豕，社会之前程遂黑暗而无光。

以上之三条件具而后社会始能进化。故个人之居进化社会中，当负此三种之责任。欲负此三种之责任，必先养成有负此责任之能力。

此能力之基础有二：一曰**能行**，二曰**能思**。所谓能思者，养成清楚之头脑，并有肝胆说出其思想，不可抄人成语，亦不可委委诺诺地随人脚跟后讲糊话。所谓能行者，做事担得起责任，把肩膀直起来，万斤肩仔我来当。夫如是，始能增加文化，生出新思想。至使大多数人民能享文化之权利，则须仗教育之普及。

进化社会的人格。本上文人格之定义，与夫进化社会之条件，个人

＊ 载《教育杂志》1918 年第 10 卷第 6 期。

能力之基础，而作进化社会的人格之解释曰：本个人固有之特性，具独立不移之精神，其蕴也如白玉，其发也如春日，具清楚之头脑，担当万斤肩仔之气概，能发明新理而传布之，勇往直前，活泼不拘，居于一社会中，能使社会进步，而此特性，此精神，即所谓进化社会的人格也。**以此为目的之教育，即所谓进化社会的人格教育也。**

进化社会的人格之养成。若以此种人格，为太近二十世纪欧美之人格主义，与中国社会不相宜，则取消之可也，诸君各自行其所见可也。如以此为有研究之价值，或以此为人格之真义，则其养成之之道，不得不一研究也。

进化社会的人格之蟊贼。欲养成进化社会的人格，须先去其戕贼此人格之蟊贼。此蟊贼唯何？一曰："滑头"政策。凡为此政策者，其自己必不承认之。然无论其承认与否，其"滑头"之手段固流露而不能自掩也。此种人第一之缺点，为不负责任。其发言也，或借重时尚，或模棱两可，但知为自己保职位，贪安乐，而不知为学生造幸福也。其言教育也，则包含宇宙间之教育原理，使人不能指摘。其于学校中一切设施，如浮光掠影，无根本之价值。但能博社会粗浅心理之欢心，则自诩其为教育之成绩矣。二曰"警察"政策。凡为此政策者，其人大都能负责任。而其所缺乏者，为近世教育新理耳，其手段与政治家所谓开明专制者，略近之。然而其流弊也，往往徒有专制而无开明，用严厉手段，压迫学生成一种木偶，规行矩步，以为郑重，吹毛求疵，察察为明，学生之学业未成，而生气早绝矣。

积极之进行。能去以上两种之政策，其有功于教育，固不鲜矣。然欲养成进化社会的人格，非积极进行不可。进行之道有二，前已言之矣，即一曰使学生能思，养成清楚之头脑，并有肝胆说出其思想；二曰使学生能行，做事担得起责任，把肩膀直起来，万斤肩仔我来当。夫若是，斯足以养成进化社会的人格。

读英国裴特来氏《战后之教育》有感[*]
（1918 年）

西谚曰："和平时当为战争之预备。"吾则曰："战争时更当为和平之预备。"战后之教育，预备和平时之教育也。夫欧战开始以来至今日，其所损之财产，不知凡几。其所杀之青年，吾不知其数，若将其尸体鱼贯排列，则自上海起可排至西藏之拉萨，折回而再排至上海，复折回而排至汉口而止。未死而将死者，吾又不知其将若干。其损失财产如此，其所杀青年之数又若彼。战后之建设问题，其浩大繁复可知矣。教育者，解决此建设问题之一重要机关也。故凡关于战后种种问题，必先事而预筹之。其关于英德两国人生观之不同，政治观念自由界说之不同，以及乎学校组织教育宗旨之互异，及战后之调和，余当于《教育杂志》商务印书馆出版。详言之。在此之所欲言者，关于职业教育之问题而已。

裴氏对于战后之教育，除他种问题外，主张注重科学及强迫补习教育两点。其对于注重科学之言曰："无论开辟富源，或以科学之知识、方法求各种事业之效能，或解决各种问题，科学之价值，彰明较著，不言而知。他若制御天然力以为人类之用，非借科学知识，无论何种工业不能进步。近世生活，大半借机械之力，即思想亦多受科学之影响。吾侪生此时代，其可不稍知科学之方法及其发明乎？故科学必于教育中居重要地位，无可疑也。"

其对于强迫补习教育之言曰："……吾人当多设补习学校及实业学校，以为入工界者之青年立身之基础……强迫教育须延长至十八岁……自十四岁至十八岁之儿童（如不能受完全之工业教育），当入补习学校。每星期以一半之时间作工，一半入学……"

---

[*] 载《教育与职业》1918 年第 5 期。

　　裴氏以上所言之两项，为战后恢复工业之预备。夫二十世纪一经济社会也，经济社会之发达，有赖乎科学与工业者实多。德意志之穷兵黩武，滥肆强权，不顾世界舆论，盖有所恃也。所恃者何？其科学与工业耳。吾辈虽不当以科学、工业为世界祸，然欲为世界造幸福，亦不得脱离科学与工业也。因读裴氏《战后之教育》有感，特择其有关于职业教育者，拉杂书之，冀吾国教育家之自觉耳。

　　是书西名 *Education after the War* 为英国别代尔斯（Bedales）学校校长裴特来（Badler，J. H.）所著，特揭其名以作介绍。

和平与教育[*]
（1919 年 1 月）

　　和平非不战之谓也，和平亦非不战可得而几也。战争之战仗武力，和平之战仗正义。正义存乎世，则真正之和平始可得而保。若夫武人专权，正义扫地，虽无战争，非和平也，苟安耳。国民各怀苟安之心，而犹自诩其爱和平，游鱼嬉釜，供人烹调而已。

　　吾国人素以爱和平著，然一究其原，吾国人所谓和平者，实无坚固之基础。何以言之？曰：吾国所谓和平之基础者，非仁政也欤？仁政也者，非即所谓牧民政治也欤？国民如群羊，仁君牧之，牧之得其道，则五谷丰登，家给户足，熙攘往来，咸与升平。虽然仁政之下，暴政伏焉；牧之始，鱼肉之始也。彼牧者一旦苟欲杀其群羊而供其大嚼，则又谁与之抗？读吾国历史，一治一乱相乘续者无他，羊肥而食，食者暴也；羊瘠而牧，牧者仁也。牧而食，食而牧，循环不已。政府以民为羊，而民亦自甘居于羊之地位。若是者数千年，积重难返，居今日而视全国之人民，要皆懦弱无能之群羊耳。故政客弄巧，国民无能为也；武人弄权，国民毋敢违焉。今日察吾国之大局，非一有政客武人而无国民之国乎？谁为为之？曰："仁政也，牧民政治也。"牧民政治之和平，苟安而已。故今日欲得真正之和平，当一反吾国向日之所谓牧民政治。

　　牧民政治之反面，即平民主义是也（或曰民权主义）。平民主义，首以增进平民之能力知识为本，使人民咸成健全之个人，倡造进化的社会。于是一方以健全之个人，进化的社会而为和平之保障；一方以个人之才智，社会之能力，而扫除强暴不良之政治。如此，则熙攘往来，咸与升平，真正之和平至矣。

---

　　[*] 载《教育杂志》1919 年第 11 卷第 1 期。

欲得永久之和平，必以平民主义为基础。然欲自牧民政治而跃入平民主义，决非可苟且偷安而得者，则必自人人之奋斗始。故吾所谓和平者，奋斗之和平也；达此和平之教育，奋斗之教育也。

向日德国教育主义，与夫自德国采取而来之日本教育主义，即所谓军国民主义是也。日本以实践之科学，武士道之军队，一战而破纸虎之中国，再战而败雄熊之强俄，固军国民教育之功。然德国挟其军国教育而与世界宣战，卒败于酷爱平民主义之美国与其他协约国。美总统威尔逊曰："吾美将牺牲一切，为正义而战，为世界平民主义求安全而战！"德军既挫，平民主义遂占胜势矣。

读者诸君乎！强国之道，不在强兵，而在强民。强民之道，唯在养成健全之个人，创造进化的社会。美国以七万五千之常备军，期年之间，集雄兵达四百万。运到法国者，每分钟计七人，每小时四百二十人，每日一万人。十一月十一日宣告停战之日，美军在法者约计二百万人。其征集运输之神速，令人惊骇。此无他，其国民之个人强也，其社会之进化率高也。美国之兵，皆平民也，未入伍以前，或为教员，或为商人，或为官吏，或为富家子，或为佣工，或为农人。其学校，无军国民教育也；其陆军总长，文人也。既无所谓督军，更无所谓镇守使。然而个个皆良兵，人人皆勇士。非国民个人之强健，而能臻此乎？总统一文告，而全国青年，均赴选举区注册入伍，无敢稍后。一举公债，辄逾原额。主中馈者节省食料，大实业家弃职位而为政府效劳。国中工厂，尽听政府调度。学校男女儿童，或在庭前隙地种植，以增全国食料；或为红十字会服务，以助救济事业之进行。男子身赴前敌，女子代其职业；农场工厂，电车铁路，女子均操男子之业。威尔逊曰："工人之队伍，其功与赴前敌之队伍同。工人之机械，犹来复枪也。无工人之机械，则来复枪亦将失其功用。"由此言之，奏凯旋之功者，非独兵士而已，全国国民与同功也。故和平云者，亦非独弭兵而已，全国国民与有责也。苟非个人健全，社会进化，则战时不足以制胜，平时亦不足以享受其幸福。故**有健全之个人，进化的社会，则可战可和；无此，则战固不足恃，和平亦不足恃也**。

和平之真义既明，而后始得言和平之教育。教育者，即达此和平目的之一方法也。**欲图永久之和平，必先解决教育之根本问题**。吾国昔日之教育，牧民政治之教育也。孟子曰："立庠序之教，所以明人伦也：父子有亲，君臣有义，夫妇有别，长幼有序，朋友有信。"又曰："人人亲其亲长其长而天下平。"近世西洋之教育，平民主义之教育也。曰自治也，独立也，自由平等也，发展个性，养成健全之个人也，皆所以增进个人之价值，而使平民主义发达而无疆也。此次世界大战之结果，平民主义已占胜势，世界潮流且日趋于平民主义。（如俄罗斯之革命，日本之内阁更迭，均为平民主义发达之结果。日本历来之内阁总理，均系贵族，此次原敬以士族而组阁，实为创例。友人之新自日本归者，为余言曰："日本人民近数月间为世界潮流所感动，多倾向平民主义。"）平民主义愈发达，则其和平之基础愈固。故**欲言和平之教育，当先言平民主义之教育；欲言平民主义之教育，当自养成活泼之个人始**。其道奈何？曰：

（一）养成独立不移之精神。吾国青年最大之恶德有二：一萎靡不振，一依赖成性。萎靡不振，则遇事畏难，欲望减缩，事无大小，必无成功。依赖成性，则事事随人脚跟后说话，新事业之创造，必不可能矣。故必使具高尚之思想，凡事须进一步想，勇往直前，百折不挠，以是而养成独立不移之精神。此种青年愈多，则社会进化愈速。若夫垂头丧气，事事畏缩，岂所望于新教育所产生之青年哉！

（二）养成健全之体格。曾文正曰："身体虽弱，不可过于爱惜，精神愈用而愈出。"此言当有界限。夫逸居饱食，以养精神，则精神必僵；若但用精神，不强体力，则终亦必踣。况近世文明复杂，必非枵朽之体所能担当。回忆旧时同学之英俊，学成而夭折者，不可胜数。作者留外十年，返国访旧，乃大半已入鬼乡。以孱弱之身体，遇复杂之文明，不其殆哉！更念当时在外留学，十年之中，同学青年夭亡者，不过数人，卫生有道，非寿命也。体操也，网球也，野球、足球也，游泳、舞蹈也，皆所以延年之道也。球场，游泳池，舞蹈厅，到处皆是。彼国人士，群趋而游嬉焉。野球比赛，举国若狂。其活泼运动之精神，贯彻于全国人民之生活。此实欧美个人强健，社会进化之秘诀。而反观今日吾国则如何？其他且勿论，但以学界言之，日课以外，则无娱乐之地。好学者读书，读书愈多，而身体愈弱；不好学者玩扑克，扑克愈多，而志气愈消。读书过度，祸同扑克，臧谷亡羊，其失均也。

（三）养成精确明晰之思考力。甚矣，吾国人之不思也！凡遇一事，或出于武断，或奴于成见，或出诸感情。故全国扰攘，是非莫衷。其断事也，不曰大约如此，则曰差不多如此。夫以**大约如此差不多如此**之知识，而欲解决近世复杂文明之问题，其能不失败乎？某西人谓作者曰：

"差不多三字，误了中国人不少。人人以差不多为知足，故缺少精确之知识。试问中国人口几何乎？曰：差不多四万万。试问此处到彼处几里乎？曰：差不多五六里。其尤甚者，则视是非为差不多，公私为差不多。"此非全国人民共具一糊涂之头脑乎！在糊涂之头脑，解析中国之问题，其有不错乱纷杂者乎！故以教育方法解决中国之问题，当养成精确明晰之思考力。欲达此目的，事事当以"何以如此"为前提。学校之中，当注重论理学、科学两者，以为思考之基础。记诵之学，非真教育也。

由上述来欲养成健全之个人，则独立不移之精神，筋血充实之体格，思考精确之头脑，皆为至要。三者不具，虽有爱国道德等训练，终亦归诸无用而已矣。

个人强健，社会进化之基础也。非此则成一不关痛痒之社会，今日之中国是也。虽然谋一国文明之进步，有从个人方面入手而间接及于社会者，有直接谋社会之进步而间接及于个人者。个人、社会，固相互为用者也。至若个人之存在所以为社会乎，抑社会之存在所以为个人乎？此又别一问题，姑置弗论（以个人之存在所以为社会者，德国及日本之人生观也；以社会之存在所以为个人者，英、美两国之人生观也）。吾人但认谋社会进化，亦有直接之方法可也。以中国今日而论，**直接谋社会进化之道，如之何其可乎？**曰：

（一）改良起居。中国起居之不良，凡稍吸外洋空气者，莫不知之。街道狭窄，居室不通空气，人居其间，得毋瘦弱枵朽乎？吾闻西人之论校舍也，甲说曰：校舍之壮丽，徒使贫家学生离校后，苦家庭之不良耳；乙说曰：学生在校养成起居清洁之习惯，离校后，知家庭起居之不良，长成独立时，必设法以改良之，此乃改进社会之良法也。大多数之教育家，皆以乙说为是，故欧美之建筑校舍，必取壮丽而舍简陋。学生在校时，借以涵养心神，启发美感。离校后，借以改良起居，为良子女之出产地。马湘伯先生演说曰："数十年前吾游日本，见其人民形容瘦弱；数年前再游日本，见其人民体力强壮，其理何在乎？曰：'数十年前之儿童，其出产地为臭水沟也，为猪槛也。近年来之儿童，其出产地为花园也。'试观上海人民，其黄皮瘦骨之形状，西人莫不谓中国人种之退化。此无他，我国儿童之出产地，为臭水沟也，猪槛也。"言之透彻，无以复加。或曰："校舍之不良，非不欲改良也，国家经费不足也。"斯言也，骤闻之虽亦近似，然尚有他原因存焉。迂儒曲士，奴于草芦茅屋之旧见，以为讲学之地，无取壮丽。一般社会，盲从其说而附和之。故一有壮丽之校舍，出现于其地，即物议沸腾，斥为浪费。若是，办学者其谁愿遭此物议乎？否则国家岁费数千万，以养无用之兵，而未尝有所吝惜，谁谓中国无钱乎？若以起居论，诸君不见上海静安寺路霞飞路之西人住宅乎？树木荫翳，花草满庭，不疑若仙宫乎？然而西人每日作事只八小时，事罢后，气笛鸣鸣，气车飞驰，往仙宫而息焉。吾国人自朝至晚，自元旦至除夕，一无休息。统一岁之勤劳，其所得尚不足以维持一清洁之家庭，而以臭水沟为子女之产生地，其故何耶？此足以深长思也。嗟夫！起居不良，皮黄骨瘦，精神疲倦，作事委靡。社会衰落，良有以哉！

（二）修筑道路振兴实业。道路，一国之血脉也。国无道路，则麻木不仁。美之治菲律宾也，修大道，筑铁路，全国之道路如蛛网也。日本之治台湾、高丽也，亦以此为入手办法。以高丽而论，日政府之规划不遗余力，行政之大机关与大机关相联络，有一等道路也；中机关与中机关相联络，有二等道路也；小机关与小机关，有三等道路也；市镇村落相联络，有四等道路也。菲律宾与台湾，固作者所未亲睹也，而高丽则曾一涉足其地矣。若较以中国之大，非有数万里之铁路，数百万里之道路，则必无发达之望也。

欲使社会发达，一面当修筑道路；一面振兴种种实业，如矿产也，森林也，制造也，皆为富国富民所必不可少之事业也。或曰：“修筑道路，振兴实业，无一不需资本，中国贫极矣，将从何处以得资本乎？”曰：“外资可利用也。”吾为此言，非欲鼓励借债，以充政客之私囊，以填军人之欲壑。盖以修道路，兴实业者，皆属生利之事业。因生利事业而借用外资，有何不可？或又曰：“君言良是，然于我教育界何关乎？”曰：“不知国家基本问题者，不足与言教育也。”教育非养成书呆子而已，将为社会造有用之才也。不知社会之需要者，其能为社会造人才乎？诸君请勿以咿唔咕哔为教育之终点，请各放开慧眼，向全国与世界一为视察。数间教室，非完全之教育场；数本教科书，非完全之教育资料也。

试观今日中国，学校之毕业生，无论习文学，习商科，习工科，在社会求一职业，不可得也。外洋毕业回国之学生，日益增多，欲求一适当之职业，难如登天。若欲于外国公司得一职位，如英美烟公司，美孚洋油公司，奇异电灯公司等，亦非易事。其服务于政府乎？则政府无若许之官职。故敢断言曰："中国如不修道路，不兴实业，则毕业生之途塞；毕业生之途塞，则为父母者对于教育子弟之热度必减。如是而欲中国教育之发达，将待之何时乎？"

（三）奖进学术。社会之进化有两种根本也，曰物质上的，即改良起居，修筑道路，振兴实业是，前已言之矣。曰精神上的，即奖进学术是也。学术者，一国精神之所寄。学术衰，则精神怠；精神怠，则文明进步失主动力矣。故**学术者，社会进化之基础也**。今以吾国之学术而论，一曰**无系统**，周秦之学术，最有系统者墨家也。而儒家最有系统之书，为《大学》。此宋儒之所以自《礼记》中分出，以独立为一书。宋儒求知识之方法，所谓致知格物者，均自此出（拙著有英文《中国教育原理》一书，内有知识方法篇，言此甚详，稍暇当译成中文以供研究）。然与希腊诸哲之书相较，其系统之完密，则吾国远不如也。近世西洋学术之发达，科学之精密，皆导源于希腊学术之系统（拙著中亦曾详言之）。盖学术之系统完密，而后知识始得精确。孔子曰："工欲善其事，必先利其器。"此之谓也。由是言之，欲为中国求精确之知识，非改良学术之系统不为功。二曰**太重应用**。夫学术太重应用，则唯适合于社会之现况而止，不能再求新理，因是而国民乏进步之思想矣。作者尝以一小事而判中西人士思想之不同。比如以一物而赠西人，则必曰，此物甚有趣味；若以之而赠吾国人，则必曰，此物果何所用乎？盖西人之爱物，以有趣味为前提，吾国人之爱物，以有用为前提也。三曰**太重古文字**。专重古文，则解者必少；解之者少，则知识不能普及，此为社会进化最大之障碍。侯官严氏之译《天演论》也，可谓译界杰作。然而能读而领悟之者，究得几何人？其能作此种文字者，则更有几何人乎？作者尝读英文原本之《天演论》矣，其文字之浅显，虽小学学生，亦能解读。而严氏矜尚古文，从事翻译，其得名重于一时，要亦迎合社会重古文字之心理耳。此种心理不改，则必使译者搁笔，将何所借而输入新思想乎？欲改良以上诸缺点，**第一当讲论理学、科学之方法**，盖此二者，学术系统之基础也。**第二提倡精神上之兴趣**。夫应用二字，常以物质的或社会的用处为限。若夫精神上之兴趣，则以求得新理为愉快。新理愈多，则社会愈进化，而后始得言永久之应用。纽顿见苹果堕地而明地心之吸力，岂为应用哉！然而于物理上之应用正无穷也。笛卡尔之造微积分，岂为应用哉！然而于工程上之应用正无穷也。西洋种种新理之发明，出于精神上之兴趣者甚多。因有精神上之兴趣，故不以目前物质社会之应用为限。因有种种新理之发明，则新理日出，而后应用乃无穷。故精神上之趣味，应用之源也；物质社会之应用，新理之流也。吾国数千年来过重应用，迄今新理用尽，而源绝矣，源绝而流涸矣。杜威博士有言曰："太应用，则反不应用。"愿吾国人三复斯言也。**第三革新文学。**文学革新之方法，作者不敢于此短篇中武断之。然就教育方面而言，知必先求言文之接近。言文接近，教育方能普及。八股敝，改策论；策论敝，将何改乎？文学革命乎，将来必澎湃全国，无可疑也。作者复有一言，为今日之著作家忠告曰："欲求学术之发达，必先养成知识的忠实。"读者试观今日之出版物中，有明明抄袭而成也，则美其名曰著；明明转译自日文也，而曰译自英文、法文或德文。夫对于金钱不忠实，不可以为商。对于行为不忠实，不可以为人。对于知识不忠实，其可以言学术乎？作者又为教育部忠告曰："教育部为全国教育界观感所系者也。当设种种方法，奖励学术，为全国倡。人民亦当结社研究，激发一般社会尊重学术之精神。学术兴，则中国之精神必蓬勃蒸发，日进而无疆。"

虽然欲实行以上种种之政策，必有千万阻力，当于我前。**必用全力奋斗，乃克有济，不可以苟安几也。**以正义为先导，以养成健全之个人进化的社会为后盾，张旗鸣鼓，勇猛前进，此即所谓为和平而战也。战而胜，则平民主义由是而生存，真正和平由是而永保。和平与教育之关系，如是如是。

教育究竟做什么[*]
（1919 年 2 月—5 月）

请问吾人究竟为什么要办教育？英国人尝曰："养成君子人也（Gentleman）。"沉毅温恭之品格，君子之所当具也。然而君子人之教育不能普及乎平民。而工党罢工之事，纷起于国中矣。德国人尝曰："养成军国民也。"然而德国有兵而无民，兵败而国事紊乱矣。日本人尝曰："养成忠君爱国，为国殉身之军国民也。"当其盛也，败强俄而雄视东亚。今日世界武力既摧，敢问日本此后之方针若何？中国人尝曰："教育所以救国也。"德相俾士麦以普之败法，归功小学教员。故中国亦当极力办教育也。吾国之兴学校二十年于兹矣，今日所收之效果若何？武人专横，国几不国，民几非人矣。请问教育究竟做什么？

请问孔子，孔子曰："在明明德，在亲民。"请问孟子，孟子曰：人性善，教育要扩充人本来有的善性。请问象山，象山曰："要做堂堂的一个人。"请问朱子，朱子曰：要学圣人。请问阳明，阳明曰：要把这个我所固有的良知发达起来。请问亚利士多德，亚氏曰：要发展人类所固有的智慧。请问卢骚，卢骚曰："天生的都是善的，人为的都是恶的。"教育要使天生的自然发长起来。请问福录培，福录培曰：要使儿童自然生长。故取花园里草木荣荣生长之义，创幼稚园。请问斯宾塞，斯宾塞曰：教育要使人类有保护自己生命的好方法。请问蒙铁苏利，蒙女史曰：要儿童自己动作，养成自动的人。请问徒威，徒威曰：要使儿童的生活与家庭社会的生活相连接，做学生即是做人，学校的生活即平民的生活。

我把上下几千年，东西两大洋永远不死的大教育家都问过，他们并

---

* 载《新教育》1919 年第 1 卷第 1、2、3、4 期。

没有说什么军国民主义，把国民尽变了杀人的刀。他们亦没有说什么一阶级的君子人，把平民都抛弃在一边。这都是皇帝军阀贵族说的话，非大教育家说的话。请问吾人还是要做大教育家的朋友，抑还是要做皇帝军阀贵族的奴隶？

战场里平民的大炮，隆隆而鸣，其势甚烈，把这班皇帝军阀贵族都轰倒。把他们所订的教育制度、所定的教育宗旨，都化作焦炭。数日前，我读伦顿《泰晤士报》，知德国自战败后，其教育家都鼓噪起来。大概谓德国学制之弊，使平民都变了机械。德国大文学家哥的（Goethe）说道："机械之中有鬼坐焉。外力一去，鬼跃而出。"德人不师其言，而今受其祸。我为模仿德国教育制度之日本危。我更为模仿自日本输入德国式的教育之中国危。英国议院于去年八月初八日通过一议案，曰《菲休教育案》（Fisher Education Bill），扩张平民教育，时人称之曰儿童的大宪章。强迫教育之时期，延长至十八岁。一九一七年，英国战时内阁报告曰："战后之再造，非仅限于恢复战前之社会原状，必将世界重新再造，比旧时好得多，方算是一番真改革。"教育家咸称此后英国的平民主义，必蒸蒸日上，为世界光。

法国近来亦议推广教育，拟以二十岁为强迫教育终期。美国全国教育会议决案，亦急急以改良师资，发达平民之才智与道德为要图，为平民谋幸福，为国家求安全（全案附后读者可参考之）。平民之发达，国家之基础。全世界之先进国，因此次大战而咸为觉悟。敢问日本其觉悟否？中国其觉悟否？

俄国高等教育甚形发达，战端未开之际，中学学生人数，除美国外，为各国冠。然而彼俄国贵族，不知平民之价值。多数国民未与以受教育之机会。普通百姓，识字者稀少。至今一败涂地，无可收拾。盖国家之盛衰，以平民之知识为断。以平民无知识而遭失败者，俄国是也。然而徒有普之教育，而无正当之普及教育者，终亦必失败。彼德意志者，其普及教育，不可谓不广矣。其终归失败者，盖其教育重机械，重服从，重军国民主义，所谓不正当之教育是也。今德人已觉悟，彼受其毒之日本已觉悟否？受俄德两重毒之中国已觉悟否？苟其觉悟也，改良其时矣。苟犹未也，东亚休矣。

故要问教育究竟做什么，先要问二十世纪世界之生产物为什么。二十世纪世界之生产物，平民主义是也。彼过激派（Bolshivism）与世界劳动会者，皆抑制平民主义所酿成者也。彼求平民主义而勿得，遂出过激之手段。既毁强俄，复败狠德。其势力之膨胀，使贵族寒胆。唯彼素爱平民主义之英美法无恙也。然彼犹鉴乎俄德之失败而革新其教育，吾人其觉悟否？

由是言之，二十世纪之世界，为平民主义之世界。你若问二十世纪之教育究竟做什么？我答曰：教人人做一个好平民，使个个平民做堂堂的一个人。

做堂堂的一个人之方法若何？我答曰：先要认定学生是一个自动的平民。把这个自动的平民，如养花草的养起来，使他得一种春风时雨的化育，渐渐儿顺自然发长起来。若把自日本抄来之德国式的法令，认作金科玉律，把学生一个一个的束缚起来，使个个变成机械，则便成不良的教育了。须知"机械之中，有鬼坐焉，外力一去，鬼跃而出"。请问吾人知道这个道理否？

教育究竟做什么？使平民做堂堂的一个人，使个个平民做堂堂的一个人。

1919 年 2 月新教育

第一卷　　　第一期

新教育编辑部

主干　　蒋梦麟　　通信记者　　黄炎培

编译　　徐甘棠　　发行　　　　沈肃文

编辑代表：

北京大学　　　　　　　蔡元培　陶履恭　胡适

南京高等师范学校　　　郭秉文　陶知行　刘经庶　朱进

暨南学校　　　　　　　赵正平　姜琦

江苏省教育会　　　　　沈恩孚　贾丰臻

中华职业教育社　　　　余日章　顾树森

本月刊倡设之用意　同人等察国内之情形，世界之大势，深信民国八年实为新时代之新纪元。而欲求此新时代之发达，教育其基本也。爰集国中五大教育机关，组织新教育共进社，编辑丛书、月刊，盖欲在此新时代中，发健全进化之言论，播正当确凿之学说。当此世界鼎沸思想革命之际，欲使国民知世界之大势，共同进行，一洗向日泄泄沓沓之习惯，以教育为方法，养成健全之个人，使国人能思、能言、能行、能担重大之责任。创造进化的社会，使国人能发达自由之精神，享受平等之机会。俾平民主义在亚东放奇光异彩，永久照耀世界而无疆。

教育与政治 吾国今日之教育界，有一种舆论，即但管教育，不谈政治是也。同人以为此说当有界限，若漫无限制，则非唯教育将不成教育，政治亦将不成政治。今日国中优秀分子，以教育事业较为清高，而投身其间者，颇不乏人。若此班优秀分子，绝不注意政治，将一任政客之摧残乎？教育家不关心政治，则学生亦将间接受其影响，将来政治之改良，将以何人负其责任乎？故同人以为政治一物，当分作两方面观。一曰政党与政事，教育界所不当涉足或干涉之，涉足政党，则政党之变迁，将影响乎学校，学校之破裂，可立而待，干涉政事，则阻碍行政，抛荒职务，均不可也；二曰政论，若剖明是非，主张正义，启发后生，养成平民政治之习惯等是也。操教育权者，责无旁贷。弃而不顾，是弃其天职也。若夫抛荒学校职务，运动选举，口虽不谈政治，而贻祸教育，罪莫大焉。

今后之教育 世界大战告终，全世界思想必多所变迁。吾国今后立国，内必准酌国情，外必审察大势，使国人之思想与世界之潮流一致进行。教育为立国根本。欲解决中国种种基本问题，教育其一重要方法也。故今后之教育，不唯为全国教育界所当注意，即政治、实业、经济界诸领袖亦当亟为研究。

去岁十月，全国教育会在江苏省教育会开第三次联合会，通过一议案曰《今后教育之注重点》，主张发达平民主义，养成健全个人，促进社会进化，注重科学美感体育，公民训练诸点。当为国人所共同赞成者也。教育部已将此议案批准，通饬全国。此案既经全国教育会联合会通过，复经国中最高教育行政机关布告。凡吾教育界中人，皆负有研究设施之责也。原案见后。

各国退还赔款兴办教育之动机 吾国教育进行之缓，虽理由甚多，而教育经费之支绌，实一大原因也。自美国退还赔款，派遣留学以来，成效卓著。增进人类之文明，敦睦两国之邦交，为益甚大。一九零八年五月廿五日美总统罗斯福为退还赔款事，行文国会曰："本国当尽其所能，助中国教育之进行。俾此幅员广袤，人民众多之国家，得适应世界之趋势，共求进化。助中国教育发达之一道，为奖励中国学生来美留学，使受美国高等教育。吾国之教育家务体此意，共同襄助。"七月十一日，美国驻北京公使通告中国政府，将中国庚子赔款除赔偿实在损失外，一概退还。计美金 11655492.69 圆，并外加四厘息一并退还。查美国原得赔款计 24440778.81 圆。1909 年起第一年退还 483094.90 圆，逐年增加，至 1940 年（民国二十九年）告终，是年增至 1383785.36 圆。是美国退还赔款之大概情形也。据中外报纸传闻，英、日两国亦有退还之议。此议若成，他国必见义勇为，相与继起。则中国将来教育发达，友邦之加惠多矣。兹将此后各国赔款之数列后：

英·····················£10,738,992 镑

葡·····················19,570 镑

英代理各国·····················31,752 镑

瑞典·····················13,327 镑

德·····················Marks 389,169,974 马克

奥·····················Crone 26,357,748 克勒尼

比·····················Franc 44,998,190 佛朗

西班牙·····················717,666 佛朗

法·····················395,915,001 佛朗

意·····················141,167,885 佛朗

美·····················$ 34,566,905 金元

日本·····················£6,923,661 镑

俄·····················27,521,393 镑

荷兰·····················Florine 1,986,616 弗乐林

各国统计每年应还（本利总数合中国银两）如后：

1918 年至 1932 年（民国七年至民国廿一年）每年计：24,483,800 两

1933 年至 1940 年（民国廿二年至民国廿九年）每年计：35,350,150 两

教员与书籍　求知识之方法甚多。胡居仁曰："穷理非一端，所得非一处。或在读书上得之，或在讲论上得之，或在思处得之，或在行事上得之。读书上得之虽多，讲论上得之尤速，思处得之最深，行事上得之最实。"吾人强半之知识，得之于书籍。故虽有讲论、思处、行事所得之知识，若不读书，则见闻必狭。况谈论思想两者，不能在虚无空洞间行之。故若无书籍为后援，则凿空蹈虚之弊，恐不能免。吾尝入教员

室，见书籍稀少。于是知吾国教员知识之欠缺，为教育前途抱无穷之隐忧。窃愿为人师者，每日规定时间浏览群籍。学校执政者，划定经费，兴办学校藏书。于吾国教育之进行，为助不少也。

山西教育之新纪元 国中督军拥兵自卫，尽一省财力豢养无用之兵。教育事业日形衰落。根本既摧，枝叶何寄。言念及此，可为寒心。近闻山西督军兼省长阎锡山氏，独具先见之明，倡办全省义务教育，真不愧为模范督军。兹将其推行义务教育程序列下，愿各省之仿行焉。

第一次省城：七年九月办理完竣

第二次各县城：八年二月办理完竣

第三次各县乡镇及三百家以上之村庄：八年八月

第四次二百家以上之村庄：九年二月

第五次百家以上之村庄：九年八月

第六次五十家以上之村庄及不满五十家毗联之村庄能联合设学者：十年二月

第七次凡人家过少之村庄而附近又无村庄：可联合者，应由该地方官绅特别设法办理

自民国七年至十年，四年之中，推行全省义务教育，层次井然。其详细办法，另见本期月刊。将来成效卓著，其福我祖国者何可限量。同人谨代表国民，祝阎兼省长康健。

1919 年 3 月新教育

第一卷　　　第二期

新教育编辑部

主干　蒋梦麟　通信记者　黄炎培

编译　徐甘棠　发行　　沈肃文

编辑代表：

北京大学　　　　　　蔡元培　陶履恭　胡适

南京高等师范学校　　郭秉文　陶知行　刘经庶　朱进

暨南学校　　　　　　赵正平　姜琦

江苏省教育会　　　　沈恩孚　贾丰臻

中华职业教育社　　　余日章　顾树森

教育与交通 教育不普及，则共和国家之前途甚为危险，此人人知之。欲求教育之普及，有一根本问题须先解决者，即交通问题是也。美国治菲律宾，先修道路。盖道路不修，交通不便，知识无由传达。吾人闻诸书业中人曰：销书区域多沿铁道河道诸地，凡交通愈便者，销书愈多。知识与书籍有密切之关系，书籍之传布与知识之传布成一正比例。凡一区域内，销书籍愈多，则其人民之知识愈广。不特此也，交通便利，则来往者多。来往者多，则见闻广。教育固非仅限于知识，然知识为教育之大部分。故欲求教育之普及，非广筑铁道，多修道路不为功。近月以来，统一全国铁道之声，传布全国。一般舆论，于统一铁道政策，一致赞成。唯于国际公共管理一节，多数反对。吾人之意，以为主权必须保护，自无疑义，而于投资国之权利，亦不能完全不顾。终须详细讨论，双方得交互之利益，行政大权自我操之，事务上的管理，由彼协助之。并与以查账稽核之权，以示信实，外人当自视为整理中国铁道之信托人。一是当以中国的益利为前提，凡中国工师及事务员，须得优先之机会。如此办法双方有利。至于研究详细办法，非本月刊范围内事。唯略示大旨，唤起教育界诸君之注意耳。

总之，吾国教育之普遍发达，断赖交通之便利。而铁道又为交通之中枢。故吾人希望此统一铁道政策之成功。十年之内，使吾国重要干路成就，则中国之进步必加速百倍焉。

教育与地方自治 平民主义之教育，在养成个人自治、团体自治与社会自治之知识、能力及习惯。故地方自治者，实共和国教育行政之基础也。

山西省长阎伯川氏，整顿教育，不遗余力，分年按期，推行义务教育，已志第一期本月刊。其同时亦注重地方自治之推行，与教育并进。若阎氏者，不但为模范督军，而实为模范省长也。兹述其办理地方自治之方法如下：

村制 村内居民凡足三百户者，设村长、副各一人。其住户尤多者，得酌增村副至四人。

村民在二百户以下，得察度情形，联合邻村，合设一村。

闾 村之下设闾，以二十五家为一闾，设闾长一人。

选举 村长、村副、闾长均由村民加倍推举，送由知事选委，并呈报省道公署备案。

职务 村长、副之职务：（一）承行政官之委托，办理传布及进行事项；（二）本村民之公意，陈述利弊事项；（三）办理职务内应行报告，及特别发生事项。闾长隶属于村长、副之下，受村长、副之指挥，执行职务。均系名誉职，不支薪水。其办公费依照旧日习惯，分令村民摊派。

区　每县以三区至六区为率，区设公所，设区长一个（此项区长须由区行政讲习所毕业后，由省长委派），助理员三人，区警六人。区长以承受知事命令，督饬所管区内村长、副办理调查登记各种行政事项为职务，月俸二十元。区公所经费，由田赋项下每正银一两酌附加一角或二角，为全县各区经费。全省共计三百八十一区，城区由警佐兼任区长。乡镇之警佐，则由区长兼任，由省长暨警务处长分别加委。

吾人以为此种自治制度，官权似大于民权，然社会进化，由渐而来。山西之办法，足为将来完全民治之基础。一面推行义务教育，一面设施渐进的地方自治。两者并进，中国政治问题之解决，其在此乎。

城区之教育行政　现在省城与大府城之小学，多则十余处，少则五六处。每校有校长一，各自为政，不相统属。故一城之中，学校程度不一，教科程度不一。此急宜设法补救者也。吾人之意，以为一城之中，全数小学须统属一机关之下，督促其进行，改进其学科，使其程度日高。其办法，一城之中，须设一教育局。局长一人，为全城小学行政之长。局长之下，设视学若干人，按期视察各校，以助校长之不及。又专科视察若干人，分国文、算术、历史、手工、图画等科。每科以一人专之或一人兼任一二科。凡城中各校之某科，须归其一人专行视察，俾各科教师，得有指导人为之帮助。教科得借以改良。例如算术视察，每日依次轮视各校之算术教科。往讲堂听讲，凡教员教法不善，当于下课后指正之。并自己教授之，以为模范。为教员者，一方面教人，一方面受教。则改良教科之目的，得以达矣。

敢问教育界之新精神安在　吾国近年以来，教育界中人都成了一种精神疲弊的样子。大家似乎有一种说不出的苦衷。回想十五年前兴高采烈的气象，全没有了。吾人苦心思索，以为有五个道理：（一）以前谓学堂一开，中国便强，至今尚无实现的结果。所以不知不觉地生了灰心。（二）以前视教育为一种神通，玄妙不可思议，故人人都存一种好奇心。今日看来，亦不过如此，故热心渐减。（三）以前热心的人，后来都受了苦处，故大家持冷静态度起来。（四）生活程度渐高，吃饭的问题在背后赶来，大家应付不暇。（五）革命以后教育界中能干的人，乘了机会，变做政客。有此五个道理，所以教育界中人都变成精神疲弊的样子。把社会基本事业，视作无关痛痒。非矫厥弊，无以立国。然则将有何术以救之乎？

曰：养成教育界之新精神耳。其道奈何？（一）曰求世界之新知识。今之号称学者，或好古而沉于训诂，或好文而溺于古文的词章，而于世界知识，视为无足轻重。夫以教育界自称领袖之人，其思想不外乎不论理的古籍，其眼光不出乎方十余尺的课堂，不知世界做什么事。若尔为学，安能奋发精神？（二）曰存高尚的观念。吾人观夫东洋诸哲如孔子、墨子、孟子、文中、晦翁、象山、阳明者，何一不抱高尚的观念。西洋诸哲如苏格拉底、裴斯泰洛齐、福禄培、斯宾塞者，亦何一不抱高尚的观念。观念在前，人告奋勇，教育之精神由此而出。若夫身居教育界，而但以物质的报酬为前提，则钱多者往，事难者退，是乃役于物者而已。（三）曰信仰。吾人做事之所以前往不屈者，以有信仰耳。信仰不坚，因事思迁，今日为之，明日疑之，教育事业尚得发达乎？故吾人当以"教育为确能造成人类之幸福"为吾人之信仰。诸君欲为人类之领袖乎，在自己养成之而已。

人生在世，终日碌碌，究竟做什么？吾一生对于社会进步，能尽一分力，方不愧为堂堂的一个人。

高等教育与思想及言论自由　文明之进步，赖自动的领袖。自动的领袖，赖高等教育之思想及言论自由以养成之。"大学学问自由（Academic Freedom）"之主张，已成欧美先进国学问之大宪章。虽以德国军阀之横暴，而大学之中，自成一种自由国，而莫敢侵犯。他若英之牛津、剑桥，法之巴黎，美之哈佛、耶路诸大学，莫不以保全学问自由为神圣不可侵犯之事。吾国高等教育，近方萌芽，欲求将来学问之发达，亦非保其学问自由不可。三月四日上海《申报》传来北京专电，载大学教授四人，因出版物被驱逐。一时惊闻四传，学界惶恐。吾人闻之，以教育部诸公之明哲，大学校长之重望，必竭其所能，保全学问自由之大宪章，以维持教育独立之精神。后得京讯，果无其事，人心始安。兹选录上海报纸对于此事之言论如下，盖亦可以窥舆论之一斑矣。

三月五日《时事新报》曰："……夫大学者，囊括大典、网罗众家之学府也（此系大学校长蔡先生之言）。凡任大学教员者，宜有思想自由学说，自由之权利。出版物者，发表思想学说之机关也。则大学之出版物，自不当受外界之拘束。今以出版物之关系，而国立大学教员被驱逐，则思想自由何在？学说自由何在？以堂堂一国学术精华所萃之学府，无端遭此奇辱，吾不遑为……诸君惜，吾不禁为吾国学术前途危。愿全国学界对于此事，速加以确实调查，而谋所以对付之法。毋使庄严神圣之教育机关，永被此暗无天日之虐待也。"

六日该报对于此事又曰："当此学说自由之时代，苟非实际上之动作，而纯为理论之讨究者，皆应有自由之权利。……"

五日《中华新报》曰："……夫大学为一国学术之府，教员皆圭璧自爱之士。而以一己爱憎之不同，遽下逐客之令，自民国建立以来，未有辱士若此之甚者也。……"

后得都中确讯，知实无其事。《时事新报》以《大学教员无恙》为题，评论曰："……凡欲革新一代之思想学术，终不免有忤逆世俗之虞。来日方长，挫折正未有艾。寄语以革新事业为己任者，勿以区区之恫喝而遂气沮也。"

记者曰："教育部为全国学府之中心，吾知必能为学问自由之保障者，必不容外力之干涉。苟因此而受他种势力之反对，则全国舆论，必为主正义者之后盾也。"

1919 年 4 月新教育

第一卷　　　第三期

新教育编辑部

主干　　蒋梦麟　　通信记者　　　黄炎培

编译　　徐甘棠　　发行　　　　　沈肃文

编辑代表：

北京大学　　　　　　　蔡元培　陶履恭　胡适

南京高等师范学校　　　郭秉文　陶知行　刘经庶　朱进

暨南学校　　　　　　　赵正平　姜琦

江苏省教育会　　　　　沈恩孚　贾丰臻

中华职业教育社　　　　余日章　顾树森

学术进步之好现象　自蔡子民氏长北京大学以来，罗网国中新旧人物，主讲大学。新派竭力提倡思想文学之革新；旧派恐国学之沦亡，竭力以保存国粹为事。于是新旧两派作思想学术之竞争，而国立大学遂为此竞争之中心点。高屋建瓴，其势弥漫全国。由黄河而长江，由长江而浙水，闽水、珠江必将相继而起。昔欧洲文运复兴，肇自意大利古城。由意而德，而法，而英，卒至蔓延全欧，酿成十八世之大光明时代。而中古千年之漫漫长夜，若遇天笑而复光明，星星之火，竟至燎原。彼被动派之反抗，犹若扬风止火，适足以助其焰耳。

今日吾国之新潮，发轫于北京古城，犹文运复兴之发轫于意大利古城也。其弥漫全国之势，犹文运之澎湃全欧也。此岂非学术进步之好现象乎？

浙江之教育潮　两浙为姚江学派发源之地。姚江学派者，重人生而轻死书者也。今日吾国教育之大弊，在重死书而忘人生。此所以读书愈多而生命力愈薄。作茧自缚，识者忧之。兹闻浙中抱新思想者，将顺世界大势，国中新潮，倡《教育潮》月刊。南望浙水，滚滚钱塘之潮；北视首都，滔滔新学之势。令我生无限感情也。

教育调查会　教育部召集国中教育界领袖，组织教育调查会，调查教育重要问题。兹已组织调查股，提出问题，按时调查，以为教育革新之基本。并通过修改教育宗旨议案，陈请通布。观其"养成健全人格，发展共和精神"之语，诚适合世界大势，国中情形者也。本报与之深表同情，故特将大纲刊登卷首。

天津市学校调查会　医生之增进个人体力也，先察其肺量、目力、筋力、心跳速度等等，而后投以良剂。教育家之欲增进学校能率也，亦必先察其行政管理之如何，经费之源流，各科之教授，儿童之体格，而后下改良之方。美国纽约市，费美金十万之巨款，调查市中学校，作数万页之报告。全国城市之仿行者，不下数百处。兹天津南开中学校长张伯苓氏，以求我国学校之改良，非划定区域，用科学方法，实地调查不可。特约国中教育专家，商订办法，以天津市为下手调查之处。刻已预备一切，尽先举行。如有所发布，本报愿为刊登，俾介绍全国。

江浙省教育会协进会　江浙两省为江南姊妹之邦。富庶同，气候同，人情风俗同。故两省教育会联合组织协进会，以求共同进行。两方已推定代表，沪杭轮流开会，协商两省教育进行办法。同人愿关外之奉、吉、江三省，及其他有密切关系之邻省，亦组织此种协进会，以图教育上之联合进行也。

过激主义（Bolshivism）与普及教育　过激派之主义无他，财产公有是也。十八世纪法国之大革命，种种罪恶假自由以行。所谓自由者，政权公有之谓也。革命无数，流血无量，而民权主义始为全世界所公认。财产公有之主张，犹政权公有之主张也，必有许多罪恶假此以行。过激主义之扰乱俄国，非过激主义之罪也，假其名以行罪恶者之罪也。今日之世界，畏过激主义如蛇蝎。吾谓过激主义不必畏，所可畏者，假其名以行罪恶者耳。故欲免过激主义之祸，不在抑制其主义，而在减少假名以行罪恶之分子也。欲减少此种分子，在推行正当之普及教育而已。王侯之愚，酿成十八世纪之革命。资本家之愚，养成二十世纪之过激党。教育家之愚，必将酿成杀人放火之大祸。

1919 年 5 月新教育

第一卷　　　　第四期

新教育编辑部

主干　蒋梦麟　　　通信记者　　黄炎培

编译　徐甘棠　　　发行　　　　沈肃文

编辑代表：

北京大学　　　　　　蔡元培　陶履恭　胡适

南京高等师范学校　　郭秉文　陶知行　朱进　刘经庶

暨南学校　　　　　　赵正平　姜琦

江苏省教育会　　　　沈恩孚　贾丰臻

中华职业教育社　　　余日章　顾树森

胶州问题与教育权　当日本与德宣战时，曾宣言胶州将归还中国。欧洲和平会议中，我国代表力争胶州，请求直接归还中国。数月前新闻传来，胶州将由英、美、法、意、日五国暂时管理，然后归还我国。国人闻之，颇为满意。不料数星期前，欧讯传来，《和议草约》中规定将胶州归日本。国人大惧，北京学生首发其难，结队游行，作示威运动。至曹汝霖家，群拟向曹诘问，何以与日本秘密订约，卖吾山东利权。曹氏遁逃，章宗祥被获，群众痛殴之，章重伤，曹氏宅不知何故失慎，国人称快。学生被捕者二十余人。于是北京专门以上学校校长，齐向警厅保释。几番交涉，始得达目的。报章传闻，政府将处学生死刑，解散大学。全国恐怖，函电纷驰，群向救护。后京讯传来始知传言失实。然大学校长因此辞职。某部某派利用机会，欲将北京全体学生之举动而加罪于北京大学，将新学势力根本推倒。教育部本为闲散之部，政客素不注意。待学生事出，始知青年学生手无寸铁，竟敢与赫赫大员宣战。若不将教育部拿在手中，用其全力扫除新学，则真理昌明魔鬼将无立足之地。力主公道之傅总长，于是被逼出走。而某派某部手舞足蹈，以为此后全国教育中枢将为彼囊中之物，群小弄权，加祸于我山东圣地，犹以为未足，而必欲加祸于全国青年。同为中国人也，煮豆燃萁，问心忍乎不忍？人必未死，必有以报诸公断送圣地之鸿恩，摧残教育之大惠也。

教育新精神之利用 北京学生爱国热诚勃发后，全国学界相继而起。振刷精神，与黑暗魔力作战。其成败虽未可逆料，而教育之新精神已于此时产生矣。此后教育界所当为者，厥维二事。（一）如青年胜而魔鬼败，则当益自奋发，励志勤学，勇往直前，把中国社会政治二者从精神上基本地改造之。（二）如魔鬼胜而青年败，则知中国尚为魔鬼世界，青年之能力犹未足以抗之。一面当保护此新精神，勿使基本摧残。一面当讲学以厚青年之能力，战端既开，唯有扬旗鸣鼓，勇往直前而已。耶氏有言："但求真理，真理自放光明。"讲学以求真理，真理得而黑魔自去。根本救国之道，如是而已。

南方当急立大学 吾国之大，而足以号召全国之大学唯二：曰北京大学，曰北洋大学。北京大学设文、理与法科，北洋大学设工科，分之为二，合之实唯一也。吾国教育虽幼稚，而据民国四年统计，全国学生已四百万人有奇。其中中学生计七万人，仅一国立大学，其足以容纳之乎？且查全国学生数，黄河流域及以北诸省，仅一百六十万人，而长江流域及以南诸省有学生二百三十五万人。以二百三十五万之区域，而无一大学，执政诸公将何以自白于吾民乎？

呜呼，江浙两省省议会 民国之基础在地方自治，地方自治之最高机关，为省议会。是省议会之责任何等重大，位置何等尊严。乃当此全国扰攘之际，处全国领袖地位之江浙两省议会，不闻建一议，以福吾国民，而江苏省议会反作增加公费俸给以自肥之倡举，仲尼曰："始作俑者其无后乎？"浙江议会，闻风继起，诚不愧为兄弟之邦。夺公款以饱私囊，廉耻道伤，于此已极。浙江公民不得已乃出抛掷冥镪之举动。彼为议员者，损议会之尊严，负国民之付托，清夜扪心，能无愧乎？

虽然，吾教育界亦不得辞其咎也。当省议会举行选举之际，买卖选举票之声，震荡耳鼓。教育界不出而纠正之于前，迨其罪恶已现，始责之于后，毋乃太迟乎？为根本之计，此后教育界当于下届选举时，出而监察之。防患于未形之际，事较易而成功亦较多也。

什么是教育的出产品？*
（1919 年 11 月）

我们以前听了俾士麦说，德国的强盛，是小学教育的功。所以我们也来办小学，以为小学堂办几千个，中国就强了。后来听说日本的盛强，也从小学教育得来的，所以我们大家都信小学教育，好像一瓶万应如意酒，一粒百病消散丸，灵验无比，吃了就百病消散。小学学生现在也有三百多万了，那知道社会腐败，比前一样，国势衰弱，比前一样，这是什么缘故呢？

第一是人数太少。中国四万万人，若以五分之一入小学计算，须有八千万人。这三百多万，只能占百分之四，还有百分之九十六的儿童没有受教育，那里能够收小学教育的效果呢？第二是教育根本思想的误谬。我常常听见人说，学生是中国的主人翁，若是学生是中国的主人翁，谁是中国的奴隶呢？教育不是养成主人翁的。又有人说，教育是救国的方法，所以要小学生知道中国的危险，激发他们的爱国心；痛哭流涕地对小学生说，中国要亡了。这班天真澜漫的小学生，也不知中国是什么东西，只听得大人说"不好了""要亡了"这些话，也就悲哀起来；弄得正在萌芽，生气勃勃的小孩子，变成枯落的秋草！

"主人翁""枯落的秋草"两件东西，可算是我国办教育的出产品。

我国向来的教育宗旨，本来是养成主人翁的。俗语说，"秀才，宰相之根苗。"向来最普通的小学教科书神童诗说："朝为田舍郎，暮登天子堂。"我们又常常说："范文正为秀才时，即以天下为己任。"个个秀才都要做宰相，个个田舍郎都想登天子堂，你看那里有这许多位置呢？

我国向来读书的宗旨，确是要把活活泼泼的人，做成枯落的秋草。科

举的功效，把天下人才都入了彀中；读书的结果，把有用的人都变成书呆子。这不像枯落的秋草吗？

主人翁和枯落的秋草，本来是旧教育的出产品，也是新教育的出产品，不过方法不同罢了。

若以高一层论，读书是学做圣贤。王阳明幼时对先生说："读书是学做圣贤。"若个个读书的人要做圣贤，国中要这许多圣人贤人做什么？我们现在的教育，还赶不上说到这一层咧。

《大学》讲修身，齐家，治国，平天下，是中国教育的宗旨。到了后来，"规行矩步""束身自好"算修身；"父为子纲""夫为妇纲""三从四德"等算齐家；愚民的"仁政"算治国。你看身那里能修，家那里能齐，国那里能治呢？

现在要讲修身，要养成活泼的个人；要讲齐家，要夫妇平等，爸爸不要把儿子视作附属品，儿子不要把爸爸做子孙的牛马；要讲治国，先要打破牧民政策，采个民治主义。

并要把个人和家的关系改变过，创造一个进化的社会出来，个人是社会的分子；不是但在家庭之中，做父亲的儿子，儿子的父亲，母亲的女儿，女儿的母亲，老婆的丈夫，丈夫的妻子。把家庭、国家，认作社会的两个机关，来发展个人和社会的幸福；不要用家庭、国家，来吞没个人，毁坏社会。

我们讲教育的，要把教育的出产品，明明白白，定个标准。预定要产什么物品，然后来造一个制造厂。不要拿来一架机器，就随随便便的来造品物。据我个人的观念，我们以前所产的"主人翁""枯草"和所要产的宰相圣贤，都是不对。我们所要产的物品，是备三个条件的人。

（一）活泼泼的个人——一个小孩子，本来是活泼泼的。他会笑，会跳，会跑，会玩耍。近山就会上山去采花捕蝶；近水就会去捞水草，拾蚌壳，捕小鱼；近田就会去捕蝗虫，青蛙。他对于环境，有很多兴会。他的手耐不住的要摸这个，玩那个；脚耐不住的要跑到这里，奔到那里；眼耐不住的要瞧这个，那个；口关不住的要说这样，那样；你看如何活泼。我们办学校的，偏要把他捉将起来，关在无山、无水、无虫、无花、无鸟的学校里；把他的手脚绑起来，使他坐在椅上不能动；把他的眼遮起来，使他看不出四面关住的一个课堂以外；要他的口来念"天地元〔玄〕黄，宇宙洪荒""人之初，性本善"，种种没意义的句。现在改了"一只狗""一只猫""哥哥读书，妹妹写字"这些话，就算是新式教科书了。还有讲历史的时候，说什么"黄帝擒蚩尤"这些话，小孩子本不识谁是黄帝，更不识谁是蚩尤。孩儿听了，好像火星里打来的一个电报。还有叫他唱什么"陀、来、米、发、索、拉、西"的歌；叫他听"咿喇呜噜"响的风琴。不如小孩儿素来所唱的"萤火虫，夜夜红，给我做盏小灯笼"好得多。二十五块钱的坏风琴，不如几毛钱的笛和胡琴好得多。小儿的生长，要靠着在适当的环象里活动。现在我们把他送入牢监里索缚起来，他如何能生长？明代王阳明也见到这个道理，他说："大抵童子之情，乐嬉游而惮拘检。如草木之始萌芽，舒畅之则条达，摧挠之则衰痿。今教童子必使其趋向鼓舞，中心喜悦，则其进自不能已。譬之时雨春风，沾被草木，莫不萌动发越，自然日长月化。若冰霜剥落，则生意萧索，日就枯槁矣……若近世之训蒙稚者，日惟督以句读课仿，责其检束，而不知导之以礼；求其聪明，而不知养之以善；鞭挞绳缚，若待拘囚，彼视学舍，如图狱而不肯入，视师长如寇仇而不欲见……是盖驱之于恶，而求其为善也，可得乎哉？"（《训蒙大意》）德国福禄培创教养儿童自然的法儿，他设了一个学校，用各种方法，使儿童自然发长；他不知道叫这个学校做什么，一日他在山中游玩，看见许多花木，都发达的了不得；他就叫他的学校做幼稚园（Kindergarten）。"Kinder"是儿童，"Garden"是花园。幼稚园的意思是"儿童的花园"。可惜后来失了意义，把"儿童的花园"渐渐变为"儿童的监狱"。我们把儿童拿到学校里来，只想他得些知识，忘记了他是活泼泼的一个小孩子，就是知识一方面，也不过识几个字罢了。

无论在小学里，或在中学里，我们要认定学生是本来是活的，他们的体力、脑力、官觉、感情，自一天一天的发展。不要用死书来把他们的生长力压住。我们都知道现在中学卒业的学生，眼多近了，背多曲了。学级进一年，生气也减一年。这是我们中国教育的出产品！

（二）能改良社会的个人——个人生在世上，终逃不了社会，所以社会良不良，和个人的幸福很有关系。若我但把个人发展，忘却了社会，个人的幸福也不能存在。中国办学的一个难处，就是社会腐败。这腐败社会的恶习，多少终带些入学校里来。所以学校里的团体，终免不了社会上一种流行的恶习，不过比较的好些罢了。学校是社会的镜子，在这镜子里面瞧一瞧，可以见得社会上几分的恶现象。

不过学校里的生活，终比社会上高一层，所以学生可以有改良社会的一个机会。学校须利用这个机会，养成学生改良社会的能力。普通父母送子弟入学校的用意，是有两种希望：一种是为家庭增资产，以为"我的儿子"入学校念了书，将来可以立身，为家增一个有用的分子；一种是为国家求富强，以为"我的儿子"求了学，将来可为"拯世救民"的人才。第一种是家属主义的"余荫"，第二种是仁政主义的"余荫"。学校的宗旨，虽不与此两种希望相反对，但不是一个注重点。学校的宗旨，是在养成社会良好的分子，为社会求进化。社会怎样才进化呢？个人怎样来参加谋社会进化的运动呢？这两个问题是学校应该问的。社会怎样才进化这个问题，我们可暂时不讲，个人怎样来参加谋社会进化的运动，是我们今晚应该研究的。我想要学生将来参加改良社会的运动，要从参加改良学校社会的运动做起。我讲到此，不得不提起学生自治问题了。学生自治，可算是一个习练改良学校社会的机会。我们现在讲改良社会，不是主张有一二个人，立在社会之上，操了大权，来把社会改良。这种仍旧是牧民制度，将来的结果是很危险的。教育未发达以前，或可权宜用这个方法，如山西阎伯川的用民政治。但这个办法，是人存政存，人亡政息，不是根本的办法。江苏南通将来的危险也在这里。所以我们赞许阎伯川的治晋是比较的，不是单独的。若以单独的讲起来，这种用民政治仍是一种"仁政主义""牧民政策"。我是很佩服阎伯川的，我并不是批评他，但我希望他一面"用民"，一面不要忘了这是权宜之计，将来终要渐渐儿改到民治方面去才好。我常常对人说，江浙两省是江南富庶之地，兄弟之邦，得了两个兄弟省长，为何不照阎伯川的办法来干一干呢？这种事情不干，如浙江的齐省长，没有事做，看了学生的一篇文，倒来小题大做。我想一省的省长，那里有这种空功夫。

学生自治是养成青年各个的能力，来改良学校社会。他们是以社会分子的资格，来改良社会，大家互助，来求社会的进化。不是治人，不是做主人翁；是自治，是服务。学生自治的详细解说和方法，将来可参看《新教育》第二卷第二、第三两期，今晚不谈了。有人说，学生自治会里面，自己捣乱，所以自治会是不行的。我想自治会里边起冲突，是不能免的，这是一定要经过的阶级。况且与其在学校里无自治，将来在社会上捣乱，不如在学校中经过这个试验，比较的少费些时。

（三）能生产的个人——以前的教育讲救国，讲做中国的主人翁，讲济世救民；最好的结果，不过养成迷信牧民政策的人才。不好的结果，自己做了主人翁，把国民做奴隶；不来救国，来卖国；不来济世救民，来鱼肉百姓；到了后来，"只准做官的放火，不准百姓点灯"。今后的教育，要讲生产，要讲服务，要知道劳工神圣。为什么要讲劳工神圣呢？因为社会的生产都靠着各个人劳力的结果，各个人能劳力，社会的生产自然就丰富了。假如大多数的人都是"四体不勤，五谷不分"，社会怎样能生存呢？又如杜威先生说，希腊文化很发达，科学的思想也很发达，何以希腊没有物质的科学呢？何以物质科学到十九世纪才发展起来呢？因为希腊人瞧不起做工的人。瞧不起做工，就不会做试验；不会做试验，就没有物质科学了。我们中国素来把政治、道德两样合起来，做立国的中心，如孔子说的"为政以德，譬如北辰……而众星拱之"，如孟子说的"王何必曰利，亦曰仁义而已矣"，都是道德和政治并提。我们的学校，也不外政治道德四个字，如孟子说："立庠序之教，所以明人伦也：父子有亲，君臣有义，夫妇有别，长幼有序，朋友有信。"几千年来的教育宗旨，都是一个"拯世救民"，仁政主义，牧民政策。今天以百姓当羊，来牧他；明天羊肥了，就来吃他，你看中国几千年的"一治一乱"，不是羊瘦牧羊，羊肥吃羊的结果么？现在我们假设百姓是羊，我们要羊自己有能力来寻草吃，不要人来牧；那么羊虽肥，不怕人来吃他的肉。这讲句笑话罢了，我们那里可当百姓作羊？百姓都是活泼泼的人。我们把百姓能力增高起来，使他们有独力生产的能力，那要人来施仁政来牧他们？

要能独立生产，要先会做工，要知道劳工神圣。美国教员联合会现在已加入劳动联合会，这是全国教师承认教书也是劳工。凡有一种职业，为社会生产的，都是劳工。劳心劳力，是一样的。"劳心者役人，劳力者役于人"，这两句话实在有分阶级的意思在里面，未免把劳力的人看得太轻了。

把以上的话总括说一句，教育要定出产品的标准，这标准就是：

> 活泼泼的，能改良社会的，能生产的个人。

华侨教育之要点[*]
（1919 年）

　　《斐［菲］律滨华侨教育丛刊》主任颜君文初，不远千里，驰书于不佞，乞赠言于丛刊。梦麟不学，无以为言，乃感其诚，谨草数语，聊献刍荛。

　　夫世界之谈教育者，恒视教育为一种不可思议之玄学。其实不然，教育者，日用之常识，讲究立身做事之道，无所谓神秘，亦无所谓玄妙者也。然而世人往往以在迩之道，而求诸远；容易之事，而求诸难。故弃其目所能见者、心所能思者之日常事物，而求所谓玄妙而难知者。此所以教育与个人及社会之需要相离日远，而其效遂不可得矣。

　　然则浅近真切之教育将若何？曰：**应个人与社会之需要而已**。若以华侨而言，**应华侨之个人与社会之需要耳**。华侨之需要者为何？诸君身处斐岛，知之较详。何庸不佞越俎代谋，即谋之亦不若诸君之切也。虽然，二十世纪之世界，无论何国何地，教育有二要点，为人人所当留意者。一曰**养成健全活泼之个人也**。无论何国，其国之有发达之基础与否，以有健全活泼之个人与否为断。欲养成健全活泼之个人，其道将奈何？曰：厥有两端。一曰能思。世界种种事业，莫不为思想所置配，种种之发明，亦莫不以思力成之。吾国向日之教育，偏重记忆，其结果为养成一般脑筋朦胧之国民。新势力来，无适应力，无判别力。闻一新说也，反对者出诸武断，赞成者出诸盲从。武断、盲从其失唯均究其道，皆头脑不清之故也。个人头脑不清，则无判别力；国民头脑不清，则不造健全之舆论。全国纷纭，是非颠倒，盖不思而已矣。学校教科，偏重注入，学而不思。将来之结果，除养成朦胧之脑筋外，其有何能乎？思

　　*　载《菲律宾华侨教育丛刊》1919 年第 2 期。

乎！思乎！教科之精神，其在兹乎。二曰能行。思而不行，易致梦想。梦想之习惯成，则反阻碍其行。然则行之道将奈何？曰始于学校、作业、游艺会也，手工科也，旅行团也，植树节也，童子军也，皆所以习行也。思而行，行而思，思与行合，则外诱不足以蒙其智，迷信不足以昏其心。事之来也，武断、盲从决不出于能思能行之个人。解决社会之问题，开辟中国之天产，必有赖乎此种健全活泼之个人也。

二曰**科学精神之陶冶也**。中国学术上之一大缺点，为无科学。西洋十九、二十两世纪之发达，多赖科学。吾国学问之无系统，乏科学所致也。西洋近世之种种发明，种种制造，皆借科学以成之。居西洋社会而不知科学，则不能立身。盖目之所见，耳之所闻，莫不与科学有直接或间接之关系也。居中国社会而不知科学，则不能引导国民入二十世纪之新世界。盖现今之新世界为科学所造成者也。华侨学生或寓外国，或返祖国，科学知识不容或缺。

既成健全活泼之个人，复加之以科学之知识，将来无论为商、为工、为农，而基础已定于是矣。夫学校所能为力者，非在学生将来所为之事业，而在立其正当之基础。**将来之事业，学校不得越俎而代谋。即谋之亦不能得其当而立其正当之基础。即为将来成功之先导，学校之责任也。**

基础既立矣，犹有加乎？曰有。华侨青年，当以开辟祖国富源为己任。中国天产之富，人人知之。华侨久处海外，对于实业方面见闻较广，以其经验，振兴祖国实业，为祖国造福无量。吾华侨教育家，幸注意而训导之。

教育思想的根本改革 [*]
（1920 年 1 月 1 日）

本文系钱君根香所记，与上文根本意思相同，唯所言稍损。附录于此，以便参看。

今日为中华民国九年之第一日，也是上海四团体所组织的学术讲演会的第一次。今日鄙人所讲的，为今日最重要问题——教育问题。以前学生同政府奋斗，想扫除那些政客武人，那么吾们国家的根本改革，根本发达，全赖我国的青年学生。所以这个问题，简直是吾们生死存亡的问题，也是青年学生最重要的问题。当教员的自然不可以糊糊涂涂过去，要是糊里糊涂做去，那是不得了。所以根本思想，必须完全考虑过才是。

大凡一个国家，终脱不了遗传的性质，不知不觉地流传下来。教育上也很多，例如"学生是中国的主人翁"。凡做学生的，往往有这种思想。但是试问那个来替你做奴隶呢？

还有我们办教育的，模仿性也太重了。《论语》上说"学而时习之"，朱子注"学之为言效也"，这明明教人模仿。不知不觉地流传下来，印入脑筋里，根深蒂固，所以到现在，还是这样。德国是办教育强的，所以吾们也办教育；日本是办教育强的，所以吾们也办教育。看教育好像万应如意油，百病消散丸，当教育为万能。然而吾们模仿他们了，教育也办了，还是这样，还是不应，不如意，百病不消散。从这点看来，方才晓得有两个原因：

（一）受学的人少。假使我国人民有五分之一入学的，那么当有八千万。现在小学生不过三百万，只有百分之四；还有百分之九十六，都

---

* 见《过渡时代之思想与教育》，世界书局，1962。

不受教育。那么那里还可以像如意油、万应消散丸的消灭百病？（据民国十八年度的统计，全国小学及幼稚园的学生，已达八百九十万人。）

（二）根本思想的错误。如错认学生为中国的主人翁，不知不觉地流露出来。浅近看起来，如从前私塾里念的神童诗上说："朝为田舍郎，暮登天子堂。"范文正的"以天下为己任"，都是叫人做良相。这种思想遗传下来，到现在还没有消灭。进一步讲，读书做圣贤，那么一国中要许多圣贤来什么用呢？学生是主人翁，也是这样。还有一种：因为要爱国、救国，所以来办教育。他看了中国危险万分了，就教小孩子什么中国危险，什么不得了，好像向秋天的花说道："你不得了，要死了。"使小孩子变成一种枯的秋草。从前科举时代，使天下英雄，都入吾彀中，也是养成枯草式的、死的、消极的人才罢了。所以讲神童诗的教育，一方面养成登天下堂的思想，一方面养成书呆子。吾们天天讲教育，不过如是。吾在北京大学，看新入学的学生——中等学校毕业生——体育真不行。小孩子本来会跑会跳的，后来一进学校。就不行了。眼有病了，要带眼镜了，背也曲了，肺也小了。这样办教育，将来真不堪设想呀。

现在要谋教育思想的根本改革，第一须改革出产品，学校好像机器，所以造就人才，好像制造出产品。出产品的改革如下：

（一）要养成活泼泼的，能自动的一个人。不应该使他成一个曲背近视眼的一个人。以前欧洲的教育也是如此，到了一八三七年，德国人佛洛培尔（Froebel），他看待学生，好像花草一样，任其自然长大的，但是没有名称题他的学校。后来他到一处山中，听着鸟鸣水流，看见许多花草，种种天然景致。他忽然联想到他的学校，就名它幼稚园（Kindergarten）（小孩子的花园）。现在吾国办教育，竟忘了"Kindergarten"的原意，简直把它当做监牢一样，好像一个很有景致的山，变成了一座童山，吾要叫它幼稚牢了。小孩子四五岁的时候，很活泼，很好动的。一进学校，就不许他动，不放他活泼，那么能力就消灭起来。用"天地玄黄""人之初"教小孩子，知道不行了；就改用教科书，教"一只狗""一只猫"；教历史，便是"黄帝擒蚩尤"，可惜那些小孩子，连黄帝是那个都不曾晓得。吾小的时候，记得唱"萤火虫，夜夜红，替我做盏小灯笼"。现在偏要唱"du ra mi ……"，买一具风琴。不但中国是如此，外国也有这样的情形。有一天，有一个小孩子，指着牛来问我是什么，我同他说"牛"。他说："我们书里边图画里的牛没有那样大。这不是牛，这不是牛。"又有一个小孩子拿一个橘子来给我。他说："我送你一个地球。"（因为听见先生说地球像橘的圆。）这种情形都是四面墙壁的教室，监牢住的结果。明朝王阳明也晓得小孩子本来好动的，要像春风时雨样的滋长的，要是不许他动，那么读书的房子，便是监牢一样，教的人，像守牢的人一样。他本来好动的，现在不许他动，这便是"违天然""杀国民"。所以吾们根本的改革，要养成活泼自动的一个人。

（二）要养成他做一个有能力去改良社会的人。孟子说："庠序之教，所以明人伦也……"《大学》上也说："修身，齐家，治国，平天下。"所谓修身，规行矩步，不管闲事。所谓齐家，吾是亲的子，亲是吾的马牛。还有三从四德，三纲五常，这都是教一般学生应该学的，应该守的。后来社会进化，有了学校，便送孩子到学校里去，但是他的宗旨：（1）能够掌理家事，（2）做主人翁……这两种心理是根据着修身、齐家、治国、平天下来的。社会上所谓好教育，不过是希望有仁政主义，牧民主义的政策。有良相贤君来替你做事，算是恩德无量了。看历史上的一治一乱，无非是羊肥羊瘦的不同。羊的食，要靠自己去寻的，而且人不是羊，那么牧民政策还有存在的理由吗？现在的学生（将来社会的分子）是要改良社会的，要具改良社会的能力的，不是做什么主人翁。所以学生要自治，使学校做成社会，教学生做学校社会的分子，去改良他的社会，养成改良社会的能力。教他出去做一个社会分子，能够改良社会。有人说，学生自治，学生自治，他们一味捣乱；那自治能力还没有，绝不能放他自治的。但是这种现象是必经的阶段，所以冲突捣乱的事情一定不免的。不过与其到将来社会上去发现，不如在学校里使他经过经验和阶段。试验化学的人绝不能因瓶子爆破而不试验的。所以这种试验一定要有，正所以打破几千年仁政主义、牧民主义的政策，来做改良社会的分子。这样看来，山西阎百川的治理山西，虽然很好，但是终不免"人存政举，人亡政息"的忧虑。吾希望他一方面姑作权宜之计，一方面养成民治的能力和精神，使他能够自治。吾们江浙两省，算是富饶之地，如果像山西那样办理，那是更可佩服得很了。

（三）要有生产的能力。从前讲教育的都不讲生产。所以孟子见梁惠王说："王仁义而已矣，何必曰利！"因此读书的都耻谈利，因此政治道德就并谈起来。《论语》上说："为政以德，譬如北辰，居其所而众星拱之。"办教育的也提倡政治道德，养成良相圣贤。这种谬见到现在还没有消除。学生们当然要能够改良社会，所以一定要使他们在社会上能够生产。女人说孔子"四体不勤，五谷不分"。我们应当四体要勤，五谷要分。大家说劳工神圣：因为不劳工，社会上生产力要停顿的，要他一直生产下去，所以要劳工；因为不去劳工，社会上就没有生产，所以叫作神圣。十九世纪物质科学的发达，全赖劳工。杜威博士也说过："希腊轻视劳工，所以物质科学不发达。""劳工"两字，并非单指泥水匠、木匠……而言，做教员，做医生……的，都叫劳工。所以凡是为社会服务的，有生产能力的（包括劳心、劳力）都叫作劳工。从前人说："劳心者役人，劳力者役于人。"这是阶级时代的思想，现在不行了。现在劳心者也有役于人的，劳力者也有役人的。做教员是劳心者役于人的，华侨因劳力起家，开学校，办工厂，是劳力者役人。劳心、劳力，一样是劳工。美国教育会现在都加入了工党。可知劳工，真不可再缺乏了。

社会运动的教育^{*}
（1920 年 2 月）

旧历元旦无事，我忽然想到天津学生的惨剧。于是联想到我于一月十八日，对他们的演说。那天到的男女青年很多，他们满堂活泼泼的笑容，犹在我心目中，我觉得很有一种感触，就握了笔，把当时的演说写出来，作一个纪念。

九年二月二十日

文化运动有两方面：（一）是传布学术和思想，但学术思想是限于知识阶级的，是局部的；（二）是社会运动的教育，这是提高社会程度的方法，对于受不到普通教育的平民，给他们一种教育。

现在我们大家称赞欧美的普及教育，我们都知道欧美社会进化是从普及教育里来的。但我们研究西洋教育史，知道这教育普及是从社会运动的教育里面化生出来的。

当十八世纪的时候，英国教育状况也和中国差不多。那个时候，英国工业矿业尚未发达，工价低贱，全国六分之一的人民是做苦力的，穿破衣，住茅屋，蠢如豕类。有了几个普通学校，多被政治宗教上的变动摧残了。所以苦百姓的儿女完全没有受教育的机会。这班平民完全不知道教育的价值。于是慈善家捐了钱，来开学校。十年之中，伦顿十里路内开了八十八个学校，男女学生有了三千多人。又是十年，英国全国有慈善学校一千二百所，学生男女有了二万七千人。后来逐渐增加，学校之数有了二千所，学生男女五万人。课程是识字、宗教、道德、算术、清洁等科。这慈善团体的主持人是教会，他们组织了一个会，叫作宗教

知识传布会。他们的宗旨，原来是传布宗教；但做一个好人，须有一种知识，所以同时也授识字、算术等课。这种带宗教气味太盛的学校，后来渐渐变了无生气的，所以另外有一个团体起来，叫作全国贫民教育促进会。他们所办的学校，课程虽也不十分适当，但是普及教育的基础。可见现在的普及教育是由贫民学校产出来的。因为政府和人民见了教育有些益处，大家想到普及教育的有用处。几千个慈善学校，有这样好处，若是全国办普及教育，他的益处不更大么？我们现在讲教育普及的人，要谢谢当时的慈善团体。

这种慈善学校，美国后来也仿办，美国普及教育的基础就是这种学校。法国见了英国的办法，也来仿行。十八世纪的下半，可算是慈善学校发生的时代。

慈善教育的结果是增进劳动阶级的知识，引起普及教育的意义，社会运动的教育中最要紧的一件事。

以上所说的是社会运动的教育之历史，十九世纪欧美的社会进步，靠这种教育的力不少。以美国而论，现在教育终算是普及了，但美国人还是注意社会运动的教育——改良社会非正式的教育——美国纽约城，人民有了五百万，贫苦的百姓自然很多。贫家的小孩子虽受了小学教育，但十四岁就离学校了，他们的知识有限的。还有欧洲来的工人——从社会不十分进化的如意大利、希腊、俄罗斯等国来的移民——多数不但不识字，而且讲不来英语。所以纽约慈善团体和市政府，在贫苦区域内设立夜学教育他们。还有大学之中，设立夜班，使一般平民可以听讲。

美国多数的大学有校外教育，在城市中设学，讲演时事和商业上应用的知识和技能。农科大学备有火车，陈设演讲材料，如图画、标本、农事化学试验种种，到乡间演讲农事知识和农民卫生等科。医科大学设卫生陈列所，以便一般人民参观，传布卫生知识于社会。

讲起这社会运动的教育问题，头绪觉得很纷繁。有许多是应该由慈善团体办的，有许多是应该由政府办的，还有许多应该由高等以上学校办的。我今日但讲置身文化运动的学生，可以做应该做的事。

中国实业不发达，工价低贱，平民的子弟实在没处受教育，还有那年长失学的人，没有机会入正式的学校受教育，现在做学生的可以给他们想个法儿。

我想有四个具体的办法可以供诸君参考：

（一）借学校里的校舍来开夜班。学校校舍，晚间用处不多，把它空在那儿，岂不是不经济么？学生可以把不用的课堂借来，办个平民夜学。如北京大学学生会办了一个平民夜学，就在第二院的课堂作讲堂，现在学生有五百多人，男女都有，最幼的是七岁，最大的也有三十多岁的。教员就是大学学生，教科书由大学学生捐钱买的。这不过举一个例，其余学堂开办夜学的有好几处。

（二）学生和商界合办。由商铺子捐钱，出房租、器具、油火、书籍等费。房子不妨简陋，空气流通就是了。器具如桌椅等件，亦不妨简单，适用就是了。所费无几，开办费一百元，每月费用十余元，就可办能容二三十人的一个夜学。如有公共地方，如祠堂庙宇可借最好。学生每人每晚授课一小时，两个人就可以办一个夜学。

（三）开游艺会筹款，充房租、器具、油火、书籍等费。（我写这篇文的时候，听说北京医学专门学校学生正在开医学展览会，为平民夜学筹款，入场券每张售铜元二十枚。）

（四）组织社会进化促进团。集三个同志就可组织一团，共同办一个夜学，轮流教授。三人中每人须劝三个朋友另组一团，就另生了三团。三团生九团，九团生二十七团，以此类推，推广很速，不久就布满全国。

我们要讲文化运动，纵横两方面须并进，传布学术思想是为一般知识阶级的人增进学识，这是纵的。社会运动的教育是为一般平民得一种应用的知识，这是横的。纵的一方面是提高，横的一方面是求普及，提高与普及社会进化不可少的事。若要实行德谟克拉西，要从社会运动的教育着手。没有这种教育，文化运动就渐渐儿会变成纸上运动。即使不变成纸上运动，就会养成知识阶级一部分的势力，平民得不着好处。

社会的进化不是少数知识阶级的人能够做到的，要老百姓大家进步，方才能做到。一个社会里边，少数的人天天讲文化，多数的人不知道地球是方的或是圆的。一个社会里有了两个世界，彼此不通声气，社会怎样能进化！

从十八世纪起，社会的进化是从下层动起来的。下层的平民动了，上层的贵族就站不住。譬如一座屋子，基础动了，上面的梁柱壁瓦都纷纷倒下来。知识阶级的人吓，你们作了社会的上层，将来下层的苦百姓都动起来，你们就站不住脚。

俄国贵族和知识阶级的人都很有学问，但普通百姓差不多都没有受过教育的。这班普通百姓现在都动起来了，贵族和知识阶级的人都被他们推翻。所以现在俄国的变动，真是百姓全体的变动，中国的变动还是限于知识阶级的一部分。四万万人民中，有三万九千万还不知道有什么一回事，其余一千万中有固执不化的，有关了门不管闲事的，有若知若不知的，有一味盲从的。现在全国学校的学生，据教育部报告，计四百二十九万人，内中等以上学校的学生约计五十万人。此五十万，大、专、中三种学校的学生实为文化运动的中心。以全国人口数比较起来，八百人中只有一人。照此看来，一个学生负了教育八百人的责任，这是办不到的。我但愿一个学生负教育十五个人的责任，全国人民中就有七百五十万人受益处，岂不是一件好事？

欧美先进诸国，百人中有二十五人在学校里求学，我国百人中只有一人。以国中不识字的人而论，英、美、德、法四国中，最多的是英，百人中计十三人半；最少的是德，一百人中计三人（均以入伍者计算）；美百人中计七人又小数七（以十岁以上人口统计）；法百人中计三人半（以入伍者计算，若以十岁以上人口计算，百人中当得十四人又小数一）。

其余进化较迟的国，如奥国百人中不识字的人数计二十六人有奇，意大利百人中计四十八人有奇，俄罗斯百人中计七十人，葡萄牙百人中计七十三人有奇，亚洲俄罗斯百人中计八十七人有奇，印度百人中计九十二人又小数五，埃及百人中计九十二人又小数七（以上均以十岁以上人口计算）。中国不识字的人数，百人中有几人，既无表册可据，无从推算。查印度三年前（一九一七年）教育报告，全国有学生七百八十万人，以印度人口二万四千四百万计算，百人中在学者计三人有奇。而中国在学人数，百人中只占一人。照此看来，中国教育之推行，其广还不及印度。吾国识字的人虽不必尽从学校里来的，但可见教育不普遍的一斑了。

我们推度起来，中国不识字的人数大概在俄国和印度之间，中国不识字的人想比印度为少，因以前科举的影响，现在的私塾都是我国教育的特殊情形。据南京高等师范陶知行君调查，南京私塾学生数实比公学学生数为多。故以教育部报告来决定中国在学学生数，有些靠不住。百人中大概有八十人至九十人不识字。不识字的人这样多，社会进化从什么地方发出呢！

我们现在就算我国百人中有十五人识字；这十五人中，能够识字，不能看文的算他有五之四；能够看文而不能写文的又算其余的三之二。

这样看来，能够看文的人，百人中不过二人，全国不过八百万人。此以白话文而论，若以文言为准，尚不及此数。这八百万人中有多少喜读新出版物的人呢？现在全国讲新文化的出版物，约有四百多种，每种平均销一千份，计有四十万份。每份读的算他是三人，计一百二十万人。八百万能读文的人只有一百二十万人，受着文化运动的影响；若以能读文的人数计算，百人中只有十五人。若以全国人口计算，千人中只有三人。所以从全国人口数计算起来，这传布学术思想的势力还觉得太小。我们大家可以不注意社会运动的教育么？

蒋梦麟教授教育讲演[*]
（1920 年 3 月—4 月）

这是蒋先生为平民夜校的教职员讲的。我们办平民夜校的同人，有教育的学识和经验的很少，所以自创办两月以来，感受许多困难。现在承蒋先生帮助我们，给我们一些应用的知识。我们正是感谢。现在承日刊编辑处的要求，发表在此，以公众览。

要讲教育，必须先讲教育心理学。教育心理学中尤以儿童心理及青年心理最为切要，因为他们是与教授法最有关系的。平民夜校的学生大多数是儿童，所以我们多讲几次儿童心理，少讲一点青年心理。并且儿童心理有最近三四年的研究，青年心理还没有什么新的发明，青年又比儿童容易教授，也是我们偏重儿童心理的原因。

讲演的方法，我们拟定分为十二次：

（一）为什么要教育？

（二）教育与社会

（三）（四）（五）（六）儿童心理

（七）青年心理

（八）（九）（十）（十一）（十二）教授法

---

* 载《北京大学日刊》1920 年第 556（3 月 3 日）、557（3 月 8 日）、558（3 月 10 日）、562（3 月 15 日）、564（3 月 17 日）、566（3 月 19 日）、567（3 月 20 日）、568（3 月 22 日）、573（3 月 27 日）、574（3 月 29 日）、590（4 月 24 日）、591（4 月 26 日）期。陈政笔记。

第一讲 为什么要教育？

"教育"二字的解释，其说不一，不能遍举。大多数的人，大约都以为教育是万能的，是可以兴国的，因为他们看着从前俾士麦注重小学教育而一战胜法，日本也因注重教育而胜强俄。也有些人以为教育就是教导儿童做好人。其实都不是教育的真义。教育的真义，从心理方面讲，贵在发育儿童的本能；从社会方面讲，贵在以社会已有的文明，灌输给儿童，使他将来在社会上可得正当的生活。

再生时代（Renaissance）以前，个人很受束缚。到了十八世纪，卢骚主张释放个人，提倡个人主义的教育，注重个人的发展。到了十九世纪，又进一步，以为教育所以促全社会的进化，应该于发展个人以外，还须谋全社会的均等发展。

研究教育，又须分作心理及教授法两方面。

（一）心理方面。教育在使个人发展本能，使与社会环境适合，并且同时要培养他，使有改良环境的能力。我们常听杜威先生讲道："问题总是发生于环境有病的时候，如社会问题及政治问题，必发生于社会及政治有病的时候。"讲到教育，也何尝不是如此。假设各个人的本能，都能自然而然地充分发展，毫无不健全的状态，那么，教育便直是废物。所以教育是人类本能的指导者，扶助他，带领他，使他向正路上去，像大禹治水一般。这是教育的宗旨。（未完）

（二）教授法方面。教授法就是教育的方法，是求如何可以实行他的宗旨的手段。研究方法是进化的一大原因，近世各种学术的进化，都因为注重方法论。中国从前讲教育，从来没有提出过一个明了的方法。朱子主张"今日格一物，明日格一物，到功夫纯熟的时候，自能豁然贯通"，固然没有说什么方法。但是主张释放个人的陆象山、王阳明，一说先执大端，自能逐节而解；一说要求良知良能，也不曾说出一个切实的办法。

讲教育学必须先研究几种基本科学，如心理学、生理学、生物学、社会学等，而尤以自然科学为最重要。近代教育的进步，即在采用自然科学的方法来研究，一方面可以得真实的根据；一方面可以免凿空的弊病。至于如何可以发达个人的本能，将来讲儿童心理时再说。

第二讲　教育与社会

　　社会的观念，近数十年来有一极大的变化，就是前人以为社会不过是一种机械的组织，现在知道此说不对了。社会实在是一种有机体，是由若干元子泡构成的，是从内向外发生的，不像机械组织的样子从外加上去的。所以教育必须使各个人在社会中都能平均发展。若只有部分的个人发展，社会还是不能进化。十八世纪的个人主义，即有此弊。英、美、德、法平均每百人有四五人不识字，俄国七十五，埃及及印度九十二。中国到现在还没有精密的调查。据教育部的统计，全国学生（公私教会各学校不在内）总数只有四百万。以全国人数平均，只有百分之一。英、美、德、法等国都有百分之二十五。中国识字的人（未死的科举中人及私塾生徒均在内）平均约百分之二十，计八千万人。然此中真能读书的不过一千万，而能阅书报的只多不过五百万，能写能做的尤其少数，还要加上些个能读古文而不识今文的顽固派，算起来真能受着我们文化运动的人，至多不过五百万，实在可惊可忧。全国可以尽力于文化运动的学生约五十万人。五四以后的新出版物约四百种，平均算他每种销行一千份，四百种计共不过销行四十万份。换句话说，就只有四十万人可以读这种新出版物，而且还许仍是学界中人自做自看。就是算起文化运动的责任来，五十万学生担负四万万人，平均每人须担负八百人，这种金字塔尖的文化运动，于下层大多数人决不会有影响的。这是讲书报方面的文化运动，不能收多大的效果。但是我们看实行方面的平民教育，若五十万学生每人每星期担任六小时，二人合教三十人一班的平民，计每人担任教十五个平民，就可教育七百五十万个平民。我们在平民夜校担任一点钟的功课，其效力实比费数小时做一篇人云亦云的文章大得多。况且中国现在社会上，有知识的同无知识的差不多是两个世界。你看五四以来的爱国运动，学生界费了多少牺牲，市民中真能了解的，能有几个！他们基本知识一点没有，所以脑筋完全不同。我们大声疾呼，他们莫名其妙，是必然的结果。所以平民夜校实在是文化运动的根本办法，最切实而最有效。（未完）

　　我们现在附讲几句普及教育。普及教育是顺着时势需要而生的结果。它有历史上的根据，并不是凭着空想杜撰出来的。十八世纪当英国工商业尚未发达的时候，民生困苦，教育不兴，于是有慈善团体出来办义务教育。社会大受其益，英政府也就出来提倡。从伦敦渐渐推行到别处，后来各国纷纷仿效，乃造成由政府强迫儿童入学的结果。美国从前预算设监狱同设学校的费用相等，所以多设学校，从以教育减少犯罪人数着手。法国的普及教育，也是由慈善教育演成的。德国的普及教育，根据国家主义，灌输儿童的以为国牺牲的精神。美国各大学多有市上讲演所，讲演世界大势，及各种生活常识，使人人都有受知识的机会。但西洋多是工业社会，平民常聚集于工作地点，如大城大工厂等，所以施行普及教育，格外容易。我国是农业社会，平民多数居城外，没有常常聚集的机会，施行普及教育，就比较的难。

第三讲　儿童心理（一）

（一）

人类初生下地的时候，最软弱无用，还不及动物，所以有胎时教育之发明。但这是医学家的事，不是教育家的责任。儿童本性不同，本能的程度也各异。究其来源，父系母系，实虚并重。从父系来的就像父，从母系来的就像母。还有跳隔一代的就许像他的祖父祖母或外祖父外祖母。兄弟姊妹常有各不相同的，即是此故。

$$
\left.\begin{array}{l}\text{父}\\\text{母}\end{array}\right\}\!—\!\text{母}\left.\begin{array}{l}\\\\\end{array}\right\}\!—\!\text{子女}
$$
$$
\left.\begin{array}{l}\text{父}\\\text{母}\end{array}\right\}\!—\!\text{父}
$$

吾人对于大马的配合，常很留意，而于人类的配合，反漠不加意，不管好歹，随便配上，就算了事。近世缮［善］种学的发明，即所以挽救此弊。今试讲鼠的遗传，平均一黑鼠一白鼠相交而生的小鼠，四个之中必是一黑一白二灰（即黑白相间的）。二白相交，全生白鼠。二黑相交，全生黑鼠。二灰相交，生一白一黑一灰。但是人类的遗传绝不如是简单，善恶智愚，各各不同。所以教育对于个人不能不有分别，而对于种族绝无可以歧视的理由。与其说此种族与彼种族有别，不如说此个人与彼个人有别。至于男女更无可以区别的理由，男子中有智愚贤不肖，女子中亦有智愚贤不肖，所以与其说男与女有差别，也不如说此个人与彼个人有差别。但是男女之间，却另有一个异点，我们也应注意，就是女子多在中人的地位，而极愚恶与极贤智的地位多为男子所占。所以从各方面看来，教育只要注重个别，即为已足，不必管什么种族男女的关系。（第一次完）

（二）

上次讲遗传，现在续讲。鼠因毛色分明，所以它的遗传，容易看得出来。人则不然，必须考察神经系，方才可以区别。各人个性的不同，就是神经系的关系，智的和愚的，往往差得很远。神经系有受的和出的二种。譬如我们拿一件东西，一定这东西的影像，先由眼睛神经进去，方可看见，再由手神经出来方能去拿。又如狗吃骨头，也是如此，一方面骨头的影像，入了眼神经，它就看见，一方面立刻从嘴神经出来，它就去吃。但是关于智□的神经系，却不是如此的简捷。一方刚进，一方就出。这就是所□第二等神经系，有传达的作用，能将事物的影像，传到他最相近习的地方。据人类学者的研究，说学习是神经网改变位置以相接触的结果，如三加四等于七，就是这个神经网记住三，那个神经网记住四，两个互相传达，联到一处，结果自然得七。兽类的第二等神经，不及人类发达，所以知识就不如人类。松鼠到了冬天，把果实藏在□穴里面，是天性的习惯，不是第二等神经的作用，因为它藏果的时候，决无饥饿的意思。又动物的神经作用，都是极短时间的，如狗见骨就吃，猫见鼠就捕。愚人的神经系，也是不易活动，有时很简单的事理，无论如何替他翻译，总不明了。聪明的人就是很□，□的算术，也可立时解答。神经系变动的能力，于年岁老少也有关系，少年神经尚未固定，容易教导，一到四五十岁，神经固定，变动能力也就大减，教导也就比较的困难。所以教育最注重儿童时期，因为这是最好的机会。

神经改变的结果，就是满意与不满意的关系，如三加四得七为大家所公认，就是满意的结果。学习就是设法使神经系按□满意的方向，互相接近，养成习惯。结果满意，下次就照着去作，否则下次再另改方法，务求满意。现代的教育，就是研究如何使神经变动得满意的结果。满意有远的和近的二种，近的如小孩得着食物，立时止哭，远的如成人晓得过饱便要致疾。教育应该注重远的满意，儿童不愿读书，要设法使他了解读书可以求远的满意。从前私塾□边，用板子鞭子做□学的利器，儿童只觉得读书比挨打稍胜一筹，所以为避重就轻起见，不得不勉强学习一下，这竟是与满意没有关系了。但是话虽如此，也不可陈义过高，使儿童莫名其妙。比方要奖励清洁，可以向他说："洁净受人喜欢，不洁净惹人厌恶，你要不洗手，客来一定笑你。"比方要奖励求学，可以向他说："你要是学会了，某人必定夸奖你，给你糖吃。"这种说法，总比用什么"卫生""自立"的道理，比较得容易领会。（未完）

所以智愚的不同，完全是神经系的改变能力的关系。教育儿童就是设法使他的神经改变能力逐渐发展。

儿童的良能

儿童都有天然的良能。孟子说良能都是好的，如"恻隐""礼让""是非""善恶"诸心。然按实际上说，不但好的（如仁义等）趋势，就是坏的（如不仁不义等）趋势，也都是从良能里出来的。良能可分为二种：

（一）非群性的良能。可用良好的教育，使他变成群性的。

（二）群性的良能。如无好教育，也可渐渐消失。

（一）非群性的良能是当人与事物相应接而生的，现在约举下列几种：

一体力之活动。小儿初生的时候，头颈总是东倒西歪，不能竖立，后来渐渐长大，才能立颈、坐、立、行动、嬉笑、哭、滚地，这都天然的活动能力。在那里发展，也就是所谓良能。训练这种活动能力，应该先大肌肉运动（如体操、跳舞等），而后小肌肉运动（如剪纸及弄小玩物、写字等）。中国小学教育，不注重这一点，所以一般国民的大肌肉多不发达，这是于胆量魄力很有关系的。小孩无时无地不活动，是他的天性使然。很幼的小孩，不能静坐到三十秒钟，五岁至十岁的小孩，不能静坐到一分半钟。所以要是强迫小孩，不许活动，无异于杀他。

二发音。发音是言语的起点，言语是由经验积聚而成的。小孩发音也是良能。他学话之先，一定先是吹口作响，成"布布"的声音，随后再学呼爸爸妈妈。从这一点，因势利导，至能说话，就全仗别人的教育。小孩生在什么地方，就说什么地方的话，也是满意不满意的关系。他说出来，别人懂得，就是满意，别人不懂，就是不满意，他自然会设法改变，使人懂得。教育就是要利用这种趋势，千万不可错过，错过就格外费力了。

三探机和造作。小孩都有探机的天性，他得到一种玩物，一定要把他弄破，看看里面到底是什么东西，如拆毁摇鼓及小火车等。所以小孩实在都是科学家。这种良能，千万不可抑制，哥仑布探得新大陆，何尝不是这种良能发展的结果。

小孩子又都有天然的造作性。我记得幼时读《孟子》"筑斯城也，凿斯池也"。我就跑到书房外面，团泥筑城，掘地作池，不幸被老师看见，一脚踢翻。这就是造作性的自然流露，应该十分奖导的。一味偏重灌输，叫小孩记死了许多"赵钱孙李""一只狗，一只猫"，简直是戕贼本能。我幼时听老师讲"神农尝百草，日服七十二毒而不死"，就问他"为什么神农不会毒死"，被老师大骂一顿，不许再问。后来药王庙旁一个老妇告诉我说："神农的肚子，是水晶造成的，所以不会毒死。"我才恍然大悟，原来老师的本事，还不及这个老妇。

但是利用这两种良能，也有不可不注意的地方。就是探机性容易变成残忍，如见蛙跳蝇飞而剖视之，即宜切戒。教手工应该先粗后细，先用沙、土、木，后用剪、刀、□，先叫他随意乱造，后教方法。

四取食和缓。小孩手初能拿的时候，一定是眼睛不看，拿来就往嘴里去塞。要是没有东西，就去吃手，这是取食的良能。后来的规规矩矩，正坐徐食，是因求满意而学成的习俗。华人啜汤有声，到了外国，自然就改，也是求满意。

五戏弄。小孩喜欢戏弄，也是天性。只要有度，即足以发达群性。若过了一定的限度，就要弄出弊病来了。比方小孩用纸套人帽结，一定要有人见而大笑，他才高兴，别人愈笑，他戏弄得越高兴。西方俗语说"你笑，天下人和你；你哭，就只你自己"，即是此意。戏弄太过度，就要酿成以强侮弱的现象。如张献忠幼时杀蝇为戏，竟养成一个残忍的恶魔。

六所有权和收集。小孩不准别人坐在他母亲的膝上。看见东西，常常说"我的"。打了他心爱的东西，他一定立时大哭，如打了他自己一般。买了花炮，不许别人放，这就是天生的所有权性。这种天性，渐渐发展，就有什么乡、省、国等的界限。到了现在，有"我的主义"与"某某主义"之争，也就是此性的发展。

小孩有天然的收集性，无论什么东西都要，如鸟毛、蚌壳、石子、香烟牌子，都是好的。后来，成人底收集古董字画，设博物院，和守护维掘钱财，便都是此性的发展。各种学问，都是由收集而成，所以这种良能，应该分类的去帮助他，不可忽略。

七打架。小孩喜欢打架，也是天性。只要有人阻止他的兴趣。他就生气要打。常常为很小的事物，彼此大起冲突，互相扭打。但这也是勇敢的动机，只要教他知道"为公理而战，勿为私利而战"，也是好的。女子少有打架的动机，所以有人说，女子多诡诈。

（二）群性的良能是社会组成的要素。无论何人不愿独居，就是群性的起点。兹举其最重要者数例如下：

一慈爱。

甲、和蔼（慈善）的心。如见人饥寒，就可怜他，见人喜欢，他也喜欢，又如望人得福，怜人遇祸，等等。实在也就是道德的根源。教育的责任就是要保护这种慈善的趋势，免其浪费，从物质的方面引他到精神的方面。

乙、同情的心。就是反应的模仿（Reflex imitation）。看见大人哭，他也哭，看见大人笑，他也笑，就是自己的感情受别人的感情的影响。小孩虽有时也有残忍行为（如杀蛙、捉蝇），那是他极天性过度发达，或是不知受害者的痛苦，并不是丧失了同情心。教育的责任，就是要养成他知人痛苦的想象。

二群聚。小孩喜与年岁相近的儿童在一处玩耍，即乐聚群的表现。这种良能，在野蛮时代，用以取食卫群，在文明时代，就可以用以促进文化。爱群是人类的天性，一个人若是不爱群，一定是他有病。

三喜人称许。小孩穿了新衣帽，有人夸奖他好看，就非常的高兴。这种趋势，也应该奖诱他，利用他。不可有过分的苛责，使他失望。一失望，他就要气沮，不愿往前进了。

四竞争。这是学术进化的大原因，如学校里的考试分数及运动会等。但须注意的就是，要养成他"各自发达自己"的竞争心（如竞争清洁、竞争学问等），阻止他"物质上自私自利"的竞争心（如侵略、抢夺）。

五模仿。从前小孩见大人背着手走路，他走起路来，也将两个小手背在后头。大人穿拖鞋，他也把鞋跟故意□倒。有人说这是天性的，桑戴克说这是"学习的效果律"（除反应的模仿）。总之这是有益的趋势，因为人类中能创造者很少，能模仿者很多，并且各种学术，也往往因模仿而能传之久远，所以这也是文化进步的一大原因。所当注意的，就是要替小孩选择好模范。现在有人反对模仿，主张创造，但不是个个小孩能有创造能力的，所以最初只可教他模仿——但须为他择好创造能力模范。

儿童的良能，近世发见得很多，以上所举，不过是几个最重要的罢了。西人说小孩是"良能一束"，若是把他束在书房里面，叫他死记"一只狗、一只猫"，走路快点就要骂，两人打架就一人痛一顿，实在不是爱护良能的办法。所以教小孩贵在因势利导，固不可强施抑束，也不可揠苗助长。无论群性的和非群性的良能，只要利用得当，都是好的（如打架、竞争等）。下次再讲小孩的感情。（第二次完）

儿童心理

上次讲过，教育只能指导良能，不能像用草喂牛，喂到一个程度便能长大的。儿童的良能，就是他的资本，只要利用得法，即能生利，教育不过是帮助他经营一下罢了。

儿童的感情。我们中国人往往重理性而轻感情，其实人类所以能活动，多仗感情。理性只是能指导感情，离开了感情，就没有理性可以存在。教育就是要发达感情，使归正道。中国人的生活力太薄弱，不能活动，也就是吃了教育不重感情的亏。西洋人注重各个人发达正当的欲望，所以他们的生活那样丰富；他们种种制度的改革进步，也都由于感情不能忍受。要养成感情，使入正路，也不外上次讲过的满意与不满意。譬如无故发怒而受人厌恶，他下次就留心了。又如过饱致疾，下次就要小心一点，这都是因求满意而改变其神经系活动的方向。只要看儿童的感情是否正当，而使其满意或不满意，他自能改正方向。无论喜怒哀乐，只要利用得当，都是好的感情。最好用正当的娱乐去改正坏的娱乐，如提倡美术及运动以代替赌博。只要正当的娱乐发达起来，不正当的自然就会消灭，若仅仅的从禁止方面着手，是没有效果的。

儿童天生即有美的感情，如爱看花纸，爱穿有颜色的衣服。未开化的野人，听见歌声，也能击节，狗闻歌声，也能舞蹈，都是天然的美感。讲教育即应利用此点，如星期日率领儿童游博物院，或作郊外旅行，以发达其美感。

美感有创造的与审美的两种。创造的美术是从天才里发生出来的，不是个个小孩都能的，若审美方面，人人都能，所以要使儿童看图画听音乐，以引导其审美的感情。

感情这东西，到底是先天的或是后天的？这个问题至今尚无定论，也没有什么的研究。但于"畏"一项，研究得最深。

畏。畏的知觉，是已经受惊之后，方才发生，并非遇着某种事物，即已知道恐惧；如遇蛇，闻炮，必先发畏的感情而后方觉畏。又如误犬为熊而狂奔，见毛虫而发指，怯暗，怕面生的人，怕独居，怕怪声，都是先畏了而后觉畏。

畏的心理的来源又有两种关系：（一）遗传的关系，原人社会时代，穴居野处，即有怕蛇虫，怕黑暗，怕孤独等的习惯。（二）社会的关系，如中国小孩怕洋鬼子，怕鬼，都是社会养成的。

一切法律、礼仪、宗教都是根据于"畏"的心理。又如舆论的势力，也是从这个"畏"里生出来的。

但是要发达感情，都也不可过于放任，过于放任就要发生种种弊病，如五四以后，讲自治，有些学校生徒的自而不治，和以前学校里治而不自，是走相反的极点了。

还有一个重要的点，就是设法使其注意功课，若任其像《中庸》上说"心不在焉"的样子，那是绝对没有好效果的；同班学生的程度不齐，注意力不同的关系不少。

注意力。上班的时候，忽闻教室外发生大声，大家的注意力，即不知不觉地移向室外。譬如有一人在马路上仰天呆看，顷刻之间，即可招惹许多闲人。小孩读新书，头一课一定格外背得纯熟：这都是天然的注意力。成人的注意力较长，小孩较短，成人能同时看见许多东西，小孩只可看到一样两样。成人之中，注意力也有明显的不同，即如读书报看信，有的人图快，有的人崇慢，还有必须"念念有词"的自读自听，方才可以了解的。（未完）

孟子言"收放心"即是讲注意力，孟子牛羊之譬；王守仁说"人之为学，在求放心，心苟或放，学乃徒勤"，亦即此意。成人与小孩不同之点，除多少长短之外，还有复杂程度的不同：成人能同时达成一气的注意多少事物，小孩只能注意一件一件的不相联络的事物。还有机械的习惯也不相同：成人能同时数个官觉并用，如上课时一面听讲，一面笔记；弹钢琴时，眼睛要看谱，手要弹，脚要踩；小孩走路时眼不看地，就要跌倒，别的更不必讲了。机械的习惯也是于人生极重要的，若是事事时时，无不加以注意，人生就苦极了。打算盘、打字等娴熟的技术，都是机械的习惯。教育的责任，在教导儿童的习惯，使成为机械的，然后再教他用最高的脑筋，来研究种种复杂事物。还有深浅的不同：成人在人群丛杂中可以读书，又可以"发愤忘食，乐以忘忧"；小孩的注意力都是很浅，同时必须旁注他事，不能专一，读书时听见怪声或觉肚饥，他的注意定变迁。又有久暂的不同：成人经验既多，看见事物，研究的意义格外丰富，所以注意的时间可以久；小孩经验太少，又不能连贯，看见事物，"一目了然"，更无胜义，所以注意不久，并且容易困倦。幼稚园的学生的注意时间不出十五分钟，国民学校的学生不出四十至四十五分钟，中学以上即可渐渐延长。成人读书，大约以连读一点半钟为最适宜，但有只能连读一点钟的，也有能连读两点钟的。各人习惯有不同，若是过了适宜的限度，无论如何读，总是读不上。又有范围广狭的不同：成人注意的范围狭，所以觉着可注意的事物较少。小孩的范围广，他觉得鸟飞、鸡啼、花开、人走，无一不可注意。课堂中多备图书等物，也就是因为小孩注意的范围太广，多备东西，可以多增加他的兴趣。所以完全受环境的感应的，实在只有小孩，成人比较得少。

注意力之种类。小孩的注意力为官觉的，成人的为知识的。小孩见物，无不注意，成人则否。成人见了"佳山水"，每每与过去的感想连贯起来，高兴时还要动动"诗兴"，即是从知识方面来的。小孩则不然，他只看见一座山，一条河，几株树，几个亭台楼阁，完全是官觉的注意，绝无丝毫感想夹杂其中。比方秋天到钱唐江观湖，在成人看来，觉得那波涛雄壮的气概，真像千军万马，说不得就要摇摇头，念那"立马湖山第一峰"的佳句了。但是在小孩子看来，只是一片大水，许多人，几只船，至多不过想起"他去年来时，在此买过几块糖"罢了。

强制的注意力。因社会的过迫，或远大前途的关系，成人往往能为强制的注意力，勉强注意他所不愿注意的事。我们研究学问，用强制注意力的时候很多。因社会，或时势，或志愿之需要，我们就会勉强用功。所以要养成儿童用强制的注意之习惯，当以儿童的需要为基础。任意的注意力，刚弄这样，又弄那样，不能成就有系统的学问。必须慢慢地利导他，养成强制的习惯，过一年半载以后，小孩便不觉得苦了。这就是由官觉的注意引入智慧的注意的历程。自然人只看见事物的近的结果，文明人可以看得较远。由近而远，就是养成强制注意力的方法。

讲到注意力方面，即发生二大问题，即教育功效是否由"困勉"（用力）方面得来，抑系由"兴味"方面得来。兴味方面，因为外国行自由选科制的大学，已经有学生避难就易以期多得学位之弊，所以有人反对。而一面则以为困勉终嫌太不自然，不能造就上好人才，况且勉强的也不能持久。现在新的教育学说，要注意"最后的兴味"，既不取无为的勉强，亦不偏重近的兴味。旧教育只知困勉为好，训练而完全不管兴味，固然不对。过于偏重近的兴味，而丝毫不加强制，也易生弊。最后的兴味即是远的价值，只要使学生了解"现在多用工夫，将来多得价值"的道理，他自不到一味盲目地去"舍难就易"了。但是这种学说，只可适于成人，小孩便不懂什么叫作"最后"。所以对于小孩，应当设法引起其可以觉察得到的兴趣。近来国内教育现状，差不多这两派都已各走极端，或偏重困勉，或偏重兴味。偏重困勉，不但使学生受无为的苦，使他们畏学校如囚牢，而且会阻碍他们的生机。而重兴味，就养成"避难就易"的习惯，浮而不实的知识。（第三次完）

儿童的官觉

官觉是传知识的机关，所以官觉教育也很重要。官觉若不健全，知识就不能十分正确。按近代心理学说，要发达儿童的官觉，应当顺应着他的天然官能，因势利导。

官觉的成立，由于觉官与脑神经系相联络。有些人的耳目，看似很好，而不能闻见，就是神经系有病。

官觉的感觉范围，也有一定限度，如距离过远，不能闻见就是。物理学中的三棱镜，照于日光中，只现七色，紫以外及红以外之色，即不能见；猫能黑夜观物，狗能以鼻识途，而人则不及。瞎子的听觉特别发达，惯于打牌的人，用手一摸，就知道什么牌，都是特殊官觉。教育不能打破官觉的天然限度，勉强使人能见紫红以外的颜色，只能以训练使人勉去色盲之病。只要有训练，官觉即易发展。

小儿的官能发展时期不能一定。初生即能辨味，但眼睛不能向远处看。二三岁以前，各种官能都不完备，以后方渐渐发达。等到后来能辨别颜色，则须仰仗教育。教育并可训练官觉，使之精确。（未完）

意大利蒙得苏利女士的教授法，就是发展官能的最妙方法。如以有扣有带的布版，给小孩作玩具，使他练习扣缚，渐渐即能自穿衣服。这种教授法，早已风行西方，其实于中国尤为合宜，因为中国孩童官能多不发达。

小孩摇了摇鼓，一定往嘴里乱塞，即是先试听觉而后试味觉。官觉于注意力亦有关系。小孩初生，脑是散的，不能注意。同一用官觉，而受过训练与否，即大不相同。同是一块石头，地质学者见了，他的见解必与常人不同。初打电话，听不清楚。不常同外国人来往，听外国语不大方便。外国人吃中国菜，莫名其妙。都是训练不足的缘故，没有训练，官觉就常常要错，如小孩闻雷声以为神怒，乡人以云为烟所成，以幻想为见鬼。西洋小孩常以"Butterfly"为来自"Butter"，以"Oats"

为来自"Oaktrec"，即因知识不足，易起误会。中国孩童知识如何，还没有精确调查。美国波斯顿的小孩，有百分之五十三不曾见过日落的，有百分之二十不曾见过云的（因为房屋太高），有百分之五十五不知木料来自何处的。美国中学生中有因苹果与蕃薯相似，即以为苹果也是由地中掘出的。所以一方面用官觉，一方面还须观察事实。官觉若未经训练，常易变成幻觉，小孩看见剃头刀及牙医的大钳，他就觉得理发匠及牙医也非常可怕。成人也有习惯上的幻觉，如写字写得多的时候，"Psychology"与"Physiology"互相写错而不觉其误。

官觉发达与年龄

婴儿只能见大见近，又不能将东西一件一件的分析而观，又因视觉上没有远近的经验，所以看见远的东西，也要伸手去拿。到六个月方能辨明暗，十个月至十一个月能别红黄而不识蓝。小孩最初只能辨别浓色而不能辨别淡色。十二个月至十三个月的小孩看深红与浅红，以为是两个颜色，必至六七岁方能辨别。至七八岁才晓得房间大小及道路远近，但此处至彼处有几里路，还不能知道，教他们记某处至某处若干里，是无用的，因为他们不懂若干里是多少远。所以教小孩地理，只可教以最浅近的东西，如山水、房屋等等。教习教他，说地球是圆的，好像橘子，他下次看见橘子，就说这是地球。教习叫他证明地球的圆，他就举了三证：（一）先生说是圆的；（二）教科书上说是圆的；（三）母亲说是圆的。教习问林肯是谁，他说林肯是林肯公园里的铜像。这都是知识不足的错误。讲到听觉方面，一岁以内的小孩，不能知道声音所来的方向。到六岁还只有百分之六十能记声调的。也有一二岁即能辨别自然韵调的，如上海小孩唱"萤火虫，夜夜红，哥哥替我糊红灯"即是。四岁的只能辨今天，不知道什么明天、昨天、下星期。六岁的还不辨去年、今年。到八岁觉得上午、下午长短不同。九岁以前，觉得一年的光阴，非常之长。此等自然发达的迟早，不是教育所能为力，教育只能因势利导。

按近代教育学说，一切知识观念都由官觉得来，所以训练官觉即是造就精确的知识观念。纯用理性，极易引起误会，近世各种学问，那一件不是从实地观察得来？所以养成正确的官觉，的确是当务之急。最好顺着小孩喜用官觉的趋势，因而利导，提倡音乐、手工等等的训练。

以上总讲儿童本有的资本之利用，及如何使其自然发展。

讲到此处，发生两个问题，与儿童知识有密切关系的：（一）记忆力；（二）思想。

（一）我们常常听说，中国人太重记忆而不重了解，不想近来竟有极端相反的趋势。实在说起来，记忆实为求知识之基本观念所由来。记忆力分自然的及方法的两种。小孩的记忆力，多为自然的。如记地理名词，必用种种方法以补助之，即是方法的。记忆力是神经系变动的结果，人之高于禽兽，就在记忆力较好。至于生理上的记性好不好，则非教育所能为力。从前记典故的，即是只有生理的机能而无理想上的训练。

记忆力儿童与成人不同。小孩的记忆力多为单独的，所以洋文应在高小就学，算学到可暂缓。成人的记忆力多为论理的，如记英文单字，"Piano"为"不要拿"，"Balance"为"摆冷水"，即是。成人对于观念容易记得，因为它有意义，单字就比较的难记。儿童各种底记忆，十四岁耳力最好，以后渐退，十五岁目力最好，以后渐退，九岁以前耳力比目力好，十九岁以前，各种都好，以后就都要渐渐地退化了。十二岁以前，具体的事物易记，抽象的不易记。单独的记忆力，只可纯任自然，论理的可以设法增进。

（二）思想也出于天然。十二个月的小孩就能想，但是不精罢了。普通言之，小孩思想比成人少，然终身在工厂度最简单生活者，就许不及五岁小孩的思想复杂。成人动作，必先思想，小孩则否。儿童的思想，多偏于游戏方面。他们思想不精密的缘故，计有六种：（1）知识不足，如拔洋娃娃的头发而亦拔母发，以为一样不痛。（2）知识不正确，易于误会。（3）注意不专。（4）无系统。（5）整块的，不能分析，如指橘为地球。（6）无批评力。

青年心理拟略去不讲。下次讲教授法。（完）

《晨报》四周纪念日之感想[*]
（1922 年 12 月 2 日）

　　《晨报》对于教育界，时时有好意的批评，热诚的帮助。今日是四周的纪念，引起我对于中国教育无限的感想。

　　我们办教育的人，近来真觉得日暮途穷了。从前我们以为政治不良，要从教育上用功夫，养成人才，去改良政治。近年以来，政治愈趋愈纷乱，教育界经济上和心理上，都因此受莫大打击，不但经济破产，精神上破产的征象，已渐渐暴露了。于是数年前"只讲教育，不谈政治"的迷信，渐渐儿打破。

　　学生借群众的势力，去干涉政治——如烧房子，围省议会，开国民大会，等等——教员批评政治，或发通电对于政治有所主张。此种举动，于实际政治问题，不无小小的影响，但由于政治基本问题，还搔不着痒。若以学校本身而论，因此反惹起外患和内乱。我们办教育的人，更觉苦于应付。

　　现在教育界正处于刚才所讲的困难地位中。学校之中，人心惶惶。数年前勇往直前的精神，为沉闷不堪的空气所包围，好像一轮红日，为黑沉沉的云雾所围绕，弄得一点儿不通光了。

　　教育界这三年来，所用于自卫或攻击的武器，只有一件：就是罢工。但这件武器，一用再用，再而三，三而四，已破烂不堪，不能再用了。杀人不下，近来竟用以自戕了。武器破烂，教育界自卫之道，从此穷了。

　　自卫之道既穷，于是沉闷之气，日甚一日。近来又发现了一件很困难的事，即是"学风"问题。

_____

　　* 载《晨报副刊》1922 年 12 月 2 日。

什么叫"学风"呢？一个学校里，教员学生，共同抱一种信仰，大家向那所信仰的方面走。前清时代，这个"学风"就是欧化。一个学校里，能多请几位外国人，或多请几位洋文优长的教员，多造几座洋房，大家就高兴的了不得。自民国六七年间至九年，大家所抱的信仰，就是"文化运动"。那个时候，讲起"文化运动"，大家都抱无穷的希望。现在又渐渐儿消灭了，那里还能以"文化运动"四个字来唤起精神？究竟我们共同的精神在那里？这个问题，实在无人能作一个正确的答复。

现在我们所能勉强提出的一个办法，就是"提高学术"。但这个办法，实行很不容易。一来是提高学术不是短促时期内所能办得到的。二来是不能马上用来出风头。三来是要在图书馆、试验室里用苦功，那里能耐烦呢！所以要把"提高学术"来唤醒精神，养成一个学术化的学风，谈何容易？

况且学术两字，是太抽象了。那一种学课，不是学术？要提高那一种？说"提高学术"，好像说"要做好人"。好人是人人愿意做的，不过要什么样做，便成"好人"，就是一个困难的答案了。又好人的种数正多呢。要做那一种好人？这又是一个困难的答案。学术也如此。提高学术，人人所欢迎的。什么样提高？要提高那一种？普通的谈提高，是唤不起精神来的。学术在一个时代内，有比较的价值。非提出一种学术来，作一个普遍的运动，唤起多数的兴会，怪闷的，在图书馆中坐不住的。如十九世纪初，德国大学之人文主义运动，当时哲学、文学、教育学说，都受他的影响。十九世纪中英国之科学运动，因此产生了社会科学。

我们应该把什么学术，来作教育界共同的大运动？我们尚摸不着，所以大家沉闷。

以前的旧书院，倒有一种学风，虽因时势变迁，旧书院都死了。但现在的学校，竟像一种不中不西的杂货店，那里还有学风呢！

现在不中不西的学校，好像市上所卖的新式西洋椅，既无洋椅之舒服，又无旧式太师椅之美观和坚固。画虎类犬，我们还说在这种学校里培植人才！

唉！为什么高谈阔论？我们那一种残缺不全的学校，今年还过不了年？经费没有了，没有经费，那有设备，学生那有书看？教员那有机会增进自己的学问？说什么提高学术！

政治腐败，我们那里能不谈政治？既谈政治，教育界那里能不遭政客的摧残，仇视，利用？即退一步，我们可不谈政治，然而那里能不主张公道？主张公道，那不公道的一班人，就与我们捣乱。

这种捣乱，也不要紧，不过多加一层麻烦罢了。到底我们的本身问题，还在提高学术上用功夫。提高学术，第一要工具，第二要人才。人才就是专门学术上之导师。工具就是学校的设备——如图书仪器等——学校无适当的设备，先生口授，学生耳听，限学术于口耳之间，那里配说是学术？

设备要有经费去办，学术上的导师要有经费去养也。没经费什么办得动，设备不完，人才不够，那里配讲学术？

本校第二十五年成立纪念日的感言[*]
（1922 年 12 月 17 日）

本校今天是过第二十五诞辰的日子。本校生存了二十四个年，将占一世纪的四分之一了，这二十四年内，正是中国生活剧烈变迁的时代。他在北京首都城内，真所谓"饱经世故"！

出世不久，就遇着戊戌政变。继遇着拳匪变乱，管理本校之管学大臣许景澄，因极谏清廷，勿妄信拳匪，而处极刑。生徒纷散，校舍封闭。又过辛亥革命，清帝退位，袁氏称帝，张勋复辟。种种变故，本校均身列其境。以上变故，均是先一新动机，联接一反动。戊戌政变是新动机，拳匪变乱是反动。辛亥革命是新动机，袁氏称帝，张勋复辟，是反动。世界进化，原来如此。"进化"从来没有一帆风顺的。

近几年来，学生运动是新动机。现在又遇一反动，这反动就是教育破产。本校过第二十五生日的日子，刚遇着教育破产的时期。我们还要庆祝什么呢！我们不是庆祝这破产的反动。我们庆祝的，是这反动之后，"极而复反"，将来未来的，一个新动机。

这新动机是什么？这是我们的希望，因我们的希望而努力。希望什么？努力什么？这要我们全校师生的反省。今日是本校第二十五年的生日，是我们全体师生反省的日子。

---

* 载《北京大学日刊》1922 年 12 月 17 日。

英美德法四国人民之特性与大学之特点 *
（1922 年）

学校是脱不了社会的。社会之中有各种的势力，继续不断的来感化学校，学校也继续不断地感化社会。学校受最大的感化的莫过于人民之特性。所以我们要讲英、美、德、法四国之大学，先要讲这四国人民的特性。

英国为重实际问题之国，其人民之特性，为用平常的眼光看赤条条的事实。故他们对于国际问题，不管友谊和恶感，但从事实问题上着想。对于社会问题，也不管主义和理论，但从实际问题上着想。美国为重活动力之国，其人民之特性为行时方思。美国人不喜悬想，见有问题来，才用他的思想力。德国人的思想注于物质方面。他的两手，一拿望远镜，一拿显微镜。非用望远镜窥远，便用显微镜察微。法国人长于悬想，用其天才做出一篇极有系统的高妙"文章"来，做好之后，他就不管了，再做第二篇。他看问题，离不了他的理论和感情。

因为这四国人的特性不同，所以产出四种文明来。英国人因注重实际问题，所以他的思想学术并不十分超卓。但对于政治、经济、国际诸问题他时时用常识去判断。他最知道人的性情，凡事适可而止，决不过度。他的外交、经济、殖民事业之成功，都从此来。世界第一等的外交家、经济家、殖民家都出在英国。这三种事业，世界上没有敌得他过的。

美国人因重活动力，所以他的行动非常敏捷。数十年之中，把国中的天产开辟起来，制造发达起来，成为世界最富之国。看他在欧战时期，以短促的时间，把七万五千人的军队增到几百万人。飞艇、海军、

船只，几乎驾英国而上。这种伟大的活动力，能不惊人！

德国因精于应用科学的训练，欧战以前，他的制造为世界第一。他的商业几乎超越英国。欧战以后，割地赔款，货币低落。在他国决经不起这种大打击。而德国仗其发明和制造的能力，犹在世界商场上争胜。英、法畏之。这是他能用显微镜、望远镜的功。

法国人富于天才，用其智力发展美术、思想和纯粹科学。他的思想之高妙，纯粹科学之精奥，世界没有一国及得他来。有人说，法国发明，德国制造，英国买卖。这句话很有意味。

这四国的特性不同，所以他们的大学各具一种特点。反言之，各国的特长，也须凭借各大学来发挥。这就是所谓社会和学校相互的感化。英国的大学，如牛津、剑桥大学等，其学问博而约，精于一门，旁及他门。其根基犹为十八世纪以前之人文主义。所以英国的学者，知识甚广，富于常识，知世务，少经院的习惯。英国因有这种学者，所以欧洲问题，最看得清楚者，莫过英国。英国大学不是偏重智力的。他把学问看作修己，治人，治事之具；养成清楚的头脑，风雅的态度。所以他能产生许多的外交家、政治家、经济家。

法国大学适与英国大学相反。英国大学，治世务的大学；法国大学，为发展文化的大学，专重智力，优美卓特，超出世事。

德国大学注重专精。无论一小小问题，有极精密之研究。德国物质科学发明之多，制造之美，为世界第一，这都是大学之功。

美国大学重应用，重由行而得知。故其训练重活动力。行时思，思时行；行即思，思即行。故美国大学，与其说它产生学者，不如说它产生能思能行的实践家。

以上所说的都是四国大学之特长，但各有缺点。英国大学产生外交、经济、政治、文学家，而科学的发明家不多见。法国大学产生高尚的文化，而其文化不及于常人，有高深的科学而不及于应用。故有科学而不长于制造，有高尚的文化而不及于社会。其政治、经济、外交之学，更不如英国甚远。德国大学能应用其发明之科学于制造，故制造之发达，远出他国。但德国于外交上、政治上乏相当之训练，故于此两途非常愚拙。美国大学重应用与活动力而少发明。故社会虽一日一日的发达，而高深学问，须从欧洲借来。

把以上所言总括起来，法国大学，其长在纯粹科学；德国大学，其长在应用科学；英国大学，其长在治人的社会科学；美国大学，其长在治事的社会科学。

若把他们应用到中国大学来，纯粹科学，则取法于法。应用科学，则取法于德。关于社会科学各门，凡属于治人者，如政治、经济、外交等类，则取法于英。凡属于治事者，如大规模的组织，大工业、大商业之管理，则取法于美。

近世学问，可以科学括之。而科学有自然科学与社会科学之别，自然科学又有纯粹与应用之别，社会科学又有治人与治事之别。列表如下：

$$
科学\begin{cases}自然科学\begin{cases}纯粹——创造、发明——法\\应用——制造、工艺——德\end{cases}\\社会科学\begin{cases}治人——政治、外交等——英\\治事——组织、管理——美\end{cases}\end{cases}
$$

吊汪彦深同学[*]
（1924 年 11 月 3 日）

　　同学汪君彦深，元超其名也。没后其弟元起，痛乃兄之猝亡，已述其事略矣，复乞言于余。余识彦深为民国八年夏，时北洋大学正起学潮，彦深谒余，商回入本校事也。其赴美也，亦曾以证书事谒余，自是以后，遂不复见其面矣。正冀其学成回国，握手语旧，乃于月前忽于沪报见其小像，以为彦深已抵沪矣，待读其记载，始知彦深惨遭不测，客死他乡，呜呼痛哉！彦深没后，余屡向自美回国之友人询其死状，而莫余告焉。日前前金陵大学农林教授美国裴义理先生适自美回，因事来谒，谈及工程学生在美实习事。裴先生曰：“中国学生之习工程者，在本国学校，偏重课堂以内之功课，且中国青年，多为文人之子弟，身体过于文弱。故在美一遇工场实际之工作，其智力有余而体力恒若不足，彼美国子弟，手握数十磅之巨锤，举之裕如，而中国学生，纤手弱肢，举击数下，即觉疲劳。彼习井务工程者，其缺点尤显。”裴君复云，彼曾介绍一极可敬爱之中国学生至矿地实习，因矿车遇险殒命，深为痛惜。余因问知汪元超其人否？裴君答曰：“向所言者，即此人也。”请问其详，曰：“某日汪君与美国同学十余人，同乘一下斜坡之矿车，入井工作。车行半途，车闸忽出纽，车下行之势加疾。驶车人疾呼曰：‘速跳！’全车十余人闻呼均跃车而出，车飞射而下，俄顷之间，击成齑粉，而未出者独汪君耳。夫余人均脱险，独汪君未及跃车而出者何惧？盖平日训练未及于此，或临难神离，或见危足栗，欲跃而不能耳。”是杀彦深者文弱也。呜呼！彦深，幼生文人之家庭（元超事略云，四岁即从母受书，至十岁已熟读四子书、《书经》及《春秋左氏传》），长受文弱之

　　* 载《北京大学日刊》1924 年第 1559 期。

教育，择业未慎，以文而工，竟以此而殒其身，不幸之甚，有过于是者乎？彦深好学深思，见义勇为，负笈海外，赍志以没，岂不哀哉！虽然其弟元起，肄业本校化学系，敏而好学，吾知必有以继其志也，特志数语，以痛彦深，以勖元起，并警吾辈之负教育责任者，盖亦以自警也。

知识阶级的责任问题[*]
(1924 年 11 月)

我们未讨论知识阶级的责任问题以前，先须问谁是知识阶级中的人。现在所谓知识阶级，大都指投身教育事业者而言。其次为出版界的著作者和编辑者，再其次为他操必以高等学术为基础的职业者，再其次为散于各界中之对于学术有兴味者。教育界及著作界以知识为终身职业，故为知识阶级之本位，余者只可谓与知识阶级接近者，因其职业本不为单纯之知识。若以全国之人口、区域两者而论，此种人在中国实居少数之少数。以少数之少数，欲负何等重大之责任，而能胜任愉快者，实为不易之事。

更进一步，知识界是否能成一阶级，在今日中国亦属一疑问。因既成一阶级必须具有两个条件：第一，在社会上必占有一种相当的势力；第二，本身必有一种团结和组织。现在中国的知识界，不能谓在社会上无相当的势力，亦不能谓无一种比较的薄弱的团结。但"组织"两字，实在还谈不到。现在所有的组织，或者为太近于形式的，定期开几次会，通过不关痛痒的或肤浅可笑的几个议案，打几个铺张门面的通电。即使有几个有价值的议案，事后大家也都忘了的。或者为特别事故临时结合的团体，风潮一过，就无人过问。

照此看来，我国所谓知识阶级，人数既少，又加散漫无组织，那里配当得起这个名称？所以在社会上虽占有一部分的势力，其薄弱也可想而知了。不过其中还有几个个人，比较的思想尚清楚，事实尚能研究的。这几个个人有时发言，尚能唤起一般人们的注意。所以外面的人看着，似乎有一个知识阶级存在于中国，实际上亦不过是一个"纸糊老

---

* 载《晨报六周纪念增刊》1924 年第 12 期。

虎"罢了。只要"有枪阶级的"，枪刺一戳就成一个窟窿，从窟窿里望进去，里面是一个空架子。不过有几个人，尚能在"纸虎"以外单独的奋斗，这"纸虎"也仅仅因为靠着他们的奋斗，还在那边雄纠纠蹲着！

"纸虎"终有一天要戳破的，奋斗的同志们吓！你们也何苦要这个"纸糊老虎"。现在所谓什么会、什么团体的本身，是要不得的了。其中的个人，快快释放出来，单刀直入的奋斗。匹夫之勇，究比睡觉的大队人马好些。

外边的人们，要认这几个个人，为知识阶级的代表也好，只认他们是个人也好。只要是精神上的联络，暂时无形质上的组织，也不妨事。与其为奄奄无生气的组织，不如和活泼泼的个人联络。

我们把所谓知识阶级的现在的地位和状况解释明白后，我们可以谈外界的人们，对于知识界的希望了。外界的人们，所最关心的就是切身的苦痛。大多数的人们，大凡利害不切身，是不愿问他的。这也是人类共同的弱点。一旦痛苦切身，有能力的，就直接求解免的方法，间接求他方之同情和助力。能力薄弱的，自己无求直接解免的能力，就间接地希望他人代为解免。乱世愚民希望"真命天子"出现，乡民遇水旱之灾，希望老佛爷发慈悲心，都是从这个心理中出来的。就是我们希望军阀自己觉悟的人，也是同一心理。然而要希望军阀自己觉悟，真是希望老虎不吃人了。

"真命天子"是不会出来的，北京城里有了一个"假命天子"，前几日还把他撵跑了！老佛爷坐在莲花上，在极乐世界里闭了眼打座，早忘却了我们小百姓。老虎不吃人，是生物学上所不许的。

自己无直接解免痛苦能力的人们，他们的希望不会临到知识界的头上来的。知识界现在所负的责任，在尽力副间接求同情和助力的人们的希望。知识界也可以间接求他们的同情和助力，不必抽象地唱救国拯民的高调了。抽象的国和民，是无从着手拯他们的。

我们把知识界的责任，已假定了一个范围。不能自助者，除灌输常识给他们为自助之资料外，不必助他，也无从助他。反言之，知识界不能自助，也不必求人助。知识界的责任，在与有相当能力者之互助。

在这互助范围以内，我们希望他界助知识界的，不在本文范围以内，姑置弗论。我们先推测他界希望知识界的是什么。要推测这个问题，先要认定他们所感的切肤之痛是什么。简而言之，就是政治上的捣乱，影响于经济和治安。表面上似为军阀问题，基础上究是政治问题。

这不但是他界所受的苦痛，也是知识界所受同样的苦痛。

对于政治问题，他界视之过于近，知识界视之过于远。他界看政治上的捣乱，以为赶掉几个贪官污吏，强暴军人，求几位贤父母来做省长督军就好了。稍远的以为把制度改订，如废止议会，设立委员制等类，政治就可改良。这种办法，我们不能不承认是有益的。但不过是头痛医头，脚痛医脚的办法。根本的病症还潜伏在里面。知识界看政治上的捣乱，以为根本在社会不良的缘故，社会一日不改良，政治的清明一日无希望。要改良政治，先要改良社会。更进一步的，以为社会不良，根本的原因在科学、学术、思想的不发达。要改良社会，先要提倡科学、学术、思想等等。

他界希望知识界的，是什么帮助他们来解决现在的政治问题，减少他们的切肤之痛。知识界答他们的，是先改良社会，或发展学术、科学、思想等等。这不但是他界看了有些迂远，知识界自身有时也觉得有讨论的必要。因为政治不良，于改良社会，发展学术、科学、思想等等，有许多的阻力，有时简直是行不通。知识界这几年来，自己所受的苦痛，所得的经验，足以证明这话是不错的，不必我们去详说了。

知识界看政治问题、社会问题、学术问题，彼此循环不息，好像走进一个可恶的圈子里，转来转去转不出来。这个问题，好像古代的一个老问题：鸡生蛋的呢，还是蛋生鸡的呢？这个问题以纯粹论理学去辩论，是达不到断语的。我们只好说，鸡是蛋所生的，蛋亦是鸡所生的。有了好鸡，自然能生好蛋；有了好蛋，自然能生好鸡。善养鸡的，择好鸡来生好蛋，择好蛋来生好鸡，两面都要做的。社会能影响政治，政治也能影响社会。社会能影响学术，学术也能影响社会。无论从那一方面做起，都是有效的。

但知识界往往借口社会和学术的重要，来躲避实际政治的麻烦问题，这是不对的。许多人看见实际问题解决的困难，知道唱几句社会和学术的高调，最容易缴卷，就把学术和社会的研究，作为避世的桃源。或者钻进学术和社会的研究里面，忘了应世的目的。前者之结果，必养成万恶的政治；后者之结果，产生一班不切世务的迂儒。照此看来，研究实际政治的责任，知识界是不能逃避的。

若我们承认知识界应负研究实际政治问题的责任，更进一步说，知识界对于政治，以发表言论为限呢，还是要实际的参与？这问题是很容易答复的。知识界不发表政治的言论则已，一发言论，必引起政治界的干涉，因干涉而起冲突，因冲突而引起实际参与的兴味。故最后是避不了参与的。不过我们须认定参与要有界限罢了。

我们以为知识界参与实际政治问题，要有两个条件：（一）维持现状的实际政治是不必参与的。因为维持现状的政治人物，国中很多，不必知识界来供给。（二）改革或革命的实际政治才有参与的价值。然亦须以不妨害研究学术和较远的问题为界限。不然，知识界失去自己的本职，还有参与政治的资格么？譬如五四运动一役，我们不能不承认有相当的效用，但结果还是一个失败。其流毒于全国学校，其害与驱逐几个恶人和阻止巴黎和约签字之利相比较，我们实难定其那个是轻那个是重。外交上的利益，我们所承认的。政治的恶劣如故，我们也看见的。学校成绩的退步，青年的堕落，我们不能不承认自大学至中学，全国滔滔皆是了！这样下去，不但现今的政治无法改良，将来的政治仍是没有希望。悬崖勒马，能发能收，这是知识界的本职。

知识界要讨论或参与实际政治，决不可忘了自身的本职：发展学术、科学、思想等等。于本身上站不住脚，那里配谈改良政治？也不可利用自身的本职，作避世的桃源，或忘了学术、科学、思想等等和世务不可隔离的。亚利士多德说："人们是政治动物。"

造成将来光明灿烂的世界，是知识界应负的责任——重而且大的。但不可望了头上的蜃楼海市，玉宇仙宫，不顾脚下的荆棘，道旁的地狱。

甲部预科二年级恳亲大会演说词 *
（1926 年）

我和同学接触之机会，除在大会堂上，千百人一块儿，辨不清谁和谁之集会外，即为种种公事，如办公文，请津贴，等等，个人间非为公事而来之晤谈，几乎没有，即有，也只是泛泛的谈几句。所以今天这恳亲会，我非常高兴参加。但一进门，就看见先生坐一起，学生又是一起（当时会场布置是口字形，先生面东，同学则三面环坐着）。似乎太正式了，最好混坐着，随便谈谈。我们校里有一个现象，就是学生间系和系分得太清了。教员与学生，也太少接谈的机会。我曾和顾先生谈过，想提议下半年你们入本科时，不称什么系，什么系，而改称那系为主，那系为辅，每系中请几个指导员，每员专任指导以该系为主之几个学生。学生对于自己的指导员，不问学问方面，即个人方面之种种疑难，也可以请他给一个 Advice，如此，则师生接触机会较多，学生可多得指导之益，而情谊也自然浓厚了！研究之兴会，也自然增高了！我好久想开一个茶话大会，先生、同学在一块儿，可以随便谈谈，无奈为经费问题，整日的忙碌，终于没空。今天的会，甚合我的意思，所以我非常愿意参加，不过太正式（Formality）了！请于各教员演说后，师生合坐一起，随便谈谈，似尤亲热。

---

* 见《过渡时代之思想与教育》，世界书局，1962。

教育在质不在量[*]
（1928 年）

贵院行开幕礼，得参与盛会，很为愉快，借此稍讲几句，与大家谈谈：

大学院在西湖办艺术院，浙江大学及省政府都很欢迎！一省的学术能不能够发达，全看能不能集拢人才。胡适之先生评杭州一字曰"陋"，因为向来杭州人乡土观念很重，不能容外边的人，现在我们要发挥浙省学术，有学问、有才能的人来杭州，我们都非常欢迎。凡我们能帮忙的，无不尽力帮忙。所以大学院蔡院长决定请林先生来西湖办艺术院，我们特别愿意帮忙。贵院前几天有点小风潮，这是由不良分子从中捣乱，有学生到我那儿去说，教员不好，我很奇怪，学生到院还不足两礼拜，何以能知道教员的好不好呢？显然其中有别的作用。后来省政府方面果然搜查出证据来，是□□从中捣乱，并且他们有很完全的计划。艺术家向来是很浪漫的，不注意到别的事，因此□□想趁机混入贵院，借谋活动。但因防御很密，不能活动，于是捏造是非来蛊惑学生闹事，破坏这个学校，学生不明白，于是为其利用。刚才蔡院长讲过，艺术家以创作为要，别的一切不必管，不必组织，能创作就算达到了你们的目的。这次风潮除了□□□□捣乱，还难免没有另一部分人，为嫉妒而来破坏这个学校。实在说，艺术界现在确有一部分人是很不好的，他们总是怕别人有发展。因此艺术院之设立在杭州，他们一定想法来捣乱，使这个学校不能存在。蔡院长说过，这个学校不单是为学生设的，也是为教员创作设的，学生有愿意来创作的可以来，不愿的不要来，事体的好坏在质不在量，像总理精神伟大，一人能领导中国的革命。贵院学生只

* 载《中央日报特刊》1928 年第三卷。

要能创作，虽少亦没有关系，我常同浙大农学院的同事讲，我们不一定要多少学生，我们只要好学生。就是没有学生亦不要紧，教职员设法改良农桑，也就能有了不得的成绩了。不好的学生，一班一班的由学校毕业出来，社会上只有受害，没有益处。所以以后盼望贵院也要如此，好的学生留着，不好的不必为了学生人数多、好看而留着。贵院教职员都是能创作的人才，盼望努力学术，别的事体有须浙省帮忙者，浙省一定尽力帮忙，来共同发展这个学术机关。大学院把艺术院设立在杭州，浙省受益很大，贵院同人的学术努力，将来与浙省文化很有关系，兄弟特代表省政府与浙大，表示十分的谢忱！

现在学校中的几个重要问题[*]
（1929 年 10 月）

现在中国教育界有三大问题：第一，未受教育者如何可使其受到教育？第二，已入校者应如何增进其求学效率？第三，学生毕业出校，如何可使其为社会服务？第一问题，曾另在中大纪念周中作专题演讲，第三问题，暂置不论，今日所欲与诸君讨论者，即第二问题也。

中国整个的教育系统，抄自西洋，其后虽是屡经改革，暂有进展，然距适合环境之需要，固相去尚远。余服务教育界十余年，平时与教育人士研究之结果，觉有数个问题堪资讨论者，幼稚园兹不具论，试先就小学教育而言。

目前小学的重要问题，为课程支配，现在小学学生之父兄，虽非教育专家，莫不感到小学课程之急应改弦更张。唯以前改良小学教育，每从增加课程入手；余意以为改良小学之切实办法，不在使课程增多，转在使课程减少。昨在上海晤及某友，殷殷以其子弟在校读书，多不能切实领悟为虑，足征学生家属之切盼改良小学教育，较之吾辈专攻教育者，尤为急切也。吾国小学制度，既系抄自西洋，第西洋物质文明之发达，远视吾国，工业极形发达，故社会现状极形复杂。返观吾国社会，其情形大相径庭。现在小学之设施，或适于十年、廿年后之需要，而不适于现在之环境。近与普通教育处长谈及此问题，同主更变小学课程，使趋简单；一方面更当切实改良教育方法，同时并进，庶几学生学一课，了解一课。又城市小学，应与乡村小学分别办理。乡校应农业化，灌输学生以农业智识，俾学生毕业后，耕种能力增进，则乡人对于学校之信仰自高矣。吾国小学，大多数为乡校，而师范则几乎尽数设在城中，师范学生城市化，宜其毕业后，多不愿赴乡办学也。近陶知行先生在晓庄试办乡村师范；浙江省政府，近以在杭州近郊，试办乡村学校师范，此皆切实改革乡村小学之先决办法也。

中学问题，尤以高中问题为最要。五四运动发生以后，一方面吾人固不能不承认中学生个性有活动的发展，然同时学生智识减低，远不逮前，则不容讳云也。诸君试一回忆从前在中学时所读课程，大数皆有似懂似不懂，模糊影响之感，故目前中学之首要问题，亦为功课问题。其弊亦与小学相类，中学课程过杂过多，而缺乏精密之训练。曩在北平办北大时，入学考试，余主定一标准，及此标准者，方得录取，宁缺勿滥。有一次投考者，有三千余人，而结果及格者，仅五十余人，降级以求，亦仅得八十名。去年浙江中山大学，初办文理学院，招生入学，试验成绩，确有录取资格者仅廿余人，强广其额，亦仅得四十余人。此种造因，由于中学课程太复杂，其结果乃致多数学生，于所学似乎件件皆知，而细按之，则竟无一科能激[彻]底了解者。中学教师，大率系高师或大学出身，各本所习以教学生。故现在中学课程，实为大学课程之缩影，而图书馆、实验室，又多不逮大学远甚。余主张大学不备预科，而提高高级中学之程度，以免重床叠架之弊。

中学教育服务若干年以后，可调回大学修学一年，仍领原薪，或举行暑校补习，以充实中学教员之新知。中学如能办好，则办大学自易。抑有望于诸位专攻教育者，将来出为人师，万勿再以大学课程缩影本授人，重蹈前之覆辙。以上云云，皆改良中学课程当务之急也。

中学校之图书馆，亦有改良之必要。查现行各校图书，用以供给学生之阅览，或尚可用，以之供给学生之参加，多虞不足，殊为进修之阻。至理科方面，中等学校，困于财力，大率因陋就简，教学而感不敷，此亦亟宜设法补救者。余在浙计划，拟就各城市，设立中央试验所，公诸全城学校试验之用。并拟先就杭城试行，就来逐渐推广。则上述缺感[憾]，可望其渐减也。

此外尚有一重要问题，即中学生之活动与训练问题，如何可寓训练于活动之中？在昔军阀时代，学生参与政治，举国风靡，各政治团体，更从而利用之，其风益张，包围政府，参加政潮，而学业牺牲矣。至现在一般学生，误认呼口号，贴标语，摇旗呐喊为活动者，实盲动而非活动也。以上问题，终盼校长与教员能通力合作，使学生于活动中，得其训练，于训练学生时，仍予正当活动之机能。只要有方法，有耐心，依生物律（Biological law）做去，则事无不举矣。抑办学者，尤贵有耐久精神，勿图急救，办事应使人佩服，勿使人畏服，此实办学之第一要文也。余尝闻校长来告，谓教员于教书，完毕后，即挟书他去，校务完全不闻不问。及常闻教员来告，辄谓校长不能办事以致校务滞阻，此皆隔膜之弊。苟欲使学校有改进希望，必赖校长教职员能群策群力，切实合作，始可奏效，若恃上级机关之一纸命令，其为效固甚仅耳。

国内职业中学，虽亦"农""工""商""医"俱备，然就所见，实际上仍是都与普通中学相似。我们办职校，应使"农之子归于农，商之子归于商，工之子归于工"。而现在农之子归于官，商之子归于官，工之子归于官，是亦不可已矣乎！某农校有农事试验场，而灌溉施肥诸工作，辄由校工为之，教员学生，从旁指挥而已。社会上商店，多不欢喜毕业生，其故由于商校学生，自视甚高，而实际技能，则又甚仅也。故办职校应偏重技术训练，然后始能得实际应用。

余个人主张废除大学预料，提高中学程度，向已言之矣。唯提高程度之法，应使科目减少，训练加密，务使学一科，能彻底了解一科，尤应注重基本课程，数理、国文、外国文，皆为治学之工具。数理为增进智识之工具，外国文为吸收智识之工具，而国文则发表智识之工具也。现在中学生于工具之事造诣太线〔浅〕，因此，多数学生既自己不能吸收智识，更不能发表智识供社会之用，此亦亟应补救者也。我国古代大学书院，皆为智识渊源，朝鲜、日本等国，俱有求学者。晚清人才，以书院出身为多，而现在智识之渊源不在国内，而在英之伦敦、美之纽约、德之柏林、法之巴黎。兴言及此，不胜羞惭。然处此学术不发达之我国，固不得不取材异域，以救智识之饥荒，因此，外国文实治学者不容忍〔忽〕视之学科。至于国文，为一国根本之文，自不可忽，且吸收智识后，欲使社会一般人士享受其智识，亦非有能条达畅晓之国文不可。常见西文极优之学者，写一普通书信，反笑柄百出，良用慨然！

诸君求各种学问，须养成习惯后，方始成真学问。在校时，能养成思索之习惯，则将来立身处世，应付问题，自可明确。杜威著 How We Think 一书，为指导思想法之杰作，愿诸君精读而应用之。个人能否组织团体，亦由习惯养成之。近十余年来，国内纷争特甚，此实种于数十年前，注重个性之结果，此后应亟提倡养成组织之习惯。吴稚晖先生尝谓国内政治家，应效车站买票之口吻"勿心急，等一等，总可买到的"，此语虽近滑稽，然实有至理。总理之民权初步为会议法，因我国人之通病，在不明会议方法，无组织之习惯。设诸君能养成组织之习惯，不复蹈前人之病，即十年后之社会秩序必有进步。设诸君之团体涣散，较前尤甚，则将来之十年，社会之糟，必依有反甚于今日者矣。以上所云，系就余一时所能忆及，略提其重要者论之。最后余忆曩于十余年以前办学时，其时学校中可靠者，今日服务社会者，依然可靠，当时浮薄者，今日依然为鄙薄分子。从此可知十年、十五年以后，政治社会之命运完全操之于今日大学生之手。余希望大学学生于努力求知之外，尤应注意养成组织团体之习惯。愿诸位勉力，负起十五年后社会之责，言由衷发，愿与诸君共勉之！

划一教育机关公文格式办法序*
（1930 年 2 月 13 日）

在国民政府统治之下，公文革命的呼声常常可以听到。这因为旧式的公文实在太僵腐了，不能和现在革命的时代相适应，当然有改革的必要。但是这种改革似乎还不曾能够完全实现。

公文的应该改革的，大概有程式、形式（用纸式样）、格式、作法、套语、文腔等等。

程式和形式（用纸式样）已经由国民政府规定颁布了。繁复的已经改为比较简单了，参差的已经改为比较整齐了。虽然理想中的程式似乎是越简单的越好，但这不是一时能够做到的，只好逐渐改革。

旧式公文的作法最大的弊病是规避取巧，模棱两可，不担干系，不负责任。戴季陶先生曾说："从来的公文，下行的把责任推给下级机关，上行的把责任推给上级机关，平行的把责任推给第三者。总之，自身不负责任，这就是旧时幕僚起草公文的秘诀。"其实，现在的公文，大多数还是沿袭着这种传统习惯。也许因为机关和机关相与拘忌牵制之间，有这么推托诿卸的必要，但是这终是一种应该改革的陋习。其次是办稿者因为贪懒的缘故，不愿就来文中摘叙简要的事由，而只用"云云照叙"的方法，把来文全引在去文稿中。如果经过三次以上的往复，来文去文，便杂糅重叠地弄得纠缠不清，使阅者眼花头胀。而书记们很冤枉地多抄许多的字句，却是办稿的先生们所不屑顾及的。还有，旧式的咨文、呈文，照例于开始处摘要叙由，如"为咨请……事"，"呈为呈请……事"，都是使阅者一见事由，就知道全文大意的，这本来是一种较好的法子。但是近来却变成"为咨行事"，"呈为呈请事"，而且更于

指令训令中新发见了"为令遵事"的一种新花样了。这不是等于"为说话事"或是"说为说话事"吗？这种新作法，却不能不说是近来的退化现象。其实，现在颁定的公文用纸式样，文面既有事由，这些可笑的废话，实在还是干脆地省去为妙。

公文中的套语，有些是一种符号标识，如"等因；奉此""等由；准此""等情；据此"，如"理合呈请""相应咨请""合亟令仰"之类，前者的作用，等于提引号，而兼作所引来文下行平行上行的标识；后者却只是标明去文的上行平行下行。又有些是闪烁语、圆滑语、游移语、不着边际语，如"无庸置议""未便擅专""碍难照准""尚属可行""似有未符""殊难置信"等等。至于"违干未便"之类，尤其是一种费解的话。这些都是在可能范围内，应该加以改革的。其实，只消把文腔改用了语体文，这些文言的套语，当然大部分可以改掉废掉的。

公文的文腔，似乎向来都是用文言的，其实不然。唐虞夏商周的典谟训诰，虽然现在早经成为文言，但是在当时却的确都是用当代的白话写成的公文。梁代萧统所撰的《文选》，是现存的第一部文言文总集，但是其中却有一篇当时骈体文名手任昉所作的奏弹刘整文，首尾都是骈体文，而中间叙述当事人口供的一大段就用的是当代的白话。关于法堂上原被告的口供，因为唯恐失真的缘故，大约历来都是用白话记录的。这在清代各种刑钱案子的案牍上，现在还可以看到。这种习惯，大约是历代相沿的习惯，可见这一部分的公文，用当代的白话来写，不但是"古已有之"，而且"向来如此"的了。元代皇帝的诏旨，以及各项公文，常常有用白话写的；明清两代的诏旨，像"知道了"之类，还沿着这种习惯。各级长官有时出一张使民众共晓的通俗告示或六言韵示，便也借重着白话。总之，用白话写公文，是"古已有之"的事——尤其是要保存真相，以及要民众共晓的时候。其实公文是各级政府相互间，或政府中各机关相互间，或政府和人民相互间叙事说理表情达意的工具，为清楚亲切起见，当然是以改用白话为最适宜。现在即使不能完全改革，似乎应该渐渐地向这条新路——也是老路——上走去，——尤其是咱们教育行政机关和教育机关。

这划一教育机关公文格式办法，所改革的只是格式方面，在主张公文革命的人们当然不能认为满意。但是我们定这办法，现在不过是开一个端，确是希望大家都能起来，渐渐地向新路上——而且向更新的路上走去的。所以第六条有"公文应采用语体文"的话，而举例中也兼举着几个语体公文的例。

然而有些办稿的人，看了这个办法，或许以为添了许多标点咧，行款咧，反觉得比旧格式麻烦了许多。但是办稿的只是一个人，而核签文稿的、收阅公文的却有许多人。麻烦了一个人，便利着许多人，使核签文稿的和收阅公文的可以不致误解，而且可以省下许多工夫和脑力，这是何等经济的事！中国公务人员，往往只图自己的便利，不顾人家的麻烦，这是最应该先矫正的恶习。愿大家努力矫正这种恶习，起来往新路上走，存着不惮烦的心"与人方便，自己方便"！

中华民国十九年二月十三日，蒋梦麟

推行注音符号的目的[*]
（1930 年 7 月 31 日）

推行注音符号，已经由第二次全国教育会议议决，同时中央第八十八次常会也有一个决议案，中央还定了三项推行的办法：（一）令行各级党部，使党部人员一体采用，以增宣传党义上之便利；（二）知照国民政府令行各机关人员，应一律熟记，借以因察失学民众疾痛之助；（三）饬教育部令行各级教育机关，师生皆应传习，协力以助民众补习教育容易进行。

现在教育部已公布了一个注音符号推行委员会组织规程，先由部组织一个注音符号推行委员会，并且通令各地教育行政机关也组织注音符号推行委员会，以为专事推行注音符号的干部，教育部奉了国民政府的命令之后，又着手编辑一本注音符号传习的小册子，把学习注音符号的程序和方法，编成一本教科书，供给人们做学习的材料。将来这本传习小册编成后，拟再请对注音很有研究，发音又正确的专家，来灌注音符号的留声机片，大家只凭留声机片就可发音，于学习上便利得多了。

我们为什么要积极地推行注音符号呢？

我们大约的估计（因为没有精确的统计可查，只好说大约的估计），中国人有四万三千六百○九万四千多人，其中识字的人，不过八千七百二十一万八千多人，约占全人口总数百分之二十，其余百分之八十就没有受教育而不识字了。教育是立国大本，识字是人生要事，一个国家里面有这多不识字的国民，是何等严重的问题！本党秉承总理的遗教，领导政府，实施训政，力求真正民主国家的实现。目前极不可缓的一步工作，就是训练人民行使四权，养成人民政治能力，以植宪政之基。试问

* 载《湖北教育厅公报》1930 年第 1 卷第 5 期。

有这多"目不识丁"的人民，如果不使他们受相当教育，四权如何可以行使？民权怎样普遍？何况处在今日生存竞争的时代，无论求个人生存，民族生存，都非使个人本身，民族分子先有充分的生活能力不可。我们常说欧美各国如何的富，如何的强。要知道他们富强原因，就是他们国民受教育的很多。据前几年的统计，德国识字的人，占全人口总数有百分之九十九，法国有百分之九六.五，日本有百分之九十五，美国有百分之九二.三，英国有百分之八六.五，就是意大利也有百分之六一.三，中国只有百分之二十——或许还不到百分之二十——如果不发奋图强，使全国识字的人数增加，增加到和欧美各国比率差不多，说句悲观的话，中国终久是归于天演淘汰的，因为这是一个根本问题，并不是我们愿意说耸人听闻的话。为了这个缘故，我们不能不努力于识字运动。

我们既要努力于识字运动，我们知道中国教育最不经济的莫过于识字问题。教育家最绞脑汁研究的，也莫过于识字问题。中国文字共有四万多字，现在通用的大约有四五千字。据前几年中华教育改进社所编的《平民千字课》，要一年的时光才学完。本部所编的《三民主义千字课》，供给民众补习，也要四个月的时光，才能学完。通用的四五千字，至少就要学两三年了。莫说时间不经济，拿中国现时社会上一般人的经济能力来说，也太不经济了。所以我们要使义务教育能够普及，补习教育能够实施，小学教育能够改进，中学教育能够提高，必定要用一种"费力少而成功大"的方法，把这种识字的困难问题，彻底解决。我国的前辈先生也曾感觉到这个问题，也曾定有注音识字的方法，叫作读书，叫作直音，叫作反切。把一个字一个字的音注了出来，帮助人们识字，是有不少的力量。但是没有科学的方法，拘牵门类，到反觉得繁复累赘，不容易懂了。如果用注音符号去注音，只要记得四十个字母，学合并音的方法，那么，文字旁边注有附号，一看就可以读出音来。由音会意，由意识字，岂不方便？若是我们把一个字的两旁，左边注了方音，右边注了国音，由方音识字，由字识国音，岂不是读音统一也在其中了么？在现在这种学术发达，人事繁复的时代，一切治事的方法都要使它一天比一天简便才好。有了这个极犀利的识字工具，中国几千年来教育问题当中最困难的识字问题可算彻底的解决。我们既是认识字运动是目前最要紧的工作，所以我们就应当努力地推行注音符号。这是我们推行注音符号的意义，也是我们推行注音符号的目的。

　　讲到这里，我们要特别提出来说的，就是推行注音符号的主要目的不是统一国语而是普及识字，所以教育部于制定国音符号以外，还要就各地方音，制定方音的润母符号。我们知道注音符号就是从前所谓的注音字母，推行注音字母的运动不自今日始，已经在好几年以前了。从前初推行注音字母的时候，何尝不是闹得轰轰烈烈，然而后来竟成"强弩之末"，气息淹淹，差不多没有人过问了，这是什么缘故呢？其中最大的缘故就是本末倒置，把识字最利的工具误认为统一国语最利的工具，大家努力的方向，都偏重在统一国语方面，以为几十个注音字母一通行，全国各地不同的方音土语，都可一致地说一种话，同一声音，同一腔调。于是大家都在所谓标准音、标准语上争辩，各树旗帜。而各地学习的人因为要摹仿标准音、标准语的关系，舞舌弄牙，展转相传，结果成一种"四不像"的话。大家以为失败了，所以学习国语的热潮，渐渐地冷了下来，注音的方法，也就无形停止住了。殊不知把注音字母认为统一国语的利器，这是错误的，统一国语有一个最重要的条件就是"交通便利"。如果忽略了交通便利这个条件而去求统一国语，犹之乎"缘木以求鱼"，难有成功的希望。诚然，在同一个民族里面，有多少种不同的语言，是最妨碍于民族的感情和团结力的。今日中国语言这样复杂的情形，固然有统一之必要。但是，方音土语之所以成为方音土语，是有它历史上的关系，地理上的关系，绝不是一时偶然的。我们要消灭方音土语，应当要打破造成方音土语原因的天然隔阂。要打破这种天然隔阂，除了使交通便利没有第二个更有力的方法。如果交通便利，南方的人可以到北方去，西方的人可以往东方来，日子久了，彼此同化，语言不待统一而自然趋于一致了。假使此时我们不努力于便利交通，而努力于用注音字母统一国语，充其量也只能行之于"普通话"流行的地方和已经识字的一个阶级。因为他们已经会说普通话，要教他说和标准音一致的国语，不过进一步求其好听。他们已经认识文字，要教他们读如标准音一致的国音，也不过进一步求其好听，其实这是成了"艺术化"去了，于大多数不识字的是无补的。吴稚晖先生讲推行注音符号有一段话说：

　　"我素来讲穿'草鞋主义'，为什么？鞋的功用，一是保足，二是跑路。草鞋保足勉强可以，跑路则再好没有。如先生大人们的皮鞋，有价值到二三十元的，其实穿到二三十元皮鞋的人，在家有地毯，出门有汽车，名是鞋，其实变成装饰品了。装饰品可以不用，有用的还是草鞋。

但愿各位实行我的'草鞋主义'。"

吴先生这段话，可以做从前一般人用注音符号专事来统一国语的一个"当头棒"。因为现在国里面还有百分之八十的人不曾识字，不利用注音符号去教他们识字，而偏要大多数能说普通话的去说标准音的国语，这岂不是只讲装饰而不讲实用吗？犹之要跑路，去了草鞋不穿，去穿二三十元的皮鞋。试问以现在教育不普及，交通不便利，人民生活困难的中国，还有什么能力去穿二三十元的皮鞋呢？

但是，我上面说的话并不绝对否认推行注音符号不能统一国语。论到注音符号的功用，也可以不过是由注音统一国语，识字的当中顺便得到的一种副作用。这种顺便得到的副作用，还是要赖交通便利的物质条件，然后才能收统一国语之效。所以，此时我们要应当打破以前"推行注音符号之目的在统一国语"的观念，把统一国语，期之五十年之后。现在只知道"推行注音符号的目的在识字"的一个单纯观念，一切推行的方法，都准此鹄的去做，方音也可以注，土语也可以注，不一定要指定某地方的音才是标准音，某种语才是国语。总之，目的是要用注音的方法使国内百分之八十的这些不识字的人，能在一个短期内识字。所以，吴先生说："如宁波人念'我们'为'阿拉'，你给注音，便在'我们'下注上'阿拉'，一看就懂，所以最后的口号是'我们就是阿拉'。"

固然，教宁波人认识"我们"两个字，没有吴先生说的这样简单。但是，我们不用这个方法，定要用国语国音去教向来只知道"阿拉"不知道"我们"，又不识"我们"两字的宁波人来认识"我们"两个字，真是要宁波人先变作一个哑巴，然后另换一个嗓子才来读"我们"。说"我们"，小孩子或许可以，十五岁以上的恐怕就很吃力了。他们仍然要说："我们说'阿拉'多方便，何必定说'我们'呢？"那么，我们只好等这般人死过干净，"我们"两字才能在宁波通行。这是何等可笑的事啊！所以，这次我们推行注音符号应当要叫出下面的几个口号来：

（一）推行注音符号的目的是使不识字的人识字；

（二）推行注音符号不是用来统一国语；

（三）我们先使不识字的人识字，由普及识字后去求国语的统一。

北大对外国语教学之计划*
（1931 年 5 月 12 日）

　　昨日上午十时，北大全体师生，在第二院大礼堂，举行纪念周。校长蒋梦麟主席，行礼如仪后，由蒋报告下学年外国语教学办法及目的。略谓今日所欲报告者，为下学年外国语问题，此事关系甚大。大家均知现在之文化，是混合的、是世界的，决非死守一国故纸所能明了。在西洋各国，其大学教育之目的，各有不同，要皆视其国家社会之需要，养成有为之青年。如德国因大哲学家飞喜德创为国家永久存在之说，故德国大学教育，遂在养成效忠国家之国民；盎格鲁－撒克逊民族，文质彬彬，故其大学在养成君子人格；苏俄为共同财产制度国家，故其大学在养成研究此种主义之人才；美国为个人资本主义国家，故其大学在使人人有服务能力。我国情形，与各国不同，故大学教育之方针，亦不能全袭外国。月前有某西人来谈，询及中国大学教育究应采用何种方针，余谓中国今日之高等教育，首在授青年以基础知识，治学方法，及基本工具，使青年洞悉中国以往之历史，及世界现在之潮流，俾各人自定宗旨，以实现其理想。故欲使种种学问，皆有相当培养，世界潮流，均能适应，则外国语实为最重要之工具。欲使本国历史及社会情状均能熟习，外国文化均能吸收，则国文实为最重要之工具。故今后北大同学在三年级以前，必须有一种外国语能说、能看、能写，务期全校外国语化。为使同学人人有学习之机会起见，此后拟设法于功课外设夜班，在晚间授课，必俟其程度考试及格后，然后免习。外国语暂以英、德、法三国文字为主，日本文字为辅。全校同学，于英、德、法文字选习一种外，必须兼知日文日语。此外其他各国文字，并非无用，但英、德、法

---

　　* 载《世界日报》1931 年 5 月 12 日。

三国文字，已足代表西言文化，故暂以英、德、法三国文字为限。此外更有重要一点，北大之设立英、德、法各国文学系，并非欲造成洋行之"康百渡"，亦非欲造成英、法、德等国之文学家。其最大之目的，盖在吸收西洋文学之精华，以改良中国文字，使其愈加丰富。今日本校有一共同之错误点，即以为入外国文学系者，可以不留意中国文字，此实大误。如中国文学无根底，何从吸收外国文学精华而改良之。周作人先生、鲁迅先生在中国文学上之贡献，不在其知外国文字，而在其中国文字有根底，能将外国文学之趣味，输之中国文学中。又如，严几道先生、胡适之先生如只知外国学问，不知中国学问，则其贡献必不能如此之大。故外国文好，国文不佳，终于无用。又中国文学系包含两部分：一文学，一汉学（即外人所称支那学）。近年来外人对于汉学著作日多，均有极精密之研究。外国语不佳，则无从参考。而国学无根底，亦无法采撷之。故下学年拟设外国文学系，系内再分英、德、法各组。必国学有根底者，始得入外国文学系。如国文确有天才，外国文亦有根底之学生，并拟设法派其出洋留学，以便采西洋文学之长，如是则较之在国内研究成效或更大。此系大体计划。至其详细办法，则须俟改组后详密商定，列之五年计划中。本校所以欲有五年计划者，盖以文化基金会补助费为五年。故拟就此期间将校舍、教科、图书、仪器各部分，先作第一期之整顿也。关于外国语问题，前次在南京与中央大学朱校长谈及，朱校长极赞同，并请北大首先实行。三五年后，不但北大一校能获良好效果，全国各大学亦必受其重大影响也。

研究教育者应注意的几个要点[*]
（1931 年）

本文原题为《研究教育的几个要点》，因意义不甚明了，把他改了。本来专对师大研究教育的同学讲的，但是无论求什么学问的同学们，现在求学立身和将来应世，这几个要点都于他们有用的。所以我就把北平《世界日报》的记载整理了一回，登于本刊，以便本校同学参考。我并要谢谢《世界日报》的记者，把讲演记录了如此详尽。

今天得好机会，与师大同学见面，心中觉得甚为愉快！因为诸位都是我的同志，大家都是以教育为职业的人。今天所讲的是《研究教育的几个要点》，既非理论方面的，也非学术方面的。理论和学术是学校的功课，已有教授去讲，如什么为教育宗旨，教育原理，科学方法，教授方法，等等，都是学校中的功课，不必再讲。今天要讲的是最实际的问题，没有什么新贡献，不过老生常谈罢了。兄弟一二十年来，办理教育的经过及参考先辈成功的方法，找到好些实际经验。今把办学者最要的几点贡献给诸位。

设有一位研究教育，将来预备到社会上办事去的人，来问我研究教育的人应特别注意的是什么，这就是今天所要讲的。我把几个要点讲出来，供诸位参考。我还敢武断地说一句，这几个要点不完备，不能实行，是不会十分成功的。我们在学校功课即使差些，若能具备这几个条件，也当有相当成就。今天我要讲的话也许你们都已知道，或许都已听过，也许听过忘记了。今把这几点来讲讲，我们除了学校功课以外，研

* 载《北大学生》1931 年第 1 卷第 4 期。

究教育的人们要有：

（一）**丰富的常识**。我们在社会上看办教育的人，最大缺点是胸襟狭小，眼光短浅。这样一来，办学固不好，教书也不好，因为常识不丰富，只看见一方面，他方面则忽略了。因此发生两种弊端：（1）不明了环境，（2）狃于成见。常识不丰，则不懂环境，如改革过于急进，常常引起反感。我们去办教育，即使非常热心，不懂社会需要，人民心理，也会徒劳无功。有时因为应付不当，热心程度愈高，阻力亦愈大。有些人本来很热心的，因失败而灰心，因灰心而消极，或因此而颓唐，而堕落。社会进步是要靠学校来作领导进化的机关。社会现象异常复杂，各种思想，各种问题应有尽有，常识不丰，不便应付。古时农业社会单纯不变。学生读少数书本，功课简单，初读百家姓、千字文、四书、五经，去考科举，作八股，作诗。现在社会复杂，更有西洋文化，错纵交杂，变迁亦快，不懂社会进化原则和政治经济变动的原理，恐怕很难有成绩。社会进步，退化或停止不进，均有其原因。我们不懂它的原因，要改良社会，无从下手。历史、地理、政治、经济、风俗……纵横组织社会，没有常识，就看不清楚。若徒知用功，不懂外面事件，不知困难的所生。还有常识不丰，所知偏狭，易致狃于成见。成见一深，观察就会偏执，判断就易差误。所以今天要劝大家除功课以外，各种知识要求丰富，不要于教育以外，概不过问，这是大家要知道的。

（二）**历史的眼光**。我们除要丰富的常识外，须具有历史的眼光。我们看一件事，由始至终，不要间断，始能窥其全豹。比方一视察员视察甲乙两校，甲校设备好些，乙校差些，不能即下评语，以甲校优于乙校。但从历史看来，乙校前三年一切皆不若现在整齐精一，而甲校三年前的一切比现在更好，则甲校应该责备，而乙校应该奖励，断不能说甲校比乙校为佳。无论个人、学校、社会或团体，都是有历史的，从历史演进来的。故历史的眼光是不能缺乏的。我们看电影须从头至尾去看，只看后面不看前面，是莫名其妙的。社会也是一样，只看现在不看过去，或只知过去不明现在，是不会认识社会真相的。没历史的眼光来观察，断断不成。教育的最要工作，是传播文化，把文化一代一代地传下来，这种传下文化的工作是要以教育为工具的。有一位西洋上古史学者说，罗马帝国灭亡的一个大原因是不懂以学校为继续文化的工具。我们学教育者要懂中国文化，同时要懂西洋文化。比方我们学校为什么有课堂，用一排一排的椅子坐呢？是有来历的。起初教学是一人教几人，或在偏院教或在廊下教，各人找着凳子来坐，是很散漫的。自工业革命后，各种机器进步，生产工具改变，人口集中于城市，教育需要增加，若一人教几人，则分组甚多，殊不经济，于是用课堂，用椅子、黑板等。各地学生聚集一块，一人可教数十人，教学易于普及，且亦极经济。我们今日采用课堂是从西洋抄袭过来。外国衣裳为什么要有硬领硬袖和硬胸部的里衣呢？乃中古时盔甲之遗迹。因古时武士衣服多用铁镶制，以避弓箭。我们现在所穿的衣裳为什么内面多一下底襟？是满洲人骑马时用来遮右腿的。衣服沿袭，由于种种的演进，才成今日的样子。从前照相成影时间甚长，起初的时候要对照相器坐八个钟头，现在顷刻即得。电灯一事，经过几多人研究才进步如今日。还有电影，二十年前每段只演五分或十分钟之久，现在一次摄片达几千尺，且由无声变为有声。种种的进步，不是偶然，均是由历史演进来的。又如外国学校，多设在城市，是工商发达，人口集中城市之故。中国是农业国家，多数人民处在乡间，亦把工业国家的教育设施搬到农业的中国来施行，故不适当，这都是没历史的眼光。我们研究教育的人，实要具备刚才所说"常识丰富"和"有历史的眼光"。我们到一个学校，就应知学校四周的风俗、习惯、物产、牲口和老百姓的脾气，才能适应环境，否则与三家村的老学究高明不了许多。

（三）**诚恳的态度**。这个道理很浅，办教育的人尤要知道。先生对于学生要诚恳，学生对于先生也要诚恳。我们做事不诚恳，则令人怀疑，以致失人信仰。我们拿两个拳头来骗小孩，说里面有糖给你，起初没有不相信的，等到你把左手开了没有，右手开了也没有，终使小孩失望。第二次你再骗他就不成了。可见态度不诚恳，不能取信于人，是吃亏的。从前有一故事：一小孩去河中游水，一次佯作被溺，假作呼救，旁人救了他起来，始知被其戏弄。二次真被溺，旁人认为他又佯溺，不去救他，结果自己挣扎不起来溺死了。这例虽很浅显，可为不诚实的教训。办教育的人对于学生管理无论如何严格，口讲如何清楚，学问如何渊博，若是态度不诚恳，不能以身作则，便不能令人佩服。我们以诚恳教学生，学生以我作法则，收效也快，成功也大。有了丰富常识、历史眼光、诚恳态度，我想一定是很好。现在还要贡献的就是：

（四）**热心的任事**。这也是很平常的话。我们教书做事，如果热心作去，即学识浅些，也要比不热心的强。一团体中有一二热心分子，则可把这团体发达起来。比方用全力去做事，或研究学问，一天到晚，往前干去，不息地往前走，一定成功。一地方领袖，为推进地方的原动力；学校教员、校长，也是推进一校事业的原动力。若校长、教员，马马虎虎，糊糊涂涂，敷衍塞责，把事情一定弄糟。在机关做事，若是得过且过，苟且敷衍，也是一样。比方当一足球队长，练习比赛，处理会务非常热心，其他队员一定很佩服，很受感动，其队长可为众人赞赏或拥戴。

今天所讲这四点是老生常谈，无甚特异，但是能照这样勤勤恳恳"行之十年"，一定很有可观。诸位能照我所讲的做去，我相信没有不成功的，这一层我可以写保票。

最后还要贡献一点。我们进学校，即使天天到课堂，讲义完全无缺，笔记抄得完备，设使不懂外国文字，将来进境是有限的。学问是没有国界的，欲求知识，本国文字不够，非把英、德、法、日……诸国文字，拣一种来学习不可。懂得外国文字，即无异拿到了求知识的锁钥。中国在现在的时候，真所谓"天子失官，学流四裔"了。不懂"四裔"的文字，简直不能学了。数年以前，曾劝很多同学多读外国文。到了现在，有许多同学对我说，相信我的话，现在可看外国书，裨益不浅；又有许多不信我话的同学，也来对我说，因不信我的话，不能读外国书，什么讲义笔记，现在都陈旧了，没有用了，非常后悔。可见研究学问，没有利器，没有工具，是不成的。

今天到这里来讲演，拿这老生常谈的四点与诸位讨论，并不是敷衍塞责的话，实在是很诚恳的一点贡献。我们研究教育，办教育或处世，缺少这四个条件是不会成功的。这是我的简单贡献。

国联中国教育考察团报告书中几个
基本原则的讨论[*]
（1933 年 3 月 5 日、12 日）

中国向来的教育，本来与社会隔离的；教育与社会，不是整个有机的组合。学校不适应于实现生活迫切的要求。新教育施行后，此种趋势，不独不见减轻而且加甚。教会学校与回国的留学生所设施的教育，均为养成社会的优越阶级，而于一般民众之需要忽略过甚。

中国目前当头的大问题是：从民族的和社会的方面着想，怎样取得经济的独立，与增进一般的繁荣与文化。要谋迅速和有效力地解决上述的目的，教育可以做一个有权力的工具——但教育的组织必须为有意识的为民众谋利益。

这段的大意是报告书的开宗明义，是西洋近百年来教育的趋势，也是我们近年来努力的方向。

我们中国，自近代式的学校创始以来，教育的组织为有意识的为政治谋革新，而其目的本不在为民众谋利益。从政治改革方面着想，而非从民族的和社会的经济独立，及一般的繁荣与文化上着想。民国开始的时期，因政治上的纷争，无暇顾及教育。政变而教未变。民六七〈年〉之后（一九一七—〈一九〉一八），一般人士知教育不从社会及民众方面着手，无以改革政治，始渐渐改易向来之方针。十余年来，我们已向那条大路上走。这是我们从历史上看来的答案。现在可把报告书里的几个基本原则讨论一下。

---

* 载《独立评论》1933 年第 40、41 期。

（一）中国教育的外来影响和历史的背景

报告书里有反复注意的一句话，就是要中国教育改进，须先扫除在中国教育方面的欧洲的或美国的影响。所谓"欧洲的"似乎不是考察团的本意要说的，因为我们在全书里找不到在中国教育里他们有指出受欧洲影响的地方。或许因为单说"美国的"有点不好意思，所以把"欧洲"来陪衬一下。现在我们要问他们所指的美国影响，到底是些什么呢？

中国教育所受的美国影响，我们可以找出来的是：（一）大学及中学行单位制（或称学分制）是采自美国的。（二）师范学院或大学教育学院的设立，也采美国制。以上两点他们曾一再指陈其弊。（三）教会学校的影响——此点他们曾指为使中国教育养成优越阶级的一个原因。但是我们都知道，教会学校于中国教育制度，绝不发生任何影响的。（四）大学教员中不少美国留学生，及图书馆里不少美国出版的英文书籍。

但是我们都知道，中国教育之受美国影响，开始于南京高等师范之创立（民国五六年间，一九一五〔六〕——一九一六〔七〕），及北京大学之改制（一九一七），至今不过十六七年。在此以前，中国学校中无美国影响之可言。虽然北洋大学，南洋公学，创立于戊戌（一八九八）以前，并因美人丁家立、福开森之关系，有几位美国教授担任教课，但学校的组织，说不上是美国制度。不过这两校毕业的学生，到美国去留学的，确是不少。他如京师大学堂（创立于戊戌，一八九八），及各省的两级师范学堂，高等学堂（癸卯，一九〇三〈年〉前后设立）都是由科举出身之名人担任监督，而主持校政的，大都系日本留学生。重要教课，多以日本人担任，中国留日学生任翻译之职。同时各省政府，竞派学生赴日本留学。复因地便费轻，私费生接踵而往者，为数甚多。当光绪三十年（一九〇四）前后，留学生之在日本者，不下二三万人。

当时学制，系根据《奏定学堂章程》，而《奏定学堂章程》是以日本学制为模范，这是人人知道的。故自民五民六以前，中国教育一大部分系日本化，一小部分系由科举遗留下来的东西充塞进去的，还有一小部分是书院制度。当时中国的教育可谓由（一）日本制，（二）科举，（三）书院，三个元素混合而成。庚子前后至明令废止科举之时，可称学校附属于科举时代，书院同时并行。学校学生，同时应试科举，而士之出身仍在科举。科举废，日本制之学校兴，而科举附属于学校，以秀才、举人、进士等名称赐学校毕业生，而士之出身在学校。民国成立，举人、进士之名称虽废，而科举之余毒仍然存在。以后虽屡经改制，其根本实少变动。

考察团以校课繁重，为中国学校病，这是受日本影响而来的。我们记得于民国初年，美国哈佛大学校长爱利亚脱氏游日本时，力言日本学校功课太繁重，学生乏自动的机会，为日本教育病。日本教育者读他的记录，颇有受感动的（作者记得曾经读过他的关于日本教育英文的记录）。同时我们曾经留学美国的，都知道美国学校功课并不过于繁重，而自动、敏捷、活泼，颇为教员们所注重的。

以上是从教育方面说话，若从政治方面看起来，我们知道从前曾国藩羡慕外国枪炮好，派学生百三十人赴美留学，其议虽倡自容闳，而他的目的在学习美国政治与文化，但曾氏之意却不在此。此后清廷创立海军，期图自强。甲午（一八九四）之战，海军尽歼，而政治革新之议渐起。戊戌政变（一八九八），实为政治革新之开始。庚子（一九〇〇）义和拳之变，又为戊戌政变之反动。其后国事日非，清廷遂倡立宪之议。因为要改革庶政，不得不养成新官僚，于是废科举，兴学校，其目的固在造官而不在造民。辛亥（一九一二）革命以后，革新运动渐及于民众，而社会革命之声浪起。五四运动（一九一九）起于群众的爱国运动而转入思想革命运动。五十年来由武器革新而至政治革新运动；由政治而至社会革新运动；由社会而至思想革新运动。其间虽无鸿沟之可分，但其荦荦大端，屈指可数。历次转变，其方向虽不一，而其原动力只是一个，就是于外患迫切之中，怎样为国家求生存。其初试为武器；武器无效，再试为政治；政治无效，三试为社会革新；社会革新推动之不易，四试为群众运动；群众运动屡试而成强弩之末，五试为思想革命。

人类的习惯，凡欲解决一问题，必先注意其显而易见者而尝试之；尝试而失败，必进而求其隐而难见者。由浅入深，由流而源，都从经验中得来。我们中国六十年来之经过，也就是如此。

中国立学校之初，其目的本来在以学校造成新士大夫，代替科举出身之旧式士大夫。辛亥革命以后，举人、进士之名称虽废，而实质未变。洋科举式或洋八股式的学校，仍旧在那里造官多而造民少。在此种状况之下，即使把考察团所说的美国影响如师范学院制、单位制等都驱除净尽，中国教育还是从前一样。

可是我们也不要太悲观。这二十年来，中国教育也很有显著的进步。如小学学生人数之增多，现在比较民国初年，增加达一倍以上（现在整数八百八十万儿童在学，民国初年为整数四百万）。大学的课程，图书馆和科学的设备，学生的思想，均较往年大有进步。同时在造官教育的旧典型里边，民众教育、社会教育、思想革命等等运动，也正在那里萌芽出来。

政治的改革和教育的改革，成一平行线的。政治不能超越教育现状而过分的进步，教育也不能超越政治现状而充量的发展。政治影响教育，教育影响政治，互为因果。所以我们讲到教育，不可忘却政治的环境。

以上所讨论的，为考察团给我们的改革中国教育的第一个原则。我们继续讨论他们的第二个原则。

（二）回到中国文化泉源里寻获自己

中国本来是一个重己轻人的国家。输入欧化，是在外患迫切中，不得已的举动。不是外患日迫，中国人那里肯抛弃自己的国粹和科举的头衔？如有外国人劝我们回到中国自己的文化上去找出路，我们听了，能不手舞足蹈？

中国改革学制之初，张之洞本来主张"中学为体，西学为用"。其学说笼罩中国教育，垂三十余年。"体用"两字，本采自理学成语，其意若曰，中学是根本的，西学是补充中学的不足罢了。中国的人伦道德、学术文章，是天经地义的，西洋的格致（当时称科学为格致，取大学"格物致知"之义），工艺、枪炮，是补充的。学校以教中国的人伦道德、学术文章为正宗。格致之学，不过附庸。后来留学生回国者日多，他们把从外国学来的科目，一件一件地挤进学校里去，逐渐推广，把张之洞所主张为体的中学，逐渐抛到门外去了。那一方面愈挤愈多，这一方面愈挤愈少，直造成了"用夷变夏"的局面。然而近来吴稚晖先生还嫌"用夷变夏"的不够，更进而主张焚烧线装书，扑灭洋八股，一切以"摩托"为帅，凡以古非今者，杀无赦！

我们把报告书里的意思综合起来，考察团诸位先生虽坚决反对我们单纯的模仿外国，但并不劝我们复古。他们要我们利用固有的材料，以科学的方法和试验的精神，来发展自己的文化。他们的用意有二，（一）从研究自己的历史、哲学、文学，来认识自己；（二）从研究工夫里所得到的知识上的训练，为接受近世科学之准备。

他们说，尝听中国人说，中国只要把外国科学和工艺的设备搬进来，中国的文化就会和欧美并驾齐驱。他们以为这是不对的。西洋科学的发达，是经过几百年的知识的训练才成的。中国如要发展科学，也必须经过多少年的苦功，从自己的历史、哲学、文学泉源上用功夫，和西洋文艺复兴及大光明时代所经过的一样，先有长期的知识训练的准备，然后才达到科学时代。中国要回到自己文化泉源里寻获自己。这是创造的，不是模仿的；是内部真实的发展，不是外表的模仿。

以上所说的是考察团贡献我们的一个意见，不是张之洞"体用"论，亦不是吴稚晖"摩托"论，是创造的自觉论。这种办法，中国现在已经有相当的基础，并且有推广的趋势。自然科学方面，有北平地质调查所和中央研究院的自然科学各研究所，这是用中国自然界的材料来做研究工作的。这两个机关，报告书里也曾谈到的。此外关于自然科学的，还有科学社及静生生物调查所之研究中国植物。历史及社会科学方面的，如民八前后北京大学教授们之文学革命，及继续发生的整理国故运动，中央研究院之历史语言研究所和北平社会调查所的工作。这都是用科学方法和试验精神，来研究中国固有的历史社会或天然界的材料的。其他学术机关的各种试验或调查工作，也还不少，不过没有普及罢了。

中国学术方面的出路，我们不是没有找到。只要随时改进和向前进行，并推广到一切社会科学和自然科学里，并应用于一般教课上，我们现在教育上的弊病，自然去了一部分。现在我们可以讨论学校课程中国化的问题了。

（三）学校课程要中国化

报告书里说，中国大学里所授的社会科学，都引用外国材料，不知道中国大学是为西洋学生留学中国而设的呢，还是为中国学生留学西洋而设的呢？这种弊病诚是显然的。中国大学毕业生之习社会科学者，都能粗知西洋经济、政治、教育的大意，对于中国经济、政治、教育的实况，恐怕比外国人还外行。我们相信现在政治上不合中国社会实际的设施，如行政、教育、司法等等，大半由于留学生和本国大学毕业生之未谙中国实情者思想和设计的，都以西洋材料为背景。我们只要留心看看报上所发表的党政领袖对于政治设施的讨论和计划，时时可以发见这种现象。

我们应多设真能悉心工作的研究所，或在校内，或在校外，均无不可。在校外的应与学校联络，如地质调查所与北京大学地质系的合作，就是一个好例子。北大地质系毕业的赵亚曾，于毕业数年后，有价值的著作不下一二十种，听说现在还有几位的成绩可以赶得上赵君的。如我们能多设此种研究机关，并与学校同性质的学系联合进行，现在大学里的学科，自然渐渐中国化了。

（四）教育要社会化

我们从社会方面讲教育，我们要回到报告书里开端的几句话去了。中国教育与社会隔离，学校的组织但能养成优越阶级而教化不及于大众。这个原因，我们在上面已经讨论过了。现在我们要讨论改革的方法。

第一，要把课程适合于中国社会的需要。教科材料之采取应从中国历史、社会、自然界之有关社会实际生活者着手，使青年明晓历史的背景和社会与自然界的现象。

第二，学校教课要适合学生生活。现在中小学教科，与学生生活需要太不相干，除讲演与书本外，学生得不到什么有益于日常生活的知识。且课程分量过重，使学生无自动工作之余地。考察团的意见，学校应使学生使用他们的官觉，与以实地观察的机会。

据考察团的观察，以上所说的缺点，虽为中小学所同具，但在中学里较为普遍而重大，其影响亦较为严重。据他们说，中等教育缺点甚多，如专重形式而疏于实际工作，如依赖讲解与教本，如偏重记忆、不注意于引起求知之兴趣，如忽视知识与思想之归纳的与实验的方面，如不注意养成学生之自动与责任心。他们以为中学之最大目的，不在造就入大学的学生，而在养成身心健全的、机警的、头脑灵活的人们能关心其所处之环境而准备参与其应为的工作。

第三，要教育普及。这个问题，考察团有不少的讨论。他们以为于国家税收没有一个统盘筹划的正当办法以前，普及教育是不易办到的。退一步想，他们以为只要使各地校舍使用和教员工作分配，均经济一点，不要增加经费，而一二年内学生的数目就可增加不少。

（五）师资训练应以造成学科专家为目的

考察团的意见，以为我们教育学院或师范学院的训练太重方法，而学科的实质缺乏相当的准备。他们以为这是美国化的缘故。其实美国师资之训练，何尝如此。在美国大学教育学院里研究教育史、学校行政、教育心理各科教学法的人，是准备充当师范学校里的教育学教员或教育行政人员的。何尝以研究教育方法的人，去当中学里的数理化或史地教员呢？教某种学科的人，都是习该种学科的专家，不过兼习几门教育法罢了。他们所说的欧洲式的师资训练（以德法为例）重学科本质，美国式的太重方法，两种制度，或者各有所偏重，但为比较的而非绝对的，在学科与方法的比量的多少而不在性质的不同。

中国中学教员的训练亦是如此。师范学院的毕业生，要学过那一科专门的人，去教那一个课程。研究教育学为主科的人，也是预备充教育行政人员，或在师范学校任教育学教员的。考察团诸位先生看见中国中学教科成绩不良，便误会为过重教育方法而忽略学科实质所致。其实不然。中国大学一般学科不良，实为造成中学教课不良的原因（中学教员，好多是普通大学毕业生，而非由师范出身者）。其过不在重教育方法，而在实质训练之浅薄。

美国中学教员之程度，确不及欧洲之高，其原因在美国中学之性质及程度与欧洲不同。欧洲（法德）之中等学校，为某种阶级而设，故其训练严而程度高。美国希望中等教育相当地普及于大众，故其课程自不免较为浅略，而教员之程度，自不必如欧洲之高。又美国中学教员之地位，不如欧洲之崇高，亦是一个原因。

考察团之意见，以为将来中国之中学教师，必须为某种学科之专家，同时对于教学法具有相当知识。这是当然的。我个人的主张以为中国中学应略师欧洲制，将程度提高，训练加紧，同时师资的训练，当注意某种学科本质的比量加重，而旁枝末叶的化装课目，应一律屏除。即大学中之各项学科，均应如此。这是又一问题，而考察团之主张，本亦如是。

（六）单位制

中国学校向无单位制（或称学分制）。其采用实开始于民国六年（一九一七）间北京大学之改制，而南京高等师范于创立时（民国五六年间）亦略采此制。至今为时不过十六七年。中等学校之采用单位制，为时更暂，至今犹未逾十年。推原采行此制之目的，在将当时零乱碎杂之课程，使确定每课之分量与各课间均衡的制配。实行以后，从前之弊，虽未尽除，而学校课程，确较以前为系统化，为均衡化。中国学校课程之不良，其原因不在采取单位制，而单位制实欲为救课程零乱之弊而施行。

在单位制之下，如考察团所主张之指导学生作研究工作，学业终了时全部学业之综合考试，均可施行而无碍。

（七）结论

以上所讨论的，但从报告书立论的原则上着想。其所讨论之大中小学各个的实际问题，有暇当分别另讨论。现在把上面所说的话，总合起来：（一）现在我国教育之弊，由数百年来的科举及三十年来的日本影响混合演化而成。仅仅十几年来所受的美国影响，未能摇动数十年来所造成的状况。（二）近十年来中国教育的趋势，已开端向考察团所指示我们的路上走。但他们的报告，提醒我们的地方确乎不少。

考察团诸位先生费了几个月宝贵的光阴，作成有价值的报告书，指出教育上好多的缺点，并指示我们正当的出路，我们很感谢而钦佩的。但以时间太匆促，于历史的背景，未及进一步的研究；故不得不从现状立论，而未能追求其根源，我们不能不引为憾事。且教育与政治循环影响，教育不能离政治现状而迈进。若但以教育立场论教育，未及体察四周所环绕的政治势力，其立论有时太理想化，自不能免。这是我们应当注意而原谅的。

中国之教育问题*
（1934 年）

诸位先生，本人这几年来，在外讲演次数甚少。其原因一为时间过少，校务甚忙，无暇时常在外面讲演。一因以前时常在外面讲演，觉得太无意味。此次承社会局蔡局长、李科长之约，特来演讲，系因（一）近几年来，中国教育办理极有进步，本市教育经蔡、李二位先生之整顿，进步尤速。鄙人钦佩之至，不得不来。（二）因本人与诸位小学同人见面之机会甚少。对于小学教育界情形，颇多隔阂，此次拟借此机会见面谈谈。论到本人今日之讲演，不过仍是老生常谈，对于诸君之贡献极少。今天之讲题为《中国之教育问题》。自从我国改革教育以来，迄今已二三十年，屡改屡革，确有相当成绩。但其中缺点亦不少。推其原因，系因中国二千余年来之传统思想所致。我国以小学数量说，民八、民九之间，小学生人数，全国为四百万人。民初至民三，约计二百万人。而前清光宣年间，仅为八十万人，其进步不可谓不快。民九至民十九情形如何，现在尚无统计。据最近之调查，民十九全国小学儿童数，为一千一百万人左右。在此十年中，依据人数计算，计有三倍之进步，而此种进步不得谓之不快。在此十年中，我国战事频仍，而尚能得到如此神速之进步，似堪告慰。

据最近之调查，日本之学龄儿童，统计全人口百分之十六。我国之学龄儿童，以江苏一省论，计占全人口百分之十五。若以全国四万万人口，依此比例计算，应为六千万。今却只有一千一百万在学。则全国之受学儿童，仅占学龄儿童数的六分之一，其比例数之微，由此可见。盖欲一国之兴盛，凡学龄儿童非受教育不可。我国之教育现状，初小升高

---

* 载《时代教育》（北平）1934 年第 2 卷第 1 期。

小者甚少，高小入初中者又少，初中入高中者最少。据最近统计，我国高初中学生共五十万人，全国高中则仅五万人。由此可见：欲升一级，殊甚困难。中国学制，由小而大，民十九全国普通高中毕业者七千人，其余职商工科三千人，共为一万人。民国二十年专科以上学校第一年级之学生数，共为一万五千人，可见高中毕业生，人人有入大学之机会。

至初中以下之毕业生，升学者为数不多。欲思在社会服务者，又因学识上无相当根底，故出路又极少。今年各大学考试，文科学生，外国文及国文成绩优良者不多，考理科者，数学成绩优良者，亦属少数。升学预备既不充分，其不升学者，又乏相当之职业训练。故学校与社会不能吻合，所学不适所用，此不可不力求补救者。所以我们以为中国学制，应采取多轨制。依据学生的经济能力和志愿，分为多轨进行。志在商者，可入商科职业；志在工者，可入工科职业；志愿升学者，则入普通中学。同时我们实行义务教育，更要多分出级段：或半年，或一年，或一年半，或二年。先教以知识工具，如平民千字课之类，在字的旁边，一面注以国音，以便普遍全国；一面更要注以乡音，以便记忆。同时我们更应视其需要，分别城乡，补助其各种常识。若在乡村，我们取材则偏重于农业，如关于各种植物常识之类。如在城市，我们取材则偏重于工商业，如电气之效用等。同时在城市，我们还要加以城市生活之常识；在乡村，我们要加以乡村生活之常识。盖因不如此，不足以谋教育与社会之吻合。

我们谈到现在的小学校，我时常听到家长说，学校的功课，订得过于复杂，分量太重，以致小儿睡眠不足，对于身心俱有妨碍。此话也有一部分道理，所以我认为小学功课应减少。

又我们谈到教育，不能不谈到现在中国的农村问题。因为农村问题无相当的解决法，中国绝不会安宁的。前几天有人赴浙江省调查农产品，计谷及棉花食盐等，共可估价七万八千五百万元。以浙省人口二千万人核算，每人生产为三十九元四角五分。欲以此数在扬子江流域生活，殊难维持。生活既难维持，遑云教育！补救之方，有人谓可用机器耕田。殊不知机器耕田，在人烟稠密之区，田地亩数仍不能增加。欲求生活之增加，须改良籽种，改良肥料，及开发水利，等等。总之，农村问题不解决，教育亦难发展，此为谈教育者所不可不注意者也。

我们怎样求学[*]
（1935 年 3 月）

    今天兄弟到天津来讲我们怎样求学，不论年龄大小，凡求进步的人们，都觉得有兴趣的。我现在举出了一个浅近的例来，我们说杭州是好地方，凡游兴好的人就想去游，我们怎样游杭州，他就欢喜听。求进步的人听到怎样求学，就和游兴浓的人听到怎样游杭州一样有兴趣。

    讲起游杭州，我们有几个方法：一，和游过的人同去；二，买一本杭州游览指南；三，向游过杭州的人打听；四，趁了火车或坐了飞机，就动身到了再说。

    第一个方法最便当。我跟了人家去，自己不要费心，利用人家的经验为自己的指导，好像带了一本活的指南。

    第二个办法，你先要得到一册游览指南，就要知道什么地方买，有几种，那一种好，这问题解决了，就要把它读一遍，要紧的地方用铅笔做个记号，这是利用前人的经验为自己的指导。

    第三个办法是向有经验的人请教，简捷而省时，但不如书册记载之详尽。

    第四个办法是游兴甚浓找不到熟人或游览指南，不得已的办法，麻烦多而经验比较深切。

    求学的方法也大致如此。无论什么方法去杭州，最要紧的条件是要游兴浓。无论什么方法求学，最要紧的条件是要求学心切。乏游兴的人虽游记满屋，游客满座，是没用的。不好学的人，虽书香满室，名师满堂，也没用的。

    所以你问我什么方法求学，最好我就会答你一个很笨的答案，求学

---

* 载《中央周报》1935 年第 356 期。

最好的方法是求学。我听见一个笑话，有一家药铺子奉送除臭虫的药方，广告上说得十分有效，大家都去要方子，方子包在一个小纸包里，上面写着回家后打开，到了家打开来，只有"勤捉"两字。

这两个字很有意思的，臭虫本来因人们懒惰而滋生，只要肯勤捉，就会想出种种方法出来除灭臭虫。求学的方法本来因为求学而生的，只要热心求学，自然会去找求学的法子。这点明白了，让我来讨论几个求学的方法。求学本来以不知求知，以不能求能，和没有看见过杭州的想去游一样道理，所以方法也大致相似。不过比较的更复杂一些，我们有了求学的意思，我们就要问自己求那一种学问。如我们游兴很浓，我们不能满天飞，也不能像西利士游奇境的幻想。

我们一定有一个目的地——譬如杭州，求学也如此。我们不能悬空虚想求学，我们也要有一个目的地。求那一种学问，这就古人所谓立志。我们中国的学者都以立志为求学的先务，如孟子说："羿之教人射，必志于彀。"学者亦必志于彀。孟子又说："今夫弈之为数小数也，不专心致志则不得也。弈秋，通国之善弈者也，使弈秋诲二人弈。其一人专心致志，惟弈秋之为听。一人虽听之，一心以为鸿鹄将至，思援弓缴而射之，虽与俱学，弗若之矣。"宋儒说，学道者正如学射，才持弓矢，必先知的，然后可以积习而求中的矣。若射者不求的，不求中的，则何用持弓矢以射。王阳明说，求圣人之学而弗成者，殆以志之弗立欤，天下之人志轮而轮焉，志裘而裘焉，志巫医而巫医焉。志其事而弗成者，吾未之见也。志定矣而后学可得论。子闽也，将闽是求，而予言子以越之道路，弗之听也。予越也，将越是求，而子言予以闽之道路，弗之听也。这是都先说求学要立志，西洋教育家论求学方法，心理学家论学习的心理，都说立志，或有一定的目地，为求学的一个条件。我们用"志"字，大概可说有四个意思。

第一个意思是意志。如孔子说："三军可夺帅也，匹夫不可夺志也。"孟子说："得志与民由之，不得志独行其道。""富贵不能淫，贫贱不能移，威武不能屈，此之谓大丈夫。"俗语说这人意志很强。

第二个意思是说有向上的心思。如孔子说："吾十有五而志于学。"如程子说："苟无好学之志，则虽圣人复出，亦无益矣。"俗语说这人有志气。

第三个意思是专心。如孟子说："今夫弈之为数小数也，不专心致志则不得也。"如俗语说他读书不专心致志，所以没有进步。

第四个意思是要有一定的目的。如孟子说："羿之教人射，必志于彀。"如王阳明说："志于轮而轮焉。"如俗语说他有志于农，有志于商，有志于无线电，志字的意义因用的不同而有异。

如说我们求学要立志，就是说我们求学要有坚强的意志，要有向上的心思，要专心致志，要有一定目的。

我们既立志了，怎么达到我们的志愿呢？孟子说了，"学者亦必志于彀"，以后就接着说，"大匠诲人，必以规矩"，学者亦必以规矩。孟子又说："离娄之明，公输子之巧，不以规矩，不能成方圆。"这是论到求学的狭义的方法了。若以广义的而论，立志也是方法之一，而且十分重要——这里我们又要回到旅行的譬方上去了。

第一点是从师。我们前面说过旅行最便当的方法是从师，对于某种学问有研究的人，请他作我们的老师。古人说"师严道尊"，又说"尊师重道"。我们向来重学，所以尊师。我们如能得到一位好的老师教我怎么样学，我们终身就受惠不浅了。孔子说："三人行，必有我师焉。"只要我们诚心求师，到处皆有我们的老师。

第二点是读书。这是旅行之看游记作我们参考。读书为求学的方法，但读书有读书的方法。读书先要知道有什么书可读，还要分为两种：（一）关于某一种知识，（二）关于普通知识的。却要先有个目录，某一种的目录以我们所专攻的为范围，普通的目录以我们应该具有的，或心之所好的知识为范围（包括闲书在内）。选择一个目录为初学最困难的一件事。张之洞著有《书目问答》，选择经史子集若干种，以便初学之用。中国书籍目录，种数甚多，如《四库全书总目》《汇刻书目》等。我们把目录翻开来看一看，就可以找出来不少我们想读的书。近代图书馆里最重要的工作之一，就是编目。我们跑进图书馆里第一件要做的事就是看目录，以目录里找出我们所要的书来，编目固然不是一件容易的事，用目录亦须有相当的训练。西文目录因为比较编的好，还容易一些。中文目录则使用颇不容易，因为中文编目至今尚未得到好的方法，以前分经史子集四大类，查检固然不便，现在用笔画分类，虽较为便当，但找寻亦颇费工夫。其余如四角号码，国音符号，又苦其不普遍，这是中文编目的一个大难处，也是我们中国人求学的一个难问题。读书必先以目录入手，犹如行军必先看地图一样不可少的。好在一个人用的目录比较简单，少须费时一点，亦不要紧，笔画分类亦属可用。以前绍兴师爷"江山千古"分类法来编档案目，亦颇够用。

我们自己读书必须先编一个小小目录，把我们所听见的或看见的书名，分类编进去，以便参考。至于读的方法应有涉猎与精读两种，涉猎是看一本书的大概，得其旨，精读须选择部分来观摩，可不必全，只要把自己要用的选择出来读就够了。

读书要有一个目的。好像驶舟，要有一个目的地。按着目的去读书，与目的无关的可略去，重要点可用卡片录出来，分类保存。苏东坡说："读书如入海，但得其所欲求者耳。"这句话很有意思。我们讲立志的时候，已经把求学要有一定的目的讲过了，读书也是这样。又读书要有选择力，没有目的就无以选择。朱子说："穷理且令有切己功夫，若只泛穷天下万物之理，不务切己，即所谓游骑无归矣。"读书要会运用思想。孔子说："学而不思则罔，思而不学则殆。"

我们读书的时候，不可以为书里的话都对的，我们要用我们的思考力。孟子说："尽信书不如无书。"朱子说："学要会疑。"疑就想了。杜威先生著的《我们怎样想》（*How We Think*）是一本指导思考的好书，刘伯明有译本，名《思维术》，可供参考。我们这里没工夫讲了。我们前面说过求学最好的方法还是想，不肯用心思的人给他方法是不中用的。只要处处肯想，自己就会找出方法来。

第三点是讨论。这是和要旅行向人家打听路程、名胜等相似。我们可组织学会大家讨论，提出一个问题，大家来研究，大家交换意见，或听人家讲演。胡居仁说："穷理非一端，所得非一处。"

> 一或在读书上得之。
> 二或在讲论上得之。
> 三或在思处得之。
> 四或在行事得之。

读书上得之最多，讲论上得之尤速，思虑得之最深，行事得之最实。

讲到这里，我们要说第四点了，以旅行作譬，我们上面说过趁了火车或坐了飞机，就动身到了再说，这就是所谓行事得之最实。

这里就涉及知与行的问题了，我们可以说有先知而后行的，有先行而后始能知。大凡普通求学，我们先求知而后行的，因为此是最经济、最省时。如发明或探险之类，我们须先行而后知，故第四的办法遇到前人所未知的时候才采取（或前人已知，但无处访问，或无处找材料的时候，亦不能不如此）。斯文·赫定之赴新疆测交通线，林柏克之飞航大西洋测欧美飞行线，都是须先行而后知的，这就叫作探险。但是他们凡有可帮助他们参考材料，没有不利用的。如普通的事有了许多材料而不去参考，而凭一己的聪明或意志去做，这是不足为训的。

我们把上面的话总结起来，我们求学要先立志，要会求师，要知道怎样择书或读书，要会和人家交换意见。最后凡人类所未知的，我们不可不抱有探险的勇气，发明的欲望。

各校长联名告同学书[*]
（1935 年 12 月 20 日）

各位同学：

在十二月九日北平各校学生请愿游行之后，我们曾联名发表《告同学书》，指出"诸位同学请愿及罢课的目标，可以说是已经达到，希望诸位同学勿别生枝节，勿虚掷光阴，即日恢复学业"。不意那篇《告同学书》发表之后，又有十六日北平各校学生大举游行的事，参加者数千人，受伤者总数约近百人。我们对于青年同学爱国心的表现，当然是很同情的。但此等群众行动有抗议的功用，而不是实际救国的方法。诸位同学都在求学时期，有了两次的抗议，尽够唤起民众昭告天下了。实际报国之事，决非赤手空拳喊口号、发传单所能收效。青年学生认清了报国目标，均宜努力训练自己成为有知识、有能力的人才，以供国家的需要。若长此荒废学业，虚掷光阴，岂但于报国救国毫无裨益，简直是青年人自放弃其本身责任，自破坏国家将来之干城了！现在各校被捕学生都已保释，受伤学生渐告痊愈，我们很诚恳地希望诸位同学即日复课。报国之事，任重而道远，青年人切不可激于一时的冲动而忽略了将来报国的准备。

北京大学校长　　　蒋梦麟

清华大学校长　　　梅贻琦

东北大学代理校长　王卓然

北平大学代理校长　徐诵明

师范大学校长　　　李　蒸

燕京大学代理校长　陆志韦

---

* 载《东北大学校刊》1935 年第 8 卷第 10 期。

告同学书

诸位同学：

连日报纸关于学生的消息，不大登载，以致谣言百出，大家都感不明真相之苦。我们经过几天的实地调查，对于近数日来发生的事实，愿意与诸位同学说一下：

（一）九日北平学生游行，并无女生受伤致命之事。

近日最流行的谣言，就是九日有一女生，因游行在王府井大街被警察刺伤殒命。这位女生的学籍，有说是师范大学的，有说是女一中的。女生逝世的地点，有说在市立医院，有说在协和医院。但据师范大学及女一中代理校长报告，该两校并无伤亡的女生。又据协和医院王院长报告，九日有一女生头部受有微伤，经医治后即行出院。市立医院，并无女生受伤死在该处。至于城内各校所传清华有学生伤亡之谣言，查明亦非事实。

（二）连日被捕学生，已完全释放。

九日北平学生游行，因而被捕的，计北平大学三人，东北大学六人。北平大学三人，已由徐诵明校长于翌日保出。东北大学因有伤害警士嫌疑，先后被捕十二人。现经王卓然代理校长力保，已于十三日完全释出。

（三）何应钦部长对于北平学生的慰问。

何部长已于昨日南下，临行有一告别书致各大学校长，其中有慰问诸同学数语，今录于左：

关于冀察时局问题，连日与各地方当局晤洽，经过甚为良好。现由中央明令设立冀察政务委员会，负综理冀察平津政务之责。此间各当局，均富有国家思想，人事之变更，并不影响国家之统一。尚祈诸先生转告各同学，务望埋头努力于学问之研求，更不必涉及课外之活动。各同学素富爱国精神，顾惟有努力于学术之增进，始实际有裨于国家。各同学皆具高深智识之青年，想必能共喻斯旨也。

综观以上的消息，诸位同学请愿及罢课的目标，可以说是已经达到。望诸位同学，勿别生枝节，勿虚掷光阴，即日恢复学业，努力培植自己，以为有用之材，将来在救国事业上，一定可以收最大的效果。

北京大学校长　　　蒋梦麟

清华大学校长　　　梅贻琦

东北大学代理校长　王卓然

北平大学校长　　　徐诵明

师范大学校长　　　李　蒸

燕京大学校长　　　陆志韦

战后我们的教育往那里走？[*]
（1944 年 2 月）

前次欧洲大战以后，各国都大谈教育。其中心问题为如何发展民权主义。大家都认定如能将民权主义普遍化，则世界便能和平。德国因战败而立了共和政体，俄国亦因战败而革命，同时英、法两国国策天天在欧洲制造第二次大战。法国唯一的政策为，如何使德国不再能侵害法国：国防方面，筑了马其诺防线；经济方面，以巨大赔款压迫德国，使它经济崩溃，无力对于法国再事侵略。英国国策为传统的欧陆均势主义：德强则抑德助法，法强则抑法助德，使彼此牵制，以维均势而求和平。一旦均势维持不住，战争又起来了。德国四周立了许多新国，就是要维持欧陆均势，使德国包围在这个防疫圈里。后来最先受疫气侵害的就是在这个防疫圈边上的人民。

不出几年，正在世界大谈民权主义的时候，意、德两国便先后成了集权国家。美国看了欧洲局面有点头痛，就生了孤立主义。

远东方面，中国大谈民权主义，日本也多多少少谈谈民权。等到九一八事件发生，当时英国的心里，或许赞成日本在东三省占优势，以求俄国与日本在远东成均势。如日本把手伸入长城里边去，英国当然不赞成。那知意大利得了这个鼓励，就占了阿比希尼亚，德国就也进兵沙尔谷。后来一步一步的踏入这次世界大战的火网，使半个地球成了焦土。

教育家口口声声谈战后教育，想求世界和平。政治家摇摇摆摆稳步踏入第二次大战，使教育家的乐园变成焦土。二十年来辛辛苦苦造成的青年人才，化为灰尘，岂不是人类最悲惨的一幕滑稽剧？

教育家骗青年么？骗自己么？政治家骗教育家么？教育家骗政治

家么？

不少教育家想以民权主义求和平。政治家想以均势主义求和平。假如忽地里来了一个孙行者，一脚把均势踏翻，民权主义、均势主义都化为乌有。教育家重经，政治家从权，权一失败，经亦随滔滔大祸而去。

还有一件事，就是现代的执政者，还是前一代教育的产品，这一代教育还不能影响他们。所以他们所行的政治途径，与这一代教育的途径不相辏合。南辕北辙，哪里可以行远道？但是再下一代，就比较进步了。十年树木，百年树人。政治家的工作如树木，教育家为如树人，本来时间是有差别的。教育家不要灰心罢！这次大战以后，对于处理和平方法，看来就恐怕比前次高明。这是二十多年来教育之功啊！

我把政治和教育的关系说明白了。让我们谈谈教育罢。

我们中国古来教育宗旨有二：（一）曰修身；（二）曰治国，即《大学》之所谓"在明明德，在新民"。这宗旨传之几千年不变。一直到了前清废科举设学校的时候，无论章程上说得怎么天花乱坠的宗旨，实际上人人心目中只有一个宗旨，就是救国。所谓爱国，所谓富国强兵，都是为了要使中国富强起来，能够抵抗外侮。中国五十年来一切兴革改变，均以此为出发点。无论立宪，无论保皇，无论革命，其方法不同，宗旨则一，都是为救国。国父说"三民主义就是救国主义"，即是这个道理。

再望上溯，李鸿章的兴海军，立制造局，立招商局，办洋务，也都是为救国。国父上李鸿章书，所言的都是为救国。遗嘱里说："余致力国民革命凡四十年，其目的在求中国之自由平等。"说明革命的目的是为救国。"深知欲达到此目的，必须唤起民众及联合世界上以平等待我之民族共同奋斗"说救国的方法。"现在革命尚未成功"者说救国尚未成功也。"凡我同志，务须依照余所著《建国方略》、《建国大纲》、《三民主义》及《第一次全国代表大会宣言》，继续努力，以求贯彻"，言具体救国之方法也。

七十年来，吾国继续不断之努力，一言以蔽之曰：救国。李鸿章种种设施不能救甲午之败，于是有戊戌政变，冀以改革政治而救国。立宪保皇亦不能救前清灭亡，辛亥以后，复经种种纷乱，直至卢沟桥事变之日，始全国一致，抵抗暴日，以救中国。经七年英武抗战，受绝大牺牲痛苦，才奠定了立国基础。此后工作，尚多困难，建国之难，于此可见。

数千年来修身、治国的教育宗旨，因外患的迫切而改为救国的教育宗旨。这教育宗旨经三十年的学校训练而养成了有全国一致性的民族自觉，这是这回抗战的基础。现在中国的教育，虽有种种缺点，唯对于抗战的能持久，不无相当的贡献。

由军备而至机器，由机器而至政治组织，这是戊戌以前的教育演变。可说渐渐的进步了。辛亥以后，不数年而欧战起。欧战终了，受世界潮流的影响，中国教育便转入文化问题。在这一方面的要点有二：一曰民权主义；一曰科学。国父当日是十分赞成的。虽历年军阀混战，在这两点上仍然不无进步。但是教育的宗旨为救国，未尝有丝毫变更。这宗旨经六十年来教育方法的变迁仍屹然独立。在中国达到富强之日以前，是不能变更的了。至少将来在五十年中，我们不能放弃。故战后的教育宗旨仍然为救国。写在章程上也好，不写在章程上也好，你总是非向那条路走不可。至于方法呢，照我看来，还是民权主义与科学两点。以三民主义看起来，民族主义是直接的救国，民权主义与民生主义是救国的方法。科学是民生主义的根本。不以科学生产，是达不到民生主义的。

民权主义，我们要讲方法，要研究怎样组织，使民权主义生效力。以前空口叫喊，是没用的了。《民权初步》《建国大纲》《建国方略》都是国父给我们的方法。我们不但要遵照，而且要应时势需要而改进，国父不是故步自封的人。我所要谈的民权主义不过如此。至于说起科学来，我要说的话就多了。

科学有四级。最低一级是应用科学，为第四级。此级分两部分：一部分是物质的应用科学，如工程、制造等，国人现在以为科学的，不过如此而已；一部分是社会的应用科学，如社会学、经济学、政治学等，这些国人以为不是科学。在这以上的一级是自然科学，为第三级，如物理、化学等。这些国人以为没用的——然而一切应用科学的根基在此。更上一级是纯理科学，为第二级，如数学、天文学等。这些是更没用了。然而自然科学的根基在此。最上一级是思想之系统的组织，所谓逻辑，这是国人尚没有看见的。然而纯理科学是由此而产生的。

中国文化是重行而不重知的，所以古人说："知之非艰，行之维艰。"西洋文化是由知而成行的。国父之"知难行易"由此而来。因为国父是科学家，是内行。国父苦口婆心，讲了一生，最后著《心理建设》，但是国人老是不懂。这真是要急死人吓。

科学的出发点有三：（一）思想的方法与系统，这是讲思想内存的法则；（二）对天然造物有兴趣，不为应用；（三）求天然造物内存的法则。具备这三点，中国才能把科学变成国货，否则永远是洋货。

中国人对于思想视为行为之母，这是对的。但我们把研究思想内存的法则忽略了，这是中国文化的大缺点。我们脑筋里可说是缺了一角。这缺一角的毛病使中国文化胶着在某一最高点，不能前进了；使中国文化停滞在艺术的范围以内，不能进于科学的。一百五十年前，中国文化确是世界最高的。但是西洋一入科学时代，我们就渐渐地不及人家了。一百年前，外患就开始来了。一百年来，西洋科学的发展与我国国难成了正比例。

要中国科学发达，这脑筋里一个缺角要补起来才行。

我们"格物致知"，只为格物之理而知人伦道德。孔子说："仁者乐山，智者乐水。"老子说："流水不污，户枢不蠹。"借物之理而喻道德，即所谓借天道以明人道也。借天道以明人道，阴阳五行之说由是而起。西洋为天道而求天道，不与人道相牵联。不求人道与物的关系，而求物与物内存的关系，科学的天然律即由此而来。

我国对于格物的兴趣，是道德的，诗意的，或应用的，不在知识上的兴趣。科学发生于知识上的兴趣，即所谓求天然律。这是我们应该转移过来的。

以国家文化而论，科学是整个的，不能在那一段割取一部分，就算是科学。从脑筋里起一直到造铁路、桥梁、汽车、肥料、药物、军械止，是一贯的。曾国藩、李鸿章割取了军械，所以无效。张之洞割取了制铁，所以无效。康梁割取了政治改革，所以无效。唯有国父自心理建设、知难行易起至工业建设、社会建设止，是整套的。我们要发展科学是要整套的。这是战争结束后，我们教育上应该走的一条堂堂大道。支解割裂是旁支歧径。

我们如能这样前进，我们的道德、文章、艺术才会长足的进步。行了五十年，不但可以救国，而且可以拯天下之溺。格物之道在乎此，致知之道在乎此，乃至修身、齐家、治国、平天下均在乎此。到那时候，我们可以不要讲救国了，我们可以讲世界大同了。那时候，我们又可以回复到修身、治国的教育宗旨，而且可以进于大同的教育宗旨，这是三民主义的极则。

新生活运动与建国[*]
（1947 年 2 月 19 日）

诸位同胞：

今天是新生活运动第十三周年的纪念日，诸位读到《蒋会长告全国同胞》的代电，其中指示的三点：要我们毋怠毋荒，崇尚力行；要我们笃实勤俭，建国自强；要我们遵守法令，节省物力。可以说是为民族树立自强之基础，为国家奠定立国之根本。

新运推行了十三年，它自有它伟大的贡献，像所揭橥的"礼义廉耻"四个字，全国同胞都已家喻户晓，耳熟能详。并且"整齐、清洁、简单、朴素、迅速、确实"六项原则，也都容易实行。可是今日所表示的成绩，还未能尽如倡导者的理想，这也是不可讳言的事实。

我是一个从事教育的人，就我个人的眼光看来，新生活所倡导的四维和六项原则，都是浅显而易行。其所以未能收到十足效果的原因，是在推行方面吗？不然，可以说是推行得相当的努力，不能加以批评。是在服务方面吗？也不然，可以说是已尽了服务的能事。那么，根本的原因何在呢？这也就是我今天要对大家商讨的一点。

我认为要奠定中国百年大计，必须先要使全国同胞人人能实行新生活。要使人人能实行新生活，必须先要使每一个同胞都能受到相当的教育，尤其需要的是人格教育。以中国的教育现状来说，实在未能令人满意：如学校的缺少，师资的缺乏，还有学费以及其他教育上连带有关系的问题，随时都给予教育上的阻碍。最重要的民众教育问题，在国内还未能普遍推行，致使常识缺乏，文盲遍地，高等教育是如彼，基本教育的现状又是如此，如何能希望他对于社会上一切运动的起源和效果，有

---

* 载《新运导报》1947 年第 14 卷第 1 期。

一个完全的了解呢？更如何希望他能身体力行呢？所以我要说普及教育是实行新生活的基本因素。

更有一点，我认为是非常重要的，就是人格教育。看到平时一般教师所教授的，只是厘定的课本，家长所训诲的只是谋生的技术，而于人格的培养，民族道德的发扬，日常生活的训练，每每忽略。所以教育出来的青年，他们只具备了谋生的技能，或是专长的学术。但是中国立国五千年来传统的四维八德的民族精神，却逐渐在戕伐，逐渐在堕落，以致社会的正气荡然无存，同胞的生活日趋颓废，这种现象也就是我所要提倡人格教育的最大原因。

最后，我希望教育界人士从今天起，我们互相砥砺，把新生活运动纲要里规定的项目，能和训育配合起来，使一般在求知时期的青年——甚至老年，都能躬行实践，养成生活日新又日新的精神，来建设一个富强的新中国。

文化

中国何以科学不发达 *
（1944 年 4 月 30 日）

　　大家都知道，我们现在的科学无论是属于理论方面的物理、数学、化学等，或者是应用的方面的工程、建筑、制造等，都是从西洋来的。我们今天所要讨论的就是为什么西洋可以产生科学，使科学能够发达且不断进步，而我们却没有呢？

　　要解答这个问题，我以为有两种看法：

　　第一，就我们民族文化来看，是不是我们文化不及西洋而便不能产生科学呢？

　　第二，就科学思想来看，是不是思想态度上有了错误，而只好完全从外国去学，就能把外国科学搬进中国来，若干年后自己便有了科学呢？

　　如果就第一个看法来说，似乎不能说是我们的文化及学习能力不及别人，而且这样一说很足以减轻我们的自信力。所以就第二个科学思想上的看法，倒还确有商榷研讨之处。

　　如果说中国没有产生科学，就有人会回答你：像万里长城、大运河、北京的皇宫庙宇等大建筑和农田水利的工程，难道不是科学吗？是的，这也是科学，这是属于应用科学的范围。不过，应用的科学是非要物理、化学、数学等自然科学作为基础不可。我国的应用科学，没有自然科学作为基础，所以不能进步。即如不久以前在钱塘江上造一个桥就须完全用西洋的工程学了。所以，如果说中国有科学，也只是一部分的应用科学，真正为应用科学基础的自然科学，中国却是欠缺。由上面看到：中国虽有应用科学，但是没有自然科学作为基础，所以整个科学不

　　* 载《中原》1944 年第 9 卷第 1、2 期。

能发达进步，这完全是根本思想观念上的问题。大家都可以试一试，我们拿一件新奇的东西与西洋人看时，他必然说这个东西有趣，但是若给中国人看时，他就问这个东西有什么用呢？南宋时朱夫子到山上去玩，看见山上有很多蚌壳之类的东西，他说这可推测山顶原来是海底。又见山脉如浪形，可证明山原来是流质，不知后来何以冻结成山了？到了这里他就不去想它了。这就是因为他认为这件事于道德无关，没有什么研究的价值。中国人一切思想，以人与人之关系的道德为归宿，以应用于人生者为目的。与此无关者，就不是真学问。明朝的王阳明先生□喜于穷研事物之理，而讲致知格物的。一日他看见竹子就想去格物以求知，想在竹子里去求理，研寻一点道理出来。结果想了半个月，因用思想过度，就病了。他的结语说："竹子里面是没有道理的，理是由各人自己心里生出来的。"所以，此后他只知心中有理，心外无理。科学是求其中之理，所以他这种对物的看法，可说是反科学的。原来中国古训，格物是求知，求知是为修身，修身是为齐家，齐家是为治国平天下。凡与修齐治平之道无关的知识，就不值得去求它。太阳绕地而行呢，还是地球绕太阳而行呢？这与人生何关？苹果落地之理，又于修身何关？皆在毋庸研究之列。不研究这些问题，那里会产生科学呢！

由此我们可以看出，中国之所以没有产生科学是根本的态度问题。以上所举的例，可以证明这个根本态度，中国与西洋大有不同。西洋科学家之所以穷研物理，出发点是在于□［物］中求知，为知而求知，为真理而求真理，莫与道德或应用不相干。中国人则□然，中国人的真理是讲道德求应用，为人道而求天道，为实用而求天理。所□中国一带传下来的"学以致用"，就是因求其用方始去学，所以用者，有关世道人心之谓也。开水在壶里沸，于世道人心何关？苹果从树上掉下来，于世道人心何关？然而科学偏从沸水与苹果中出来的，是中国学者与西洋学者基本态度不同，就是我们中国不能产生科学的原因。

中国人讲宇宙，一定要把其拉来使与人生发生关系，所谓由天道而及于人道，就是儒家的说法。而道家讲天道，也为人道之用，后来又硬把金木水火土的五行与阴阳作为人生的道路了。西洋人则不然，他讲天道就讲天道，讲物理、化学就讲物理、化学，与应用道德无关，不把它们牵扯到人生的关系中来。中国学者的宇宙，是道德宇宙。西洋学者的宇宙，是理智的宇宙。

中国几千年来的文化，多半是谈人与人间的道德上的关系，就是读书求，也是研究的道德观念，其对道德的研究力行精，也可以生死以之。譬如，□□了的时候，有很多忠臣义士不惜以身赴义，就是明证。然而就很难得见到为求知也能像这样不顾生命的。所以中国人的思想上是偏于道德的宇宙观念，而西洋人却是□识的宇宙观念，因之别人能产生科学，发展科学，而中国却没有产生科学，发展科学。

由上看来，我们中国的道德宇宙观，是求社会的稳定；而西洋的智识宇宙观，是求智识的进步。我们要求中国能振兴强大，非使工业化不可。而要中国能工业化，除一方面应研究科学，奋起直追以发达工业之外，一方面似不能再限于我国传统的道德宇宙观念，更要积极培养为真理而求真理之精神。

服务与爱群会训释[*]
（1946 年 9 月）

红十字会初无会训，然"服务""爱群"二者，固尝揭为吾人工作之旨趣矣。因加诠释，用示同人。

一、释服务

庄生屡称"内圣外王"之学，近人则主"服务创造"之人生观，斯二者义殆一贯。盖内圣为精神之自我发达，充实之谓美，充实而有光辉之谓大；外王为精神之客观展开，社会文化之进步，人类全体生活之日新也。

罗素谓人生有"占有"与"创造"二欲望，法当以创造欲代替占有欲。若是，则服务与创造之精神尚矣。创造为人生之方法，而服务乃人生之目的，内圣外王之道，若守约而施博，则创造、服务二观念，尽摄之矣。国父尝诏示吾人，应以服务为目的，不当以夺取为目的。又在《孙文学说》中，将人类气质分为三系，而规定其服务程度如下："其一，先知先觉者为创造发明；其二，后知后觉者为仿效进行；其三，不知不觉者为竭力乐成"，此即智者与勇者携手合作"仁者爱人"之工作也。

然服务必借资于创造，而技术活动为先。欧洲当代文化史家斯潘格来直谓"技术为生活之策略"。换言之，技术殆为生活内部与形式斗争之历程，其目的无非求生活本身内外之一致耳。《易》称"开物成务"，开物即创造，成务即服务。所谓制器尚象，以前民用是已。一切科学研

---

* 载《红十字月刊》1946 年第 9 期。

究，技术之改进，不外循二原则以进行：其一，为以最少物质产生最大能力；其二，为以最短时间控制最广空间，俾造成"有武器的手"之文化，以征服自然，利用厚生。故创造与服务，实人生之两面，技术必通过服务，始有真实之价值也。

二、释爱群

晚近自严又陵译斯宾塞尔《群学肄言》一书后，一时论客，若梁任公辈，皆著《说群》之文，以相桴应。域中学校书社之以"群"冠名者，不一而足。少年操觚，莫不曰"合群""爱群"矣。顾民元以后，报章杂志，忽焉不见此等文字，盖党派一词，已代之而起。知风之自，履霜之至，吾有以窥乎世变之渐矣。亚里斯多德有言："人为政治的动物。"荀卿亦曰："人生不能无群。"又曰："人有气有生有知，亦且有义，故最为天下贵也。力不若牛，走不若马，而牛马为用何也？曰人能群，彼不能群也。人何以能群？曰分。分何以能行？曰义。故义以分则和，和则一，一则多力，多力则强，强则胜物矣。"若是，则义利之辨判然，而连带责任，组织活动尚矣。红十字会工作，无分国界，无分种族，无分党派，无分宗教，一以增进人类幸福，促进世界大同为依归。则"爱群"一观念，今日实有重行提出之必要矣。

爱之之道，不外二途：一曰精神的改造，一曰物质的救济。夫精神活动之本质，为"我向非我"。吾人必须自单纯之精神自我出发，且在为无数时代所创造，并由全人类所支持之客观精神媒介中，发现其存在。任何个人，仅当其活动于全体中时，始得实在之意义；而"个人之波"，惟有荡漾在社会之无边"精神海"中，始起影响与作用也。传称"君子爱人以德"，佛家亦有"法施"之目。如何灌输世人以合理的生活态度，与广泛的兄弟爱，而唤起其人生向上之自觉，与世界无限之憧憬，实为吾人无上之使命。至物质救济，不外"平均""普及""实惠"诸原则，是在因时因地因人而制宜可耳，此不赘已。

总之，服务、爱群，一用一体。工作之际，拳拳服膺，必有事焉，几乎道矣。

历史的使命[*]
(1952 年 2 月)

　　我自从到台湾以后，因为担任社会上的实际工作，演讲的机会很少，同时我也不大喜欢演讲。我在台担任的实际工作，是农村复兴委员会（简称农复会）。农复会在台的工作对象是农村，目的是在使农村增加生产和改善农民的生活，俾使农民能达到安居乐业的境地。但是我今天不想谈农复会的实际工作情形，而是要向诸位来讲"历史的使命"。这有两个原因：第一，农复会在台工作已相当成功，并且已见诸事实，农民生活水准普遍提高，农村方面表现了一种崭新的气象。这种事实的表现，美国派来的专家也承认，他们对农复会的工作都深具信心。现在美国对东南业的农村改进，已采用农复会在台湾所推行的方法，在东南亚各国办理美援的人们，如缅甸、安南、暹罗等地都愿意派专家来台考察，以台湾推行的情形，作为他们改进农村工作计划的蓝本。至于我们的农村复兴工作，应该怎样来办，同时如何才能办得好，这就要了解以往的史实和历史发展的方向，这样才能切合农村实际需要，使农村受益。第二，世界局势瞬息万变，将来前途如何，大家都不免感到彷徨，在个人方面，也难免对出路感到烦闷。要解答这些问题，我们可否从历史上得到启示？用历史方法来考验和接受历史的教训，以为我们今日行动的借镜，是十分需要的。不过谈到历史，本人既非历史专家，况且台大有历史学系，所以我不想从历史的发展上细说。但我是很喜欢读历史的一个人，现在我准备把我个人在史实的了解上，对现代局势和将来发展的趋势，提出四点和诸位讨论。

　　一、我们要明白过去，才能认识现在。我们要知道今日局势为何演

　　* 此为作者在台大经济系的演讲，李盛先、何晃记录，载《自由中国》第六卷第三期，1952 年 2 月。

变至此，就必须知道近至几十年远至百年千年中国历史的演变，以及近百年西洋史的发展，所谓"博古通今"，就是这个意思。就台湾的史实来说，若不知台湾以往的历史，只看到眼前的山水、房屋、道路，是无法了解今日的台湾的。譬如说台湾有七百多万人口，他们怎样来台，何时来台？假如我们研究历史的话，就知道他们大部来自福建的南部和广东的东部。现在台湾人讲的台湾话，就是福建的闽南话，部分讲客家话的也就是广东嘉应五属早年来台的客家人，风俗习惯也和闽、粤并无二致。国人大量渡海来台，是在我明末郑成功抗清时代，三保太监郑和军队也曾来过台湾。再溯向前，宋朝元朝时也有人来过台湾，但他们都没有占领台湾。隋朝就已有关于琉球的记载，那时的琉球是指台湾而言（隋时称琉球为冲绳），此种见解历史家尚未一致。我们让他们继续考证罢。隋、宋、元各朝来台的人，他们未能建设台湾，是有其历史原因的。那时高山族人盘据台湾，文化未开，甚为野蛮，痛恨外来的人。相反的当时的南洋群岛却很欢迎华侨，因此国人多向南洋发展，直至明末因郑成功的关系国人才大量移居台湾。台湾虽然被日本人占领了五十年，除了城市方面有相当影响外，在乡村的影响并不大。台湾人民仍然保留着中国固有文化的传统。一个民族要在五十年同化另一个民族是不可能的，就是一百年恐怕也做不到。广东人还是广东人，福建人还是福建人，他们依旧保持着固有的语言文化。因此台湾居民的风俗习惯、文物制度仍与我们一样。农复会工作能够顺利推行亦基于此。所以我们要知道我们今天所处的社会，就应该切实了解过去的历史。这就是，观今宜鉴古，无古不成今的道理。

二、历史所指示吾人的盛衰变乱原因，是否可作为今日的教训？车有辙而后可循，道有覆辙后车当戒。历史上有价值的记载，吾人应该效法作为榜样，不对的地方我们应有所警惕，有所改进，避免历史重演的悲剧。过去中国对付外国人的办法是采同化和怀柔政策。所谓用夏变夷，夷狄而诸夏者则诸夏之，就是用中国固有文化对他们灌输，使其逐渐为汉族所同化。汉武帝出兵征匈奴，唐朝远征高丽，所谓"招亲和番"就是实行怀柔与同化政策的表现。不过近百年来用夏变夷的政策已经失效了。到清朝后半期，西洋人入侵，当时执政的人，以为仍然可用中国一贯的同化政策来同化欧人。但近百年来的教训是：我们不但没有把欧人同化，反被欧人所同化，结果成了用夷变夏，使中国的文化成为非中非西的状态。怀柔政策则坚甲利兵来了，亦无法施行。同化和怀柔政策的不能再行采用，是因为环境变了，旧政策只有捉襟见肘，这是因为我们不了解西洋历史的关系和误用历史上的榜样的结果。过去夷人文化较低，易于同化。而近代欧人文化较高，科学尤其进步，商业经济日益扩展，已经不是用同化和怀柔政策所能处理得了，因此我们不能死读历史，或者是泥古不化。现代国际间关系的密切，研究历史的人已不能把历史的范围限于本国，而是要进一步熟知各国历史，才能有益。像二次大战前，英首相张伯伦对德国实行"绥靖政策"，结果吃了大亏。因此丘吉尔执政后，就极力主战。这是因为丘氏懂得德人好战有其历史的传统，并非妥协的政策能够遏止……

三、知道过去的事实是否就可以预测将来呢？照孔孟的说法，认为知道过去的历史就能知道未来的发展。孔子说："虽百世可知也。"他认为只要知道礼的损益，就可以测知未来局势的演变。孟子也曾说过五百年必有王者兴，他的这句话也是由历史的发展推演得来的，因为夏至商为五百年，商至周历六百年。但百余年后秦始皇兴起，宰相李斯为法家，摈斥儒家思想，与讲仁义之道的儒家思想完全相反。汉高祖时，推行法治精神，儒家思想仍未被采用。这样看来知道过去的历史对未来是毫无裨益的吗？其实不然，孔孟只看到过去与当时的文物制度而不知道未来环境的改变。所以我们一面研究历史的文物制度，同时还要注意到当时环境可能发生的影响。如意大利虽欲与英德同样工业化，但因缺乏煤铁，就不能顺利完成。中国的农民有百分之七十五，而且生活都是贫苦的，他们是造成中国历史上一治一乱的重要原因。我们了解这一点，所以我们第一步必须先把农村搞好，然后才能谈到工业化，这是可以断言的。因为我们是以农立国，工业的基础建筑在农业上。现在台湾实行的各种措施，如"三七五"减租等，就是针对过去治乱的史实，推行的一种改革。

四、研究历史要注意偶然发生的事件。孔孟因没料想到战国后来商业发达，影响朝代的变迁，所以，他们的预测是错误了。斐休说："他写历史，觉得历史并无规例可循，历史为一连串的偶然之事。"这说明历史上偶然发生的事件可以改变历史的途径。如日本如不偷袭珍珠港，美国恐怕不会参加中日战争。没有原子弹的爆发，二次大战结束得恐怕也没有这样快。不过偶然的因素亦受环境的影响，如哥伦布寻求新大陆，若在航行中途失事，但在当时寻觅新航路与通商发财的心理驱使下，仍然会产生第二个哥伦布。总而言之，我们对历史应有深切的了解，但是不能墨守成规，同时还要注意现实环境可能有的变化。历史可能重演，可能不重演。历史应从大处着眼，制度、文化以及商业等偶然之事虽然能改变历史，但我们决不能就偶然之事来作定论，因偶然之事的发生，亦有其历史性的。所以我们做事应有广博的知识，接受历史的教训，这样才能有所警惕，有所作为。

文化多元论*
（1952 年 6 月 15 日）

作者滥竽黉舍垂三十年。虽大半时间用于行政，但"家近通衢，不问而多知"。朝夕与国内外学者共处，只要听他们的议论讲演，读他们的著作，耳濡目染，自然得到许多学问的要点。这许多学问的要点，并存于脑海里，使我看见文化发展的普遍性。久而久之，使我觉得文化是多元融成的。我的脑海里，不觉得有单元的文化。主张东西文化比较的人们，其基本观念，在不知不觉中承认了文化是单元的，所以才有这一个文化与那一个文化的比较。

我滥竽的学校，是一个兼容并包的学府。各种学问，听其自然竞争。除一二人外，我记不起有什么人说中西文化比较的。我们只谈某种学问有派别的不同，很少人囫囵吞枣地谈中西文化整个的异同。

张之洞"中学为体，西学为用"的主张，我们只认他是历史过程中某阶段的一个现象。在当时的环境里，想解决当时发生的思想问题。

中国史前文化，经发掘后确实有证的，是旧石器与新石器时代。这是和全世界文化发展过程相同的。其后有黑陶与彩陶之分，再后黑陶文化与彩陶文化混合。可以说就是中国文化多元的开始。

商为铜器时代，周朝则入铁器时代。据新疆突厥种人某学者对我说，铁的一个名词，在突厥语为铁木尔（元代铁木尔可汗之名，其本义即是铁）。中国译名往往取第一音，故简称为铁。铁入中国后，即以第一音名之。

这解释是很近理的。中国入铁器时代，其铁自何处来，史无记载，很可能是由西方来的。《孟子》里说："深耕易耨"。深耕是农业进步的

---

*　载《新生报》1952 年 6 月 15 日。

开始，是靠铁器的。农业进步，文化就进一步地发展。

我相信太古中国，是由游农时代，直接发展到定居的农业时代的，没有经过游牧。卡斯宾海附近的发掘，证明游农先于游牧。中国民族不饮牛奶，可以为中国文化的进程不经过游牧时代的一个证据。中国西南与北方，都是游牧民族，但中国民族之生活方式，并不受其影响。因为农业生产和生活方式与游牧生产和生活方式不同。

但游牧民族的贡献，在我们生活方式中可以凑合的，我们还是要的。中国人的裤子，是战国赵武灵王时从北方的突厥民族学来的。

"苜蓿随天马，葡萄逐汉臣"，这说明了苜蓿、葡萄，都是从西域来的。唐朝宫庭里有十种音乐，好几种是从西域输入的。

大凡汉代从外国输入的东西，往往加上一个胡字；唐代则往往加上一个番字。广东的语音近唐，故保存的名词特多，广东人在美国的都自称唐人，聚居的地方叫唐人街，称美国人为老番。番薯是在明代由广东从南洋输入的，所以称番薯。近代除广东一带的对外国称洋，如洋人洋货。近年来输入的色白味淡的薯，叫作洋番薯。因为番薯已变成甘薯的别名，已忘其为番了。实则顾名思义，洋番薯者，外国外国薯也。

同样的，我们如要解释"凡亚令"，只好说外国胡琴，乃是外国外国琴了。

有一天，我在重庆和几个朋友谈天，忽然听见外面有人拉胡琴，唱京调。我的朋友说："中国音乐是很好的，为什么要学外国音乐呢？"我说："中国音乐早关在孔庙里了，胡琴者，外国琴之谓也。"朋友说："外国音乐在中国久了，就成为中国音乐。"我说："是了，洋乐在中国久了，就会变国乐，我们何必反对呢！"

我虽然不相信美国月亮比中国的好，但我也看不出美国月亮比中国的坏。

以上说的一番话，可以辩驳说："那都是物质的。中西文化不同的地方，是在精神而不在物质。"

好了，音乐是物质的吗？云冈石刻，敦煌壁画，不是精神从物质表现的吗？那些番邦精神，我们祖宗在一千几百年前已经接受了。

物质与精神，本不能分离。月亮是物质的，但入了诗句，就是精神的了。如"月落乌啼霜满天"，如"举头望明月，低头思故乡"，如"故国不堪回首月明中"，如"月移花影上栏干"。工业革命是物质的，但后面的推动力还是靠精神。而工业革命的影响精神，比宗教和文学还厉害。现在讨论东西文化，纠缠不清，都是由于西洋工业革命以后，生产工具和制度发生绝大的变化所酿成的。

佛教是精神文明，来自天竺，盛行于唐代。当时也有学者如韩愈之流，痛骂佛家。其语气和孟子骂杨、墨两家无父无君一样。佛教因是番教，所以当骂，难道杨、墨两家也是番教吗？但是凭你怎样骂，佛教还是在流行。骂与不骂，实不在乎番不番。蜀犬吠日，其见少也。到了宋代，儒家受佛学影响，而盛倡理学。当时口虽骂佛，而心实拜佛，于是佛学与儒学混合。佛教之变为中国教，正如胡琴之变为中国乐器一样。

我有一位朋友博览佛书，口念阿弥陀佛。到印度去作亲善使者。那知到了印度以后，除寥寥几个萧寺外找不到佛教。今印度地方无佛教，和今犹太地方无耶教一样。耶教变了欧洲教，佛教变了中国及其他几个亚洲国家的教了。

辜鸿铭在北平教书的时候，有一天，对我大骂胡适之，骂他是洋迷。一个穿西装的朋友坐在旁边。辜先生就指他说：“你这位先生是中国人为什么穿外国衣服？”这位朋友起立了，指辜先生的发辫说：“先生，您中国人，为什么养满洲辫子？”辜先生答：“呃，你的祖宗蓄辫三百年，你还说是外国东西。”

以上的举例，足以说明无论物质文明与精神文明，原来虽是洋货，但在中国久了，就会成为国货。番薯和佛教，日久以后，便不知其为番了。

当然也有略识西洋文化而不谙中国历史的人，骂中国文化不值一文钱。此犹如外族武力侵入中国时，也有“汉儿学作胡儿语，争向城头骂汉人”的。

总之，中国今日的文化，来源复杂。早来者居主位，迟来者居客位。正和念佛经而骂耶教，吃番薯而骂洋糖，留辫发而骂洋服，习敦煌壁画而轻视洋画，习宋儒理学而轻视西洋哲学一样。

但是历史告诉我们，客人来了相当时期，会成为主人的。初来的时候，一定有人怀疑反映。如有犬自邻村来，村中的群犬，就会向它狂吠。中国历史如此，西洋历史也是如此。反对者只管反对，客人还是要来的。只要环境适合，还是会成主人的。罗马人屠杀耶教徒，把他们喂狮子吃。但现在的全世界公教的教皇，却坐在罗马教宫里的宝座上，君临全世界几万万的天主教徒。

历史是一贯的。旧时综合的文化，吸收新来的文化就会进一步地发展。能被吸收的，经过相当时期，就会成为固有的，不能吸收的就会被弃置或排除。若用武力或警察国家的方式想消灭现存的文化，如秦始皇的焚书坑儒，以吏为师……

本国文化与外来文化的接龙 *
（1953 年 1 月 4 日）

抗战时期作者在美国军营里，和美国士兵玩接龙之戏。共玩者三人或四人，各持牌一套。牌有一头三点，一头四点的；或一头四点，一头六点的；或一头三点，一头五点的；或一头五点，一头四点的，余类推。其牌和我国牌九相仿佛。一接一，二接二，三接三，四接四，余类推。凡持牌者，手中之牌，无点可接，则将一牌掷入枯骨堆中，先脱手者胜。余人输多少，以枯骨堆之牌数为定。

接龙之大略如此。

我国自鸦片战争，继以五口通商以来，百年之间，我国文化诸部门与西洋义化诸部门相接触，好像接龙一样，一接一，二接二，等等。无点可接者，则弃之于枯骨堆中。但是因为接不起来的点太多，枯骨堆积如山，致使人心徬徨，无所适从。

昏庸朝臣，要把输入之牌，尽弃枯骨堆中，一扫而清除之，如拥护义和团诸朝臣是也。

张之洞之"中学为体，西学为用"，欲以外国之点，接中国之点也。

光绪帝之戊戌政变，欲以中国之点，接外国之点也。

辛亥革命，推翻帝制，建立民国，并创立五权宪法。欲择中西之长，相互交接，以行政、立法、司法三权与监察、考试两权相接也。

但是点相接，合与不合，明显易见，无可怀疑。文化之某部门中西相接，则必不能如点之正确。只能择相似者相接。若形似而神实相背者，则纷乱错误就由此而发生了。"中学为体，西学为用"，保存国粹，全盘西化，种种主张，都从形似而神不相似里发生出来的。

---

* 载《新生报》1953 年 1 月 4 日。

中国固有道德之极则为忠、恕两字。中国之忠与恕和西洋之忠与恕，可以说是神似的。孔子说："言忠信，行笃敬，虽蛮貊之邦行矣。"若再加上一个恕字："己所勿欲，勿施于人"，无论到什么地方，都行之有效的。这是作者所亲身经验过的。各国的真正士君子，莫不如此的。

孔子说："知之为知之，不知为不知，是知也。"各国的真正学者莫不如此。

《论语》里说："子绝四，毋意，毋必，毋固，毋我。"《中庸》里说："博学之，审问之，慎思之，明辨之，笃行之。"各国的真正学者亦莫不如此。

假如我们不知道以上三个原则，我国与西洋道德是接不起来的。所以作者在相当范围内，对于保存国粹是赞成的，若不懂自己的道德和知识的原则，是不能懂西洋的。

孔子的"足食足兵，民信之矣"与美国共同安全总署的政策相神似。"因材施教"和孟子的性善说与近世的教育原则相神似。孟子的民为贵，天视如民视，天听如民听，与近世的民治主义原则相神似。《中庸》的"道并行而不相悖，万物并育而不相害"和宗教自由、言论自由，和学术自由相神似。管子的"衣食足而知荣辱，仓廪实而知礼节"和近世西洋社会政策相神似，都可以接龙的。

综合中国儒家与诸子百家学说，概括而言，不外两句话：（一）世道人心，（二）国计民生。两者包含的各点，中西可以接龙的地方很多。吾国自尧、舜、禹、汤、文、武、周公、孔子以及秦汉以下，数千年来之明君贤相所欲解决的，就是这两个问题。西洋自古以来所欲解决的亦是这两个问题。所以中西可以相接的地方很多。但吾国之缺憾是在有心无力，有学无术。西洋在十八世纪以前亦复如是。十八世纪以后，便有心有力，有学有术了。以中西文化而论，此中便有一大鸿沟在，所以五十年来老是接不拢来。

力从何而来呢？来自能驭天。驭天（一）由思想的组织而来，（二）由科学的发达而来。我国文化顺天的部分大，驭天的部分小。不能驭天，则人力微弱，能驭天则人力强大。

术从何而来呢？来自要驭天。天是不容易制驭的，而且是很顽固的。它定了天然律，历万古而不肯变的。此即古语所谓："天不变，道亦不变。"人想触犯天然律，就会受极大的惩罚。如不知绝缘而弄电线，顷刻之间，就处死刑。孔子说："四时行焉，百物生焉，天何言哉。"天是不说话的，而且没有成文法来告诉我们的，是要我们积累世苦功寻觅出来的。老子说："天地不仁，以万物为刍狗。"天好像和我们开玩笑，和我们玩"盲公捉哑老"。但是找出来以后，人们就可以天然律驭天。以天之道，还诸于天之身。因此，人力之大，就莫可比拟了，这就是术。物质科学与社会科学，都是在那里找天然律，不过后者没有前者的精密而有把握。

但这不是在十八世纪才发生的，其源甚远，实与周代同时。儒墨老庄在东周讲学之时，亦即西方哲人在希腊讲学之年。中国之学侧重人与人之关系，即所谓人伦之学。兼及人与物之关系，即所谓利用厚生。希腊之学，侧重心中所存的观念与观念之关系（思想的组织），即所谓论理（逻辑）之学。兼及物之内部的分了与分子的关系，即所谓自然科学。一则为思想内部的组织，一则为物体内部的组织，两者实出于一源。故论理学与自然科学合一而成为西洋学术之主源。

十八世纪以后，此种学术未应用于社会组织与物力利用，故其效不显。在十九世纪，社会科学与应用科学发展，其效乃大著。遂成为有心有力，有学有术的文化。

美国技术援助政策，可使我们有术。工业援助政策，可使我们有力。但此仅能生效于一时，不能图永久于将来。因力与术之源出于思想，取其流而不得其源，时久必涸。中山先生讲知难行易，就是这个道理。故归根究底，还要靠思想的接龙。这是最高学府——大学——的责任。

评《中国文化论集》[*]
（1953 年 5 月 1 日）

近六十年来，中国文化问题的讨论，可分为三个时期：

第一个时期以张之洞"中学为体，西学为用"为代表。这一时期的中心思想认定中国文化是天经地义的。天不变，道亦不变。但亦承认有缺点，要补充。中国文化是根本，西洋文化不过是补充。

第二个时期有两股主流。第一股是中国文化价值的重估。这意思就是说中国文化有它的价值，不过要重新估定。同时要使它现代化。自五四前后到现在，国内学者研究中国考古、历史、文学、哲学、艺术、政制、法律等种种，都是想从中国固有文化中，找出适当的价值来，以适合现代西洋文化。他们所用的方法是近代科学的方法。这个运动继续了三十多年，其结果使我们对自己的文化有了较为深刻的了解。价值重估的结果，把我们自己的文化的价值提高了不少。第二股主流是根本推翻一切旧有的思想。在行动方面，是打倒城隍庙、土地堂。在言论方面是打倒孔家店。其结果是思想上失去了全国共同的信仰，社会起了分化。国内发生了思想上的彷徨，为马克斯主义铺了道路。

《中国文化论集》各文作者，根据自己多年的研究，把中国文化价值重估的结果贡献于读者之前，使中国文化真面目映照于自由中国人民的眼前，借以恢复共同的信仰，为发扬中国文化筑成一条康庄大道。虽然其中见解，读者或不尽同意，但从中国文化中挹取精义的目的，却是共同的。这一发展，我们可以说它是第二期第一股主流的继续演进、发扬和光大，也可以说它就是第三个时期的开端。此后我们在这一方面固

---

* 载《三民主义半月刊》1953 年 5 月 1 日。

然要继续努力，另一方面，我们还应该重估西洋文化的价值。这一工作确是艰巨，但是我们必须承担的。

民族的接触与文化的交流[*]
（1953 年 11 月 3 日）

　　中华民族向来不是孤立的。先秦历史所记载的，有东夷西戎南蛮北狄（但其称谓，并不一致）。这四种民族不但环绕我们的四方，而且成群结队地杂居诸夏（华夏诸国）之间。只要一读《左传》，便知这许多夷狄常常和诸夏互相侵略。诸夏之间，自己也互相斗争。到管仲相齐国的时候，制定了"尊王室，攘夷狄"的政策。这政策就是说联合诸夏共同对付夷狄。后来孔子对于管仲的批评说："微管仲，吾其披发左衽矣。"披发左衽，是当时夷狄的服装。这就是说假如没有管仲的尊王攘夷政策，当时的诸夏，都要被夷狄征服了。

　　"尊王室"不但为统一的象征，更重要的是为尊重文化的中心。吾国传统的历史，常说尧、舜、禹、汤、文、武、周公的道统，可见文化中心常在王室。后来加上了孔子，因为他集历代文化之大成。

　　吾国各民族之混合统一，有三个因素：（一）经济的；（二）文化的；（三）武力的。这三个因素相互为用，以文化为主干，经济为基础，而以武力为保疆拓土之工具。

　　春秋时代的文化政策是："诸夏而夷狄者，则夷狄之；夷狄而诸夏者，则诸夏之。"楚是夷狄，于加入华夏文化集团后，则成华夏，杞是华夏，因用夷礼，被称为东夷。

　　中国传统的思想，大抵重文化之异（现代称文化，古代称礼教），而轻种族之分。（好多所谓夷狄，实系化外华族，并非全部都是异族。故以种族而论，自不能严格区别。）故蛮夷戎狄或被武力征服，或被文化吸收，而入华夏集团成一大华夏，故中华民族并非一个单纯的民族。

---

[*]　见《谈学问》，世界书局，1962。

但是要进一步了解中华民族与文化之形成，我们便要知道中亚西亚的两个大民族。据近代历史家的研究，一个叫作突兰民族，一个叫作伊兰民族，这两个民族是数千年来和我中华民族并存的。我国历史上常见的西戎、北狄、匈奴、回鹘、东胡、突厥、乌桓等等（近代的匈牙利、芬兰、土耳其等国家）均与突兰民族异派而同族。

大宛、大夏、月氏、安息、乌孙等等（及近代现存之伊兰）均属伊兰民族之支派。当今甘肃边境、新疆全省及西逾葱岭之地，汉代称之曰西域，分数十国，皆伊兰族也。

秦代以前，环绕我国西面与北面的戎狄，如赤狄、山戎、北戎、犬戎等等，并非各国孤立的民族，乃是突兰民族之支派。此去彼来，源远流长。犬戎毁灭了西周，周室东迁洛阳。中国遂入春秋时代。幸赖西方的秦，挡住了北面来的突兰族，华夏文化才得保存。

以经济而论，华夏文化实建筑于平原之农业经济基础上，以一城郭为行政教化及工商业与武力之中心。四周环以农田，施以灌溉，通以道路或河流。此即古之所谓国。大小虽有不同，而其典型大致如此。周之封建，即以此为根据。秦改郡县，典型大致相同。直至今日之州县，其典型犹昔。（近代县与县交界之穷乡僻壤或深山中，常有土匪出没其间，颇与当时所称之夷狄相似。云南之摆夷、罗罗，颇似早期之吴越与楚人，已半同化于华族者。）

春秋之世，称国者约有二百，国与国之间未开垦之地，为夷狄流居之所。以后各国大并小，强吞弱，至战国末期只余七国。至流居之夷狄，亦被同化于华夏社会之内。

秦起于戎狄之间，击败了戎狄而有其地。故兵强力厚，而得统一诸夏。因知戎狄之可畏，故筑长城以御之。凡长城以北当时均突兰族之据地。

突兰民族之经济基础为草原地之游牧，秦筑长城，华夏之农业帝国与突兰族之游牧帝国，此疆彼界，大致划定。而农业经济之文化，终不能同化塞外之游牧民族。用夏变夷之政策，从此无所施其技。此后吾国二千余年中边疆之扰攘、侵略之横来，实从此起。

汉初，匈奴声势已大张。白登之役，高祖仅以身免。

中国自汉武帝以前，西北方面与中国有接触者，皆突兰民族。自武帝通西域后，始与伊兰民族发生关系。西方文化因以相继输入中国。

至伊兰民族之经济基础，为沙漠沿边之青地农业，间杂游牧。其中心为城郭，与华夏之国相似。唯彼此不相接壤，不能建立农业大帝国，故不为华夏患。

以上所言，不过述其大概。年代久远，其中情形错综复杂，或因互相征伐，此兴彼灭，民族虽同，名称屡改。或因东迁西徙，族名虽同，疆域已变。或地名虽同，民族已易。在此短篇中，自不能详述。

总括言之，自中亚、西亚以东至黄海，一片大陆之内，自有史以来，即有华夏、突兰、伊兰三个主要的大民族并存。彼此或互相斗争，或互相和亲。一部分血统互相混合，一部分文化互相交流。以吾国而论，除古代的道德观念、政治制度、家庭组织（三者即广义的礼教）仍保持其基本观念外，其余如雕刻、绘画、音乐以至于日常生活所需要的，莫不受突兰与伊兰两族之影响。

中亚以南则有印度民族受伊兰文化之影响亦颇大。

自赵武灵王从突兰民族输入胡服骑射以后（单骑则前已有之，此指马上射箭），中国战术开一新时代。吾国所着用之裤和靴，实从胡服而来。但胡服骑射，非突兰民族所发明，乃是从伊兰民族学来。这两民族数千年来，彼此为邻，故伊兰文化已影响西域迤北诸地。

吾国本席地而坐，现在所用之床、桌、椅等家具，均于唐代由伊兰民族从欧洲输入吾国。耶稣教，即当时所称景教，亦于唐代自中亚输入。

农产品方面，现在我们所习知的，如苜蓿、葡萄、胡桃、石榴、胡麻、蓖麻、亚麻、黄瓜、豌豆、茉莉、水仙、凤仙、胡椒、蒿苣、无花果等等，均从伊兰民族输入。吾国之桃杏，经伊兰民族输入欧洲。欧洲之橘，亦由吾国输入。故德国人至今犹有称橘子曰中国苹果者。

自希腊亚历山大东征以后，希腊雕刻、绘画之影响于伊兰民族者颇深。由伊兰民族而传入北印度，复经佛教之传播而输入中国。

佛教首先流行于中亚，由此而传入中国。佛教入中国之初期，很多的传教士为中亚之伊兰民族，而非印度人，印度佛教徒来中国及中国僧人赴印度求学，是后来的事。至中国思想上受佛教文化之影响，为人所共知之事实。

中国文化向西输出者为制造品（唯凿井之法亦是从中国输入西域）。先期为丝绸，后来为瓷器、火艺、纸、指南针、印刷术等，均经中亚而达欧洲。西洋人因火艺之爆炸力而联想到蒸汽的膨胀力。蒸汽机之发明实基于此。

中国由陶器而进至瓷器，可能受西洋玻璃之影响而发明。玻璃也是从中亚输入中国的。

在中亚的匈奴，因受汉代武力之压迫，向西侵略。把东欧的德意志野蛮民族大队地迫向罗马去，因此罗马帝国为德意志民族所毁灭。又因中国丝绸之畅销罗马，使罗马生活日趋奢侈，致每年出超甚巨，为酿成通货膨胀原因之一。

史称罗马之灭亡，通货膨胀为其主因。后来蒙古帝国之覆灭，亦因从中国学了纸币政策，滥发纸币，造成通货膨胀。

罗马亡后，经历史之演变，而成东西两罗马帝国。希腊罗马之学者大量逃往东罗马首都，君士坦丁遂成欧洲学术中心，而欧洲从此入黑暗之中古时代，为期约近千年。

在此漫漫长夜之中，中亚之伊兰种族日就衰弱，突兰种族则称雄全境。其在东境者，先后侵入中华而造成六朝五代时胡人之侵占中国之半壁山河（辽、金、元、清均为突兰族之支派）。若中国无扬子江以南之退守地，即有之而若无春秋时代之楚吴越三国在南方吸收并广播中华文化及六朝时代中原文化之南移，则我中华文化恐将不绝如缕。可见春秋时代之"用夏变夷"与"尊王攘夷"两大政策实奠定了数千年来中华立国之基础。后来此项思想与中国文化传入日本。近百年来，日本一面保存固有文化，一面吸收西洋文化，又同时发起了一个"尊王攘夷"的大运动。由极度的爱国心（民族主义的精神）而建设了一个东亚莫强的新帝国。若日本军阀不是眼短臂长去偷袭珍珠港，那么今日的世界当为另一个局势。

在欧洲方面，于十五世纪中叶（明景泰年间）另一支的突兰种族（即现在之土耳其）又西进而占据了君士坦丁，东罗马的学者，又逃回罗马帝国故乡。把西欧已失的希腊罗马学术带回了原地，于意大利半岛正在发展的文艺复兴运动很有帮助。

这一支突兰种族建设了一个突厥（土耳其）帝国，在亚欧两洲的边缘，堵绝了欧洲通印度与中国商业孔道。

陆路通商既被梗阻，于是不得不另觅海道以通东亚。当时见解，以为如向西直航，或可达到中国海岸。哥伦布所携之介绍书系致中国大可汗者，彼之寻获美洲为一意外之事。

十五世纪之末（明弘治年间），葡人绕道非洲好望角而东达印度。海路通商东亚从此开始。此后欧化东渐，可不经中亚而直接达到印度与中国了。

一世纪后，英国所倡立之东印度公司成立（一六〇〇年，明万历廿八年），欧洲帝国主义侵入东亚从此开始。此后印度鸦片倾销中国，酿成十九世纪中叶之中英鸦片战争（一八三九年清道光十九年）。割香港，随之而五口通商。数千年来之中国外患由西北陆路而来，至十九世纪改由东南海道而来了。（俄国因地理关系，其侵略我国，仍由北面之陆路。）

在此时期中国之反应，和赵武灵王改车战为胡服骑射一样，把骑射改为火炮洋枪。但军制虽改，仍无力抵御侵略。

于是改革政治制度、教育制度，发展工商业。先秦之用夏变夷政策，自汉代起已变为用夷强夏政策，至今继续而未替。

张之洞之"中学为体，西学为用"，就是说以夏为体，以夷为用。又可以说以夷之所长，补之夏不足。还有主张"全盘欧化"的人，犹如说彻底夷化，这是做不到的。

用夏变夷，自汉代起，对塞外之游牧民族，已告失效，即在战国时赵武灵王于战术方面已开用夷强夏之端，汉武帝通西域以后，夷狄文化经二千余年之长期不断地输入中华，而今已成中外文化混合而成的中华文化。此足以证明中国文化有浓厚的吸收性与适应性。

本文主要参考书：

（一）钱穆《国史大纲》（商务）

（二）方豪《中西交通史》（中华文化事业出版委员会）

（三）W. M. McGovern，The Early Empires of Central Asia，University of N. Carolina Press，1939

（四）赵译拉铁摩尔《中国的边疆》（正中）

（五）向著《中外交通小史》（商务）

宗教与道德[*]
（1953 年 11 月 14 日）

> 天生烝民，有物有则，民之秉彝，好是懿德。——《诗经》
> 太初有道，道与上帝共，并即是上帝。——《约翰福音》

吾国自周代起，神权观念已非思想中心。《礼·表记》说："夏道尊命，事鬼神而远之。……殷人尊神，率民以事神。……周人尊礼尚施，事鬼神而远之。"此虽系后世的记载，但于吾国上古神道观念的演变，可由此略知其梗概。

孔子集尧、舜、禹、汤、文、武、周公道德观念之大成，法天道以立人道，所以孔子说："巍巍乎唯天为大，唯尧则之。"又说："天何言哉，四时行焉，百物生焉，天何言哉。"

孟子说得更明白："天之高也，星辰之远也，苟求其故，千岁之日至（冬至与夏至皆称日至）可坐而致也。"此以日月星辰之运行，循不变之法则，以喻天道之可测而知。又谓："诚者天之道也，思诚者人之道也。"诚是指天道有不变之通则，明此不变之通则，而应用于人，谓之德（人道）。所以他引《诗经》说："天生烝民，有物有则，民之秉彝，好是懿德。"孔子以作此诗者为知道。孟子解释："有物有则"谓"有物必有则"。以明人道亦有不变之通则。故以恻隐、羞恶、辞让、是非四心为人人所具有之通则，仁、义、礼、智四德即各由此四心而生。故此四德，非由外铄，而实为我心所固有，亦即天道之所赋予者。性善之说，即本于此。

孔子说："吾道一以贯之。"《论语》曾有两次记载一贯之说。曾子

---

* 见《谈学问》，世界书局，1962。

解释忠恕，以忠恕为人道之通则。孔子对子贡解释谓他的学是一贯的。一切的学，都要循一个通则。因为孔子不多谈天道，所以天道与人道的关系没有像孟子的说得明白。

《中庸》有几句话说明孔子学术思想的渊源：

> 仲尼祖述尧舜，宪章文武，上律天时，下袭水土，譬如天地之无不持载，无不覆帱。譬如四时之错行，如日月之代明。万物并育而不相害，道并行而不相悖。小德川流，大德敦化，此天地之所以为大也。

大抵先秦文字，以近世眼光看来，如隔帘观物，多少有点含糊的地方。但在这几句话里，儒家的道德观念，本于历史的经验与天道两者，则甚明白。

但孔子亦不否认神之存在。如"祭如在，祭神如神在"。如"敬鬼神而远之"。对于生死人鬼的关系，孔子说："未能事人，焉能事鬼。……未知生，焉知死。"又说："朝闻道，夕死可矣。"

从这几句简单的话里看，孔子对于鬼神及生死之态度已很明白了。

儒家对于神，只承认其为天道的一部分，并非天道之主宰。祭神祀鬼，不过尽人道而已，所谓"慎终追远"是也。

道家对于天道之应用于人生的见解虽与儒家不同，其法天道而立人道之观念则同。老子释道谓："有物混成，先天地生，寂矣寥矣，独立不改，周行而不殆，可以为天下母"。应用于人道，则"生而不有，为而不恃，功成而弗居"。生之为之，皆循道而行，人有何功可居。儒道两家为我国思想之主干。故我们可以说吾国道德之出发点为天道而非神权。

墨家之言"天志"亦非指上帝的意旨。其言"兼爱"谓"文王之兼爱天下之博大也，譬之日月兼照天下之无有私也"。此亦法天道而明人道也。其言"明鬼"，不过明传统之鬼神观念，而并无创见。

于此可见我国之天道与人道之关系，与基督教之神道与人道之关系有根本不同之点存。此所以基督教以独一无二之真神为道德之制定者，以及三位一体之训条，耶稣之爱上帝高于一切的诰语，不能为中国思想界所接受，而言出病除的奇迹，尤不能为学者所相信。景教于唐代流入中国，曾盛行一时，天主教于明代传入中国，势倾朝廷，而终不能在中国思想界生根者，其理由在此。

佛教以心的觉悟来识宇宙与人生的究竟，是以心为真理的主宰。与吾国之讲天以明人道之观念容易沟通。故能于吾国思想界生大影响，而产生宋儒之理学。儒家之入世观念与佛家之出世观念虽始终不能融和，但能各行其道，彼此互不侵犯。

前面已说过，我国悠远的历史是"敬鬼神而远之"的。因此鬼神在天人关系的思想系统里只占很不重要的地位。于是在无意中听各式各样的鬼神自由存在。积之既久，到了后代，从主死的阎王爷到主生的送子娘娘，从城里的城隍庙到乡下的土地堂，其间不知有多少菩萨。

"子不语怪力乱神"，但怪与神不断在民间生长出来。

佛教的教义，本来不注意神道的。但代代相传，夹带了许多婆罗门教中的鬼神。它们输入中国以后，和中国固有的各种稀奇古怪的鬼神结成联合成了闹。线阵神即菩萨，菩萨即神，交互通称的怪现象。实则菩萨为梵文菩提萨埵的简称，译言大智慧者。

在通俗的观念里，佛称菩萨，城隍爷称城隍菩萨，土地公称土地菩萨。

在学术界里，佛学与儒家、道家之宇宙与人生观联合而起融化作用。在通俗里，佛学夹带来的印度鬼神与中国鬼神联合起来成了一团糟的多神教。

尽管学术界里相信古之立德、立言、立功的三不朽。绝大多数的民众相信神或菩萨可以保护他们。只要做点好事，下世投胎，可以希望投到景况较好的家庭去。

大多数民众不想死后上天堂，只想来世生活比今世舒服一些。中国人多数抱现世观，不想在这个世界以外别求世界。故耶稣所谓天国，中国人是不注意的。

耶稣的［是］独一无二的上帝，中国人本来也可以和他神同时崇拜的，至上帝是否为天地之创造者与道德的制定者尽可不管，但是《旧约》里说"我是一个妒忌的上帝"，拜了他便不许拜其他的偶像。中国大多数的民众就会说，信者有，不信者无。你拜你的神，我拜我的神。万物并育而不相害，道并行而不相悖，神与神何必打架呢？

因相信道并行而不相悖，故宗教自由为中国人民全体所共信，所以中国自古无宗教战争。

诸宗教互相容忍是中国的美德。故景教、火祆（从示，从天）教、摩尼教、犹太教、天主回教和近世的耶稣新教，虽不能影响与中国之天道思想，但能之相安并存。但是民众崇拜各式各样的多神，是一个社会问题。

天道既为万物之主宰，故视鬼神亦为天道中所包含。因此鬼神虽非道德之制定者，自不能不为道德之拥护者。墨家之明鬼，墨家之敬神，以其有益于世道人心，俗语所谓劝人为善是也。

当然，只要教育普及，科学思想发达，各式各样的多神，在人民脑海里自然会逐渐消灭。打城隍庙，毁土地堂，不但不能达到目的，而且以社会的眼光看来，是无益而有害的。因为你能打破庙里的偶像，却不能消灭心里的偶像，西洋近世对传统的宗教观念，正因科学及其他种种学术之发达而趋向撷精义而去传说。吾国之多神，亦因教育之发展而退缩。

战后作者赴英参加国际学术会议，有一位英国学者告诉我，他在幼年时代看见一个气球将要上升，他要爬上去，想逃避地狱，因为他在教堂里听到可怕的地狱，他吓坏了。我问他现在还相信天堂地狱否，他说不。何以故？他回答说，牛津大学的教育。

我问他现在的信仰是怎样，他说，他相信上帝并相信爱邻如己的高尚道德。其余《圣经》里的话，能信则信之，不能则作为古代的一种传说看。

基督教本出于犹太教。犹太民族在耶稣降生以前，数千年来信奉一神，并信犹太民族为上帝特别眷顾之民族，耶稣将此一神主义扩充至全人类。一个上帝是全世界人民共同的主宰。上帝不只爱犹太人，而且爱全人类。凡人都要爱上帝高于一切，并爱邻人如自己一样。以上耶稣之两条诫，加上《旧约》里摩西的十条诫，为基督教道德之基础。后来成为西洋道德观念之出发点。

希腊亦和中国一样，是相信多神的。但希腊人同时也相信神的奇迹，与耶稣所宣示的奇迹容易凑合。此于接受他所宣传的一神主义有相当的帮助。

罗马人也相信多神的。他们抵抗耶稣教相当猛烈。据说当保罗、彼得两信徒在罗马传教的时候，刚碰到那一次罗马几全被毁灭的大火。罗马皇尼罗说是基督徒放的火。于是大捕基督徒，把他们喂狮子吃。此是耶稣降生后六十五年的事。

此后二三百年间，基督教徒常受迫害之苦。但迫害愈甚，信徒之增加亦愈多。至四世纪初，残酷的迫害方由罗马皇下令禁止。五世纪以降，罗马诸皇便都为基督教徒了。此后经数百年长期的在经院里和中古世纪大学里，把基督教理与希腊哲学凑合调合，遂与希腊罗马文化结不解缘，西洋文化遂成为基督教文化。我们现在要特别注意和研究基督教的原因就在此。

中国之讲天道，与近世科学之讲天然律颇有相似之处。大自然循道而行，亦即循天然律而行。基督教则主张大自然之运行是本着上帝意旨（神律）的。天地万物为上帝所造，道德为上帝所制定。

古希腊有罗格斯（Logos）一字，包含中国之道、言、名三义，为希腊哲学科学之基础，而中国则以此为道德之基础。《新约·约翰福音》第一章便把罗格斯一字引用。英译为言。英译的这一章里说："太初有言，言与上帝共。言即是上帝，他于太初即与上帝共，万物经他而造成，设没有他，所有万物，就造不出来。"

如以"罗格斯"包含道、言、名三义为不谬，又根据《约翰福音》"罗格斯"与上帝共，并即是上帝。则中国之道可与耶稣的上帝共，亦即是上帝。道由言与名而达，即吾国之所谓文以载道，是则名与言亦与上帝共，并即是上帝。如此解释在宗教家则视道为上帝所吸收。在中国思想界则视上帝为道所吸收。

总之，一神教之经验，在犹太人已数千年。在欧洲人已将近二千年，在回教人亦千一数百年。（回教与基督教皆出于犹太教，均为一神教。故两者之教义甚多相似处。）道之经验在中国已二四千多年。信仰本由经验而来，一民族之信仰，不能于一时改变。

至个人之信仰，则可各从其所好，其目的在得到安慰与希望。此即所谓信教自由。吾国不期然而然者已经长久了。西洋经长期宗教战争之苦，自十八世纪以后，政教分离，信仰自由始成为国家的宪章。

最后，我们要知道，求个人精神的不朽，要从牺牲自己服务人群那条路上走。如不能牺牲自己为人群奋斗，像孔子的"学不厌，诲人不倦"的精神，耶稣的舍身救世精神，无论你相信那一种宗教，讲那一种道，都像骆驼想穿过针眼一样，永远进不了不朽之门的。

法律与人权[*]
（1953 年 11 月 17 日）

民为贵，社稷次之，君为轻。——《孟子》

中华民国人民……在法律上一律平等。——《宪法》第七条

人民有言论……信仰宗教……集会结社……之自由。——《宪法》第十一至第十四条

在前篇讨论宗教与道德问题时，曾指出吾国之道德观念出于天道，基督教之道德观念则根据神权。

我们现在讨论法律与人权问题仍旧要从道开始。

礼与法本同源于道，到先秦时期，始分为礼治与法治两派。

儒家讲礼治，以"天生烝民，有物有则"，庶民则秉天赋而具美德。故曰："民之秉彝，好是懿德。"所以孔子说："为政以德，譬如北辰，居其所而众星拱之。"孟子说："民为贵，社稷次之，君为轻。"儒家以民为本，故主德政而重礼教。

法家讲法治，以"道者万物之始，是非之纪，明君守始以知万物之源，守纪以知善败之端"（《韩非子·主道》篇）。纪就是则，其意亦即有物必有则。本此则而立法，由法以取善去败。

儒家由道而立德，由德而制礼，由礼而施政。法家由道而取纪，由纪而立法，由法而治国。法家由法以求社会之安定，而不顾个人在社会之地位。这是承认法律是外铄的，是由外来的威权而强制的。这是欧洲中古时代的法律观念。[1]儒家由德而达社会之安定，而尊个人之德性。这是说个人具有道德的价值，在社会上有道德的地位。《中庸》说，尊

---

* 见《谈学问》，世界书局，1962。

德性而道问学。宋儒陆象山讲学，常说要做堂堂的一个人，就是从尊德性而来的。承认尊个人之德性，即尊重个人有道德的价值。这与欧洲十八、十九两世纪之法理哲学与政治哲学相合。[2]

法家主性恶，以善者伪也（人为）。儒家主性善，以恶者习也（性相近，习相远）。故儒家以礼教养其善，法家以法纪禁其恶。

礼治之要点，在以内在德性为基础，养成良好的习俗，而不在以外在的威权，强制以规律。以移风易俗，莫大于乐，故礼乐并称。以辞让之心为礼之端，故不以法律保障物权。以仁义定人与人之关系，故不以法律保障人权。

法治在我国大抵属刑法。自战国时李悝制《法经》六篇，刑法始有成文。迨萧何《九章律》包括户婚之事，实质民法始见于法典。历代以降，次第演变。户婚、田土、钱债各门，自隋唐以后，规定渐详。但仍民刑不分，故无形式的民法可言。[3]唐代制律，礼教观念，伦常制度，参入唐律。刑法遂亦为礼教伦常之维护者。[4]盖自汉武帝表章六经以来，儒家思想已成吾国治国之基本原则，法律自不能不受其影响。

刑法虽因维持社会安全需要而存在，并能补礼治之不足，但整个社会仍为礼治所笼罩。一般人民亦多以"打官司"为必不得已之举，士大夫尤以涉讼为可耻。"莫打官司"之石碑，在大陆内地至今犹能见之于通衢。吾家宗祠，对族人有涉讼之禁，必须先经族中调解无效，方得诉诸官厅。是乃孔子"听讼吾犹人也，必也使无讼乎"之遗意。

故根据西洋法理所订之新民法，人民对之漠不关心，且不免仍抱往日"银子多，官司赢"之惧。能免对簿公庭，终以免去为是。而通商口岸或商业发达之大城市，关系个人之财产与权利较巨，其情形自不相同。

至对于新订之刑法，人民之态度与对旧刑法同，你犯了法，就会捉将官里去。罚款、徒刑或死刑，按犯罪轻重而定。人民对此已有二千多年之习惯，故视若固然。至刑罚较往日或轻或重，则非一般人民所注意，你犯了罪，你就倒霉。自作自受，不过不要冤枉罢了。

法律之基本原则和天道一样，有普遍性，即是说有一贯的通则，也可以说有通理（宋儒说宇宙万物只有一个理）。法律讲人与人的关系，虽有通理性，但同时还有历史性，并地方性与时间性。后者三种特殊性，即所谓经验。从现今社会学者的眼光来看法律，经验是由通理而发展，通理是由经验而证明的。[5]

俗语说"王亲犯法，庶民同罪"，是说法律的普遍性。这普遍性是我国法家从古就知道而应用的。韩非子以道为是非之纪，即指此。非待罗马法之输入而始知之。因为法律没有普遍性便不称其为法律。有普遍性之通理而不适合于历史性、地方性或时间性，这种法律就难实施。

罗马法的普遍性起源于希腊哲学。古希腊哲学家鉴于希腊市国内部有少数统治者与平民之争，市国与市国之间也争斗不已。想有一个普遍性之通则，以为共同遵守的是非标准。

罗马的旧法律本限于罗马市民及与罗马有条约关系的其他市民。其后希腊商人来罗马及罗马人与他国商人接触，需要一种宽大的法律来处理外国人。罗马法律家受希腊哲学者之影响，所以后来罗马共和国法律中采取了普遍性的通理而成为"万民法"。[6]

这是罗马法具有普遍性的起源。

吾国当春秋之世，诸夏与夷狄共处，互相征伐，想以文化来统一。诸夏之间，大致已有普遍性之礼教。故采"夷狄而行诸夏礼者则诸夏之"之政策。行之数百年，终于为秦奠定了大一统帝国的基础。此后虽一时以法治天下，但不久仍恢复礼治。故礼者，在原则上实君国之"万民法"也。但中国之礼治，行之垂二千年。到五口通商时，碰到了法治的外国人。礼治对那些外国人就行不通。治外法权之设，这是一个主要原因。此后吾国法律之改订，好像罗马人碰到希腊人一样是受外来的影响的。

罗马法之原理与吾国以礼治天下之根本思想，本有一贯的道理存乎其间，故改革不甚困难。宋儒说"东海西海，此心此理"，这句话是不错的。

以近年来吾国根据西洋法理，斟酌国情所订之民刑两法而论，刑法较旧刑律大为进步。民法虽系新创，但并无重大的扦格难行之处。两法与礼教亦均无刺谬，且可以说是礼教的成文化。经若干年施行结果，已知足以保障社会之安定，个人生命财产之安全。其相反之因素，不在法律本身，而在社会动荡时期，有各种特殊势力作祟。且法律本身可随时代而改进，即有缺点，经若干时期后，以经验所得，并本于理性而加以修改，则自可渐趋完善。

现行之民刑两法，自施行以来，已著相当成效。此后问题在于教育。古之礼教，礼与教并称而成一专名，其中确有深意。因礼而无教，则礼治失其效。在前清时期，以作者所经验，在省城则有木铎老人，擎木铎，走街坊。口念："奉宪传谕：孝顺父母，友爱兄弟，敬重长者，和睦邻里。"剥、剥、剥……乡间则有讲乡约的巡行村落，讲孝悌忠信的故事。儿童环聚听讲，津津有味。还有戏场、祖庙、宗祠都据礼说教，劝人为善。"忠孝传家久，诗书继泽长"的联语是好多家庭里采用的。至于在家塾里，讲仁说义，更不必提了。

入民国以后，此种普遍有效的社会教育，因鼎革而废弃，礼无教，礼遂失效。法无教，怎能使人民知其意而自动守法呢？

现在大学法学院之注重点在养成法律家，这是不够的。我们如要法律与时代并进，应兼养成法学家。法学家之学问，应有广阔之基础，对中西历史、哲学、社会学及普通科学等，都应该有相当的素养。

自前清变法以来，遭遇困难最大的是宪法问题。因其中主要者为政治问题，故不易解决。在前清则有君权与民权之争，君主立宪与民主立宪之争。在国则有政府与议会权限之争，中央集权与地方分权之争，府权与院权之争。兵联祸结，连年不休。王宠惠氏在《民国临时法约》引言中有"宪法者，不祥之物也"之语，真是不祥啊。

宪法这个观念和罗马"万民法"的基础观念一样，是导源于古希腊的。亚利士多德分法律为两种。一为规定国家机关的组织及其权限，二为根据前项法律而规定各机关施行前项法律的手续。前者可视为宪法，后者则为普通法律。但古希腊宪法和现代英国一样是不成文的。[7]

吾国亦有相似的宪法观念，即所谓祖宗成法。这祖宗所立的法，继承的子孙帝王是不敢违犯的。当宋朝王安石变法的时候，反对新法的人们，以祖宗成法、天变、人言三者为口实。王安石曾作惊人之语称："祖宗不足法，天变不足畏，人言不足惜。"举国哗然。又如由历代演变至明的六部九卿、中书行省等制度（清朝因之）亦具有宪法的意义。这种制度经取舍以后，已分别纳入中华民国宪法之内而成文化了。考试院出于礼部，监察院出于都察院与御史台，司法院出于大理寺与刑部，都与旧制度有渊源。国父五权宪法，即采取中国之古法而容纳于现代之新法而成的。

故现今所施行的宪法，只要政府与人民共同信守，没有不可以治国的道理。治外法权既去，只要防止法外治权发生就好了。

[注释]

[1] Roscoe Pound：Toward A New Jus Gentium，Ideological Differences &

World Order，F. S. C. Northrop，pp. 5－6.

〔2〕Ibid. p. 8.

〔3〕蔡著《民法总则》（大东）；胡著《中国刑法总论》（大东）。

〔4〕徐道邻《中国法律制度》（《中国文化论集》）中国新闻出版公司。

〔5〕Roscoe Pound：Toward A New Jus Gentium，Ideological Differences ＆ World Order，F. S. C. Northrop，p. 2.

〔6〕Ibid，p. 3.

〔7〕萨孟武《宪法提要》（大东），九页。

思想与科学[*]
（1953 年 11 月 24 日）

> 知是行的主意，行是知的功夫。——王阳明
>
> 经验由通理而发展，通理由经验而证明。——经验派哲学

　　像前面《宗教与道德》《法律与人权》两篇一样，这一篇的出发点也是一个道字。这道字包括天道与人道，人道由天道而来，天道之内存于人的叫德，这已在前两篇里面说过了。

　　天道是有物有则的，这物字，照中国思想习惯看来，包括两义：一是物的本身，二是物的作用（动作与应用）。前者称物，后者称事，我们在习惯里，物与事常并称，叫作事物。

　　但习惯里我们称物的时候，好多地方是指事，吾国知识的起源，是从"物"而得"知"，即所谓"格物致知"，从《中庸》里的格物致知、诚意正心修身一套看来，这物自然指事。但既然称物，就自然而然会想到物的本身，如朱子讲格物致知，他看见山上的蚌壳，他说这些山以前必定是海，又群山起伏如浪，他说以前这许多山恐怕是流动的，后来才凝结起来的，他说海底为什么会变成山，流动的为什么凝结起来，其中必有道理。什么道理呢？他就停止推考了。

　　王阳明讲格物致知，看见庭前漪漪的绿竹，想竹中必有道理，他沉思了七天，想不出道理来，他病了，叹口气道，这"理"在我心里罢。这是从物又回到心去了。

　　从这里我们可以知道，中国学者对于物的本身内隐存的理，也有相当的兴趣，不过为道德的宇宙观所掩，不能继续向物理方向发展，让我

---

[*] 见《谈学问》，世界书局，1962。

们在下面再说吧。

我国之言德，是指天赋内存于心的本性，发于行为则称品行，近来术语，则称道德，意即指德循道而见于行为者。理之现于事物者则称道理，意即指事物循道而内存的条理。天、天道、天理、道、理、道理这许多名辞，有时同名而异义，有时同义而异名。究其极，都是相通的，天是一切道理的根源，道与理是天所示的通则，德是道之在心者。以近世语来说，天是大自然，道与理为大自然之通则，在物为天然律，物理学之名，即本此。在人为伦理，伦理学之名本于此。在思想为论理，音译为逻辑，出于希腊语而英译，道是理之根源，理是道的法则，道的包含较为广而较含混。（老子之道，"先天地生"，则道包含天，其义更广。）理的范围较道为狭，而较着实。

希腊人之讲"罗格斯"，以最广义的说，与老氏之道相仿佛，是混然先天而生的，所以《约翰福音》把道视为上帝，我们在前两篇里已说过了。以狭义来说，是充满宇宙的理，英译为"言"，这"言"字是用大体字写的，表示有特殊的意义。

这"言"是包括"理"的，就是说，宇宙万物都有条理，也就是"有物必有则"。

希腊哲学的根本思想，要从万事万物找出一个普遍的条理来，我们可叫它为通理，既称曰理，本来一定是要通的（一贯的），我们称通理，使更明白一点罢了。

古希腊哲人苏格拉底用辩证法，以通理为根据，反复辩驳，使得到一个合理的结论，我们读柏拉图所载苏氏辩论，觉得字义明白，点滴不肯放松，析理精透，丝毫不容含糊。几十年前，欧美学人都要读希腊文。行之数百年，养成了欧美人士思想精密的习惯。这是我国人应该注意的。

后来古希腊哲人亚利士多德更进一步，要从思想里找出通理（即条理通律）来，就是我们现在所知道的亚利士多德"逻辑"。我国儒家在先秦时代，已注重"思"。孔子说："学而不思则罔。"《中庸》里说："审问之，慎思之，明辨之。"《大学》里说："安而后能虑，虑而后能得。"都很注重"思"，但向不从思想本身去找条理。

虽然西洋逻辑的发展，后来因为过重思想的条理，有时与事实和人生脱离，但有条理的思想之养成，逻辑是有帮助的。

古希腊的宇宙观有两个，一个是理性的，我们前已说过，还有一个是官觉的，这官觉的宇宙，就是目之所能视，指之所能触，或耳之所能闻的宇宙万物。希腊哲学家，把通理应用于这官觉的宇宙上，亚利士多德即其代表。

亚利士多德和好多古希腊学人一样，对于物质世界很有兴趣，植物、动物、机械都在他研究中，他有三种著作讲动物学，为系统的动物研究之创始者，他研究地中海的鱼，作鱼的解剖与分类。他的物理学讲物体之运行，空间之意义，物体之性质，生物之蜕变。

他的工作，是把通理应用于物质，并从物质中抽出通则来。这抽出来的通则在逻辑里为抽象（Abstraction，即抽出来的意义），把抽象的观念普遍应用于其他相似的现象，在逻辑里称概括（Genralisation，即普遍应用的意义）。抽象与概括两个观念及名称为古希腊之贡献，加上近代科学所用的试验，三者相联而成近世科学方法。此外另一个因素是数学，在古希腊亦有基础，尤克列之几何学即其例。

"抽象"与"概括"两个逻辑中的方法，吾国虽无此称谓，但其应用是知道的，如孟子从人人所具有的恻隐之心抽出"仁"来，从人人所具有的羞恶之心抽出"义"来，仁义是抽象的名词。概括起来，凡人都应该行仁义，孔子的门人们问仁孝，他答复的话，各个不同，就是以仁孝两个概念概括各种不同的仁孝行为。

唯对于物质，我们与希腊就不同了。吾国重人道而不重物理，格物之主旨在格事，知天道，所以为人道，非为物理，吾国的宇宙观，是道德的宇宙观，不注意物质的宇宙。是以中国能产生孔孟而不能产生亚利士多德。

吾国之思想任自然之逻辑而不讲逻辑学，知应用抽象与概括于人道，而不知应用于物理，故不能于多种精妙的制造及发明中抽出通则来，致使它们各个经验独立而不相通，例如火药之发明，至火药本身而止。不知从火药中抽出膨胀力之观念而通用于蒸汽。

这种事实，凡学哲学与自然科学的人们都能了解。故在我国，科学的发达不过是一个努力与时间问题。至于我国，本来有没有科学不是一个重要问题。佛学不是从印度来的吗？吾国的绘画、雕刻不是受希腊影响的吗？好多种音乐不是从西域来的吗？

我国文化本来是固有与外来两者融合而成的。这种伟大的吸收性，是中国文化具有永久活力的表现，如健康的人一样，胃口强而消化力大。这是我们足以自豪的。

现在我们利用外国的应用科学来增加农工业的生产，已有相当经验和效果。利用社会科学来推行各种的统计和经济与社会的调查，及考古历史语言的科学化，亦有相当经验与成绩。自然科学与数学，在大学里及各种科学学会里已研究好多年了，亦有相当成绩，而考古与地质两门尤有特殊贡献。自然、应用及社会科学，将来都会变成中国学问，像佛学、音乐、雕刻、椅子、胡琴、番薯、葡萄、苜蓿等一样，那里还会觉得是从外国输入的呢？

但科学愈发达，则生产愈增加，发明与制造亦愈多，而影响思想与社会者亦愈大。于是我们不可不注意思想问题了。

我们谈思想问题，就会谈到逻辑，盖逻辑之于思想，犹文法之于文字。

据美国经验派哲学家（杜威博士即其代表）的意见，西洋的逻辑，经德国的康德而发展至绝对观念，通理用于人生有绝对性。换一句话说，就是真理是绝对的。至黑智儿则以逻辑为唯心的辩证法，合于辩证法则的就是真理（按马克斯的历史的唯物辩证法就出于黑智儿的唯心辩证法，不过以唯物代唯心罢了）。

经验派的哲学认真理是相对的，要从经验来证明其真伪。在未得经验证明以前，原理不过是一种假设，由经验证实后方成通律。[1]

经验哲学派的以上论点，是依据自然科学的方法而成立的，所谓物的通理也不过是一种"假设"，要从经验来证实，康德的绝对论与黑智儿的辩证法，是自师其智，与人生经验脱离。杜威引培根的话说："这种自师其智的唯心哲学，它的逻辑，好像蜘蛛从自己肚里抽丝出来结成一个蛛网一样，不过是个陷阱。"

杜威又说："百余年来，欧洲哲学的纠纷，是以这种逻辑所产生的知识论为中心。"

中国儒家，对于知识，是主张内外一贯的。如《中庸》所说的"博学之，慎思之，明辨之，笃行之"，不但是指内外一贯，并且指示知与行是一贯的。

《大学》里的格物、致知、诚意、正心、修身、齐家、治国、平天下，也是指内外一贯，知行一贯。

孔子说："学而不思则罔，思而不学则殆。"也是指内外一贯的。

所以儒家的逻辑，近乎经验派的逻辑，与唯心派的逻辑则距离甚远。

《论语》里说："子绝四，毋意，毋必，毋固，毋我。"这可以表明孔子不相信有"绝对"的理。理须与经验沟通，方成真理。

所以经验派的哲学与逻辑，和我国学者的胃口是很适合的，儒家与经验派的哲学一样，既不相信真理本身有绝对性，亦不相信思想可与经验脱离。

我们上面已说过，逻辑之于思想，犹文法之于文字。文法是从文字里抽出来的通则，文字产生文法，文法不能产生文字。逻辑是从思想里抽出来的通则，思想产生逻辑，逻辑不能产生思想。不能作文的人读文法是无用的，不过文法可以帮助作文，逻辑可以帮助思想，古希腊人之思想精密，当另有原因在，逻辑不过从希腊思想抽出来的通律，但既抽出来以后，这通则于思想有帮助的。

古希腊精密的思想，现在已包含在欧洲几个进步国家的文字里，只要精通一个欧洲进步国家的文字，思想就会渐趋精密，若要知道经验派哲学的逻辑，可读杜威的《我们怎样想》（*How We Think*）一书好了。

[注释]

[1] John Dewey：Reconstruction in Philosophy.

孔子学说与中国文化[*]
（1957 年 9 月 28 日）

　　孔子集中国上古学问之大成，奠定了孔子以后两千四百年中国学术的方向。今日为孔子诞辰纪念日，饮水思源，让我们来报告孔子学说的要点，并中国文化的特性。

　　孔子说他自己是"述而不作"，"信而好古"。这是说他把中国上古所传下来的文化，用"信以传信，疑以传疑"的考证方法，脚踏实地，整理了一番，把其中的要点抽了出来，并以"有教无类"的精神，不分个人身份，社会阶级，传授给青年学子。史载贤人七十，弟子三千，就是指示孔子门下学生的盛况。

　　他"学不厌，诲人不倦"。他曾经对子路说自己好学的精神，"其为人也，发愤忘食，乐以忘忧，不知老之将至云尔"。这种学不厌，教不倦，愤忘食，乐忘忧的精神，鼓励了数千年来吾国人求学的兴趣。

　　孔子何以集吾国学术之大成呢？

　　《中庸》三十章记载得很明白："仲尼祖述尧舜，宪章文武，上律天时，下袭水土。〈辟〉如天地之无不持载，无不覆帱，辟如四时之错行，如日月之代明，万物并育而不相害，道并行而不相悖，小德川流，大德敦化。此天之所以为大也。"这短短一章《中庸》，把孔子学问的来源，及其用功之勤，包容之广，描写得像生龙活虎一样。祖述尧舜和宪章文武，上律天时和下袭水土，要用多少功夫？并育不害，并行不悖，川流敦化，包容多少广大？

　　现在我们试把孔子学说的主要点提出来讨论一下，以后再把世界几个思想的系统提出来比较一下，敬请指教。

---

　　* 此为作者 1957 年 9 月 28 日在台北孔子纪念会上的演讲，见《文化的交流与思想的演进》，世界书局，1962。

一、孔子学说三要点

我们把孔子学说分为三点讨论：（一）天与人的关系；（二）人与人的关系；（三）人与物的关系。

（一）天与人

万物都有性，性是从天来的。这个万物所共具的性，是按照一定的法则而显现的。这个法则，就叫作道。在一方面，明白了这个道，并自身去体验它，以体验所得，传授于人，叫作教。《中庸》里说："天命之谓性，率性之谓道，修道之谓教。"天赋万物都有性，但是人之性特具有德。故人类得天独厚。《诗经》里说："天生烝民，有物有则。民之秉彝，好是懿德"。孟子解释有物有则一句谓"有物必有则"，孔子以作此诗者为知道。《中庸》里说："尊德性而道问学，致广大而尽精微，极高明而道中庸。"人之秉于天者谓之德。懿德是美德，尊德性就是尊美德。但是要道问学才能达此美德。

孔子集尧、舜、禹、汤、文、武、周公之大成，法天道以立人道。所以孔子说："巍巍乎！唯天为大，唯尧则之。"又说："天何言哉？四时行焉，百物生焉，天何言哉？"这是说天行不言之教，在人之能默识天道而效法于天。天是广大的，尧能法天而成大。春夏秋冬四时运行，天是有规律的。孔子法天而重不言之教。春风桃李，潜移默化，以身作则，教化自成。孔子之法天道，是为人道。所以《中庸》里说："思知人，不可以不知天。"又说："道不远人，人之为道而远人，不可以为道。"

（二）人与人

"民之秉彝，好是懿德。"这是说人之美德是天赋的。在天为道，在人为德。人从天赋之德而演出仁义来。韩愈解释仁义道德四个字说："博爱之谓仁，行而宜之之谓义，由是而至焉之谓道，得诸己无待于外之谓德。"这几句解释说明了天与人，人与人的关系。

人与人的关系，在原则上讲起来，说仁义，从行为方面讲，孔子提出忠恕两个字来，所以《中庸》里引孔子说："忠恕违道不远，施诸己而不愿，亦勿施于人。"曾子在《论语》里说："夫子之道，忠恕而已矣。"忠是义的实际化，恕是仁的实际化。孔子讲学，往往从切身可行的方面着眼。但是从高的上面看，虽圣人也不易做到。若从平易方面看，虽匹夫匹妇也可做到的。《中庸》里说："君子之道费而隐。夫妇之愚，可以与知焉，及其至也，虽圣人亦有所不知焉。夫妇之不肖，可以能行焉，及其至也，虽圣人亦有所不能焉。"又说"极高明而道中庸"，亦是这个意思。

儒家的治世方法是从修身起。所以《大学》里说："自天子以至于庶人，一是皆以修身为本。"由修身而齐家，由齐家而治国，治国而达小康，平天下则臻大同。

《礼运》里说："大道之行也，天下为公。选贤与能，讲信修睦……使老有所终，壮有所用，幼有所长。鳏寡孤独者皆有所养。……货恶其弃于地也，不必藏于己。力恶其不出于身也，不必为己。是故谋闭而不兴，盗窃乱贼而不作，故外户不闭，是谓大同。"但这大同世界，我们相信要脚踏实地地从修身齐家一条路上走去才能达到。

（三）人与物

讲到人与物的关系，我们就要讲知识问题了。我们讲天道也好，讲仁义也好，那一件不是从知识得来的呢？讲求知识的方法，孔子曾提出一个总纲。他说："学而不思则罔，思而不学则殆。"这指点出来了两千四百年来，我们求知识的一条大路。

这是孔子从自己辛苦的经验中得来的，大概他起初曾用过一番长期思索的苦工。他说："吾尝终日不食，终夜不寝，以思，无益，不如学也。"学是从视听得知识的材料。所以孔子说视思明，听思聪。思是在心里把这些材料消化，所以要审问，慎思，明辨。学与思两者缺一，不是食而不化，便是望梅止渴。

儒家后来把学与思并重的原则演释出来，一面讲格物致知，一面讲博学慎思。

格物是用视听去考察事物所具的理。知道了这个理，就是知识。所以叫作格物致知。格物不只是格物，并且是格事。格物是考察事事物物所具的理。

从这方面看来，儒家对于知识问题是主张从外到内的。但在内成了知识以后，便发出到外面来。所以物格而后知致，知致而后意诚，意诚而后心正，心正而后身修，这都向内发展的。身修而后家齐，家齐而后国治，国治而后天下平。这是从内向外发展的。由外到内，由内到外，是一贯的。

讲到博学审问而至慎思明辨，最后便是笃行。这程序起初也是从外到内，其后又从内发出外面的行为来了。

故儒家的学说，是内与外循环，学与思循环，知与行循环。

二、孔子学术三要素

我们以上所讲的用近世术语来说明，孔子的学术，具有三个要素：（一）自然主义；（二）理性主义；（三）人文主义。

自然主义认天代表大自然，自然的法则即是道。道即是路，是大自然所运行的路。春夏秋冬四时的行，草木昆虫鸟兽百物的生，都循天所规定的路。天生烝民，有物有则，人之生存亦循天的路。

理性主义是把宇宙间事事物物的表现，都要说出个埋由来。理是根据于道所表现的条理而立言，所以通俗称理曰道理。我们常说，这是什么道理，那是什么道理，就是理性主义在日常生活中的表现。

人文主义的意义是以人为文化的中心。《左传》里说的"正德利用厚生"，可以说明这人文主义的意义。人文主义以一切知识和学问，如典章制度、道德、美术、音乐、工艺等等，都是为了增进人生的价值，正德利用，其目的即在厚生。

三、西洋文化内源流

西洋文化本来是由两个源流合成的。一个是希腊罗马系，是欧西的本地风光；一个是希伯来系，是从近东渡过地中海输入欧土的。希罗系的文化，重人生，重理智，重自然，和儒家学说相同的地方很多。但也有相同而不同的地方。以人文主义而论，希腊人所根据的为个性主义，个人智力美感与体力积极发展为人生最高目的。

古希腊为各个独立的市邦所集成。知识的交流，商业的往来，为市邦的中心活动。苏格拉底、亚利士多德即在此环境中讲学，故以慎思明辨之理知设教，以利个人在知识与政治上的活动。当时地中海及其沿海各地，为古希腊人与他国人知识与商业交流之区，故古希腊之中心生活，为流动的商业及航海生活。此与吾国先秦之四周环以农田之城国，以及陆路之商业交通相较，其环境的影响自大有不同。孔孟即在此环境中讲学。故以君臣父子兄弟夫妇朋友之人伦设教，以维系社会长久的治安。且古希腊之东南沿海各地，其文化较古希腊初期文化为高。此于希腊智力之发展很有帮助。而华夏文化，不仅不能得到四境蛮夷之贡献，且时有受摧毁之虞。此所以孔子慨乎有"微管仲，吾其披发左衽矣"之叹。故先秦时代不得不先求社会稳定，以保文化之生存。古希腊生活重个人的活动，先秦生活重社会的稳定，实各本时势之需要而定。此中西古时不同之点，演至后世，吾国与西欧人文主义之含义，就因此有差别了。

人文主义又是人国思想对天国思想而言。中国的文化，因无天国思想存在，故自始即属于人文主义的。我们现在所称人文主义是以后从西洋翻译来的。而且我国的人文主义，不以个人之发展着眼。而以个人与人群调和着眼，这是我们应该注意的。

以求知识而论，希腊系文化也是从格物而致知的。但是儒家的格物致知，其兴趣在诚意、正心、修身推而至齐家、治国、平天下。而希腊哲人之格物，是为欲知物而格物，其兴趣就在物的本身。

我们可以把亚利士多德来举一个例。亚利士多德和好多希腊哲学家一样，对于物质世界很有兴趣，植物、动物、机械都在他研究中。他有三种著作讲动物学，为系统的动物研究之创始者。他研究地中海的鱼，作鱼的解剖与分类。他的物理学讲物体之运行，空间之意义，物体之性质，生物之变化。

四、自然科学的开山祖

希腊学者因具有为格物而格物的兴趣，他们就成了近世自然科学的开山祖。

但是儒家的格物致知，是相信知是从物得来的。所以前清咸丰、同治年间翻译当时所谓西学，最初把科学译成为格致，即从格物致知而来，这个译名倒是十分正确。当时上海设有格致书院，即现在大学中的理学院。

知识从格物而来，古中国与古希腊是同的。但吾国重人道而不重物理，格物同时也在格事，知天道所以为人道，非为物理。吾国的宇宙观是道德的宇宙观，不注意物质的宇宙。是以中国能产生孔孟，而不能产生亚利士多德。

但既相信知是从格物而来，从物中去找条理，这条理就是物理，近世科学的根本原则也是如此。

科学知识的初步是从视听而来，即所谓官觉的知识。格物即是从官觉得初步知识，所以中国人从西洋学习科学，颇能具"得之于手而应之于心"之妙。因为儒家求知的方法是近乎科学求知的方法。

近几年来，中国人在美国出了好几位第一流的物理学家。虽然，因为受了美国大学的训练，但源远流长，与中国几千年来所传的格物致知论，不是没有关系的。不过存在我们潜意识里边，我们不自觉罢了。

五、宋儒理学之产生

儒家以一切学问为厚生之用，故对于透过知识而求超知识的学问，向来是不注意的。但从六朝至隋唐，五百年间，中国文化因与西域交通，而起变化。超知识的学问亦随之而输入。大乘佛教之讲般若，即是讲超知识的智慧。因为中国人讲智慧不是属于超知识的，所以智慧两字，不能代表。因此佛经以音译"般若"两字代之。《般若波罗密多经》，即讲此超知识的智慧。此后佛学影响了儒家，因此而产生宋儒之理学。此事讲起来很长，不在今日报告范围以内。

儒家为修齐治平而设教，故只注意现实世界而不注意超自然世界。只想把现实的此岸弄好，根据《春秋》三世之义，由据乱世到小康世，由小康世而到大同世，不想度到理想的彼岸去。佛经说波罗密多者，译言到彼岸也。

中国因不注意超知识的问题，所以能产生孔孟而不能产生释迦牟尼。

像佛教输入中国一样，基督教也从外国输入了罗马帝国。基督教是希伯来系的文化，这一系文化重神权而轻人权，以神道代天道，此即所谓超自然主义。

希伯来民族数千年来信奉一神教，摩西十条诫，据《旧约》里所记载，为上帝耶和华所赐予的。摩西领导希伯来民族逃出埃及，脱离奴役，都遵照耶和华的指示，并承他宣示神迹，帮助脱险的。

吾国自周代起，超自然的神权观念已非思想中心。《礼记》里说："夏道尊命，事鬼神而远之。殷人尊神，率民以事神。周人尊礼尚施，事鬼神而远之。"

孔子本周代传统，所以他说务民之义，敬鬼神而远之。这是说凡为民所需要的事情，都是应该去做的。至于敬鬼神的事，不要太热心才好。

这所以我国能产生制礼作乐的周公，而不能产生代耶和华颁布十条诫的摩西。

这十条诫与耶稣的"爱上帝高于一切与爱邻人如自己"的两条诫，为基督教道德的基础，后来成为西洋道德的出发点。

自五世纪以后，罗马诸王，都成了基督教徒。此后经数百年长期的在经院里和中古世纪大学里，把基督教理和希腊哲学凑合调和，希伯来文化遂与希腊罗马文化结不解缘，西洋文化遂被称为基督文化。

但是这两系文化虽然凑合，而没有真正调和的。自五世纪到十五世纪，一千年之间，希伯来的天国理想压倒了希腊文化的人国思想。十五世纪以后，人国思想渐渐抬头，到十八世纪，人国思想便压倒了天国思想。

六、现在学校制度的由来

在这里我们有一段插曲。

在明末清初（十七世纪中叶）的时候，耶稣教士来中国传教，那知道相信格物致知的中国士大夫，听到天国的超自然思想，但抱敬而远之的态度。一听到讲天文算学，就会抖擞精神去学习。著《宋元学案》与《明儒学案》的黄梨洲在军事倥偬之际，尚在兵船里学习西洋天文算学。他说这些天算，本来是中国的学问，因为天子失官，学流四裔，为外国人得去了。

好几位耶稣教士在那时候已经把四书译成拉丁文，流传到欧洲去。于是儒家的自然主义（天）、理性主义（道）、人文主义（人）为欧洲学者们所领略。在法国于十八世纪（乾嘉之际）反宗教大运动时，就把儒家的学说为反宗教运动的工具。十八世纪法国革命领袖们说，看哪，中国那样高度的文化，不靠超自然的神权来维持，不是我们欧洲人的好榜样吗？

到了十九世纪，属于希腊罗马系的工业文化虽然压倒了希伯来系的天国文化，但是欧西人的道德基础原则上仍逃不了摩西的十诫与耶稣的两诫，而虔诚的基督教徒仍大有其人。

我们从具体方面看，使大家都容易懂得，就是一方面看西洋的工厂，另一方面同时看他们的教堂，就可以明白两系之文化具体的并存于西洋社会的意义。

我们回顾到前清末年以前，要看儒家与佛教的并存，一面看书院，一面看寺院，也就明白了。

讲起书院来，在北宋已有四大书院之称（白鹿、石鼓、应天、岳麓）。书院之起源，实受佛教丛林制度之影响。到了明代书院满布全国，而丛林禅院，亦遍南北。

直至前清光绪二十七年上谕，始把各省书院改为学校，一部分寺院也被改为校舍，大略说来，是把书院所研究的儒家格致诚正修齐治平之学，并入了学校，并加添了希罗文化系的格致（物理）、化学、生物、算学等类之学。现在我们的学校制度，原则上仍是如此。

我们对于孔子学说的来龙去脉的讨论，就此暂且告一段落，作为今日报告之结束。（完）

基督教与中国文化[*]
(1957 年 12 月 23 日)

台北《新生报》于四十六年十一月廿日登载一篇社论《为宗教家进一言》，读之有感于此问题之重要，因草此以求教于读者。

（刊民国四十六年十二月廿三日台北《新生报》）

本文开始以前，让我们先引《路加福音》（一〇章 25—37）所记的耶稣和犹太律法师一段谈话：

有一个律法师（有责难的意思）问耶稣："夫子，我该作什么才可以得到永生？"

耶稣对他说："律法上写的是什么？……"

他回答说："你要尽性尽力尽意爱你的上帝，又要爱邻舍如同自己。"

耶稣说："你回答的是，你这样行，就必得永生。"

那人……就对耶稣说："谁是我的邻舍呢？"

耶稣回答说："有一个从耶路撒冷下耶利哥去，落在强盗手中，他们把他打个半死，就丢下他走了。偶然有一个祭司从这条路来，看见他，就从那边过去了。有一个利未人，来到这个地方，看见他……也过去了。惟有一个撒玛利亚人……看见他就动慈心，上前用油和酒倒在他伤处，包裹好了，扶他骑上自己的牲口，带到店里去照应他。……"

"你想这三个人，那一个是……他的邻舍呢。"

律法师说："是怜悯他的。"

---

[*] 见《文化的交流与思想的演进》，世界书局，1962。

"你去照样行罢！"耶稣说。

这简单而似乎平常的一段谈话，内中却包含了万钧的动力，向世界人类不断地推动着，将近二千年了。

我们如要得到永生，请教耶稣，他就会反问过来，最后也会很简单地告诉我们："你去照样行吧！"

我们如能照样去行，我们就懂得耶稣的教训。也不必再读下文了。

一、爱邻如己与人文主义

现在我们还要把上面所引简单的谈话，再简括起来，成为两点：（一）爱上帝高于一切；（二）爱邻如己。这就是西洋通称的耶稣两条诫。这两条诫和《旧约》里的摩西十条诫，为西洋道德原则的出发点。

从我国传统思想看来，对于第二点当然能了解。因为爱邻如己，是讲人与人的关系，是合乎我国以人为文化本位的人文主义的。

讲到第一点，是人与上帝的关系，是超自然的，这是我国思想传统所不习惯的。反之，若讲人与大自然（天）的关系，即所谓自然主义，那是我国思想所习惯的。

耶稣的"爱邻如己"，"视敌如友"，"己之所欲，必施于人"等教训，比较我国传统的"以德报德，以直报怨"，"己所不欲，勿施于人"等教训，其差别只有程度深浅立论正反之分，而无类别不同之异。若在此辨异同，较优劣，则我国传统思想中，亦有"己欲立而立人，己欲达而达人"的正面积极之论。但以上所举都是支节问题，并无比较的重要价值，不必再加讨论。

故对于人与人的关系问题，中国人接受耶稣的教训，至少在理论上是容易的，而且有很多共同点存在。上面随便提出来几点，就可作为例子说明，还有一个实例，如战后日本投降时，中国对日本的政策，是"以德报怨"，这个道德原则出于耶稣。但是没有一个中国人不诚心诚意拥护我们最高统帅的这个决策。所以不但在理论上，而且在实际行动上，把中国的道德与耶稣教的道德融会贯通了。八年战争牺牲的痛苦，是不容易忘记的，但是全国竟服从了"以德报怨"的政策，这恐怕是许多所谓耶教国所做不到的。

谁是我的邻舍呢？中国人是不会问的。中国人更不会像犹太律法师，以此责难耶稣。

二、谁是我们的上帝

但中国人会诚心诚意地请问耶稣，"谁是我们的上帝"。耶和华是犹太人的上帝，在犹太人心里是天经地义的，还有什么问题呢？他们相信上帝造天地，造人类。他们相信摩西奉上帝之命领导犹太人逃出埃及，还赐给他们十条诫。他们相信流亡在巴比伦的时期，因为在苦难中，恢复了对耶和华的信心，所以后来仍能重返故土。他们并且得到历史的教训，当他们遵守耶和华命令的时候，他们的国家就享太平，打仗就会打胜。反之，就会遭莫大的灾殃。民族兴亡盛衰全有先知宣示预兆，如穿骆驼毛衣御寒，吃蝗虫野蜜充饥的施洗约翰，在犹太旷野传道，说天国近了，你们应当悔改。当时人们承认这就是先知以赛亚所说的："在旷野有人声喊着说，预备主的道，修直他的路。"（《马太福音》三章1—5节）。总而言之，犹太人的历史，自始至终是一部神治史，其灵迹活灵活现的在《旧约全书》里详细记载着，犹太人民好像鱼生长在一池神水中，时时刻刻在耶和华的恩赐中活着。有时他们也会跳出池子，他们就枯死在干土上。

三、神治、法治与德治

现在世界上有两大宗教是奉祀一神的——耶稣教和回教。两教同是从犹太人的神治史演变出来的。所以道地的耶稣教徒和回教徒，都像神水里生长的鱼，无一刻不在上帝的恩赐里活着！

若我们粗枝大叶地和罗马史作个比较，罗马人的历史是一部法治史。我们读《书经》、《诗经》、《左传》，可以看出我国的历史是一部德治史。

在西洋社会里，法治史和神治史合流已一千数百年，现在仍象征性的存在于西洋法庭典礼中。手按《圣经》，誓说真话，是法定的誓典。美总统就职时，也要向上帝立誓，遵守美国宪法。

中国的德治史怎样呢？简单言之，是要从立德、立功、立言三不朽中求永生。我们常在关帝庙或忠烈祠里看见"浩气长存"的匾额，就是这个意思，于谦《咏铁》诗里说：

千锤万凿出青山，烈火烧来若等闲。粉身碎骨浑不顾，留得清白在人间。

神治国要留得纯洁在天上，德治国要留得青白在人间。人生要以青白或纯洁为目标，天上人间是一样的。

从上面我们所讲的看来，犹太人对上帝自有亲切的观念，所以懂得"尽心尽性尽力尽意爱你的上帝"是什么意思。他们于数千年间从亚伯拉罕起，世代子孙都生活在神治的空气里。不如此，反以为怪。

但是他们过分重视高远的神权，而对于切身的邻舍，反视若无睹。所以犹太律法师问耶稣："谁是我的邻舍"，不一定是责难的话。耶稣讲撒玛利亚人的故事，使他自己明白而承认怜悯他人的人，才是人们的邻舍。耶稣所说的祭司，为犹太人所尊重的。所说的利未人，是照料圣殿事务的，亦为犹太人所尊重。而撒玛利亚人是他们视为世仇的。耶稣把这三个人并提是很有意义的。

我们若不明白犹太的神治史，不会了解爱上帝高于一切的意义。但犹太人的耶和华，是希伯来部族的上帝，犹太人为耶和华的选民，这是狭义的一神教。

四、耶稣基督的宗教革命

耶稣把耶和华引申为全人类所共有的上帝。自此部族的上帝变为人类的上帝。这是宗教史上的一次革命，影响全世界直至今日而未见其尽期。

上帝既为全人类的共主，故凡人们都是彼此的邻舍，没有外邦人与犹太人的分别。因此，旧时代的"以目还目，以牙还牙"的直道主张进化而为"你打我左颊，我请你再打我右颊"的不报复主义。

希伯来的一神主义，若不经耶稣之重大改革，则耶和华至今还是一位部族上帝而不具世界性的，但是这种改革不是凭空而来的。

约在纪元前五百年，波斯军队进攻希腊，烧毁了雅典城，但遭希腊人强力的反抗，未能立足欧土而退。

希腊于此保卫战胜利以后，在文化则百花齐放，在学术则百家齐鸣。百年之内，出了不少千古不朽的科学、哲学、雕刻、算学、物理、建筑、戏剧、政治、法学等天才，打定了西欧文化的基础。

到西历前四世纪，一位青年将军亚历山大起于北荒，统御了希腊。他酷爱希腊文化，他的师傅就是哲学家亚利士多德。

因为酷爱希腊文化，他的雄心是要把他所爱的文化拓殖于世界各地。十余年间，他的军队从尼罗河流域打到印度斯河流域。

五、希腊文化与犹太文化的合流

此后犹太就成了希腊的一省，犹太文化遂入了希腊文化广大的包围圈。于是犹太的神国思想，不复能局促生存于法利赛人狭窄思想之内。耶和华的象征宝座，也不能长此局促于耶路撒冷了。当耶稣出世之际，犹太已入罗马帝国版图，其内部长期政治的腐败，社会的纷乱，不能不有传统的先知出现。"天国近了，你们应当悔改"，就是施洗约翰在旷野里的呼声。

耶稣长成在拿撒勒，这里南面离耶路撒冷约有七八十里（约等于台北至新竹），东面离渔船麇集的大湖叫做加利利海十四里（约等于台北至淡水）。耶稣的门徒，有的是在那儿打鱼为生的，西面离地中海三十里（约等于台北至基隆）。拿撒勒地方虽小，却是近在由大马色到地中海的孔道之旁，各色不同的人种，常在街上经过。

在这种环境之下，耶稣的眼光自然射出犹太部族范围以外，而深信人类的共同性。

那时罗马帝国已日就衰微。同犹太人一样，其旧时道德标准已不能适应人民安身立命的需要。经耶稣改革后的新道德标准，因为具有世界性与人类的共同性，所以无论在地中海的东面或西面都共同适用。此后保罗于二十年的传道生活中，以十年时光，作八千里长途跋涉，穿梭于地中海东西两岸各地，历尽艰苦，终于为道牺牲，就是本此信仰。

只要有一粒芥子那么大的信心，便可使一座高山移动。（参看《马太福音》十七章二十节）

照以上我们所讲的看来，在耶稣教尚未酝酿以前，希伯来文化已入希腊文化包围圈。而且我们还可以说，耶稣教就因此而酝酿，耶稣教酝酿既成时，罗马人与犹太人的道德标准业已坠落而不适为安身立命之具，因此耶稣教乘时兴起，以天国思想与信仰战胜罗马帝国。

六、传教士的东来

于此我们可以想见耶稣教来中国，当是另一幅图画与成果。

我们都知道，现在我们所读的四福音书，除《马太》以犹太语体文写成外，都是以希腊语体文写成的，而《路加福音》是专对外邦人而写的。所谓外邦人，就是受希腊文化的人们，当然包括罗马人在内。

《约翰福音》因为要把犹太的信仰与希腊的哲理调和，所以他的开场白就是以希腊哲学里一个很重要的字为中心的。这字就是"罗格斯"（Logos），是我们现在所称为"逻辑"的老祖宗。英文把这个字译为"言"（Word），已觉辞不达意。而在中国译为"道"，实在离原意更远。请问以下的几句话，谁懂得。

> 太初有道，道与上帝同在，道就是上帝。

这"道"是代表儒家的道呢，还是道家的道，或是法家的道呢？彼此含义不同，故欲求以上一句话的明确观念，是很难的。百余年来，信徒与非信徒大家只好囫囵吞枣似的咽下去就算了事。外国传教士通希腊哲学的，他的心目中所具的是一种观念，中国以中文研究《圣经》的人们，其心目中又是另一种观念。

希腊文字与中国文字隔离既远，福音中心思想又不能与中国的中心思想相通，真是给来中国的"圣保罗"一件大难事。

七、耶教传入中国三阶段

景教"Nestorian"于唐代当七世纪时来中国，我们试读景教碑文和景教残经，从文字与术语看来，像是一种古怪的佛教，杂拌了玄妙的道教。吾国在唐代，文物方盛，遗传的道德标准如金科玉律，为百姓所仰望。讲超知识般若的佛教，足以供好学深思的研钻而得到学问上的满足与快乐。那里能让古怪的"三一妙身无元真主阿罗诃"（景教碑语）来插足呢！

第二次在明清之交的十七世纪中叶。明朝的政治军事虽已日趋下坡，但道德的标准仍旧维持，明亡时殉节之多，即其明证。清朝崛起关外，定鼎中原，对于关内的辉煌灿烂的文物，已使他们觉得进入了人间天堂，那里还想在青云上层求天国去呢！

但是有几件事是明清两代都觉得有兴趣的——耶稣士（Jesuits）传来西洋的天文、算学、机械，这开了中国科学的先河。可是中国所报答西洋的是什么呢？耶稣士以拉丁文译成的四书，流播西洋，那知道这类书里，装满了和希腊文化相似的理性主义、自然主义、人文主义的种子，在十八世纪为法国革命领袖所利用，以此证明在他们想象中的希腊那三种主义，可在中国得到明证。这使他们打击当时的超自然主义更为有劲。

来中国的"圣保罗"作第三次的光顾，时在十九世纪，那是弄得更糟了。这次"保罗"之来，有时似乎站在炮弹之前，有时似乎躲在炮弹之后，有时似乎骑在炮弹之上。十九世纪的帝国主义却躲在"保罗"后边，发号司［施］令，庚子义和团之变，就是想杀掉乘炮舰而来的"圣保罗"。

昔时白马驮佛经而至洛阳，今日炮舰载"保罗"而打通五口。近百年来，耶稣教之不获国人谅解，这也是一个重大原因。

八、西方文化的演进与中国文化的接触

自亚历山大东征胜利至盛强的罗马帝国，在那段时期，希腊文化战胜了东方（指近东）。耶稣教传播欧洲以后，东方文化掉过头来，战胜了西方。

自五世纪至十七世纪一千多年，欧洲的历史，笼罩于东方天国文化之下，自十七世纪以后，希腊系的西方人国文化，又掉过头来，战胜了东方的天国文化。

十八世纪的法国大革命，对于天国思想之摧毁，比一世纪罗马军队毁灭耶路撒冷的圣座厉害得多呢！

至十九世纪，罗马的帝国主义经两百年的滋养已逐渐复活，至此登峰造极而成英法德俄的帝国主义。流风所至，不独使欧洲各国彼此厮杀，而东亚诸邦更大遭其殃。两次世界大战，两次中日战争，都导源于十九世纪的帝国主义，而此则复导源于亚历山大与罗马恺撒的帝国主义。

中国虽经六朝五代蛮夷之侵略，以及辽金满蒙之占据，而格致诚正修齐治平之道，仍继续维持，以为安身立命之具，使人民养生送死无遗憾。故耶稣教之输入中国，不能与输入思想混乱的罗马帝国相提并论。

但历史的演变，有时是很难预测的，西洋的炮舰政策，既打通了我们沿海五个口岸，我们当然要研究炮弹炮舰制造法，以为抵抗的工具。从炮弹炮舰而到科学，从科学而到政治，从政治而到法学，从法学而到历史，从历史而到教育，从教育而到哲学……我们从此离炮弹炮舰愈

远，然而离西洋文化的根源愈近，于是把坐在炮舰里的"保罗"忘记了。同时从西洋史里知道了那用炮弹打我们的不是"保罗"，而是讲"逻辑者"和法治者的子孙们。

如同亚历山大征服东方的情形一样，中国自五口通商以后，已入了希腊罗马文化系的包围圈，近百年来我国关于一切思想与制度的变化，都直接或间接由此而来。

九、宗教思想与社会文化

世界历史的演进是一贯的，在目前交通便利，消息灵通的时候，世界问题是整个的了。

故耶稣教面对的问题，是世界整个的。耶稣教当面迫来的问题，是世界盛行的自然主义、人文主义与理性主义。

十八世纪时，希罗文化的三大主义，得到中国同样主义的帮助使法国革命领袖对于反天国运动更为起劲。中国的三大主义得到希罗文化同样主义的帮助，使中国的"圣保罗"碰到双重的困难。

五四运动时，提倡德先生与赛先生（民主与科学），发起于北平少数学者，而于最短期间得到全国青年热烈响应，其故安在呢？因为科学适合我国传统的自然主义与理性主义，民主适合我国的人文主义的。

讲到属于超自然主义的神治主义来，则是国人最难了解的。

我们今日欲讲宗教思想与其他学术的关系问题应从三方面观察：（1）历史的，即是我们今天所讲的；（2）社会的，当一个社会的经济、政治、文化发生剧变时，传统的信仰就会动摇或失其依据，因此不得不有一种新信仰来扶持或代替；（3）心理的，维持旧信仰，或更换新信仰，或从两者取其调和，都有心理的因素存乎其间，当然这心理因素与社会的动荡、历史的传统都有密切关系。

今日为时间所限，我们只好暂告结束，且待来日再谈罢。

基督教与我国今日的信仰[*]
——三教浑一的道教
（1958 年 4 月 2 日）

作者于去年（四十六年）耶稣诞辰，草《基督教与中国文化》一文，刊登《新生报》。因其义有未尽，兹复于复活节草此文，以求教于读者。按此西洋盛行之节期，英文名 Easter，德文系 Oster 转来，原为日耳曼民族迎春佳节，庆祝冬去春来，万物更新的歌乐景象。故基督教传至德国时，以其足以象征基督待对耶稣复活之欢迎鼓舞，遂投民所好，假以为复活节，实与耶稣复活事无关也。

读完本文后，或能同意择此节期发表此文，自有其用意也。

（刊四十七年四月二日台北《新生报》）

我们在《基督教与中国文化》一文里，已从历史方面，把基督教自东到西，复自西到东的周游传播过程，大旨讨论过了。现在让我们把基督教与我国的信仰问题提出来讨论一下，以就教于对此问题有兴趣者。

一、教堂与工厂俱来

这几年来，我们看大大小小的教堂，样样式式的工厂，如雨后春笋，从平地里钻了出来。只要在台北市近郊走一遍，没有一个人会不觉得的。假如我们乘火车或汽车从台北到高雄走一趟，沿路与各城市所见也是如此。

教堂与工厂，似乎是不能分离的。我们在大陆的时候，亦有相同的

---

* 见《文化的交流与思想的演进》，世界书局，1962。

经验。工厂来了，教堂会来，教堂来了，如工厂不来，洋货店一定也会跟来的。

工厂与教堂，在西洋近两百年似乎不断地在打架。教堂代表基督诫条说，你要爱你的邻舍。工厂代表经济制度说，你要和他们竞争。然而两者始终并存着。西洋人情绪易趋紧张，这或许也是一个重要原因。两者并存，有时相反，有时相成，这是西洋文化的特征。两者缺一，就不成其为西洋文化。

在西洋，如有教堂（代表超自然主义）而无工厂（代表科学与技术），则教堂至今恐怕还逗留在中古时代，在那里辩论一枚针尖上可容多少天使跳舞，或某一派的教徒把反对派的领袖烧死于大堆柴火里，他们还以此为保教必要的运动。

工厂如无教堂，恐怕十一二岁的小孩，如同在十九世纪，仍会在煤矿挖煤，工人的住所也仍会像猪舍一样。保障儿童康健，谋取工人福利，起初大都由受人文主义影响的宗教家发起。他如安抚囚犯，改进贫民窟以及制定谋劳工福利的法律等，大都与思想进步的教会活动有很大的关系。后来因为政府和社会把责任负了起来，所以教堂的工作就被冲淡了。

我们今天讲基督教与我国今日的信仰问题，特地以具体的实例开始，使大家容易得到明显的印象。

二、透过工厂和教堂看个底细

但是我们的眼光要透过这些具体的事物去看，才能明白他们所代表的意义。以粗枝大叶的话来讲，透过教堂才能看见数千年的神治史，透过工厂才能看见数千年的科学史与数百年来工业化的过程及其在政治经济社会等方面所生之影响。但这些问题并不简单，关系着三百年来西洋整个历史的演进。

现在我们要以社会学的眼光来讨论由工厂制造出来的社会问题，并讨论宗教对于这些问题的解决有没有帮助。

工厂不独直接制造了我们所知道的各种国防及民生必需品，而且间接制造出来了各种似乎无法解决的迫切与困难问题。

教堂讲神与人的关系是其本分，但如专讲超自然的道理，并不能对社会困难问题的解决直接有所帮助。正如前篇所引《路加福音》中的犹太律法师，只知谁是上帝，而不知谁是邻舍。

三、平衡与分化

耶稣之教，爱上帝与爱邻舍，虽似侧重爱上帝，但两者是相当平衡与联锁的。人们可以经过爱人类而达到爱上帝，也可以经过爱上帝而达到爱人类。一条路两头都通的。知与行，虽似侧重行，但知与行亦相当平衡而联锁的。天国与人国，虽似侧重天国，但两者亦相当平衡而连锁的。

这或者是我们以儒家的眼光来看耶稣之教，所以看出平衡的道理来。但在《新约》里，我们可以找出不少例子。

国人常以基督教派别众多为病，可是在包含广大的宗教或学派里，那一个宗教或学派不因内部见解不同而演变成为派别，这从历史上看来，已成惯例。如佛教之分大乘与小乘，大乘之分性宗与相宗。儒家之分汉儒与宋儒，宋儒之分程朱与陆王。基督教分东教会与西教会，西教会分通俗所称天主教与耶稣教，耶稣教又分成很多的会。

这些分化不是坏事，不分化就没有进步。如果硬性统一，教会本身就会渐趋硬化，而终至腐化，此更足以贻人类莫大之祸患。西洋史中有彰明较著的成例在，我们可不必在此讨论。

四、几经努力调和东西

总之，基督教文化已不能与西洋文化分离。早在一千九百年前，《约翰福音》想把两个思想中心作一次调和。所以开宗明义就说太初有言（Word），言与上帝同在，言就是上帝。实在讲起来，上帝是希伯来的上帝，言是希腊的言。以希腊与希伯来的本义而论，两者并非是一件事。当时《约翰福音》的作者，当然认为是一件事。实在把两者认作一件事，便把各事的本义修改了。

五世纪时，奥古斯丁进一步把柏拉图哲学与基督教理作了一次调和。十三世纪时，圣多玛又进一步把亚里士多德哲学与基督教理作一次调和。这两次调和就把希伯来与希腊思想凑合起来，从此以后，言与上帝真正能同在了。但希腊之言，并没有变成希伯来的上帝。两者并存，同床异梦的时候还是很多的。

故从表面看来，这种凑合似乎天衣无缝。但从实际而论，到底还是两件事，有时还是会脱线的。后来十五世纪的文艺复兴运动，十六世纪的宗教革命运动，十八世纪的大光明运动，到底把那件天衣扯裂了。

但是一般人民思想里，两者都已还不了原。所以到十九世纪，又勉强把它们缝了起来。此后我们若取这半件，那半件必定跟来。两者不可分离的最重要原因，是西洋的行为（道德）标准，都靠摩西十诫与耶稣两诫。离乎此，西洋人的道德，便失其根据。

以上所讲大都是基督教与其他文化因素的关系，现在让我们谈谈宗教本身的问题。

五、宗教的信仰在潜意识里

潜意识（Subconscious）近来统称无意识（Unconscious），是福洛特（Freud，1856—1939）的《心理分析》里所提出的。近年来，他的同志而异趣的雍恩（Jung，1875）把重心移到研究人类的信仰方面去。有人称之为幽邃心理学（Depth-Psychology）。福洛特以人的知觉（意识）部分不过像一座冰山的尖顶，其绝大部分是沉在海水下面不知不觉的体积（潜意识或无意识）。雍恩以为人的信仰或宗教，或其他的欲望都沉淀在此幽邃的不知不觉之间，然而有时会向尖顶窜上来的（这好像唯识论八识里的第八识——阿赖耶识，意译为藏识。其义为一切意识的种籽，都藏在那第八识里。一切意识的芽，都是从那种籽发萌出来的）。

这从潜意识里窜上来的东西，也可以说从藏识里的种籽抽出来的芽，有时会在梦中出现，有时会于无意中感觉到。或若雾里看花，朦胧不明；或如昙花一现，瞬息幻灭。这种心理状态，我们在日常生活经验里常感觉到的。人之欲望，如《礼记》里所说的男女饮食之类，推而至于忧患恐惧，往往藏于幽邃的无意识中，或隐或现，人恒不知其所以然。人于忧患恐惧达于极点时，或遇大难而得幸免时，往往会向海底捞珠，顿觉上帝之存在。

永生，亦为人之欲望。如秦始皇之求不死药，汉武帝之求神仙，都是从求永生的欲望里来的。基督教对于耶稣复活的信念，正适合此种求永生的欲望。凡是宗教都是想满足这种欲望的。这种欲望，潜在无意识深处，为人的理智（意识）所不了解。故欲单独以理智辨明上帝的存在与否，则不信者很难以辩论使其相信，其信者亦难以辩论使其不信，其怀疑者亦将愈辩而愈觉怀疑。

儒家重理智，所以孔子便以"未知生，焉知死"了此公案。儒家重自然，而避免谈超自然。所以孔子说"敬鬼神而远之"，以避免有神无神的争辩。儒家重人文主义，故以仁义礼乐为立身治国之教，而孔子尤不语怪力乱神。

六、工业化改变全盘生活

儒家之自然、理性、人文主义，本与希腊的有相类似，彼此可以互相影响而俱受其益。但自工业化社会造成后，近世的自然主义成为科学的自然主义，推而至于科学的理性主义，科学的人文主义。对此种种，儒家学说便困于应付。然而现在我们所有的外来思想，大都由儒家介绍进来的，因为其中好多地方是和儒家意气相投的。

工业化是道地的西洋产品，不但使讲超自然的西洋宗教家头痛，讲自然而不讲科学的儒家对之，亦感觉彷徨。但这种现象之于儒家是暂时的，因其根本原则本不相冲突。故过了一些时候，就觉得科学有助于儒家学说的地方很多。

工业化迫使人们的生活在全盘改变着，人类现在所具的理智既拙于应付现在，自更难于预测将来。

七、所谓精神空虚

所以现代的人们，许多会觉得精神空虚，不知人生究为何事。因此或求安慰于信仰，祈神启示；或托此身于命运，尽人听天；或求妙有于真空，行深般若。凡此类别，均陈目前。各宜听其性之所近，分道扬镳，不必强为调和解释，反致张冠李戴。"道并行而不相悖，万物并育而不相害"，已久为儒家所信。

信仰的根既滋长于不知不觉的潜意识中，故徒仗理智，难以测知。此所以儒家立教，礼乐并重，情理兼顾。知饮食男女为人生之大欲（《礼记·礼运》），故以礼乐为疏导情欲之沟渠。《礼运》里说："礼义也者（礼包括乐）……所以达天道顺人情之大窦（通空气的大窟窿）也。"

八、礼不下庶人

但《礼记》里又说:"礼不下庶人。"古时礼制,其对象在士以上诸阶层。士以下之庶人,不为制礼,但有时得参酌士礼行之。故"礼乐并重,情理兼顾"之教未达于全民。唯积之既久,礼教渐渐渗入民间。故远在穷乡僻邑,庶民虽不识字,而却能知礼。即在古代,已有"礼失而求诸野"之说。但其影响,究已微弱。更因有"圣人以神道设教"之训,故后世遂有所谓道教者取而代之。

九、平民以道教代礼教

儒家并不否认神之存在,而且主张"祭神如神在"。故祭天祀神,亦为儒家之要典。古者天子诸侯祭天,士庶民祭社。天为普通性,而社为地方性。现在民众所祀的城隍土地之神,就从这社祭演化出来的。所以城隍庙通称为社庙。自东汉张道陵根据当时流行的鬼神祭祀、服食修炼、符咒法术的信念创五斗米道,现在通称的道教从此开始,延绵至今,已将近二千年了。今就地取材,举台湾今日之道教为例,盖亦欲使读者容易得到明显的印象。据《台湾风土志》(何联奎、卫惠林)所载,台湾道教所持之"经咒庞杂,往往由传授者任意解释,或以儒说附合,或与巫术合流,或依傍佛教"等语。道教自东汉以来,久已如此,不独今日为然。本省道教所奉之神如玉皇大帝、太上老君、玄天上帝等为数甚多。其庙宇之数,即以玄天上帝而论,计达一百九十余处。本省最盛行之"妈祖拜拜",当然亦是道教。全省妈祖庙约有三四百座之多。读者如于拜拜之日,参观北港之妈祖庙、木栅之指南宫,或见道士拜忏,或遇和尚念经,善男信女,随声虔祝。各地前来参拜者,不分道佛,动辄数万人。可见其在民间潜势力之大。他如通俗所称的"城里城隍庙,城外土地堂",则遍地皆是,故道教为一般人民安身立命之所凭,而为士大夫阶层所公认。

五四前后,青年因受了科学影响,一面空口喊打"孔家店",一面实拳去打城隍庙。因此道教势力,颇受打击。土地堂为数更多,但因庙座太小,而且散处乡间,所以无人光顾,但土地公公与婆婆也颇受揶揄。有人在土地堂前写了一副对联说:

白酒黄酒皆勿论；

公鸡母鸡只要肥。

竟骂他们是贪吃懒做的老东西。

又阎罗王本为印度冥府狱王，中国道士请他兼管中国冥府。十殿阎王之第五殿的称阎罗王，即婆罗门教阎摩罗社（Yamaraja）之简称。七七宝卷里有以下的几句："一点灵光去，杳杳入幽冥，此番回首看，不见自家人。"又有"天大家私拿不去，一双空手见阎王"等语。这是道士邀请印度鬼王兼理中国冥府狱事，以作中国人民死后的归宿。

儒家把士大夫阶级人文化，道教则把庶民阶层鬼神化了。

十、道教影响深入民间

任凭居全国少数的儒家讲天理说人情，绝大多数的老百姓（庶民）都拜神佞佛，经忏并举，这早已成了我国的政治与社会问题，为我们向来所未曾注意的。试问历史上自东汉黄巾之乱起（领袖张角为五斗米道），有几次民变与革命，没有一种似道非道的宗教混杂其间，为号召的工具呢？洪秀全之天父、天兄、天皇岂非把耶稣（天兄）披上道袍作革命的号召呢！名曰耶稣，实则道士也。一世纪东汉时，有"老子化胡"成佛的怪论，为后世道教吸收佛教的张本，在十九世纪的清代，当然可以把道士洋化。把耶稣教的上帝，当作玉皇大帝，叫他天父；把耶稣代替张天师，叫他天兄；把自己作为通天教主，自称天皇。

十一、儒释道三教浑一

前清于新式学校未开办以前，少数的官学及书院只讲儒家修齐治平之道，不及佛教与道教。但绝大多数的私塾里及课外家庭中，则儒释道三教几乎浑为一体。我们在那时所受的课程，课内课外合起来，属于儒家者为《三字经》之"人之初，性本善"，《大学》之"在明明德"，《中庸》之"天命之谓性"，《孟子》之"道性善，言必称尧舜"。属于道教者为《太上感应篇》之"祸福无门，惟人自召"，并《文昌帝君阴骘文》之"报答四恩，广行三教（儒释道）"。属于佛教者则《般若心经》之"照见五蕴皆空，度一切苦厄"。在幼年时期之教课，老师虽不为讲解，但均能背诵。日后渐渐一知半解的懂了一些。等到约略了解的时候，已是三教浑一，不易分别了。我们自以为儒家的人们，千百年来，实际上已多多少少含有和尚道士的成分，不过我们不自觉罢了。

如于家塾以后，再向上求教育，则儒家之成分日重，道佛之成分日轻，最后则全为儒家教育。如略受初级教育后即入社会做事，则道佛之成分日重，儒之成分日轻。佛教向上则成以佛教为法之佛学，以释迦牟尼及诸佛为圣贤。在宋以后，已不能与儒家分离。向下则以诸佛为神而与道教诸神携手，并加道教诸神以佛号，如城隍菩萨、土地菩萨等类。

十二、科学知识打死了雷公电母

等到近几十年来教育渐渐推广，学校里所采的科学知识已把庶民的知识逐渐理性化，而所奉神祇的势力已渐缩小。一些初级物理学就把天上的电母带了照妖镜，从青云里推了下来，从此爬不起来。雷公亦连锤带凿的跌了下来，和电母同归于尽。科学直接打死了雷公电母，间接予道教以莫大之打击。这是几十年来我们所目睹的。在此过渡期间，下一代不接受这一代的信仰，故思想失中心，行为失标准，诈欺犯罪等就此增加了。最近本省流行太保太妹式的不良少年在城市里结群胡闹，使治安机关与家长头痛，亦未始非由新旧脱节，家庭教导无方，或环境不幸而滋养出来的。

无论迷信与不迷信，道教究为二千年来平民安身立命之具，此而破坏，平民精神上便觉空虚了。

十三、学耶稣向渔夫税吏中找门徒

这里是基督教的一个好机会，看台湾教堂之多，似乎已在利用这机会了。好多牧师常常讲耶稣以神力医恶病，驱魔鬼，似在为精神空虚的民众现身说法。不然，医病赶鬼，在医药心理学与"心理分析"里大都可以得到解释的，不必尽归之于超自然。

这确是基督教播道的一条途径，但是也有他的困难的。

因为儒家所敬而远之的鬼神，和道教所崇拜的鬼神，与希腊罗马的一样，皆为宇宙所造。而耶稣教的上帝，根据希伯来人的信仰，却是造宇宙的独一无二的神。在这一层，犹太的渔夫税吏都已视若固然，而中国民众却难于领悟。好在中国老百姓是讲实用的。只要他们相信这一位神，他有灵验能保护他们，宇宙造的神也好，造宇宙的神也好，都会欢迎的，汉魏六朝时代初期佛教之受人民欢迎，就根据这种求神赐福与保护的信念。故佛教一入中国，便渐与讲炼丹求仙阴阳五行图谶祭祀之方士趋向一致，形成一种道佛综合的宗教，以供应当时统治者与人民信仰上的需要。（参考汤用彤：《汉魏两晋南北朝佛教史》）

这种道佛合一的信仰，实合乎先秦时代"道并行而不相悖，万物并育而不相害"的传统思想。故任何新信仰输入中国，只要适合一部分人民需要，便会渐渐滋长。对于宗教大规模的迫害，要向西洋历史里去找，在我国则史无成例的。但这种对宗教上兼容并包的态度，也许是对于排他性很强的基督教，反是一个难题。

当然，基督教还可以辩说，我们的神是造天地与人的，你们的神是为天地与人所造的。所以我们的神比你们的高明，但是效果如何，亦未可必。

还有一件事要明白。道教之渐渐萎缩，是因碰到了科学的理性主义和自然主义，与神之真假大小一神多神无关。在十八世纪的欧洲，打破天国思想就是这些主义。牧师们若不小心，恐怕在中国也会被打着的。况且教堂之内，无意中带着不少这些主义的种子，一不留意，就像法利赛人的酵，会无意中蒸发起来的。

我们应该常常记得，工厂会跟着教堂来的。工厂一发达，以前所讨论的各种问题，就会发生。

十四、需要深一层的研究

我们在停止讨论以前，还有几点要注意的。若我们要把宗教问题作进一层的研究，我们除历史、社会、心理诸学外，还应该研究原始人种的神话，并应研究以世界各民族为材料的神话学（Mythology）。在我国而论，道教史可以作我们的神话学研究。这类研究可以帮助我们了解宗教的意义。原始人种和我们先民的信仰，似乎有一部分仍沉淀在我们的潜意识或无意识里，有时会窜到知觉里来的。可是我们前面所讲潜意识（或无意识）的幽邃心理学，现在尚在萌芽时期，尚未成熟。但是已经很可以帮助我们作宗教的研究。将来这门心理学成熟以后，对于人们信仰的了解将更有帮助。

还有这几十年内新发展的语意学（Semantics），可以帮助我们把我们语言里所用的符号和术语弄个明白。我们要晓得"上帝"或"神"是一个符号，里面含义在各时代各人心目中是颇有不同的。我们有一个观念，必定有一个代表这观念的符号。没有符号我们的心就不能想，我们的心目中就不能生出观念来。我们自己想或和人讨论，都靠这些符号。有清晰的符号，才能成清晰的思想。上帝给我们的奇迹，就是给我们有制造思想符号的能力。明白这一些，就会觉得《约翰福音》开宗明义所说言与上帝关系的话，以近世眼光看来，还是很有意义的。这几句话就是：

> 太初有言（Word），言与上帝同在，言就是上帝。这言太初与上帝同在，万物是借他造的。凡被造的，没有一样不是借他造的。生命在他里头，这生命就是人的光。

因此我们可以说，言与上帝，是一而二，二而一的，没有言，人类就不能想，就没有知识与智慧的光。凡由人类思想所造成的万物，就都不会有了。

阳明学说之渊源及其影响[*]
（1962 年 6 月）

阳明学说有五个要点，我先把它们提出来说一说：（一）心，（二）理，（三）性，（四）良知，（五）知行合一。

一、心、理、性、良知

现在，我们请问，他所讲的心，到底是些什么。他说："心，即理也。天下又有心外之事，心外之理乎。"心以外无事，心以外无理。所谓事理，都包括在心内，此心只要"无私欲之蔽，即是天理，不须外面添一分"。"以此纯乎天理之心，发之于事父，便是孝；发之于事君，便是忠；发之于交友治民，便是信与仁。只在此心去人欲存天理上用功夫便是。"[1]

他又说，心不只是一团血肉。若是一团血肉，则刚死之人，血肉的心还在，为何不能视听言动呢？[2]

心能知视听言动，便是这个心的性。这个心能知是非善恶，因为它是知理的。这知理也是出于性的。性也者，乃天之所命，不能外求者也。此心、性、理，发于眼，便是视，发于耳，便是听。这一切视听言动，都是从心发生的，所以"心是一身的主宰"，是一切视听言动的主宰者。[3]

他进而又说，此心便是汝真己，这真己，即躯壳之主宰。无真己，等于无躯壳。有此心则生，无此心则死。故凡有知觉处，即有心。耳目之视听，手足之痛痒，此知觉即是心。[4]

---

　　* 见《文化的交流与思想的演进》，世界书局，1962。

他以为致知格物的格，乃孟子"大人格君心之非"的格。格者，在去其心之不正，全其本体之正。[5] "圣人之心如明镜，重要的只是一个明。明则随感而应，无物不照。"[6] 若欲此心光明，洞照万物，只要去私欲、存天理便得。格者，乃理之动，心之运用。故心、理、性、良知，只是一件东西的各面，乃是天所生的，本来有的，无为而为的。儒家与佛家，对性之解释并无多大差别。儒说天命之谓性，性乃天赋。佛家说"性名自有"，是自己所固有的。人心之知，本于天性，故曰良知。良知、理本之于天，为自己所固有，而不待外求，故曰性。

总括言之，心之体（本体）曰性，心之用（运用）曰理，心能循理而知曰良知。

二、知行合一本于一心

我们讲到这里，已知阳明所谓心、性、理，都是讲这个心。推而言之，知与行也是讲这个心。故其知行合一之说，不单从日常经验中得来，乃是从其根本哲学上得来。知是心的运行，心的发动。运行发动，已是行的开始。故知之始，即是行之始。从知到行，只是心的一条鞭的运用，故知与行不能分作两段。知中包含有行，行中包含有知。知与行，为方便计，可有先后的分别。"知者行之始，行者知之成。"[7] 他进而又说："知之真切笃实处，便是行。行之明觉精察处，便是知。知行功夫，本不可离。只为后世学者分作两截用功，失却了知行本体。"[8] 故发为合一之说。

要知道一件事，谓之知，要心与官觉合作才能知。也可以说，如欲知，心要能指挥官觉，或官觉能受心的指挥才可。如此，知已是行了。要做成一件事，谓之行，亦同样的要心与官觉合作，由心指挥官觉，或官觉受心指挥才能行，如此，则行同时亦须知。

《中庸》里说："心不在焉，视而不见，听而不闻，食而不知其味。"即日常经验证明这几句话是对的。不见不闻，知从那里来呢？不见不闻，行从那里下手呢？

依阳明先生的看法，知与行的指挥者，都是一个心。这心的运行，就是良知。这良知是知善知恶的，这良知是知行合一的，知善而行善，知恶而去恶。

三、阳明学说与孟子

我们现在看一看，他所称的心，是根据什么而来的。在儒家方面，他根据孟子。孟子说："口之于味也，有同嗜焉。耳之于声也，有同听焉。目之于色也，有同美焉。至于心，独无所同然乎？心之所同然者，何也？谓：理也，义也。"（《孟子·告子》）所以孟子的心，乃人人所同然而识理义的心。孟子的知，乃官觉与心合作的结果。心与官觉合作，而知事物之理，此知，即是知识。此点与佛家之唯识论，有相似处。唯识论有八识，除最后之末那识、阿赖耶识两者外，眼识即孟子之目之于色，耳识即耳之于声，鼻识、舌识即口之于味，身识、意识即心之于理义。从眼耳鼻舌身意，而知色声香味触法，与我国之知识论相似，即心统合官觉而成知识。佛家言意识，即儒家所云之识理义。从此，我们可以知道阳明先生所讲的心与知识，渊源于孟子。

心能知声香味触，即孟子所说良能。心能知官觉的意义，即孟子所说良知。知与能都是天赋的，良知良能与生俱来。"不学而知是良知，不学而能是良能。"（《孟子》）

佛家求知之道，分性相两条路。凡经官觉而可知，佛家谓之相。儒家谓之物，亦谓之器，均可从儒家所称的"下学"而致的。凡不能经官觉而知的，佛家谓之性，儒家谓之道，亦谓之性。

四、下学上达

阳明先生讲知，从器到道（从相到性），讲得极为清楚。我们可从他讲下学上达里看出来，他说："夫目可得见，耳可得闻，口可得言，心可得思者，皆下学也。目不可得见，耳不可得闻，口不可得言，心不可得思者，上达也。如木之栽培灌溉，是下学也。至于日夜之所息，条达畅茂，乃是上达。人安能预其力哉。故凡可用功，可告语者，皆下学也。上达只在下学里，凡圣人所说，虽极精微，俱是下学。学者从下学里用功，自然上达去，不必别寻个上达功夫。"[9]下学是讲相的功夫，上达是讲性的功夫。在这里先生讲儒家之下学上达，已与佛家之从相到性融合了。

五、妙明真心

我们现在要把阳明先生所讲的心和良知，与佛家所讲的心来作一番比较。阳明先生说："天地万物，俱在我良知之发用流行中，何尝有一物超于良知以外。"[10]此意谓心包括一切万物。故良知者，从心发出，乃心的运用，心的流动，而天地万物均在良知之中，良知以外便无一物。（心即理也，心外无事，心外无物。）天地万物皆在心中。我们拿此心与佛经所讲之心比较，即知阳明之心，实受佛家的影响。佛经说："三界唯一心，心外无别法。心佛及众生，是三无差别。"三界者：欲界、色界、无色界也。《楞严经》说："汝身汝心皆是妙明真精妙心所现物。"又说："不知色身外洎山河虚空大地，咸是妙明真心中物。"[11]即身心乃精妙光明心中所现之物，亦即宇宙一切皆是妙明真心中物。由此可知，阳明的良知虽本源于孟子，但实际与孟子所讲良知已有很大的改变。此则因受佛教影响也。

我们已在前面讲过，他之所谓心，非血肉之心，而是指知理之心。此心，能知是非善恶，能指挥耳目五官而成官识，经过慎思明辨而成意识。此与佛教的关系又何如呢？佛教有两个音译辞，一是末那（Manas），一是质多（Citta）。他之所谓心者，乃《般若波罗密多心经》所称之心。这心从梵文汗栗驮耶（Hrdaya）意译而来。[12]汗栗驮耶原意为草木之心，有时或指为肉团心（即阳明先生所云之血肉心）。此心后来演变为形而上的、超知识的心，所以他要指出知理之心，非血肉之心。因此也可以推测阳明先生所云之心，实受汗栗驮耶之影响。这形上的心，不是认识与记忆的心，盖此名质多（Citta），亦非末那（Manas），盖此指辨别与考虑之心。因此，汗栗驮耶一名，有时译为坚实心，或真如净心，此心是一切众生原有的，有时又称真如法性。以上种种译义，概括言之，此心坚固真实，常住不坏，乃众生本有之性。阳明先生所说，心外无物，心外无事，即佛家所说，一切之法皆心所生之唯心论。

佛家谓心如画师，能画种种颜色，故一切色皆是由心所生。此心弥漫宇宙，在此外无他物。佛家所求，即是此心，即《楞严经》所谓常住真心，永远不变不坏，不生不灭的。阳明先生所说的心，亦似此心，由此看来，阳明先生的学说，受佛教的影响很深。从基本哲学上看是如此，同时他自己亦承认的。

六、超知识的智慧

阳明先生尝谓："吾亦自幼笃志二氏，自谓既有所得，谓儒者不足学。其后居夷三载，见得圣人（孔孟）之学，若是简易广大，始自叹悔错用了三十年气力。大抵二氏之学，其妙与圣人只有毫厘之间。"[13] 他后悔错用了三十年功夫，是劝后辈学者不要再沉浸佛学。其意似谓佛学求超知识，不为修齐治平所必需，可以不必深入研究。所以他说："只说明明德而不说亲民，便似老佛。"[14] 此其意若谓佛老只在讲明德而止，儒家要进一步讲亲民，方能进入修齐治平的一条大路。

话虽如此说，但他之能在明代性理之学方面独树一帜，却还是靠他研究佛学的心得。中国受佛教的影响，以唐代为著，但佛教之真正影响我国思想，则始自宋代。大小程子、晦庵、象山、阳明诸先生之学问，盖无不受佛教之影响，阳明先生更能指出佛学之要点，而融化于儒家。

佛教分性相两宗，前已约略说过，现在再较详地说一遍。性宗想直接达到超知识的智识与智慧，此知识与智慧与我国所称之知识与智慧不同。我国之知识与智慧不是超知识的。相宗要从相入手，如手摸得到的，耳听得见的，眼看得到的，都是相。从万物的相里去探讨事物的理及其究竟，由此而达超知识的境地。宋儒（不一定指宋朝）分程朱与陆王两派，阳明先生即属陆王一派。程朱主张致知在格物（相），即从格物里求知，故近相宗。格之既多，自然一旦豁然贯通。格物者，相也。贯通者，性也。当然，这贯通未必是超知识的。陆王主张格物即格心，心明则性见。象山先生尝谓："东海有圣人出焉，此心同，此理同。西海有圣人出焉，此心同，此理同。"此则近乎超知识的。此心此理，弥漫于天地间，人的知识由心发生，当然，东海西海，此理相同。陆王之说重在心，故近性宗。由此可见，两派俱深受佛教影响。

儒家对超知识（般若）的学问，本不喜深究。但主张知是由内心发出，是与佛家相似的。我们可以从"尊德性而道问学"一句话里看出来，德性是发自内心的。因有此相似，宋儒乃能撷取佛教精义，融合而成一代性理之学。陆王与程朱，盖有似佛教之性与相两宗也。

七、阳明学说与《楞严经》

阳明先生研究佛学三十年，用力甚深。凡读过《楞严经》者，俱觉阳明学说似深受《楞严经》之影响。《楞严经》讲从相到心性之理。阳明先生所讲之知与心性，和《楞严经》所讲相近，并且他对禅宗极有研究。

阳明年谱载有一件趣事，可为举例。

有一次，他在杭州西湖见一僧坐关，三年不语不视，先生喝之曰："这和尚终日口巴巴说什么，眼睁睁看什么？"僧惊而起。先生问有亲在否？曰，有亲在。念否？那得不念。翌日再访，则僧已去。[15]

此僧三年不视，而阳明先生喝其为眼睁睁看什么。此似根据《楞严经》盲人不失"见性"，故能见黑暗，目闭而"见性"仍在。这和尚虽闭目三年，当然眼前像走马灯似的经过之形象不知多少了，所以一喝而便惊起。

《传习录》还有一段记载，足以为先生深识性相关系之理。兹请试举一例。一友举佛家以手指显出，问曰，众曾见否？众曰，见之。复以手指入袖，问曰，众还见否？曰，不见。佛说，还未见性。此义未明。先生曰："手指有见有不见。尔之'见性'，常在人之心神……"[16]

大凡一种学问，自外传入，其内必有相似之物，并经相当期间才能吸收，否则就会格不相入。阳明先生将孟子之良知与佛家之智慧及真心联合起来，成为包括宇宙一切的心，成为他学说的中心。实际，阳明先生的良知，已近乎《楞严经》的妙明真心或常住真心，与孟子原说的良知已大有改变。中国之知识论，止于五官与心合作而得之知识，对于知识以上（超知识）的问题是不去深究的。阳明先生的良知是知识以上的东西，已入超知识境界。人或列其为狂禅，禅则有之，狂则未也。

八、宇宙的透视

佛教传入中国以后，对于讲人伦之道的儒家，最大的贡献，是要我们站在人群以上，万物以外看一看。这与老庄的哲学有些相似。但老庄的哲学只限于自然主义，教人能在海阔天空鱼跃鸢飞的大自然中逍遥自在，不受仁义道德的束缚。佛家教人，以这个世界，不过是恒河沙数之恒河里的一粒沙，真是渺小得不可思议，但是这心却包含了这无穷尽的大千世界。这种气象自然使儒家打开传统的窗子，向无限的空间探望，窥见其间万物，或如微尘荡漾晴空，或如琉璃澄澈透明，不为"见性"的障碍。

佛经中之般若，是指超知识的智慧。汗栗驮耶是指包括天地万物的心。性宗（包括禅宗）想直接达到此超知识之智慧的境界。相宗想从研究天地万物之真相而达到般若。儒家受佛教影响以后，知道知识与智慧以上，尚有超知识的智慧存在的可能。中国思想受此刺激，便要想透过万物去看个究竟。因为宇宙万物都不是永久的，所谓有为者皆不永久。在此不永久的后面，尚有个无为的永久的东西存在。佛家所求就是这永久的东西，即《楞严经》所称常住真心，或妙明真心，亦即《心经》所称"无上正等正觉"[17]。儒家虽受佛教影响，但知之而并不深求。因儒家不愿离开现世的人类社会，另外创一"彼岸"世界，寻求超知识的智慧。儒家认为我们只要把这世界做好，则此世界便是极乐世界，从今日之小康可达将来之大同。天堂可以在尘世产生，不必另求。阳明先生劝后之学者不要再研究此问题——超知识的智慧问题。因为他以为佛家只注意正德，而忽略了利用厚生，故于国计民生无补。上面所说的"讲明德而不讲亲民，便是老佛"，即指此。但是他的学生因受佛教影响，对此问题仍不肯放松，还要继续探究，其中最重要的一部分是死生问题。

九、死生问题

讲到死生问题，《论语》有樊迟问死。孔子曰："未知生，焉知死？"问事鬼神。孔子曰："未能事人，焉能事鬼？"这一思想，深入国人脑中。但死生大事，总有人想问个究竟。孔子知死生为一超知识问题，不是能靠学问与知识解决的。阳明弟子萧惠尝问先生死生之道，先生曰："知昼夜，即知死生。……此心惺惺明明，天理无一息间断，才能知昼夜，这便是天德，便通乎昼夜之道而知，更有什么死生？"[18]上面是阳明先生取《易经·系辞》里的一段话，来给学生解释死生问题的。学生虽不再追问，但并没有懂。现在的我们也仍是不甚清楚。阳明死后的六七十年（万历二十四年，一五九六年），明高僧《憨山老人年谱》在那一年的《自叙实录》中说："周公鼎石讲阳明之学，率门人数十过访（时憨山在粤）。周公举'通乎昼夜之道而知'发问。余曰：'此圣人指示人，要悟不属死生的一着。'众皆罔然。再问，周公曰：'死生者，昼夜之道也。通昼夜，即不属昼夜耳。'"（《憨山老人年谱·自叙实录》）现在我们想一想，通昼夜，何以便能知死生呢，到底还是有点含糊。大概而论，死生问题属于超知识方面，即宗教方面。儒家主张在现世创造理想社会，在人群中求不朽（立德、立功、立言），所以对于超知识之死生问题不大深究。盖中国社会本为一重人伦、重现世之社会，故不想在人群以外，或现世以外求不朽。所以死生问题，无论如何解释，我们听来总觉有些渺茫。这一问题若从宗教方面寻求解决，则又加一层超自然问题，故仍然遇着很多困难。

照以上的实录看来，阳明先生死后逾半世纪，尚有一位阳明学者带了几十个再传弟子们谒见对于《楞严经》研究有素的高僧憨山老人，向他请教对于阳明先生所未能痛快解答的死生问题。这又可为阳明学者们与高僧往还作一个例子。

可惜这个问题，佛家亦不能痛快直接解答。以下是摩楞迦多（Malunkyaputa）的一个故事，是作者从英译佛经里意译出来的。照这个故事看来，释迦牟尼答复这个问题，也和孔子答复樊迟"未知生，焉知死"同一精神。

佛的弟子摩楞迦多问佛，何以有许多问题没有讲给我们听。佛听后，既未承认，亦未否认。这些问题是：世界是永恒的，还是暂时的？世界是有限的，还是无限的？人的身体与灵魂是一件东西还是两件东西？人死后，是存在，还是不存在？或不存在，同时亦存在？或存在，同时亦不存在？佛回答说，我之所以不解释这许多问题，因为解释起来就好像下面的一个例子。

有人受箭射伤，因就医伤，并对医生说，你必须将射我者属何等人，其肤色如何，黑色、白色，还是黄色，及其所属阶级，农民、婆罗门，还是贱民等，一一讲明，我才要你拔箭。

佛说，若是要这样做，恐怕答复还没有完毕，这伤者早就死了。如果有人要我解答你们那些问题，恐怕没有讲完，这人也已经死了。人类的良好生活，不靠以上所说的种种教条。其世界是否永久，知道也好，不知道也好，生老病死的苦始终存在。我为了要解除这种苦恼，所以我不讲世界永久或不永久的那种教条。因为于事无补，于宗教的道理亦无补，所以不讲。我所要讲的，是如何解除痛苦。照这样想，才有用处。只要记得，我讲过些什么事，什么事我没有讲过。[19]

十、佛学的估值

我们讲阳明学说，所以要上溯孔孟，旁及佛老者，以此可以了解阳明学说之渊源与真义，并识先生融化儒佛之大业，以为吾人讲中西文化之借鉴。儒家之学本为经世之学，而先生以明德亲民而接"自己觉悟而具有救众生宏愿"之大乘佛教。

上面已说过，他以为只知明明德而不知亲民，便似老佛。其意以为佛教之讲般若，犹儒家之讲明明德，自有真理存在。唯佛氏要从般若而渡到彼岸之极乐世界，从儒家眼光看来，不如在这世界作亲民工作为是。这是要把佛学搬到这世界来谋人群的幸福。可是这也是大乘佛教菩提萨埵的本义。

他说大抵二氏之学（释老），其妙与圣人只有毫厘之间。这毫厘之间，就是儒家讲亲民，而佛老不讲亲民，此其一也。所以他又说："明德是此心之德，即是仁。仁者以天地万物为一体，使有一物失所，便是吾仁有未尽处。"[20]这是说亲民之重要。此理甚明白，因为儒家之学，格、致、诚、正、修、齐、治、平是一贯的。佛家达到修身一段后，就想直接到涅般［槃］世界去，这是儒家所不赞成的。

其二为关于着相问题。他说："佛氏不着相，其实着相。吾儒着相，其实不着相。……佛怕父子累，却逃了父子。怕君臣累，却逃了君臣。怕夫妇累，却逃了夫妇。都是为个君臣父子夫妇着了相，便须逃避。如吾儒有个父子，还他以仁。有个君臣，还他以义。有个夫妇，还他以别。何曾着父子君臣夫妇的相。"[21]其三为其不可以治天下。阳明先生谓："吾儒养心，未尝离却事物，只顺其天则自然。释氏却要尽绝事物，把心看做幻相，渐入虚寂去了，与世间若无些子交涉，所以不可以治天下。"[22]

上列三点，总括言之，儒家重经世，而释氏则主超世。此两者从表面看来，似有千里之差。然如以超世之达观，烛经世之宏谋，则于老氏无为而治与夫儒家修齐治平之妙道，实只有毫厘之间耳。

十一、学庸论孟四书之集合及其影响

宋儒因受佛教的影响，由佛家之三宝，自然会联想到自家亦有至宝，归而求之有余师。于是把《大学》《中庸》从《礼记》里提出来，合《论语》《孟子》而成四书，作为教人求学的宗旨与方法。这四书合起来的影响，笼罩了我国思想垂八九百年。宋儒思想的发展，即由其中的几个基本思想演变出来的。其一为《中庸》之尊德性而道问学，其二为《大学》之致知在格物，其三为诚正修齐治平之一贯性，其四为明明德与新民（阳明先生作"亲民"讲），其五为《孟子》之性心与理义。后来宋儒的分派，亦由对于以上诸点，各有所偏重而演变出来的。

偏于道问学与格物的，成程朱学派。偏于尊德性与致知的，成陆王学派。其所以如此分派者，未尝不是受佛教性相两宗之影响。

十二、阳明学派之分布

阳明先生（一四七二——一五二八）卒后，门人散居全国各地者，其分布情形与学说概要，据梨洲先生《明儒学案》所集，全国共得六十六人。其中赣廿七人，浙十九人，苏皖九人，鲁豫陕七人，闽粤二人。梨洲先生说，他所搜集的，以可考证者为限。当然这不过是几个重要的领袖，其无文献足征者，都不在内。前述带了几十个学生去见憨山和尚的那位周姓阳明学者，就为《明儒学案》所未载，由此可（见）阳明再传弟子必相当的多。故梨洲先生《明儒学案·师说》篇里，说其门人遍天下，而且从他们的语录里看，知道他们讲良知，也大都同时讲佛学的。

我们在前面已经说过，良知是近乎超知识的，近于佛教的般若。这超知识须从下学，始可以上达。但其再传弟子们都未觉他们所求的良知是近乎超知识的。以为不从下学，可以达到。故愈讲而离真愈远，而对儒家的修齐治平之道，自然相离更远了。他们只是凭空虚想，所以愈想愈空了。

阳明先生想扫除宋以来专从书本中求真理的弊病，要用自己的心，自己的思想，来研究儒家修齐治平的道理，使学者把自己的思想从传统的束缚里解放出来，采取一种思想独立的态度。他以良知为真己，自能权衡是非，不靠外求。盖此颇近乎释迦牟尼"当以己为光，以己为依"之遗言，他的弟子们一传再传，虽流于空虚，但却能守思想独立之遗风，眼光放大，不泥于古，为后来吸收新思想的张本。

十三、黄梨洲、顾亭林经世之学

这一遗风的流传，我们可从黄梨洲先生（一六一〇——一六九五）方面看出来。

他在《明儒学案·自叙》里说："盈天地皆心也，变化不测，不能不万殊。……故穷理者，穷此心之万殊，非穷万物之万殊也。是以古之君子，宁凿五丁之间道，不假邯郸之野马，故其途亦不得不殊。奈何今之君子，必欲出于一途，使美厥灵根者，化为蕉芽绝港。先儒语录，人人不同，只是印我之心体，变动不居，若执定局，终是受用不得。"

梨洲先生秉"道并行而不相悖，万物并育而不相害"的古训，搜罗各派学说，不问其正反。在《宋元学案》与《明儒学案》里探源溯流，讲的脉络分明，并且他在作宋元、明儒学案之前，曾把应读的书读过。如十三经，廿一史，百家九流，道藏佛藏，弥不究心。他说前人辟佛，不检佛书，但肆漫骂。梨洲有鉴于此，乃精研佛藏，深明其说。[23]

又著《明夷待访录》，讲经世之学，以独立的思想，讲治国平天下的道理。他批评明代讲学之弊说："明人讲学，就语录之糟粕，不以六经为根据，束书不读，但从事于游谈。学者必先穷经，经术所以经世，乃不为迂儒。"又谓："读书不多，无以证斯理之变。读书多而不求于心，则又为伪儒矣。"

顾亭林（一六一三——一六八二）批评当时学风曰："百余年来之为学者，往往言心言性，而茫乎不得其解也。命与仁，夫子所罕言也。性与天道，子贡之所未得闻也。……今之君子则不然，聚宾客门人之学者数十百人……而一皆与之言心言性。舍多学而识，以求一贯之方。置四海穷困不言，而终日讲危微精一之说。……"[24]这一段话，不只批评当时的阳明学派，也同时批评当时的程朱学派，因为宋儒都讲心性的。至亭林先生自己，便反其道而行之，以经世之学，来代替性理之学。他的《日知录》《天下郡国利病书》，皆是要解决国计民生问题。所以他批评当时学者，谓其置四海穷困于不顾，唯终日讲危微精一之说，诚慨乎言之。

在梨洲以前，西洋天文算学已由耶稣教士传入。他对天算很有兴趣，所以虽当军事危急时，尚坐船中，推究欧罗巴历法。[25]

作者在余姚故乡私塾读书时，尝闻父老言：梨洲于清初仍寓余姚县城，居恒不去冠，冬夏如一，盖未剃发也。雕木为仪器，以测天体。人恒见其行于虞宦街，携仪器作测量。尝谓乡人曰，西洋之天算高妙，吾人与之相较，直如孩提之比成人耳。其后裔黄秉厚在宅建天文台，至今犹存。距作者余姚家宅，唯咫尺之隔耳。

梨洲《明夷待访录》，讨论政治、经济、田制、兵制、财制诸问题，不但切中明代时弊，且思为后世辟治国新途径。迨至清末，其影响革命思潮至巨。

十四、顾亭林致黄梨洲书

亭林本属程朱学派，批评王学不遗余力，但于经世之学与梨洲志同道合。及读《明夷待访录》，称许备至，因致书曰：

> 辛丑（一六六一，顺治十八年，时先生年四九）之岁，一至武林，便思东渡娥江，谒先生之杖履，而逡巡未果。及至北方，十有五载，流览山川，周行边塞，粗得古人之陈迹。……年逾六十（是年应为六十四岁），迄无所成。……自中年以前，不过从诸文士之后，注虫鱼，吟风月而已。积以岁月，穷探古今。……而于圣贤六经之行，国家治乱之原，生民根本之计，渐有所窥，恨未得就正有道。……大著《待访录》读之再三，于是知天下之未尝无人，百王之敝可以复起，而三代之盛可以徐还也。……炎武以管见为《日知录》一书，窃幸其中所论，同于先生者十之六七……附呈大教，倘辱收诸同志之末，赐以抨弹，不厌往复，以开末学之愚，以贻后人，以幸万世。[26]

这封信，足以表示宋儒性理之争，已随明室之灭亡而暂告结束，而有清一代之学术，遂统一于经世之学。历史的、考据的、科学的研究，亦在此时奠其基础。盖亡国之痛，足以使学者猛省，不仅物极必反而已。

[注释]

[1]《王阳明全书·传习录》（正中本）第二页。

[2]《王阳明全书·传习录》（正中本）第三十页。

[3]《王阳明全书·传习录》（正中本）第三十页。

[4]《王阳明全书·传习录》（正中本）第三十页。

［5］《王阳明全书・传习录》（正中本）第五页。

［6］《王阳明全书・传习录》（正中本）第十页。

［7］《王阳明全书・传习录》（正中本）第十一页。

［8］《王阳明全书・传习录》（正中本）第三五页。

［9］《王阳明全书・传习录》（正中本）第十一页。

［10］《王阳明全书・传习录》（正中本）第八九页。

［11］《首楞严经》卷二。

［12］织田：《佛教大辞典》第一二一页，二一〇页，二五七页，四一六页，一三一〇页。《般若波罗密多心经》，梵文之拉丁文音译为 Prajna-paramita-hrdaya-sutra，心经两字为意译，余均为音译。

Hrdi，Hrdaya，heart；见 Buddhist Hybrid Dictionary，p. 621，Yale Press，1953（《佛教变体梵文辞典》）。

法云法师（宋绍兴一三年，一一四五）《翻译名义集》（建康书局影印本）第二三二页，二四八页。

［13］《王阳明全书・传习录》（正中本）第三十页。

［14］《王阳明全书・传习录》（正中本）第二一页。

［15］《王阳明全书・年谱》（正中本）第八二页。

［16］《王阳明全书・传习录》（正中本）第一〇二页。

［17］阿・耨多罗・三藐・三菩提，梵文之拉丁文音译为 A-nuttara-samyak-sambodhi，译义为无上正等正觉。

［18］《王阳明全书・传习录》第三一页。

［19］Sutta 63，The Majjhima Nikaya，translated by H. C. Warren，quoted in The Teachings of the Compassionate Buddha，E. A. Burtt，pp. 32—36.

《大正藏・阿含经》卷六十载有《箭喻经》，为东晋时所译。Malunkyaputta 译为鬘童子。因中国古代译文不如现代英译之易晓，故本文根据英译。

［20］《王阳明全书・传习录》（正中本）第二一页。

［21］《王阳明全书・传习录》（正中本）第八二页。

又《金刚般若波罗密经》云："若菩萨有我相，人相，众生相，寿者相，即非菩萨。"

［22］《王阳明全书・传习录》（正中本）第八九页。

［23］江藩《汉学师承记・黄宗羲传》。

［24］《顾亭林文集》（新兴书局影印本）卷三《与友人论学书》。

［25］江藩《汉学师承记・黄宗羲传》。

［26］道光十九年（一八三九）钱熙祚校梓《明夷待访录》（新兴影印本）卷首刊顾宁人书。

据道光二十三年（一八四三）出版张穆所编《顾亭林先生年谱》（商务中国史

学丛书），顺治十八年辛丑先生年四十九岁。是年至武林（杭州）渡江（钱塘江）至越谒禹陵，吊宋六陵，有诗各一首。娥江为曹娥江，自越赴余姚，必渡此江，案清初时渡钱江颇艰险，而娥江则甚易渡，其所以逡巡未果者，或因文网太密欤。

又据《亭林年谱》，《待访录》系由陈锡嘏（介眉）、万斯同（季野）携至蓟州，与先生相遇。

谈学问[*]
(1962 年 6 月)

吾国为最重学问的国家。自孔子以"学不厌，诲人不倦"的精神，有教无类（不分阶级），讲学民间，使学问为后世平民所尊重。汉代行选举制，选拔民间的博学之士入佐政府，开学者治国之风气。自唐宋以迄清末，以科举取士，其用意在使从政者都是学人，因此学问遂成济世之本。而以考试取才，且可杜绝幸进之门。虽行之后世，流弊日深。但此非制度之不善，其原因别有所在。其后科举与书院并行，使民间讲学成制度化。书院创始于北宋，即历史上所称的四大书院。后世相沿成风，书院之设遍全国。如孤悬海外之台湾，在清代亦有海东书院等之设立。虽时至晚清，国中学人，如章太炎、康长素、蔡子民、梁任公诸子，莫不曾在书院中讲学。维新之初，浙之求是书院，苏之南菁书院皆有著名之士，讲学其间。实开两省新学之风，其他各地之新风气，亦多由当地之书院倡导。

我国人之重学问，二千余年来，已相沿成风。学与不学，或有学问与无学问，为做人处事之标准。

儒家之学，为修身齐家治国平天下之学。其持己严，待人宽。其识见远大，不图近利。以"正德利用厚生"为政治之极则。这目的虽不易达到，但终要望着那方向走。正德是对自己的修养功夫，即修身。利用是用人力物力求有利于国计民生，厚生是利用的结果。

在五世纪，圣奥古斯丁（三九六—四三〇）对基督教义与柏拉图哲学作调和之努力。圣多玛斯（一二二五—一二七四）在十三世纪对基督教义与亚利士多德哲学之调和，作更大的努力（其所著《神学书》于清

---

[*] 见《谈学问》，世界书局，1962。

顺治年间节译成中文，名曰《超性学要》）。此后，耶教的神学与希腊的哲学混合为一。复经长期间的研究、分析和讨论，遂成为中世纪之经院主义。于是希腊哲学便披上了基督教士的道袍。

自十五世纪文艺复兴运动起，人文主义的希罗文化渐渐卸去教士的装束，而趋向回复希腊罗马时代的本来面目。至十六世纪，希腊的理性主义在宗教里面爆发起来而成为宗教改革运动。至十八世纪，这两个运动酝酿而成法国大革命运动，不但脱离了宗教，而且变成了反宗教运动。

中国以天为出发点的自然主义，在十八世纪的欧洲，便成为反宗教的反超自然主义。以人为本位的人文主义，便成为反宗教的反天国思想。以道为中心的理性主义，便成为反宗教的反教条主义。

当时中国文化，几被认为希罗文化典型的代表。且时值中国乾嘉时代，国运方隆，为祸乱并乘之欧西各国所望尘莫及。元代马可孛罗之游记已流行于欧洲。大部分的四书五经，在明代已经耶稣会士以拉丁文译成，已为欧西学者所共读。水到渠成，中国文化逐〔遂〕与欧洲十八世纪革命结不解缘。

但平心论之，当时之反宗教，实反教堂之淫威与腐败。至耶稣之教，仍不知不觉深存于反宗教者之脑中。博爱、自由、平等三口号，实均由耶教而来，不过去其超自然主义，而想在人世建天国而已。在辛亥革命之前夜，这三个口号传入中国，亦与中国革命结了不解缘。

至十九世纪，因三百年来希腊之人文主义、自然主义、理性主义相继复兴之结果，自然科学与应用科学逐步发展，又因应用科学之进步而改变生产工具。由此而造成了资本主义，由资本主义而造成殖民地主义。同时宗教思想与科学思想在十九世纪已能彼此容忍，非宗教的中国思想已不为欧西人士所需要。中国此时正值道咸之际，内乱方殷，国势日衰，已面临殖民地主义的危机，故彼时中国文化，在欧人眼中便不值一文钱了。黑智儿在他的《历史哲学》里批评中国的道德观念是外铄的，根据于命令式而非自由启发的。但黑智儿宇宙精神论的哲学是受斯宾诺塞泛神论及康德理想哲学的影响的，而康德哲学亦部分的受斯氏泛神论的影响，而泛神论据康德说是受老子的影响的。主张以权力为意志的尼采因反对理性主义而挖苦康德为堪尼斯堡伟大的支那人。那么，尼采似竟认康德的理想主义直出于中国的理性主义了。

德国哲学本最不合中国人的胃口的，但其受中国哲学的影响，蛛丝马迹，历历可溯。这是什么缘故呢？因为中国哲学向不超越自然主义，亦不脱离理性主义，更不放弃人文主义。德国哲学喜把理性主义与超自然的泛神观念联在一起而成理想主义。一成理想主义，便易流入绝对主义而脱离人生实际问题。中国人不信绝对，亦不肯脱离人生实际问题，所以与德国哲学格格不能相入。而且理想主义，有它的一套逻辑，亦为我国人所不习惯的。故国人对于德国的理想主义和对佛学唯识论的末那识、阿赖耶识同一态度。

明清之际，耶稣会士译著天文、算学、机械、哲学、政治、地理等学并及多种神学书籍，唯吾人取其科学而舍其神学。《四库全书》子部天文算学类评《天问略》一书里说："其序称：'天堂之所在，奉天主者乃得升之。'……盖欲借推测之有验，以证天堂之不诬，用意极为诡谲。然其考验天象，则实较古法为善。"此实可以代表吾国人对于超自然主义的态度。

耶稣会士对于宣传宗教虽未能在吾国建立大功，但明清间输入科学思想于吾国之功则不小。清代考据之学发达，并较前代为精确，实受耶稣会士科学译著之影响。而彼等所译之四书五经，流入西欧，转为反对宗教之工具，这也是教士们初料所不及的。历史的演变，有时似乎在和人们开玩笑。

总之，凡一种学问，不论出于何时何地，一与其他学问接触，均能彼此影响。至影响之大小久暂，则要以时代之需要为归。

知识论[*]
(1962 年 6 月)

(上)

吾国的知识论是根据"致知在格物"的，这是说知识是从格物而来。这"物"字有两种意义：一是物的本体，即物质的物，如日、月、山、川、金、木、土、石等；一是指物之运行，即事物的事，如日月之起落，四时之递嬗，历史之演变，人事之动静等。吾国之格物，绝大部分是指事。而格物质之物的，如道家之炼丹，火药之发明，起重机，车水机的制造，等等，不在正统思想之内，皆所谓艺而非道，在思想中居不重要的地位。孔子说："志于道，据于德，依于仁，游于艺。"(《论语·述而》) 此说明艺不过业余之事，即俗所谓"玩票"。

格物（无论物与事）是靠视、听、嗅、味、触诸官觉，是眼、耳、鼻、舌、身五官的作用。目视的色，耳听的音，鼻嗅的香，舌尝的味，身触的冷热坚软，都是知识的根据。但这种官觉，须透过灵敏的耳、目等才觉可靠。孔子说"视思明，听思聪"(《论语·季氏》)，就是这意思。反过来说，如视不明，听不聪，就会在知识上造成错误。又更须用心，五官作用，才生意义。所以《大学》里说"心不在焉，视而不见，听而不闻，食而不知其味"。故心与官觉并用才能成知识。"格"是用心去求官觉的意义，各种官觉如黄香甘坚等留在记忆里，使它们在心目中连贯起来，遂成意识。黄冷坚重的可能是金，白冷坚重的可能是石，要决定究竟是否金石，当然还有其他因素，这就要用心去鉴别了。我们脑筋里所存金石的意识，就是从这样得来的。

---

[*] 见《谈学问》，世界书局，1962。

我们从这简单格物的举例，可以推想格事的程序，大致亦是如此，不过相关的因素更多，更复杂。从观察某人的喜怒哀乐，推到其人的性格，要经相当复杂的程序。如察言（听）观色（视），推想声色和他种因素的关系（思），要心与官觉合作的。此与格物同一程序。

五官之所以能识色声香味触，就是孟子所说的良能。心能知官觉的意义，就是孟子所说的良知。

人何以有良知良能？这是性，是天所命的，或天赋的。用近代语说，是为大自然所赐予的，即《中庸》里所说的"天命之谓性"，因为良知良能是与生俱来的。所以孟子说"不学而知的是良知，不学而能的是良能"。至大自然从何而来的呢？这是自然而然的。因自己如此，所以当然如此。我们只知其当然而不知其所以然。此所以子贡未闻孔子谈性与天道（《论语·公冶长》）。

宗教家说，天地（大自然）是上帝所造的，这问题似解决了。但是上帝为什么能造天地呢？好像小孩得一苹果，知道是爸爸给的。但爸爸从那里得来的呢？难道他自己变出来的吗？若爸爸说："这是上帝赐予的。"如小孩相信了，便不成问题。从很粗浅的讲，这是宗教的起源。若爸爸照事实说树上采来的，如小孩满意了，这问题也就解决了。若再问树上为什么生苹果呢？爸爸只好说，苹果在树上自然生长出来的（犹如说性由天命而来），如小孩认为满意了，这问题也就解决了。我国的知识问题，就到此为此，不再追问。若再问下去，做爸爸的只好摇头说："我的儿呀，我也不知道。"

假如有人要继续问下去，最后就成为自然科学中的植物学了。又如相传牛顿因见苹果堕地而明发地心吸力，那就入了物理学的范围。

假如又有人说，我们何以知道苹果是存在的呢？因为我们心里有苹果的意识。假如没有这意识，就没有苹果的存在。粗浅地说，这问题就入了唯心派的哲学范围了。

假如又有人说苹果是存在的。心如白纸，因为苹果印在我们心的白纸上，所以我们知道是苹果。粗浅地说，这就入了唯物派哲学的范围了。

又假如有人说，我们虽然不能确知苹果的真实存在，但是心中的意识，我们可以保证是真实的吗？又用粗浅的说法，这就入了怀疑派的哲学。

这许多哲学问题，不为中国人所乐道，且待后面再谈。现在让我们续谈格物致知罢。

照常识讲来，金是金，石是石，物是实在的。红是红，香是香，方是方，圆是圆，官觉也是靠得住的。官觉何以靠得住呢？照孟子的说法是天下之口、耳、目相似，故其知味、音、色相同。（《孟子·告子》）心能识各种官觉的关系而成意识，也是真实的。把各物按通则归纳成类别，又从各类别归纳起来，再抽出通则来，这通则也靠得住的。何以故？照孟子的说法，因为理是为天下之心所同然的。（同上）这是以人人所同然为真实的标准。思想与官能合作而识事物之理，是我国知识论的中心思想，也就是科学思想的基础。

《中庸》里说"博学之，审问之，慎思之，明辨之"。博学是广识事与物，是由官觉而得的。审问、慎思、明辨是指示思想方法的大原则，而思辨的规则，可由各人从思想经验中得来。在我国不再另立学科。西洋的逻辑，即是讲此规则的，而我国则未予研究。唐代翻译佛经中的因明学，是佛学的逻辑，而亦未在我国思想中生根。这话说起来很长，兹姑从略。

孔子说"学而不思则罔，思而不学则殆"，是指学与思应合作的，就是说官觉与心应同时并用。

总上所述，吾国的知识论，是与近世科学的知识论走的同一条路线，即思想与官觉合作求事物之条理。所以中国人习自然科学颇能得手应心，绝无扞格难明之处。我国因重道轻艺，故人道之学（社会科学）甚为发达，但物理之学只止于应用，而不向物中求通理。中国自然科学不发达，此其重大原因。（见《知识与科学》篇）

更有一个重要原因，是中国人讲知识已先定了一个界限（止境）。在此界限以外，老实承认为不可知，而且认为能知"不知"，即是知。孔子说"知之为知之，不知为不知，是知也"（《论语·为政》）。又说"未知生，焉知死"（《论语·先进》）。《大学》经首章论格物致知，便提出一个"止"字来。止是求知的界限，所以在传二章又拿黄鸟作比喻来说明这"止"的重要。"缗蛮黄鸟，止于邱隅。"因为黄鸟是小鸟，不能高飞远翔，只可以山的一隅作活动的界限，在这一隅里栖飞，逾此限则危殆。人求知识，亦只能限于宇宙间的一隅。以儒家而论，这一隅就是自然的法则（孟子说，有物必有则），应用于人世，便是礼。具体说来，就是修身齐家治国平天下。

老子亦说"知止可以不殆"，庄子说"吾生也有涯，而知也无涯，以有涯随无涯，殆已"，都是说求知要有个界限，过此便是危殆。道家以识自然为止境，应用于人世，便是无为而治。

这个界限既定，西洋的自然科学，哲学的理想主义，讲思想规则的逻辑，当然不在我国人求知范围以内了。让我们在下篇再说罢。

（下）

上文已说过，我国的知识论以心与官觉合作而识事物之理为中心，并定了一个知识的止境。此外，不再追问。现在我们可以把孟子的话引用于后，以为讨论的基础。

> 口之于味也，有同嗜焉。耳之于声也，有同听焉。目之于色也，有同美焉。至于心独无所同然乎？心之所同然者何也？谓理也，义也。（《孟子·告子》）

此即说明心与官觉合作而识事物之理。我们可以先与佛学中的唯识论作一比较，然后再谈西洋的知识论。

唯识论有八识：眼识（目之于色），耳识（耳之于声），鼻识，舌识（口之于味），身识，意识，末那识，阿赖耶识。

从眼、耳、鼻、舌、身、意，而知色、声、香、味、触法，有一部分与我国之知识论相似，因为心统合官觉而成知识是儒家与佛家相同的。意识即心之识理，在内而不在外。但儒家如上篇所说，承认声、香、味、触法是真实存在的，因为是天下人人所同然的。佛家之唯识论者则谓万物唯识，一切物体皆不过是阿赖耶识之显现，故根本无外界物体之存在。

意识是我们懂得的，故可以意译，意识以上，为我们所不懂的，故只好音译。

二十九年前，国中有一场科学与玄学的笔战，结果各行其是，找不出一条共同的道路。因为科学由内至外，又由外返内，是内外合一的（即心与官觉合作）。玄学只向内走，属于意识以上，终与我国思想格不相入。

开欧洲近世知识论之门的先导，一位是英国的培根（一五六一——一六二六），一位是法国的笛卡儿（一五九六——一六五〇）。培根反对当时流行的演绎逻辑，谓用这些逻辑反复辩驳去求真理，是得不到真实的知识的。这些逻辑好似一个蛛网，是一个知识的陷阱。我们要用一个新方法——归纳逻辑。思想要求助于观察，以实地试验去求真理。他于是开了近世科学方法之门。

与他同一时代的笛卡儿，也反对当时流行的各种学说。他说我们对于遗传下来的学问，不能盲目接受，认为正确。但他认为可靠的是什么？他说："我在这里想，就是我存在。"这是可靠的。他主张用一种有方法的怀疑，除伪求真。他于是开了近世理想主义之门。

到了英哲卜克来（一六八五——一七五三），他说，心中的观念是真实存在的，外界的物体是不能信他是存在的。这与佛学的唯识论很相似。

英哲洛克（一六三二——一七〇四），以为心如白纸，由外界的物体印入心中而成知识的。这不能为我国人所相信，因为我们相信知识是由心与官觉合作而成的。

到了英哲休姆（一七一一——一七七六），他说，我们不能断定物体是真实存在，但也不能断定心中的观念是靠得住的。

对于心与物之真实存在都怀了疑，那么宇宙间还有什么可以相信的呢？于是有德哲康德（一七二四——一八〇四）出，想证明什么是真实的知识，著《纯理的批判》。

从这本书里，知道康德的知识论，大旨谓五官与外界的物体接触而生官觉，由官觉而成官识，综合官识而成意识。心之能识物与物关系之条理是内存而非外铄的，这似近乎孟子的良知学说。康德有句名言说："意识无官识则空虚，官识无意识则盲目。"这两句话和孔子的"学而不思则罔，思而不学则殆"亦相似的。

德国的尼采是主张以权力为意志而反对理想主义的，曾赠康德以"堪尼斯堡的伟大的支那人"的徽号（康德为堪尼斯堡大学教授）。这可以想象康德的理想主义似乎是受儒家的知识论和释家的唯识论一部分的影响的。

康德又著有《应用理的批判》一书，大旨谓道德律是绝对的，无例外的。道德律如有例外，就不成为道德了。例如诚实，如因有利可图而诚实，则非真诚实；如以诚实为方便之门，亦非真诚实。

康德理想主义，包括理的内在论与道德律的绝对论，影响了德哲黑智儿。但黑氏的理想的辩证法，只在内心辩证，而不顾外界事物的理则。他以为时代精神的演进是一个矛盾律。有正必有反，正反相冲突，其结果成一个新综合。这个综合又成了正，正又必引起反。这正反矛盾律是绝对的真理。如此演变而无止境，这是理想的进化论。

他的思想的基础是时代精神，是抽象的，形上的，是正的观念与反的观念的冲突。可怪得很，这形上的理想的辩证法，到了马克斯手里，便变成了历史的唯物的辩证法。

马克斯把历史的唯物论套在黑智儿唯心论辩证法的模子里，说封建主义是正，资产阶级是反，资产阶级吸收封建社会之残余，并因生产工具之改进，形成资本主义而成新综合。于是资本主义是正，无产阶级是反，综合而成无产阶级专政。马克斯和黑智儿一样，都以为这正反矛盾律是绝对的。但无产阶级专政的反，又是什么呢？如此推演下去，就不容易了。因为在理想上可以把正、反、综合三者推演而无止境，在进程中可以使辩证法如天衣无缝。但碰到社会经济的现实问题，事实未必肯跟着逻辑走，于是就把矛盾逻辑放弃了，说从无产阶级专政就会一直达到无产阶级的社会。于是政府就用不着了，自然会萎缩下去，终至成为无政府无阶级的社会。这时代精神的矛盾律也就到了一段绳子的末端。

黑智儿的理想辩证法是讲明时代精神进化的通则，而此精神即正反矛盾律。其在马克斯主义，至无产阶级专政时，这矛盾律已觉技穷。若到了无政府社会，矛盾律定停止运行，则社会进化岂不亦就因此停止了吗？

相信心与官觉合作而成知识的我国人，对于唯心的辩证法和因此而产生的唯物的辩证法实在不合我们的胃口，吞下去就会呕吐出来。在我国，关于意识以上的知识，就要用外国字音译而加以注解，才能表达一部分意义。如唯识论之末那识与阿赖耶识。

这几十年来，西欧派与德国派的哲学，都或多或少陆续输入我国，而德国派之理想主义、绝对主义、极权主义终不能渗入我国思想系统之内。即使知之亦不能好之，好之亦不能乐之。而经验派的知识论曾在我国思想界起绝大作用，因为中国的思想，根本是属于经验派的。

我国现在是否需要理想派的知识论，知者见知，仁者见仁，姑置勿论。西洋因为对于知识论很有兴趣，入主出奴，闹了三百年的纠纷。而我国因对此不甚有兴趣，故未投入蛛网。但这是我国学术的优点，还是缺点呢？若把这些问题提出来，恐怕科学与玄学的笔记又要旧调重弹了。

宇宙论[*]
（1962 年 6 月）

  宇宙论是人对于宇宙（或世界）一种有条理的看法。根据这看法，来应用于人生。人们相信宇宙的存在，有它普遍的条理。所谓有物必有则，亦即所谓道。人的理知与德行由天赋之性而来，故也包含在这条理以内。这则或条理，要透过物去想才能懂得，是形而上的。可以心思而知，不能以目视而见。孟子说："天之高也，星辰之远也，苟求其故，千岁之日至（冬至或夏至）可坐而致也。"（《孟子·离娄》）日月星辰是物，为目之所能视，是形而下的。其"故"是道，是形而上的。即所谓"形而上者谓之道，形而下者谓之器"（《易传》第十二章）。器即是物，物是循道而行的。故能知其道，便知物运行之则。知此则即知此道。虽千载以后之冬至夏至，可以推算出来的。据董作宾君考据，我国在商朝时，天文学已甚发达。可知孟子此说，实受天文学的影响。天（自然）好像一架大机器，照自然的法则，永远的运行。应用于人世，则可依据历史的演变，（即人的经验）推测而知"五百年必有王者兴"（《孟子·公孙丑》）。孔子的"四时行焉，百物生焉"（《论语·阳货》），也可以说是受天文学的影响（《礼运》），孔子曰："我欲观夏道，是故之杞，而不足征也。吾得夏时焉。"春夏秋冬四时之遭［嬗］变，昆虫草木之春生夏长，秋收冬藏，周而复始之循环，都循此理则。应用于人世，则可依据历史的演变，推测"其或继周者，虽百世可知也"（《论语·八佾》）。

  儒家从自然去求则，以此法则应用于人世。而道家则以自然之本体应用于人世（老子谓"有物混然，先天地生"，就是指自然的本体）。两

---

  * 见《谈学问》，世界书局，1962。

家之道的意义不同即在此。故一则主礼治，一则主无为之治。

在本省屏东县乡村里某农家门上黏贴着一付［副］对联：

　　修其天爵　　　教以人伦

这是根据孟子的，可以代表儒家的宇宙论。又在某地见一付［副］对联：

　　天空海阔　　　鱼跃鸢飞

这与庄子"逍遥游"同一精神，以鱼鸢喻人，逍遥天地间，自由自在，在大自然的限制内不受拘束。这可以代表道家的宇宙论。

二千数百年来，这两种宇宙观，或彼此互为消长，或两者折中并存。中国社会之基础，即建筑于此两者之上。我国学人，或彬彬有礼，或潇洒达观，或兼而有之，即受二者之影响。

希腊人有"罗格斯"一语，意即自然之理则。此理则弥漫于宇宙，与中国儒家之道颇相近。但另一部分有言或名的意思，则侧重知识。西洋哲学之逻辑，即从"罗格斯"一语演变而来。逻辑即言之条理，或理之法则。现在之地质学、动物学、昆虫学等西文名词均殿以"罗其"一语，其意为地质的逻辑，动物的逻辑等。

希腊人之讲理则，偏重于知，逻辑即求知之方。中国之讲理则，偏重在行，人伦为行之常轨。故苏格拉底之学，为修其理智，教以辩证。孟子之学，为修其天爵（仁义），教以人伦。老子之为学任其自然，教以无为。

希腊之理性主义，传至罗马而成斯多伊克派的理性学派，更因此发展为有普遍性的罗马法。其后耶稣本犹太教以一神为主宰的宇宙论，而立"爱上帝高于一切"和"爱邻如己"的两教条。此教传入罗马后，经过了一个长时期，才和希罗（希腊、罗马）文化由冲突而交流。耶教神造的宇宙论遂为欧洲诸民族所接受，而人人成了耶稣教徒，个个希望将来上天国。

罗马灭亡以后的一千年中，因祸乱并乘，民不聊生，故人人以为现世是罪恶，是痛苦，都相信世界末日将至。唯有天国充满了正义和快乐，都相信唯有天国是他们的出路。到了十五世纪，意大利商业日趋发达，贵族拥有金钱和闲暇者日多。当然会觉得现世也有可享乐的地方，又当然也会想到在现世享乐一个时期，也不致堵塞了将来入天国之门。于是潜存的希罗文化成分——美术文艺和科学——渐渐抬起头来，而造成文艺复兴运动。这是人国在现世抬头的第一次。西洋历史上称为人文主义（其意义为以人为本位的文化）。

这运动渐渐北流，至十六世纪，在德国由马丁·路德领导，酿成了一个宗教改革运动。其主要点是以个人的理智来解释《圣经》里所说的话，不要罗马教堂代为解释。耶稣新教于是成立。新旧两教，成为我们所习知的耶稣和天主两教派。这个宗教改革运动的结果，是把人的理智，置于传统的宗教信仰以上。

以上两次的大运动，虽并不想推翻天国，但把现世人国的重要性加强了。美术、文艺、科学、理智，在人国里渐渐滋长起来。

至十八世纪法国大革命的前夜，起了一个历史所称的大光明运动，人们想把天国搬到现世界来，并相信博爱、自由、平等，可以在现世界里实现。卢骚说："天生的都是好的，人造的都是坏的。"这是代表顺天的自然主义。西洋史上称为浪漫主义（其意义为纵感情自然的奔放而任其所至）。此时中国儒家本于自然的理性主义和人文主义，颇为当时学者所欢迎。因其与当时的时代精神颇相符合。此顺天的自然主义，至十九世纪流入英国而成经济的放任主义。胡适之先生颇疑此为受老子学说的影响，或许是对的。但儒家学说中，自然主义之彩色亦颇浓厚。例如孟子笑宋人之揠苗助长，谈牛山之木的常美和主张性善。

到了十八世纪，牛顿的天文学说与地心吸力学说（万有引力）出，把宇宙机械化了。宇宙像一架大机器，按照自然律运行，于是人们把此和宗教联起来，想象上帝是一位大工程师，在天上把这机器运转着。

牛顿是科学家，凡科学家只管求天然律，不管其对于宇宙论的影响如何。但是科学的发明，结果都会影响宇宙论的。

其后达尔文之进化论（严译"天演论"）出，倡物竞天择，适者生存之说。人们对于宇宙（或世界）的看法，发生了绝大的变化。其最要者为静态的宇宙观，变为动态的宇宙观。由机器的宇宙观，变为生物的宇宙观。由胶着的世界，变为进化的世界。于是宗教家大起反对。美国有数州至民国初年，尚有禁止在学校里教进化论的。数十年前，哥伦比亚大学牧师诺克司先生，曾告诉我，他说有一位学生，听见教授讲进化论，说达尔文说的，我们的祖宗是猴子。这学生暑假回家告诉了他的父亲。这老先生摇头说："你的祖宗是猴子，我的祖宗不是啊！"

近数十年来，爱因斯坦修改了牛顿万有引力的算法，证明天然律是相对的，不是绝对的。这些话，我们不学高深的物理学与数学的人是不懂得的。但人们所信的真理，因此而受绝大的影响，使好多人相信真理是相对而不是绝对的。

以上一连串的宇宙论的改变和发展因新者来而旧者未必尽去，或旧者本身起变化而与新者调和，致使西洋文化成复杂性。我们因此对于西洋文化之研究，往往顾此失彼，恒觉左右为难。在此复杂情形之下，常觉摸不到头绪。我们只好拼命地学，要学到知己知彼，然后方能百战百胜。

五百年前，西洋的思想都朝向天国，以演绎的逻辑在宗教笼罩下求真理之所在。劈发裂毫，毛举细故，在经院里辩论。其甚者至提出一枚针尖上能容多少天使跳舞的问题。自十五世纪文艺复兴运动起至现今，人们是想在现实世界里建立一个充满了正义和快乐的天国。

西洋希罗系的文化重知，故想用逻辑以求真理。演绎逻辑的一条路走不通，于是改进为试验的归纳的逻辑。首倡者为培根。以后一连串的科学家出世，多所发明和成功，积聚至今而自然科学甚为发达。而世界上惊人的发展，亦由试验的科学的成绩而产生。然而人文科学（社会科学）尚在进化的路程中，其成就远不如自然科学。从前以地上建天国的道路崎岖，西方的人们只好寓意寄情于"乌托邦"。但是乌托邦和神造天国一样，可望而不可即。

吾国文化向来是脚踏实地的，始终不肯离开这个地球。我们的不朽，是在现世界立德、立言、立功。我们的最高理想是世界大同。《礼运》里说：

> 大道之行也，天下为公。选贤与能，讲信修睦……使老有所终，壮有所用，幼有所长。矜寡孤独废疾者皆有所养……货恶其弃于地也，不必藏于己。力恶其不出于身也，不必为己。是故谋闭而不兴，盗窃乱贼而不作，故外户而不闭，是为大同。

但这大同世界，我们相信要脚踏实地地从修身、齐家、治国一条路上走去才能达到。

情志论[*]
（1962 年 6 月）

《礼运》里说："饮食男女，人之大欲存焉。死亡贫苦，人之大恶（去声）存焉。故欲恶者，心之大端也。"这是说，从饮食男女里，我们可以见人之大欲，从死亡贫苦里，我们可以看见人之大恶。讲人情好恶之透彻，没有像这短短数语那样彻底的。

为此饮食问题（当然包括衣），所以孔子说"足食足兵"；管子说"衣食足而知荣辱"；孟子以"五亩之宅，树之以桑"，"鸡豚狗彘之畜，无失其时"，"百亩之田，勿夺其时"，"斧斤以时入山林"，"数罟不入洿池"为行仁政之始。民生主义亦以衣食为首。因为人之大欲不能使其满足，乃大乱之源。

其次则男女问题。《诗经》开始即说"窈窕淑女，君子好逑"，又说"窈窕淑女，寤寐求之"。《诗经》里关于男女情怨之诗甚多，一翻阅便知。孟子对齐宣王说："昔者大王好色，爱厥妃。……当是时也，内无怨女，外无旷夫。王如好色，与百姓同之，于王何有。"

人莫不恶死亡贫苦。所以孟子对齐宣王说："今也制民之产，仰不足以事父母，俯不足以畜妻子。乐岁终身苦，凶年不免于死亡。此惟救死而恐不赡，奚暇治礼义哉。"（《孟子·梁惠王》）《大学》里说："好人之所恶，恶人之所好，是谓拂人之性。灾必逮其身。"（《大学》第十章）惠王好色，好货（财）。孟子对他说，只要和百姓同好，就可以王天下。只怕他自己好色好货，不许百姓同好，那就糟了。

以上所言，皆是讲人之情。喜、怒、哀、惧、爱、恶、欲，古之所谓七情。《礼记》里说皆不学而能。浏览古籍，多言凡七情只可疏导，

----

* 见《谈学问》，世界书局，1962。

不可遏止。

语云："防民之口，甚于防川。"口是人民用以表情的。不许他们的情感从口发泄，好像堵塞狂流一样，一定要溃决的。《大学》里说："民之所好好之，民之所恶恶之。"（《大学》第十章）人民表示好恶（即欲与恶），西洋谓之舆论，是说人民的意见。我国谓之舆情，是说人民的情感。前清对于知县（县长）有伤人民情感时，往往把他撤职。我们常见上谕里说，某某知县"不洽舆情，着即革职"等语。

但欲与恶既不可遏止，那么应任其奔放吗？儒家说那是"不可以的"。《中庸》里说："喜、怒、哀、乐之未发，谓之中（蕴藏在心里），发而皆中节，谓之和（如音乐之和调）。……和也者，天下之达道也"（《中庸》第一章）。故儒家重礼乐以疏导人情。《礼运》里说："故礼义也者……所以达天道顺人情之大窦（通气的大窟窿）也。"《孝经》里说："移风易俗，莫大于乐。"乐是导情之工具。古史里说周公制礼作乐，故礼乐常并称。古之谓礼，包含甚广。举凡典章制度，国际朝聘，婚丧祭祀等皆曰礼。吾国现在之宪法、民法、刑法，其原则在古时亦皆包括在礼之内，即乐亦包括在礼之内，皆所以达天道顺人情之大窦。孔子说："礼云礼云，玉帛云乎哉，乐云乐云，钟鼓云乎哉。"可见当春秋的时候，礼乐已经衰微，典章制度湮没，大窦堵塞，人欲已乏疏导之方。战国时代之纷乱，于孔子时已见其兆。

我们在前文知识、宇宙诸篇中，所谈的都是知识问题。我们在本文讨论情欲问题时，已可见知识不过为人生问题的一部分。而人生一大部分之活动，实笼罩于情欲之中。欧西十五世纪之人文主义出于情感。十六世纪之宗教改革虽似重理智，其实出于反罗马教皇的情感。且耶稣之教本于高度之爱，非理智所能抹杀。十八世纪之浪漫主义，则情欲奔放，任其所至。当时苟无热烈之情欲为之推动，谓十八世纪大革命势将延迟亦无不可。自由本于欲，即人人想达自己之欲。平等亦本于欲，即人能达其欲，我亦要达我之欲。博爱则发自情，即我国之仁。本出于恻隐之心。孟子的四端，仁出于恻隐之心，义出于羞恶之心，皆属于情。礼出于辞让之心，智出于是非之心，方才是知。情所以用知，知所以导情。情无知，则失其指导，犹舟之失其南针。知无情，则失其动力，犹车之失其引擎。即以家庭日常生活而论，子孝父慈，情也。兄和弟睦，情也。夫妇相爱，情也。朋友相善，情也。理想的家庭，莫不滋长于情感之中。

但是美满的家庭，有情亦须有智。我们幼时读的《三字经》里说："昔孟母，择邻居。子不学，断机杼。""养不教，父之过，教不严，师之惰。"《中庸》里说："天命之谓性（包含情与理，故情曰性情，理曰性理），率性之谓道，修道之谓教。"我国之教，在以理导情，使情与理在人性中平衡发展。则喜怒哀乐发而皆中节。我们日常对于处事妥贴，常说"合情合理""斟情酌理"等语。言虽通俗，源实深远。

欧洲十八世纪法国之革命，本于热烈之情欲。移时情退而反动复起。至十九世纪修明政治制度，改进社会立法，以导情欲于正轨。西洋社会之进步，实以此为基础。民有、民治、民享的政治组织皆所以达天道顺人情之窦。

我国在宋朝以前，情欲与理智大致是均衡的。汉朝之文章武功，唐代之音乐、诗歌、舞蹈、蹴鞠，均能使感情洋溢而发为热诚。北宋初期尚有具体而微之风气。此后我国学术，受禅宗之影响而成理学。以清心寡欲（此中当然亦有道家成分）明心见性教人。塞泄情之大窦，情欲遂窒息而枯槁。自南宋以来八百年间，我国人之情欲竟如槁木死灰，雨露不能润，风吹不能起了。

理智本以导情，而理学则以理智箍情。孔孟原始之教，本非如此。陆王之学，对此虽表示反抗，但其主要点仍为理智。

总之，人生如战阵。冲锋陷阵者是情欲，运筹帷幄者是理智。

自福禄特（一八五六——一九三九）研究潜意识之心理学问世以来，人们知道情欲如被压迫，则隐伏于潜意识中作祟，而造成变态心理，致使思想行动乖僻，尤以男女问题为甚。此对于情欲问题之研究，已更进了一步。我们在《红楼梦》《水浒传》《儒林外史》《二十年目睹之怪现状》《浮生六记》诸小说里，可以找出许多例子来，说明情欲被压迫的痛苦和所造成的乖僻行为。

我们讲情欲问题，至此姑且告一段落。兹请言志。

志是把情欲导入一定的方向，继续不断地向前推进。没有志，就如无舵之舟，漂泊无定向。故吾国讲学，自先秦至明清，无不以教人立志为入学之门。翻阅古籍，随处可见，无庸引证。即个人经验，亦莫不知立志为求学处事之前提。立志如射，有一定的鹄。犹如军队打枪，向一定靶子打去。初学射的人常觉不能得手应心，发矢多着鹄外。但如射者想成为神箭手，必定要有决心，无论下多少工夫，在所不惜。若久学而不成，不可责弓矢之不听命，而当自省技术之有欠缺。此所以古人教我们反求诸己，不惜用一番工夫来反省自己的心法、眼法、手法，逐步改善。若锲而不舍，久而久之，自然心手相应。《庄子·天道》篇轮扁斲轮至成功之大小，则与个人之智力、眼力、腕力，都有关系。

但是只有志是不够的。志不过是一个方向，没有浓厚的情感在里面发动，犹如帆船之有舵而无风，不能前进的。俗语对于志，有两个说法，一个是志向，只是行为的方向，是舵的使命。一个是志气，是志合浓厚的情感，是风的使命。这情感叫作气。在军队叫作士气，在行为叫作正气，在学校叫学风。风与气有时互用，有时并用，叫作风气。如社会的风气，学校的风气，或军队的风气。但其意义有时亦有出入。实则气则风之静，风则气之动，本是一件东西。

孟子说"夫志，气之帅也"，志是气的指挥者。"气，体之充也"，气是全身充满的热诚。"夫志至焉"，志是指示所欲至的方向。"气次焉"，气要紧跟着志走。"故曰持其志"，是说要把握方向。"无暴其气"，是说不可使热诚泄气或碰到阻碍。如能把这热诚配合义与道，就成为"浩然之气"（《孟子·公孙丑上》）。

《谈学问》结论[*]
（1962 年 6 月）

吾国先秦思想与古希腊思想，在基本上本来有不少相似之点。自希罗文化为基督文化征服后，千年之中，希罗文化为超自然的天国思想所笼罩；而吾国文化仍本先秦之自然主义（天）、人文主义（人）、理性主义（道）延绵前进。虽于唐代佛教盛行之时，吾国思想的主流未尝改道。至于景教（基督教的一派）、回教及其他外来之教，虽皈依有人，而其信仰均在吾国思想主流之外。明清之间，耶稣教士传播教义与科学，颇用一番苦工。惟吾国人取其科学而遗其神学。

西洋自文艺复兴与宗教改革两运动以后，希罗文化渐渐脱离超自然主义而趋向独立。于希腊之自然主义理性主义，加上了一层试验工作，遂产生近世所知的自然科学。

以试验为基础的自然科学，于十九世纪与资本主义携手而产生科学的技术。这技术经百年来不断的进步，至今成为世界生产激急增加的大关键。目前美国声称世界的"技术援助"，即指此。

超自然之天国思想，受希腊人文主义的影响，于十八世纪发展为自由、平等、博爱的人国思想。自由出于希腊的人文主义（包含个性主义），博爱出于耶教的爱邻如己，平等出于耶教之凡人不分阶级种族，都是上帝的儿子。

只有在人国里建天国，那些话我国人都能懂。讲到博爱，吾国不是主张以仁政治国的吗？讲到平等，吾国古训里不曾说过"民吾同胞，物吾与焉"的吗？讲到自由，吾国政治思想中，道家之"无为而治"的空气不是很浓厚的吗？讲到理想的人国，吾国不是以大同为政治极则的

---

[*] 见《谈学问》，世界书局，1962。

吗？但是说到天国，就与吾国"敬鬼神而远之"的传统思想不易调和了。

然而这天国思想，对于西洋文化的发展有绝大的关系。吾国人如不了解这一点，对于近世西洋文化是不易懂得的。

中古世纪是基督教文化与希罗文化调和时代，其具体功绩为一方面同化了欧洲诸野蛮民族，另一方面保存了希罗文化。自十五世纪文艺复兴起，四百余年来，基督教文化与希罗文化由调和而冲突，由冲突而分裂，由分裂而斗争，由斗争而各自发展，由各自发展而交互影响，由交互影响而生新的变化。西洋文化，五花八门，花样甚多，此为一重大原因。

即以基督教本身而论，初分东西两罗马教会。（东则今称希腊正教，西则今称罗马公教。）此关系欧洲历史之演变者甚大。即至近代，百年来以俄国为首之东欧集团，属于东方教会。以德国为首之中欧集团，以英法为首之西欧集团，均属于西方教会。西罗马教会虽复分旧教（俗称天主教）、新教（俗称耶稣教），但均属西方教会。新教则又分若干大派与甚多支派。但不同之间，仍有共同之点存在。

上年（一九五四）各国新教诸派系，为应付极权政治之危险，在美国伊文斯登集会，讨论各派系是否有统一之可能。会议间各派对于教义，见解分歧。其趋势为只可彼此联络，无法统一。但会期总结时，大家又觉得在不同之间，到底大致还是相同的。

又以希腊人文主义而论，其所根据的本为个性主义。个人之智力美感与体力积极的发展，为人生最高目的。

古希腊为各个独立的市邦所集成。知识的交流，商业的往来，为市邦的中心活动。苏格拉底、亚利士多德即在此环境中讲学，故以慎思明辨之理知设教，以利个人在知识与政治上的活动。当时地中海及其沿海各地，为古希腊人与他国人知识与商业交流之区。故古希腊之中心生活，为流动的商业与航海生活。此与吾国先秦之四周环以农田之城国，以及陆路之商业交通相较，其环境的影响自大有不同。孔孟即在此环境中讲学。故以君臣父子兄弟夫妇朋友之人伦设教，以维系社会长久的治安。且古希腊之东南沿海各地，其文化较古希腊初期文化为高。此于希腊智力之发展很有帮助。而华夏文化不仅不能得到四境蛮夷之贡献，且时有受摧毁之虞。此所以孔子慨乎有"微管仲，吾其披发左衽矣"之叹。故在先秦时代不得不求社会稳定，以保文化之生存。古希腊生活重个人的活动，先秦生活重社会的稳定，实各本时势之需要而定。此中西古时不同之点，演至后世，吾国与西欧人文主义之涵义，就因此有差别了。

西欧的人文主义因本于古希腊，故个性主义之彩色甚浓。此个性主义渗入西罗马教会而产生基督新教。新教之派别众多，其原因亦在此。人文主义是人国思想对天国思想而言。中国的文化，因无天国思想存在，故自始即属于人文主义的。我们现在所称人文主义是以后从西洋翻译来的，而且我国的人文主义不以个人着眼而以人群着眼，这是我们应该注意的。

我们上面已经说过，天国思想与人国思想对照，为西洋文化成复杂性的一个重大原因。其另一原因，即为个性主义的发展。而欧人喜以自己所见到的作主张，不愿人云亦云，亦不顾他人作反对论调。他们主张言论自由，即以此。

在人国里建天国，或许可以放弃神造宇宙的观念，但是仍要一种宇宙观的。

牛顿以后，产生了机械的宇宙观。达尔文以后，产生了生物的宇宙观。爱因斯坦以后，产生了相对论的宇宙观。无论以科学为根据，或以神权为根据，凡宇宙观都是人们对于宇宙的一种看法。根据不同的看法，就会产生不同的人生观和不同的政治与社会思想。所以近百年来，西洋产生了很多不同的学说，互相竞争。

吾国在先秦时代，因为各种学说互相竞争，养成了彼此容忍的美德。"道并行而不相悖，万物并育而不相害"，就是说彼此要容忍反对派的意见。二千余年来，除秦代短时期外，大致能保持这优良传统。

欧洲为神造宇宙论所笼罩的时候，凡反神造论的言论都不许存在。在十八世纪遂起了打倒神造论运动。至十九世纪，因各种学说并存互竞，造成了"宽容的民主主义"。故近世谈到民主主义，对于容许反对党及反对言论的存在，是普遍公认的了。与此相违的就不是民主。

在西方文化里有两个对照的问题永久存在，而且是很重要的。第一个是现世与来世对照，即人国与天国对照；第二是现实与理想对照。第一问题对于抱现世主义，以立德、立言、立功为不朽的我国人，影响是不大的。我们把宇宙的责任放在人身上，而不放在上帝身上。其第二问题为我国所同然，惟其距离不若欧西之远。因为不抱天国思想的人，其理想与现实不会像天国与人国相距之远。虽然如此，我们想把现实与理想（如小康与大同）的距离缩短，仍是很费力的。

吾人目前讲学问，无论本国的或西方的，在有意或无意中，都在做一番中西比较功夫。前者以本国为主，把西方的拿来做比较。后者以西方为主，把本国的拿来做比较。

讲中而不讲西，终觉孤立。讲西而不讲中，终觉扞格。能学兼中西，方知吾道不孤。

佛教哲学的中心思想——中观论[*]
（1962 年 6 月）

释迦牟尼（563？ －？ 483B. C.）设教，以中道为一贯思想。但原始佛教（小乘），或称长老教的中道，与发展佛教（大乘）的中道，其意义有不同。所以我们谈中道以前，先要把大、小乘之别，约略说明。

一、佛教的大乘与小乘

小乘佛教之经典，是于佛灭度后，由长老们结集团体把他们所闻于先师的言论记载下来的，所以有时称原始佛教为长老教。小乘经典因此也颇似儒家的《论语》，由孔子门徒所闻于他们先师的言论记载下来的。我们可以说，《论语》代表原始儒教，小乘代表原始佛教。

大乘经典大概是于佛灭后五百年才发展起来的。大乘经典每部开场白都说"如是我闻"，这句话在当时似乎已经成了一种公式，或借古人口，说今人言，并非真是如是我闻也。这好像战国时诸子百家所引"孔子曰"那些句子，不可信为都是孔子说的。

佛教传到中国，因经典是由梵文转译过来的，所以也就以为都出于佛佗［陀］之口。

至于大、小乘之别，我们可以这样说，大乘是远洋轮船，其运载量大，航程远。小乘是近海轮船，其运载量小，航程短。这种分别是发展佛教所提出。以小乘喻原始佛教似有菲薄之意，犹如说，小乘不能多载人，亦不能航远程。大乘佛教最注重波罗密多，波罗密多者，其意即登彼岸也，登彼岸是要乘船的。

---

[*] 见《文化的交流与思想的演进》，世界书局，1962。

小乘教在拯救个人，使个人成佛；大乘教希望拯救大众，使人人成佛。故以此别大小，也未始没有理由。

二、原始佛教的中道

原始佛教的中道是要站在中间看两边，不要偏着一边。禅宗里有一个"担板汉"的譬喻。一个汉子肩了一块木板在街上行走，这块板遮住了街道一边的景物，见不到全街，所以中道是应该同时见到两边的。

当时印度的社会，一边极端享乐，一边极端苦行。佛出身王室，离家后苦行七年，亦曾饱尝辛苦。享乐与辛苦为一身所经验，于是悟此两种极端，均不能得到内心平安。

一日，佛对迦旃延说，谓"一切有"是极端，谓"一切无"是第二极端。如来离此两极端，从中道说法。

《杂阿含经》说："离于二边，说于中道。"

《中阿含经》说八正道，其中说中道有云："莫求欲乐极贱等凡夫行，亦莫求自身苦行至苦非圣行。……离此二边则有中道。"

是则中道为欲乐与苦行两者之中间路线，甚明。这中间路线是什么呢？这就是八正道：正见、正思、正悟、正业、正命、正精进、正念、正定八项。我们从这八目的名称就可知其大旨，这里不必详述了。

这八正道是对苦、集、灭、道四谛最后一谛"道"的具体指示。

苦谛是说人生种种苦痛。集谛是说苦痛是由各种因缘结集而生。灭谛是说要消灭人生所遭遇的苦痛。道谛就是要消灭苦痛之道。这是正道，也就是中道。

由此可见，原始佛教是以具体方法，求解决人生问题，甚少抽象的玄想。

佛灭五百年后，大乘佛教发展，始广泛讨论般若波罗密多，译义为度到彼岸之智慧。这是哲学中的一种超知识论。《大藏经》中各种般若经典多至一千余卷，占一切经典三分之一强。《般若经》之最短者为《般若心经》，只二百六十字。在吾国历史上通俗化已久。相沿至数十年前，犹为吾国识字与不识字之男女老幼所能背诵。"色即是空，空即是色"已早成为国人的口头禅。

三、大乘教之性与相

大乘教可分为性与相两大门。《大乘起信论》（著者马鸣，佛灭后六百年出世）即将大乘佛教分为心真如门与心生灭门。所谓空、性、心、真如等各辞皆属性一方面。所谓假、俗、因缘所生法、五蕴、心生灭等名词皆属于相的一方面。

凡永恒不变，不生不灭，心不可得而思，目不可得而见，却遍存于万物之中者，谓之性。凡因缘所生，迁流无常，轮转于生住异灭，心可得以思，目可得以见，而终于幻灭者谓之相。相者有迹象可寻之谓也。

然色与空并非两件事。所以说色即是空，空即是色；色不异空，空不异色。

《起信论》谓心真如门（空），心生灭门（色）两者皆各摄一切法。若一切皆为空所总摄，则已无所剩余，可为色所摄矣。然则色所摄者又为何物？反过来说，若色总摄一切，则空所摄者又为何物？

于是《起信论》便问：“此义云何？”

答谓：“以是二门不相离故。”不相离的意思就是俗话所说的拆不开。

心真如与心生灭不相离，其义即空与色不相离。空依色而明，色依空而存。如是解释，般若思想系统内便不含有内在的矛盾。是《起信论》在中论百年前即已暗示中论之义矣。

四、龙树的中观论

一部《大般若经》反复所欲说明者，其中心思想即在空与色不相离。换言之，即空与色相依而存在。般若为超知识的智慧，超乎性与相对立之上。故实已内含中观思想，经龙树而始表现出来。龙树（佛灭后七百年出世）之《中观论》有云：

> 因缘所生法，我说即是空。亦为是假名，亦是中道义。

北齐慧文禅师得此以授南岳之慧思，慧思以授天台之智颛。天台宗之空、假、中三谛，即由此而来，说而明之又谓：

> 空以破一切法，假以立一切法，中以妙一切法。

又简而言之，则谓：

> 即空、即假、即中。

如是，即性与相或空与色圆融，而总摄于超越空色或超越性相两者的中道。

义净三藏在印度学道二十五年，在七世纪末武后执政时返洛阳，其《南海寄归内法传》里说："所云大乘无过二种，一则中观，二乃瑜珈（唯识）。中观则假有真空，体虚如幻。瑜珈则外无内有，事皆唯识。"

龙树殁后约四百年，中观已成为般若部之通称，而与瑜珈并立。但细释义净所述之瑜珈，可谓已受中观之影响矣。

瑜珈之唯识论，主张万物唯识，主张一切物体皆不过是阿赖耶识之显现，实无外界物体之存在。三界所有，唯是一心。心如画师，能画种种色。

法相宗（或称唯识宗）主唯识中道。谓一切万有，唯识所变，非有非空。再进一层，则为妙有真空。

我们若用天台宗语，可说即空即有即中。此乃圆融空有。这样一来，唯识论内在之矛盾，就消灭了。

我们若明白《中观论》之辩证法，佛经中好多似乎自身矛盾之点，自然容易解释了。

五、实证、信证与辩证

人们多在求真理（真实），其证明的方法可分为三种。第一种叫作实证，就是近世的科学方法，在此不用解释了。第二种叫作信证。凡关于超自然的知识，如上帝的存在与否，是在乎信，即吾国俗语所说："信者有，不信者无。"故对此只有信与不信之别，无知与不知之分。第三种叫作辩证。以心中内存的理，求分析理解心中所存的问题。这种求真理的方法，我们叫它为辩证。这不是通常对一个或数个问题的辩论。辩论是想解决一个整个思想系统里自身内在的矛盾，使这个思想系统全部合乎理性（因明与逻辑同为阐明理性之工具）。

龙树的《中观论》，就是要想解决般若系统里内在的矛盾，如色与空，相与性等问题。

《中观论》后来影响了印度的《瑜珈论》，同时影响了印度整个哲学思想，而且远及中国、高丽及日本的佛教思想。

我们又可以从康德、黑格尔的哲学里找出与中观论相似的辩证法。

康德对于知识问题，在《纯理的批判》里说："意识无官识（由五官而得之知识）则空虚，官识无意识则盲目。"亦为解决当时知识论内存之矛盾而立说。此亦似龙树《中观论》之求圆融两极之意。

康德对于全部知识分为两门：（一）现象（相），（二）物本体内所存之物（性）。以白话译出来，就是东西本身里所存的一些东西。

康德以为官觉所识的世界（常识世界）不过是一个现象的世界，他希望我们借超常识的思索的帮助，超越现象世界而领悟东西里所存的一些东西。从康德的这段话看，我们可以把"现象世界"译成起信论的"心生灭门"，东西里边的一些东西可以译成为"心真如门"。简单和通俗一点，我们竟可以说就是相与性之分。

那一些东西就是"性"，康德以为用我们的官觉知识（常识）是不能领悟的。但是那个我们可以用常识懂得的现象世界，他以为却是从那懂不得的东西演变出来的。也可以这样说，我们常识所不能领悟的就是"性"，可领悟的就是"相"。这相是从不能领悟的性演化出来的。

康德的《纯理的批判》是想统一官识与心识，故近乎龙树的《中观论》。

黑格尔的辩证法则偏重在心识的一方面。他以为在一切经验之上，尚有一种至高无上的时代精神存在。这时代精神是人类历史的指导者，历史的变迁由时代精神演进而来。

这演进的动力，以正反矛盾律为其主因。这矛盾律说，有正必有反，正反相冲突，结果成一新综合。这个综合成了正，正又必引起反，如此演变而无止境。这就是所谓"观念的进化论"。

他思想的基础是时代精神，是抽象的，形而上的，是正的观念与反的观念的冲突。这形上的，精神的进化史论辩证法，以后又演变为马克斯历史的唯物论辩证法。

中西文化之演进与近代思想之形成[*]
（1962 年）

　　我们现在所有的思想，无论大道细节，都有来源，不是由自己聪明才智独自凭空创造出来的，更不是从娘肚子里带了来的。我们现在所有一切知识，都由历史演进，累世点滴积聚而成。我们现在所想所行的，其来源很是复杂，决不是从单纯的一条线得来的。即以我国上古来论，思想来源已不简单。如《礼·表记》里说："夏道尊命，事鬼神而远之。……殷人尊神，率民以事神。……周人尊礼尚施，事鬼神而远之。"这是说夏、商、周三代信仰之变迁。直至现在，在我们生活中，对于命运、祭祀、礼教三个观念，仍然存在。卜课算命、祀神祭鬼、谦恭抑让并存于一般社会中。

　　儒家之重修身，道家之尚自然。二千数百年来，两者均生存于吾人生活中，或互为消长，或折中并存。我国学人，或彬彬有礼，或潇洒达观，或兼而有之，即受二者之影响。

　　儒家格物致知，平实笃行。道家崇尚玄虚，不拘法度。故佛教初入中国，与崇尚玄虚之道家相提携。西洋科学于十七世纪输入中国，与格物致知之儒家相援引。中国思想，均受两者莫大之影响。

　　现代中国的思想，包含成分甚多，故不但与汉代的思想不同，而与宋代的亦异。宋与汉的不同，其要素在佛教。今日与汉宋思想的不同，其要素在科学。

　　除去佛教，宋儒当与汉儒相似。除去科学，清儒亦犹汉儒。

　　所以从实际情形讲起来，我们现在的思想，不但已把本国的夏商周三代思想调和，儒家与道家的思想调和，而且把外来的佛教思想与科学

---

*　见《文化的交流与思想的演进》，世界书局，1962。

思想都容纳于吾国思想系统之内，而成为现代中国思想。但读历史的人们，是可以把各种不同的来源分析出来的。

现在我们把思想分作六部门来讲：（一）人与天的关系，即所谓天人之学；（二）人与人的关系，即所谓人伦之道；（三）人与物的关系，在我国为利物之用，在西洋则为识物之性；（四）知识论，是讲何以我们能识事物之体用；（五）超自然论，是讲天地万物运行，除合乎自然的常轨外，另有不可思议的超自然存在；（六）超知识论，是讲超越事物之上，是否有知识存在。这几部分思想，实际上都是交互连贯而不可隔离的。我们为讲解便利，不得不把它们分开来谈。

一、天与人的关系

吾国讲天人关系与我们的生活最关重要的是儒家。儒家思想天与人平衡，道家则侧重天道。儒家以万物都有性，性是从天来的。这个万物所共具的性，是按照一定的法则而显现的。这个法则就叫作道。在人方面，明白了这个道，并自身去体验他，以体验所得，传授于人，叫作教。《中庸》里说："天命之谓性，率性之谓道，修道之谓教。"天赋万物都有性，但是人之性特具有德。故人类得天独厚。《诗经》里说："天生烝民，有物有则，民之秉彝，好是懿德。"孟子解释有物有则一句谓："有物必有则。"孔子以作此诗者为知道。《中庸》里说："尊德性而道问学，致广大而尽精微，极高明而道中庸。"人之秉于天者谓之德，懿德是美德，尊德性就是尊美德。但是要道问学才能达此美德。

孔子集尧、舜、禹、汤、文、武、周公之大成，法天道以立人道，所以孔子说："巍巍乎！唯天为大，唯尧则之。"又说："天何言哉？四时行焉，百物生焉，天何言哉？"这是说天行不言之教。在人之能默识天道而效法于天。天是广大的，尧能法天而成大。春夏秋冬四时运行，天是有规律的，孔子法天而重不言之教。春风桃李，潜移默化，以身作则，教化自成。孔子之法天道，是为人道。所以《中庸》里说："思知人，不可以不知天。"又说："道不远人，人之为道而远人，不可以为道。"

人们相信天是有条理的，所以有物必有则，所谓则者亦即所谓道也。人的理知与德行由天赋之性而来，故也包含在这条理以内。这则或条理，要透过物去想才能懂得的，叫作形上之学。可以心思而知，不能以目视而见。孟子说："天之高也，星辰之远也，苟求其故，千岁之日至（冬至或夏至）可坐而致也。"（《孟子·离娄》）日月星辰是物，为目之所能视，是形而下的。其"故"是道，是形而上的，即所谓"形而上者谓之道，形而下者谓之器"（《易传》第十二章）。器即是物，物是循道而行的。故能知其道，便知物运行之则。知此则即知此道。虽千载以后之冬至夏至，可以推算出来的。据董作宾君考据，我国在商朝时，天文学已甚发达。可知孟子此说，实受天文学的影响。天（自然）好像一架大机器，照自然的法则，永远在运行，应用于人世，则可依据历史的演变（即人的经验），推测而知"五百年必有王者兴"（《孟子·公孙丑》）。孔子的"四时行焉，百物生焉"（《论语·阳货》）也可以说是受天文学的影响。（《礼运》，孔子曰："我欲观夏道，是故之杞，而不足征也。吾得夏时焉。"）春夏秋冬四时之嬗变，昆虫草木之春生夏长，秋收冬藏，周而复始之循环，都循此理则。应用于人世，则可依据历史的演变，推测"其或继周者，虽百世可知也"（《论语·八佾》）。

儒家从自然去求则，以此法则应用于人世，而道家则以自然之本体应用于人世（老子谓："有物混然，先天地生"，就是指自然的本体），两家之道的意义不同即在此。故一则主礼治，一则主无为之治。

以西洋而论，希腊人有"罗格斯"一语，意即自然之理则。此理则弥漫于宇宙，与中国儒家之道颇相近。但另一部分有言或名的意思，则侧重知识。西洋哲学之逻辑，即从"罗格斯"一语演变而来。逻辑即言之条理，或理之法则。现在之地质学、动物学、昆虫学等西文名词均殿以"罗其"一语，其意为地质的逻辑，动物的逻辑等。

希腊人之讲理则，偏重于知，逻辑即求知之方。中国人之讲理则，偏重在行，人伦为行之常轨。故柏拉图之学，为修其理智，教以辩证。孟子之学，为修其天爵（仁义），教以人伦。老子之学，为任其自然，教以无为。

二、人与人的关系

"民之秉彝，好是懿德"，这是说人之美德是天赋的。在天为道，在人为德。人从天赋之德而演出仁义来。韩愈解释仁义道德四个字说："博爱之谓仁，行而宜之之谓义，由是而至焉之谓道，得诸己无待于外之谓德。"这几句解释说明了天与人，人与人的关系。

人与人的关系，在原则上讲起来，说仁义。从行为方面讲，孔子提出忠恕两个字来。所以《中庸》里引孔子说："忠恕违道不远，施诸己而不愿，亦勿施于人。"曾子在《论语》里说："夫子之道，忠恕而已矣。"忠是义的实际化，恕是仁的实际化。孔子讲学，往往从切身可行的方面着眼。但是从高的方面看，虽圣人也不易做到。若从平易方面看，虽匹夫匹妇也可以做到的。《中庸》里说："君子之道费而隐，夫妇之愚，可以与知焉。及其至也，虽圣人亦有所不知焉。夫妇之不肖可以能行焉，及其至也，虽圣人亦有所不能焉。"又说"极高明而道中庸"，亦是这个意思。

儒家的治世方法是从修身起，所以《大学》里说："自天子以至于庶人，一是皆以修身为本。"由修身而齐家，由齐家而治国，治国而达小康，平天下而臻大同。

《礼运》里说："大道之行也，天下为公。选贤与能，讲信修睦……使老有所终，壮有所用，幼有所长，矜寡孤独者皆有所养。……货恶其弃于地也，不必藏于己。力恶其不出于身也，不必为己。是故谋闭而不兴，盗窃乱贼而不作，故外户而不闭。是谓大同。"但这大同世界，我们相信要脚踏实地地从修身齐家治国一条路上走去才能达到。

故以人与人之关系而论，儒家之修身齐家治国平天下，是以人与己之平衡为基础。不偏重己（个体），亦不偏重人（集体）。但希腊人则以个体为重，以个人之智力美感与体力积极的发展为人生最高目的。

古希腊为各个独立的市邦所集成。知识的交流，商业的往来，为市邦的中心活动。柏拉图、亚利士多德即在此环境中讲学，故以慎思明辨之理知设教，以利个人在知识与政治上的活动。当时地中海及其沿海各地为古希腊人与他国人知识与商业交流之区，故古希腊之中心生活，为流动的商业与航海生活。此与吾国先秦之四周环以农田之城国，以及陆路之商业交通相较，其环境的影响自大有不同。孔子即在此环境中讲学，故以君臣父子兄弟夫妇朋友之人伦设教，以维系社会长久的治安。且古希腊之东南沿海各地，其文化较古希腊初期文化为高。此于希腊智力之发展很有帮助。而华夏文化不仅不能得到四境蛮夷之贡献，且时有受摧毁之虞。此所以孔子慨乎有"微管仲，吾其披发左衽矣"之叹。故在先秦时代不得不求社会稳定，以保文化之生存。古希腊生活重个人的活动，先秦生活重社会的稳定，实各本时势之需要而定。此中西古时不同之点，演至后世，吾国与西欧人文主义之含义，就因此有差别了。

希腊文化，其基本上虽以发展个体为极则，但集体主义却充分表现于柏拉图之共和国。此不得不谓其为希腊文化的产品，但究系异军突起，与希腊市国发展个体之风尚不相类。

此后西洋历史上与个体主义并流之集体主义，即导源于柏拉图之共和国。

三、人与物的关系

讲到人与物的关系，我们就要牵涉知识问题了。我们讲天道也好，讲仁义也好，那一件不是从知识得来的呢？讲求知识的方法，孔子曾提出一个总纲，他说："学而不思则罔，思而不学则殆。"这指点出来了两千五百年来我们求知识的一条大路。

这是孔子从自己辛苦的经验中得来的，大概他起初曾用过一番长期思索的苦工。他说："吾尝终日不食，终夜不寝，以思，无益，不如学也。"学是从视听得知识的材料，所以孔子说视思明，听思聪。思是在心里把这些材料消化，所以要审问，慎思，明辨，学与思两者缺一，不是食而不化，便是望梅止渴。

儒家后来把学与思并重的原则演绎出来，一面讲格物致知，一面讲博学慎思。

格物是用视听去考察事物所具的理。知道了这个理，就是知识，所以叫作格物致知。格物不只是格物，并且是格事。格物是考察事事物物所具的理。

从这方面看来，儒家对于知识问题是主张从外到内的。但在内成了知识以后，便发出到外面来。所以物格而后知致，知致而后意诚，意诚而后心正，心正而后身修，这都向内发展的。身修而后家齐，家齐而后国治，国治而后天下平，这是从内向外发展的。由外到内，由内到外，是一贯的。

讲到博学审问而至慎思明辨，最后便是笃行。这程序起初也是从外到内，其后又从内发出到外面的行为来了。

故儒家的学说，是内与外循环，学与思循环，知与行循环。

我们以上所讲的用近世术语来说明，儒家的学术，具有三个要素：（一）自然主义；（二）理性主义；（三）人文主义。

自然主义认天代表大自然，自然的法则即是道，道即是路，是大自然所运行的路。春夏秋冬四时的行，草木昆虫鸟兽百物的生，都循天所规定的路。天生烝民，有物有则，人之生存亦循天的路。

理性主义是把宇宙间事事物物的表现，都要说出个理由来。理是根据于道所表现的条理而立言，所以通俗称理曰道理。我们常说，这是什么道理，那是什么道理，就是理性主义在日常生活中的表现。

人文主义的意义是以人为文化的中心。《左传》里说的："正德利用厚生"，可以说明这人文主义的意义。人文主义以一切知识和学问，如典章制度、道德、美术、音乐、工艺等等，都是为了增进人生的价值。正德利用，其目的即在厚生。

以求知识而论，希腊系文化也是从格物而致知的。但是儒家的格物致知，其兴趣在诚意正心修身推而至齐家治国平天下。而希腊哲人之格物是为欲知物而格物，其兴趣就在物的本身。

西洋的格物，是识物之性。中国的格物，是求物之用。

我们可以把亚利士多德来举一个例。亚利士多德和好多希腊哲学家一样，对于物质世界很有兴趣，植物、动物、机械都在他研究中。他有三种著作讲动物学，为系统的动物研究之创始者。他研究地中海的鱼，作鱼的解剖与分类。他的物理学讲物体之运行、空间之意义、物体之性质、生物之变化。

希腊学者因具有为格物而格物的兴趣，他们就成了近世自然科学的开山祖。

但是儒家的格物致知，是相信知是从物得来的。所以前清咸丰、同治年间翻译当时所谓西学，最初把科学译成为格致，即从格物致知而来，这个译名倒是十分正确。当时上海设有格致书院，即现在大学中的理学院。

知识从格物而来，古中国与古希腊是同的。但吾国重人道而不重物理，格物同时也在格事。知天道所以为人道，非为物理。吾国的宇宙观是道德的宇宙观，不注意物质的宇宙。是以中国能产生孔孟，而不能产生亚利士多德。

但既相信知是从格物而来，从物中去找条理，这条理就是物理。近世科学的根本原则也是如此。

科学知识的初步是从视听而来，即所谓官觉的知识。格物即是从官觉得初步知识，所以中国人从西洋学习科学，颇能具"得之于手而应之于心"之妙，因为儒家求知的方法是近乎科学求知的方法。

近几年来，中国人在美国出了好几位第一流的物理学家。虽然因为受了美国大学的训练，但源远流长，与中国几千年来所传的格物致知论不是没有关系的。不过存在我们潜意识里边，我们不自觉罢了。

四、知识论①

吾国的知识论是根据"致知在格物"的。这是说知识是从格物而来。这"物"字有两种意义。一是物的本体，即物质的物，如日、月、山、川、金、木、土、石等。一是指物之运行，即事物的事，如日月之起落，四时之递嬗，历史之演变，人事之动静等。吾国之格物，绝大部分是指事。而格物质之物的，如道家之炼丹，火药之发明，起重机，车水机的制造，等等，不在正统思想之内，皆所谓艺而非道。在思想中居不重要的地位。孔子说："志于道，据于德，依于仁，游于艺。"（《论语·述而》）此说明艺不过业余之事，即俗所谓"玩票"。

格物（无论物与事）是靠视听臭味触诸官觉，是眼耳鼻舌身五官的作用。目视的色，耳听的音，鼻嗅的香，舌尝的味，身触的冷热坚软，都是知识的根据。但这种官觉，须透过灵敏的耳目等才觉可靠。孔子说"视思明，听思聪"（《论语·季子》），就是这意思。反过来说，如视不明，听不聪，就会在知识上造成错误。又更须用心，五官作用，才生意义。所以《大学》里说："心不在焉，视而不见，听而不闻，食而不知其味"，故心与官觉并用才能成知识。"格"是用心去求官觉的意义。各种官觉如黄香甘坚等留在记忆里，使它们在心目中连贯起来，遂成意识。黄冷坚重的可能是金，白冷坚重的可能是石，要决定究竟是否金石，当然还有其他因素，这就要用心去鉴别了。我们脑筋里所存金石的意识，就是从这样得来的。

我们从这简单格物的举例，可以推想格事的程序，大致亦是如此，不过相关的因素更多，更复杂。从观察某人的喜怒哀乐，推到其人的性格，要经相当复杂的程序，如察言（听）观色（视）。推想声色和他种因素的关系（思），要心与官觉合作的。此与格物同一程序。

五官之所以能识色声香味触，就是孟子所说的良能。心能知官觉的意义，就是孟子所说的良知。

---

① 此部分"知识论"与本书所收《谈学问》《知识论》基本重复，为各文完整性，保留这一段。

人何以有良知良能？这是性，是天所命的，或天赋的。用近代语说，是为大自然所赐予的，即《中庸》里所说的"天命之谓性"。因为良知良能是与生俱来的，所以孟子说，不学而知的是良知，不学而能的是良能。至大自然从何而来的呢？这是自然而然的。因自己如此，所以当然如此。我们只知其当然而不知其所以然。此所以子贡未闻孔子谈性与天道（《论语·公冶长》）。

照常识讲来，金是金，石是石，物是实在的。红是红，香是香，方是方，圆是圆，官觉也是靠得住的。官觉何以靠得住呢？照孟子的说法是天下之口耳目相似，故其知味音色相同（《孟子·告子》）。心能识各种官觉的关系而成意识，也是真实的。把各物按通则归纳成类别，又从各类别归纳起来，再抽出通则来，这通则也靠得住的。何以故？照孟子的说法，因为理是为天下之心所同然的（同上）。这是以人人所同然为真实的标准。思想与官能合作而识事物之理，是我国知识论的中心思想，也就是科学思想的基础。

孔子说："学而不思则罔，思而不学则殆"，是指学与思应合作的。就是说，官觉与心应同时并用。

总上所述，吾国的知识论，是与近世科学的知识论走的同一条路线，即思想与官觉合作求事物之条理。所以中国人习自然科学颇能得手应心，绝无打格难明之处。我国因重道轻艺，故人道之学（社会科学）甚为发达，但物理之学只止于应用，而不向物中求通理。中国自然科学不发达，此其重大原因。

上面已说过，我国的知识论，以心与官觉合作而识事物之理为中心；此外，不再追问。现在我们可以把孟子的话引用于后，以为讨论的基础。

> 口之于味也，有同嗜焉。耳之于声也，有同听焉。目之于色也，有同美焉。至于心独无所同然乎？心之所同然者何也？谓理也，义也。（《孟子·告子》）

此即说明心与官觉合作而识事物之理。我们可以先与佛学中的唯识论作一比较，然后再谈西洋的知识论。

唯识论有八识：眼识（目之于色）、耳识（耳之于声）、鼻识、舌识（口之于味）、身识、意识、末那识、阿赖耶识。

从眼耳鼻舌身意，而知色声香味触法，有一部分与我国之知识论相似，因为心统合官觉而成知识是儒家与佛家相同的。意识即心之识理，在内而不在外。但儒家如上面所说，承认声香味触法是真实存在的，因为天下人人所同然的。佛家之唯识论者则谓万物唯识，一切物体皆不过是阿赖耶识之显现，故根本无外界物体之存在。这点且待我们讲超知识论时再谈。

意识是我们懂得的，故可以意译，意识以上，为我们所不懂的，故只好音译。

二十几年前，国中有一场科学与玄学的笔战，结果各行其是，找不出一条共同的道路。因为科学由内至外，又由外返内，是内外合一的（即心与官觉合作）。玄学只向内走，属于意识以上，终与我国思想格不相入。

开欧洲近世知识论之门的先导，一位是英国的培根（一五六一——一六二六），一位是法国的笛卡儿（一五九六——一六五〇）。培根反对当时流行的演绎逻辑，谓用这些逻辑反复辩驳去求真理，是得不到真实的知识的。这些逻辑好似一个蛛网，是一个知识的陷阱。我们要用一个新方法——归纳逻辑。思想要求助于观察，以实地试验去求真理，他于是开了近世科学方法之门。

与他同一时代的笛卡儿，也反对当时流行的各种学说。他说我们对于遗传下来的学问，不能盲目接受，认为正确。但他认为可靠的是什么呢？他说："我在这里想，就是我存在。"这是可靠的。他主张用一种有方法的怀疑，除伪求真，他于是开了近世理想主义（观念主义）之门。

到了英哲卜克来（一六八五——一七五三），他说，心中的观念是真实存在的，外界的物体是不能信它是存在的。

英哲洛克（一六三二——一七〇四），以为心如白纸，由外界的物体印入心中而成知识的。这不能为我国人所相信，因为我们相信知识是由心与官觉合作而成的。

到了英哲休姆（一七一一——一七七六），他说，我们不能断定物体是真实存在，但也不能断定心中的观念是靠得住的。

对于心与物之真实存在都怀了疑，那么宇宙间还有什么可以相信的呢？于是有德哲康德（一七二四——一八〇四）出，想证明什么是真实的知识，著《纯理的批判》。

从这本书里，知道康德的知识论，大旨谓五官与外界的物体接触而生官觉，由官觉而成官识，综合官识而成意识。心之能识物与物关系之条理是内存而非外铄的，这似近乎孟子的良知学说。康德有句名言说：

"意识无官识则空虚，官识无意识则盲目。"这两句话和孔子的"学而不思则罔，思而不学则殆"亦相似的。

康德又著有《应用理的批判》一书，大旨谓道德律是绝对的，无例外的。道德律如有例外，就不成为道德了，例如诚实。如因有利可图而诚实，则非真诚实。如以诚实为方便之门，亦非真诚实。

康德理想主义（或称观念主义），包括理的内在论与道德律的绝对论，影响了德哲黑格儿。但黑氏的理想（观念）的辩证法，只在内心辩证，而不顾外界事物的理则。他以为时代精神的演进是一个矛盾律。有正必有反，正反相冲突，其结果成一个新综合。这个综合又成了正，正又必引起反。这正反矛盾律是绝对的真理，如此演变而无止境，这是理想（观念）的进化论。

他的思想的基础是所谓时代精神，是抽象的，形上的，是正的观念与反的观念的冲突。这形上的理想的辩证法，到了马克斯手里，便变成了历史的唯物的辩证法。

马克斯把历史的唯物论套在黑格儿唯心论辩证法的模子里，说封建主义是正，资产阶级是反，资产阶级吸收封建社会之残余，并因生产工具之改进，形成资本主义而成新综合。于是资本主义是正，无产阶级是反，综合而成无产阶级专政。马克斯和黑格儿一样，都以为这正反矛盾律是绝对的。但无产阶级专政的反又是什么呢？马克斯说无产阶级专政，会造成无产阶级的社会。于是政府就用不着了，自然会萎缩下去，终至成为无政府无阶级的社会。

相信心与官觉合作而成知识的我国人，对于唯心的辩证法和因此而产生的唯物的辩证法，实在不合我们的胃口。在我国，关于意识以上的知识，就要用外国字音译而加以注解，才能表达一部分意义，如唯识论之末那识与阿赖耶识。

这几十年来，西欧派与德国派的哲学，都或多或少陆续输入我国，而德国派之理想（观念）主义、绝对主义、极权主义终不能渗入我国思想系统之内。即使知之亦不能好之，好之亦不能乐之。而经验派的知识论曾在我国思想界起绝大作用，因为中国的思想，根本是属于经验派的。

我国现在是否需要理想派的知识论，知者见知，仁者见仁，姑置勿论。西洋因为对于知识论很有兴趣，入主出奴，闹了三百年的纠纷。而我国因对此不甚有兴趣，故未投入蛛网。但这是我国学术的优点，还是缺点呢？若把这些问题提出来，恐怕科学与玄学的笔战又要旧调重弹了。

五、超自然论

我国学术界所面对的两个问题，常在思想上纠缠不清的，一个是关于超知识问题的超知识论，一个是关于自然问题的超自然论。前者想在官觉知识以上求超越的知识，此即西洋哲学史中所谓超越论。后者是讲天地万物运行，不但合乎自然的常轨，而且还有不可思议主宰人类命运的超自然存在。在西洋，因有天国与人国之争，影响他们个人的生命与民族的命运者甚大。不明白这个道理，是只懂西洋文化的一半。

现在让我们先谈超自然论，以后再谈超知识论。

《礼·表记》里说，周代尊礼尚施，敬鬼神而远之。孔子答樊迟问知，也说："务民之义，敬鬼神而远之，可谓知矣。"这几句话，影响后来中国人对于超自然的态度，既远且大。

春秋时鲁国叔孙豹说明了立德、立功、立言三不朽的意义，又指出了中国人求不朽的方向。

孔子于答樊迟问知，且以敬鬼神而远之谓之知。反面说来，若佞鬼神而近之，则将谓之不知。此亦可想见当时佞神祀鬼之事，在民间当甚盛行。

孔子说，未知生，焉知死。又说，得罪于天无所祷也。这是说明孔子只研究生的道理。他以为没有知道生的道理，更不能知道死是什么一回事。孔子不否认神，如说祭神如神在，但是很少讲神，并且以为得罪了老天爷，祷告也没有用处的。当然别人要祷告，孔子也不会阻止他们。

儒家对于神，不承认其为天道之主宰。祭神祀鬼，不过尽人道而已，所谓"慎终追远"是也。

道家对于天道之应用于人生的见解虽与儒家不同，其法天道而立人道之观念则同。老子释道谓："有物混成，先天地生，寂兮寥兮，独立不改，周行而不殆，可以为天下母。"应用于人道，则"生而不有，为而不恃，功成而弗居"。生之为之，皆循道而行，人有何功可居。儒道两家为我国思想之主干。故我们可以说吾国之讲天道，与神权无关，换一句话说，天道是自然的，而非超自然的。

墨家之言"天志"亦非指上帝的意旨。其言"兼爱"谓"文王之兼爱天下之博大也，譬之日月兼照天下之无有私也"，此亦法天道而明人道也。其言"明鬼"，不过明传统之鬼神观念，而并无创见。但亦可知当时对于鬼神之迷信，在民间颇为盛行。

于此叫见，我国属于自然的天道与人道之关系，与基督教超自然的神道与人道之关系有根本不同之点存。爱上帝高于一切的诰语，不能为中国思想界所接受，而言出病除的奇迹，尤不能为学者所相信。景教于唐代流入中国，曾盛行一时，天主教于明代传入中国，势倾朝廷，而终不能在中国思想界生根者，其理由在此。

佛教以心的觉悟来识宇宙与人生的究竟，是以心为真理的主宰。与吾国之讲天道以明人道之观念容易沟通。故能于吾国思想界生大影响，而产生宋儒之理学。

前面已说过，我国悠远的历史是"敬鬼神而远之"的。因此鬼神在天人关系的思想系统里只占很不重要的地位。于是在无意中听各式各样的鬼神自由存在。积之既久，到了后代，从主死的阎王爷到主生的送子娘娘，从城里的城隍庙到乡下的土地堂，其间不知有多少菩萨。

"子不语怪力乱神"，但怪与神不断在民间生长出来。

佛教的教义，本来不注意神道的，但代代相传，夹带了许多婆罗门教中的鬼神。它们输入中国以后，和中国固有的各种稀奇古怪的鬼神结成联合阵线。闹成了神即菩萨，菩萨即神，交互通称的怪现象。实则菩萨为梵文菩提萨埵的简称，译言大智慧者。

在通俗的观念里，佛称菩萨，城隍爷称城隍菩萨，土地公称土地菩萨。

在学术界里，佛学与儒家、道家之宇宙与人生观联合而起融化作用。在通俗里佛学夹带来的印度鬼神与中国道教的鬼神联合起来加上儒家祭神拜祖的祀典，成了儒释道三教合一的所谓道教。尽管士大夫相信古之立德、立言、立功的三不朽。绝大多数的民众相信神或菩萨可以保护他们。只要做点好事，下世投胎，可以希望投到景况较好的家庭去。故平民以道教代替士大夫之礼教。

儒家既不否认神之存在，而且主张"祭神如神在"。故祭天祀神，亦为儒家之要典。古者天子诸侯祭天，士庶民祭社。天为普通性，而社为地方性。现在民众所祀的城隍土地之神，就从这社祭演化出来的，所以城隍庙通称为社庙。自东汉张道陵根据当时流行的鬼神祭祀服食修炼符咒法术的信念创五斗米道，现在通称的道教从此开始，延绵至今，通行全国已将近二千年了。以本省而论，道教所奉之神，如玉皇大帝、太上老君、玄天上帝等等为数甚多。其庙宇之数，即以玄天上帝而论，计达一百九十余处。本省最盛行之妈祖"拜拜"，当然亦是道教。全省妈祖庙约有三四百座之多。读者如于拜拜之日，参观北港之妈祖庙、木栅之指南宫，便可见各地前来参拜者，不分道佛，动辄数万人，可知其在民间潜势力之大。他如通俗所称的"城里城隍庙，城外土地堂"，则遍地皆是，故道教为一般人民安身立命之所凭。

任凭居全国少数的儒家讲天理说人情，绝大多数的老百姓（庶民）都拜神佞佛，经谶并举，这早已成了我国的政治与社会问题，为我们向来所未曾注意的。试问历史上自东汉黄巾之乱起（领袖张角为五斗米道），有几次民变与革命，没有一种似道非道的宗教混杂其间，为号召的工具呢？洪秀全之太平天国，其意在建立人国，并无超自然的天国之意，其所称的"天父、天兄、天皇"不过把耶稣（天兄）披上道袍作革命的号召罢了！名曰耶稣，实则道士也。一世纪东汉时，有"老子化胡"成佛的怪论，为后世道教吸收佛教的张本。在十九世纪的清代，当然可以把道士洋化；把耶稣教的上帝，当作玉皇大帝，叫他天父；把耶稣代替张天师，叫他天兄；把自己作为通天教主，自称天皇。

吾国大多数民众不想死后上天堂，只想来世生活比今世舒服一些。中国人多数抱现世观，不想在这个世界以外别求世界。故耶稣所称天国，中国人是不注意的。

耶稣的独一无二的上帝，中国人本来也可以和他神同时崇拜的，至上帝是否为天地之创造者与道德的制定者尽可不管，但是《旧约》里说"我是一个妒忌的上帝"，拜了他便不许拜其他的偶像。中国大多数的民众就会说，信者有，不信者无。你拜你的神，我拜我的神。万物并育而不相害，道并行而不相悖，神与神何必打架呢？

因相信道并行而不相悖，故宗教自由为中国人民全体所共信，所以中国自古无宗教战争。

诸宗教互相容忍是中国的美德。故景教、火袄（从示从天）教、摩尼教、犹太教、天主教、回教和近世的耶稣新教，虽不能影响中国之天道思想，但能与之相安并存。

天道既为万物之主宰，故视鬼神亦为天道中所包含。因此鬼神虽非道德之制定者，自不能不为道德之拥护者。墨家之明鬼，儒家之敬神，以其有益于世道人心，俗语所谓劝人为善是也。

基督教本出于犹太教。犹太民族在耶稣降生以前，数千年来信奉一神，并信犹太民族为上帝特别眷顾之民族，耶稣将此一神主义扩充至全人类，这个上帝是全世界人民共同的主宰。上帝不只爱犹太人，而且爱全人类。凡人都要爱上帝高于一切，并爱邻人如自己一样。以上耶稣之两条诫，加上《旧约》里摩西的十条诫，为基督教道德之基础，后来成为西洋道德观念之出发点。

希腊亦和中国一样，是相信多神的。但希腊人同时也相信神的奇迹，与耶稣所宣示的奇迹容易凑合。此于接受他所宣传的一神主义有相当的帮助。

罗马人也相信多神的。他们抵抗耶稣教相当猛烈，因为耶稣教独一无二的上帝，为罗马人所不了解，且因其反对罗马人所崇拜的多神，故被认为无神教。据说当保罗、彼得两信徒在罗马传教的时候，刚碰到那一次罗马几全被毁灭的大火。罗马皇尼罗说是基督徒放的火，于是大捕基督徒，把他们喂狮吃，此是耶稣降生后六十五年的事。

此后二三百年间，基督教徒常受迫害之苦。但迫害愈甚，信徒之增加亦愈多。至四世纪初，残酷的迫害方由罗马皇下令禁止。五世纪以降，罗马诸皇便都为基督教徒了。此后经数百年长期的在经院里和中古世纪大学里，把基督教理与希腊哲学凑合调和，遂与希腊罗马文化结不解缘，西洋文化遂称为基督教文化。

于此，我们可以知道，西洋文化是由两个源流合成的。一个是希腊罗马系重自然主义的文化，是欧西的本地风光。一个是希伯来系重超自然主义的文化，是从近东渡过地中海输入欧土的。

希腊系的文化，重人生，重理智，重自然；和儒家学说相同的地方很多，但也有相同而不同的地方。以人文主义而论，希腊人所根据的为个体主义。个人的智力美感与体力积极的发展为人生最高目的。

人文主义又是人国思想对天国思想而言。中国的文化，因无天国思想存在，故自始即属于人文主义的。我们现在所称人文主义，是以后从西洋翻译来的。而且我国的人文主义不以个体之发展着眼，而以个人与人群调和着眼，这是我们应该注意的。

基督教是希伯来系的文化。这一系文化重神权而轻人权，以神道代天道。此即所谓超自然主义。

希伯来民族数千年来信奉一神教。摩西十条诫，据《旧约》里所记载，为上帝耶和华所赐予的。摩西领导希伯来民族逃出埃及，脱离奴役，都遵照耶和华的指示，并承他宣示神迹，帮助脱险的。

但是这两系文化虽然凑合，而并没有真正调和。自五世纪到十五世纪，一千年之间，希伯来的天国思想压倒了希腊文化的人国思想。十五世纪以后，人国思想渐渐抬头。到十八世纪，人国思想便压倒了天国思想。

在这里我们有一段插曲。在明末清初（十七世纪中叶）的时候，耶稣教士来中国传教。那知道相信格物致知的中国士大夫，听到天国的超自然思想，但抱敬而远之的态度。一听到讲天文算学，就会抖擞精神去学习。著《宋元学案》与《明儒学案》的黄梨洲在军事倥偬之际，尚在兵船里学习西洋天文算学。他说这些天算，本来是中国的学问，因为天子失官，学流四裔，为外国人得去了。

好几位耶稣教士在那时候已经把四书译成拉丁文，流传到欧洲去。于是儒家的自然主义（天）、理性主义（道）、人文主义（人）为欧洲学者们所领略。在法国于十八世纪（乾嘉之际）反宗教大运动时，就把儒家的学说为反宗教运动的工具。十八世纪法国革命领袖们说，看哪，中国那样高度的文化，不靠超自然的神权来维持，不是我们欧洲人的好榜样吗？

到了十九世纪，属于希腊罗马系的工业文化虽然压倒了希伯来系的天国文化，但是欧西人的道德基础原则上，仍逃不了摩西的十诫与耶稣的两诫，而虔诚的基督教徒仍大有其人。

六、超知识论

我们在前篇已经说过，我国学术界好久以来，便面对了两个纠缠不清的问题——超自然与超知识。第一个问题我们已在前节讨论过了，现在让我们讨论超知识论，即西洋哲学史所称之超越论。

我们在上面知识论那一节，指出我国的知识论，是以色声香味触五个官觉为基础的，并以人人所同然为实证。而贯穿一切官觉的谓之理，此理为心之所同然。理见之于行者谓之义，亦为心之所同然。（以上根据孟子之言。）

人类求知识，都以合乎真理（真实）为标准。

孔子说："朝闻道，夕死可矣"，道就是真理（真实）。

佛家说：般若波罗密多是"真实不虚"。又说："如来是真语者，实语者。"

耶稣说："你们必晓得真理（真实），真理必叫你们自由。"他又说："……来到世间，特为真理作见证。"罗马帝国犹太省省长彼拉多问："真理是什么呢？"

真理（真实）是什么？我们至今还在问呢！

真理（真实）必须有证。

孔子说："文献不足故也，足则吾能证之矣。"我们可以把这证叫作实证。近世凡可用科学方法证明的，都可以叫作实证。说得普通一些，凡用官觉知识可以证实的，都可以叫作实证。这只要参看前面知识论就明白了。

第二种证明真理（真实）的方法，可以叫作信证。我们可以用我国一句俗语来解释："信者有，不信者无。"凡超自然的知识论，其基础就筑在这信证上。因为我们不能以官觉知识来证明超自然——上帝——之存在与否。故对此只有信与不信之别，无知与不知之分。

耶稣说："你们若有信心像一粒芥菜子，就是对这座山说，你从这边挪到那边，它也必挪去。"

我们只要参看前节超自然论，就明白信证的意思。我们在此不必多谈了。

第三种证明方法，可以叫作辩证，这是本节的主题。

求科学的真理靠实证（无论社会科学或自然科学，都靠实证）。无确实证据，就谈不到科学的真理。

宗教靠信证，无论那一种宗教，信心愈坚的人们，宗教对于他们的效用亦愈大。这效用就是因信而得的，所以信就是证。

超知识的真理（真实），既不能以官觉知识所得的实证为基础，又不能但以信仰而证其真理（真实）之存在，故只能以心中内存的理，来分析理解心中所存的问题。这个求真理的方法，我们称它为辩证。以平常而论，双方对于一个或数个问题的辩论，不是辩证。辩证是想要解决一个整个思想系里自身内在的矛盾，使这个思想系全部合乎理性。

现在让我们举三个例，来说明辩证法想怎样解释思想界存在的长期的困扰。

第一个是龙树的《中观论》，第二个是康德的《纯理的批评》（或译《批判》），第三个是黑格儿的《历史哲学》。

现在我们先讲《中观论》。

佛教里最大的分别是性与相两门，即《大乘起信论》所分的：（一）心真如门；与（二）心生灭门。所谓空、性、心、真如等名辞皆属于性的一方面。所谓假、俗、因缘所生法、五蕴、心生灭等名辞皆属于相的一方面。

凡永恒不变，不生不灭，心不可得而思，目不可得而见，而却遍存于万物之中者，谓之性。凡因缘所生，迁流不常，轮转于生住异灭，心可得以思，目可得以见，而终于幻灭者谓之相。

前者常以空为代表，因空能包罗万象，并永恒而不变坏也。后者常以色为代表，因色为目所可得而见，心所可得而思，兼可知其由因缘而生也。

然色与空并非两件事，所以说色即是空，空即是色；色不异空，空不异色。

《起信论》谓，心真如门（空），心生灭门（色），两者皆各总摄一切法。若一切法皆为空所总摄，则已无所剩余，可为色所摄者，然则色所摄者又为什么呢？反过来说，若色总摄一切，则空所摄又将为何物？

于是《起信论》便问："此义云何？"

答谓："以是二门，不相离故。"

心真如与心生灭二者不相分离，其义为空色不相分离，即空不异色也。

心与色似异而实同，则说明整个思想系统中，不使有内在的自身矛盾。

一部《大般若经》反复所欲说明者，其中心思想即在空与色不相离，换言之，即性与相不相离。般若为超知识的智慧，超越乎空与相两者的对立，故龙树之《中观论》有谓：

> 因缘所生法，我说即是空，亦为是假名，亦是中道义。

北齐之慧文禅师得此以授南岳之慧思，慧思授天台之智𫖮。天台宗之空（性）、假（相）、中（超越性相）三谛，即由此而来。说而明之，则谓：

> 空以破一切法，假以立一切法，中以妙一切法。

简而言之，则谓：

> 即空，即假，即中。

　　如是则空与相圆融，而总摄于超越空相两者的中道。

　　《中观论》之辩证法大略如此。

　　我们在前节知识论里，曾讲到唯识论之主张万物唯识，一切物体皆不过是阿赖〈耶〉识之显现，实无外界物体之存在。但法相宗（或称唯识宗）则主唯识中道，谓一切力有，唯识所变，非有非空。再进一层则为妙有真空。

　　我们若用天台宗语，可说即空即有即中。此乃圆融空有，唯识论内在之矛盾，如风吹云散矣。

　　我们若明白《中观论》之辩证法，佛经中好多似乎自身矛盾之点，自然容易解释了。

　　德国康德谓："意识无官识则空虚，官识无意识则盲目。"（引见前节知识论）亦为解决当时知识论内存之自身矛盾而立说，此亦似龙树《中观论》之求圆融两极之用意。

　　康德对于全部知识分为二门：（一）现象（相）；（二）物的本体内所存之物（性）。以纯粹白话译出来就是"东西本身里所存的一些东西"。

　　康德以为官觉所识的世界（常识世界）不过是一个现象世界。但用超越常识的思索的帮助，我们希望可以超越现象世界，而领悟东西本身里所存的一些东西。所以从这些话看来，我们就可以把"现象世界"译成《起信论》的"心生灭门"。东西里边那一些东西可译成为"心真如门"。简单和通俗一点，我们竟可以说就是性与相之分。

　　那"一些东西"就是性，康德以为用我们的官觉知识（常识）是不能领悟的。但是那个我们可以用常识懂得的现象世界，他以为却是从那懂不得的东西所演变出来的。说得简单和通俗一些，我们常识所不能领悟的就是性，我们常识可懂得的就是相。这相是从不能领悟的性演化出来的。

　　康德的《纯理的批评》是想统一官识与心识。故近乎龙树的《中观论》。

　　黑格儿的辩证法则偏重在心识的一方面。他以为超越一切经验之上，尚有一种至高无上的时代精神存在。这时代精神是人类历史的指导者，历史的变迁是由时代精神的演进而来的。

　　这演进的动力，以正反矛盾律为其主因。这点我们在前篇知识论里已经说明，这里不再赘述。

黑格儿对于哲学上的贡献，在把时代精神和矛盾律作为骨干，建立了一个完备的思想系统，简明而易于了解，并且便于应用。所以在十九世纪盛行于欧美思想界。

马克斯适逢其时，便把这时代精神的矛盾律随手拈来，应用于他的"历史的唯物论辩证法"。但此已溢出了超知识论的范围，而成为经济学的一部门，所以我们不在这里讨论了。

历史论[*]
（1962 年）

（上）
历史的循环直线与螺旋

历史两字是现代语，古代称史。罗振玉氏据鼎文解释谓："掌文书者谓之史。"故史乃史官，其所掌之文书亦曰史。犹今之档案，藏于政府而不见于民间。档案当然要编类，从各类撷其精义，演变而成有系统之记述。此种记述"晋谓之《乘》，楚谓之《梼杌》，而鲁谓之《春秋》，其实一也"（《孟子》）。墨子谓："吾见百国《春秋》"。故各国均有《春秋》，不独鲁国为然。孔子根据鲁国《春秋》而作《春秋》。藏于官府之史籍，其系统的要旨始得流传于民间。孔子说他"述而不作，信而好古"，可以想象孔子在当时从鲁档案里找《春秋》材料的情况。故孔子所作之《春秋》与藏于鲁府之《春秋》，其要旨当无大异。不过其文简略，以二百四十二年之事，只以一万八千言为之记。故后世得以己意实之，使《春秋》变为不可思议之奇书，"其中多非常异议可怪之论"（汉何休《公羊序》）。朱子谓：看《春秋》"只如看史样看"（《朱子语类》八十三），实至理名言。朱子又谓："《春秋》大旨，其可见者，诛乱臣，讨贼子。内中国，外夷狄。贵王贱伯而已。未必如先儒所言，字字有意义也。……（孔子）取史文写在这里，何尝云某事用某法，某事用某例耶？"《春秋》之宗旨，实在如此。但尚有应补充者，即贵王者所以尊文化之统一也。又所谓夷狄者，重文化之分，而轻种族之异。即所谓夷狄而诸夏者则诸夏之，诸夏而夷狄者则夷狄之是也。

---

* 见《谈学问》，世界书局，1962。

至孔子之《春秋》所以简略之故，实为物质所限。孔子并非故为简单，使后世作猜谜用，因为古代书用竹简，间用木版或缣帛。缣帛稀贵，木版不便编排，两者大概只用于作图，故作书普通均用竹简。因为工具所限，故行文不得不简略。古希腊用羊皮或其他兽皮作书，故得畅所欲书。中国古书简略而难明，希腊古书详密而易晓，均与工具有关。（按：古埃及有一种古纸，以尼罗河畔所产芦苇的软心压迫而成。古希腊亦采用之。唯产量不多，故通用者为羊皮。直至现今，在偏僻之地，仍有用之者。）

孔子所编之《春秋》为编年体，后世编年体之史，即以此为本。墨子所见之百国《春秋》，体制如何，已无从查考。唯秦始皇未秉政时，吕不韦之《吕氏春秋》，则以类编，并非编年。可知《春秋》不必皆是编年之史，编年体亦非史之必要条件。司马迁之《史记》，其体制有异于孔子编年之《春秋》。此或在先秦时已有类似之先例，不必为司马迁所独创。

《史通》谓：《春秋》"言春以包夏，举秋以兼冬"，故春秋两字乃指春夏秋冬四时周而复始之循环。以四时之循环代表治乱兴亡之循环，不必仅限于以日系月，以月系时，以时系年之义。证诸吾国之天道明人道之"天人之学"亦相符合。孟子谓五百年必有王者兴，亦是循环之意。古希腊亚利士多德著《政治》一书，亦主张一治一乱之循环说。故历史循环论，实为中西古时之共同见解。盖由人类所共同的历史经验而来。

西洋历史之直线论，系从宗教而来。耶稣教之天国思想，为人生最高目的，亦为最终目的。故人类当直向天国而行。至十八世纪，人们想在人国里建天国。自由、平等、博爱为法国革命之目的。至十九世纪，欧西之民主政治日趋进步。洎进化论出，更使历史直线说有科学的根据。

无论春秋两字之意义如何，吾国历史一治一乱之循环，已为古代与后世历史所证实。清王船山《读通鉴论·叙论》里说："天下之生，一治一乱。"又说："一治一乱，天也。犹日之有昼夜，月之有弦望晦朔也。"

至清代末期，《天演论》（即进化论）译本问世。吾国学者莫不受其影响。历史直线说遂为吾国学者所接受。推其故，一则因"物竞天择，适者生存"为常识所可推知。孔子既说"四时行焉"，又说"百物生焉"，则生物演化亦在吾人思想之中。而孟子又多引生物之理以喻人生。

二则公羊三世之说，由据乱世而升平世而太平世，即《礼运》之由小康而达大同，而大同世或太平世，为吾国历史之最高亦最终的理想。向此推进，是直线的而非循环的。

第一次世界大战后，欧洲物力凋弊，民主政治发生破绽，使一部分人士对于民主政治为政治极则的观念发生怀疑，于是集权主义渐次抬头。古代之历史循环说因此复起。其主要之代表著作为德国斯宾格勒之《西方的没落》，稍后则为英国汤恩培之《历史的研究》。

斯宾格勒（一八八〇—一九三六）把西洋历史分作三环。第一环为希罗（希腊罗马）文化，第二环为耶教文化，第三环为西方文化。每环有生存、茂盛、衰微、没落四期，如春夏秋冬四季。斯氏曾引每环之历史来证明他的主张。说到西方文化，他以为十世纪为西方文化春季的开始，十六、十七两世纪为夏，十八世纪为秋，十九世纪是冬季的开始，到了二十世纪，没落的时期到了。

他以为从第一次世界大战里（一九一四—一九一八）应该看出此不断的战争已经开始，并将有好多恺撒（罗马皇）出现。最后其中之一将得胜利，在世界建立统一的帝国式的威权政治。

这预言当然不能为西洋历史家所接受。

汤恩培于数年前自英渡美后，现在泼林斯顿研究院任教。他的《历史的研究》已出六册，尚有四册即将出版。材料丰富，篇叶浩繁，除少数历史专家外，很少人能把这巨著读过。幸有塞茂伐尔之节本问世，使喜读历史的人们不致望洋兴叹。

汤氏研究世界古今二十几个社会（或文化）后，谓社会的进化，并非缘单纯一条直线。除现存的几个社会外，每个已往的社会（或文化）都经过生长、破裂、分化、没落、死亡的几个阶段。汤氏常引用中国的阴阳两语代表历史的静止和动态。当文化初生时进步甚慢，是阴。发达时甚为活动，是阳。退化时又是阴。一阴一阳的循环，是历史的过程。有几个社会死亡后，就不再现。有几个社会于死亡后，他们的文化遗传到另一个新兴的社会。

汤氏对于文化的过程持循环说。但他是宗教的信仰者，信仰是直线的。循环与直线相合而成螺旋说。一面循环，一面仍是前进。前清末期学术界所通行的世运螺旋说，可以说是一治一乱之循环说与《春秋》三世说和《礼运》大同之直线说相合而成的。但中国学者对于历史螺旋说之自觉，西洋输入之进化论实有以促成之。

汤氏对于西方文化的结论是悲观的。但汤氏以为我们只要有一个宗教的信仰，人类的文化是有出路的。这是以信仰的直线和世运的循环奋斗。他于一九五三年出版的《世界与西方》一书结论里说："当希腊、罗马以武力征服世界后，世界把战胜者以新宗教来制服他们。这新宗教不分统治者与被统治者，不分希腊人与东方人，凡属人类，都一视同仁。这是希腊文化与世界接触以后历史的展现。未来历史未竟的一章，将类此而写成吗？我们很难说，因为我们不能预知将来的事。我们所能见到的，是在历史上曾经发现过一次的事，将来至少也是一条可能的出路。"[1]

汤氏以宗教的信仰为世界将来的出路，而钱穆氏经长期间研究中国历史，以道德的信仰为中国将来的出路（见钱穆《中国历史精神》）。宗教与道德，两者之间有共同之点存在，因为西洋的宗教与中国的道德本有其共同性（见《宗教与道德》篇）。唯汤氏宗教信仰为可能的一条出路，而钱氏则以道德信仰为当然的出路。

五十年前，吾国人对于自己文化的前途感觉彷徨。第二次世界大战后，西欧人（包括美国）对于自己的文化的前途亦同样感到彷徨。将来的历史如何展现，是现代史未竟的一章。历史家都在援引往例，推想将来。

[注释]

[1] 汤恩培之《历史的研究》七至十册，最近已由牛津大学出版。从杂志的书评里，我们知道汤氏所主张的宗教，并非只是基督教。他说即使世界只剩了基督教与佛教，他仍不能决定到底选那一种。若为西方人方便计，基督教自较为合适。但他不相信现在教堂里通常所讲的宗教，可以当得起这个使命。

他不以基督教为唯一的真宗教。倘若有人这样主张，可说是一种罪孽。他以为世界"高级的宗教"，如基督教、伊斯兰教（即回教）、佛教、印度教等，都以不同的道路走向"上帝的圣城"。我们应该学耶稣的受难救人，菩提萨埵（即菩萨）的自己觉悟而有救众生的宏愿。（四十三年十一月）

（下）

历史的征信与借鉴

吾国历史的中心思想为从历史里识治乱兴亡之理，以为后世借鉴。这原则早在《诗经》里说过。即"殷鉴不远，在夏后氏之世"那两句话来源虽甚古，而流传至今不替。于是"博古以通今，知往而识来"，遂为通俗所共晓。

其次为历史的材料问题。吾国求知之方，本于格物致知。既欲在事物里求知，故历史的材料（史实）必须确实可靠，精密客观。否则所得之知，便靠不住。此所以《春秋》之义："信以传信，疑以传疑。"（《穀梁·桓五年》）孔子之"毋意，毋必，毋固，毋我"，是重客观的意思。孔子说："夏礼吾能言之，杞不足征也，殷礼吾能言之，宋不足征也，文献不足故也。足则吾能征之矣。"是说史事要有征而后才可靠。唐刘知几之《史通》，清章学诚之《文史通义》，均以征信为史之要旨。他如汉儒与清儒之学，均以求征为主旨。故征与信，数千年来一脉相承，未敢或违。有信必有征，征信一辞，由此而来。通俗所刊之《征信录》，即本此观念。

近世科学，本为精密的征信之学，故自十九世纪科学发达以来，西洋史学因受科学方法之影响，采取史料，日趋精密客观，史学因亦日就进步。吾国自五四前后采用科学方法治学以来，史学的征信之道，亦日益精密。此对于国史之贡献甚大。

兹请言历史的借鉴。识往事以为后世警诫，谓之借鉴。鉴是镜子。历史的往事，反映在镜子里。我们从这镜子里可以看到以往治乱盛衰兴亡成败之理。孔子作《春秋》而乱臣贼子惧，因为从这面历史的镜子里，他们可以看到本身将来可能的结局。

但史实是一回事，史实的看法又是另一回事。因为见仁见智，人各不同。故同一史实而解释可因人而异。史学的派别就因此而起。现今西洋对于历史的看法，归纳起来，大致可分为四派。这四派有时亦彼此互为影响，并不能如楚河汉界似的划分得清清楚楚。

一、历史是只把当时发生的事实，忠实地记载下来，使它成为信史。只管事实，不顾其他，国中历史家本来有此看法的。

二、历史是以往事的教训，来解释当前的问题，指出可能解决的途径。中国历史本来也是如此的。

三、历史是根据作者的见解（或哲学）而写成的。我国与此相似者可以《公羊传》与康有为《孔子改制考》为例。康氏之主张是从公羊来的界在西①。这派历史家认哲学与历史为一事，以史实来凑合他们的理

---

① "界在西"，疑为衍字。

想。如黑智儿、马克斯、克罗彩、斯宾格勒均属此派。他们在一般历史学家的眼光里均被认为"左道"。但他们却把西洋历史搅得翻天倒地洋。

四、历史是普遍存在于今日〈生〉活里的往事。这派认为现今社会里各种活动，是过去的历史在推动。犹如滚滚长江东逝水，到了扬子江口，是经过几千里积聚而成的。历史是动态的力，在现今生活里推动。如你不知长江之长，就不知扬子江水力之所以雄伟。如你不知历史，就不知历史的推动力。我们研究文化史、社会史、思想史、美术史、宗教史等可认为是分门研究一个民族在每一个时代各的活动力，以期综合而知历史的整个活动力。接着研究到最近状态，就可以知道现在的一个社会或文化前进的可能方向。这于想解决一个国家或国际问题很有帮助。

讲起社会史，我们就想到台湾的"拜拜"。我们知道"拜拜"势力最大的是妈祖。妈祖据连横《台湾通史》及方豪《中西交通史》所载，是宋朝福建莆田的一位姑娘，她能使神通，布席海上济人。后来她死了，相传常衣朱衣，乘云气遨游岛屿间。因为她能使航海安全，正是华侨航海所需要的圣母。故南宋时封她为妃，元代加封为天妃，清乾隆间敕封为天后。航海的需要增多，她的地位亦加崇。我国沿海各省口岸及海外华侨区的天后宫及台湾的妈祖庙，原来都为保护航运而建立的。方豪氏深信"天后之尊崇，其为宋、元以来国家奖励国民向海外发展之政策"。盖亦本神道设教之遗意。

我们讲这个故事，是为社会史研究的重要性举一个例，并借此说明普遍存在于今日里的往事。

无论历史是循环的或直线的（见《历史论（上）》），我们应该研究人民整个的生活力。循环是整个生活兴盛衰亡的循环，不能以政治上简单的一治一乱了之。一个社会的共同信仰或理想是直线的，它的完成或实现要靠全社会人民共同努力。中山先生的三民主义是直线论（民有民治民享是从十八世纪起，人们想在人国里建天国的道路，是直线的。"以建民国，以进大同"，"民国是小康，最高目的是大同，也是直线的"。）所以他要唤起民众及联合世界上以平等待我之民族共同奋斗（国父遗嘱）。唤起民众，不是几个标语所能生效的，最要的是在共同信仰之下共同奋斗。

民族的生活力是由民众共同奋斗而来的。美国在这三十年来，有一派历史家，以边疆论讲历史的动力。其大意谓在数百年短短的历史中，美国国民笼罩在边疆生活里，他们的辟草莱排万难的精神在推动着国民向前奋斗，直至太平洋沿岸，方才达到处女土的边缘。所以美国的精神，可以说因拓疆而制驭大自然的精神。拉铁摩尔《中国的边疆》一书，似乎是受边疆论的影响。

试以吾国历史而论，吾国文化的统一，在春秋时，楚、吴、越加入华夏文化集团以后，因此中夏文化推广至扬子江以南。汉唐之盛强，由于西面与西北边疆之拓殖。至六朝时，华北为突兰民族所占据，北方之边疆尽失。中夏社会之南迁，即开始于东晋。后经隋唐之统一，恢复旧疆，唐之势力复盛。至五代而边疆复失。宋明两朝均局促于中土，国势于是骎骎日下了。元清两朝本均为突兰民族，中国不过为其附庸。清代之盛强，亦基于东北与西北之边疆。其后清代的突兰族在文化上虽为华夏所同化，唯两族始终离心离德，缺乏共同信仰。于是为华夏之民族主义所截击，终至在治乱兴亡循环里结束了历史的一环。

学生自治

初到北京大学时在学生欢迎会中之演说 *
（1919 年 7 月 23 日）

诸君因爱蔡先生而爱梦麟，梦麟诚不胜其感激。此次诸君领袖全国，为爱国之运动，不但国人受诸君之感动，而敬崇诸君，即世界各国，亦莫不对诸君而起敬意。然则诸君此次之表示，为有价值的，已不待言。诸君对于蔡先生望其即日回校，蔡先生为最肯负责任者，岂有不允回校之理？惟今日病犹未愈，若因回校而病转剧，岂非为欲负责反不克负责乎？此蔡先生之所以不即来也。诸君须知蔡先生为平民化的，无论何人，皆平等视之。南方有谓蔡先生之离大学，大学生对之有如子女之失父母者。蔡先生即答云："大学生皆能自治者，固不同子女之于父母，必待督率而后无失。故予于大学生非父母可比，不过为大学生之兄弟耳。"此次梦麟到杭，蔡先生即约予往谈，云有事托我，至则语我云："大学生皆有自治能力者，君可为我代表到校，执行校务，一切印信，皆交由君带去，责任仍由我负之。"蔡先生既以代任校务委我，我即以二事求其承认：（一）代表蔡先生个人，非代表北京大学校长。（二）予仅为蔡先生之监印者。蔡先生一一承认，且以三事语我：（一）各界代表之至杭者日必数起，迄未答谢，请君代表我为我致谢各界。（二）代表我有回校之决心。（三）大学责任我愿继续完全担负。又云："自今以后，须负极重大之责任，使大学为全国文化之中心，立千百年之大计。"予因受蔡先生之委托，遂即日离杭来京。余尝论蔡先生之为人，具中国固有文化之优点，而同时受西洋文化之陶镕。昔孔子以有温、良、恭、俭、让五种美德，因以洞悉各国政治。蔡先生以具此种美德，故每至一地，于当地事，人无不乐告之。蔡先生因受西洋文化之影响，极喜音

---

* 本文为作者 1919 年 7 月 23 日在北大的演说，此为作者据 26 日上海《时事新闻》报道修改而成，见《过渡时代之思想与教育》，世界书局，1962。

乐，以其能发人至感，且能收人生各部平均发达之效果，又倡以美术代宗教。有谓其反对宗教者，误也，不过蔡先生于宗教之误谬处，不肯赞同耳。又蔡先生平时待人接物，大度包容，温厚可亲，但一遇重要大事，不肯丝毫改变其主张，所谓"富贵不能淫，威武不能屈"。总括以上所言，蔡先生所具者有二种精神而熔合于一炉：（　）温、良、恭、俭、让，蔡先生具中国最好之精神。（二）重美感，具希腊最好之精神。（三）平民生活，及在他的眼中，个个都是好人，是蔡先生具希伯来最好之精神。此次五四运动所以能感动全国者，未始非此种精神于不知不觉间灌输于诸君脑海中之效果。故做事时，困难不成问题，危险不成问题，所患者，无此伟大之精神耳。讲到这里，我们要问一声，蔡先生这种精神，怎样得来的呢？是从学问中得来的。故诸君当以学问为莫大的任务。西洋文化先进国到今日之地位，系累世文化积聚而成，非旦夕可几。千百年来，经多少学问家累世不断的劳苦工作而始成今日之文化。故救国之要道，在从事增进文化之基础工作，而以自己的学问功夫为立脚点，此岂摇旗呐喊之运动所可几？当法之围困德国时，有德国学者费须德在围城中之大学讲演，而作致国民书曰："增进德国之文化，以救德国。"国人行之，遂树普鲁士败法之基础。故救国当谋文化之增进，而负此增进文化之责者，惟有青年学生。昔人有诗云："可怜年年压针线，为他人作嫁衣裳。"现在青年作救国运动，今日反对这个，明日反对那个，忙个不了，真似"可怜年年压针线，为他人补破衣裳"。终不是根本办法。吾人若要救国，先要谋文化之增进。日日补破衣裳，东补西烂，有何益处？深望诸君，本自治之能力，研究学术，发挥一切，以期增高文化。又须养成强健之体魄，团结之精神，以备将来改良社会，创造文化，与负各种重大责任。总期造成一颗光明灿烂的宝星，照耀全国，照耀亚东，照耀世界，照耀千百年而无穷。

学生自治*
——在北京高等师范演说
（1919 年 10 月）

今日北京高等师范成立纪念日，并学生自治会成立的日子。我得这个好机会和北京高等师范的学生诸君，谈学生自治的问题，我心里很快活。这个问题，杜威先生和蔡孑民先生，已经在我的先讲过了，我不知道能否在两位先生讲的以外，加添些新意思。我想我们讲学生自治，要研究三个要点。

第一就是学生自治的精神——精神就是全体一致到处都是的公共意志。这个公共意志的势力最大，凡团体有这个东西在里面，一部分的分子，就会不知不觉地受他感化。自治的基础就在这里。这个精神就是自治的基础。没有这精神，团体的意志，就不能结合起来。里边的分子非但不能互助进行，而且要互相阻挠。团体解散，都是从这里生出来的。诸君要知道团体是一个有机体。譬如一个人，手足耳目口鼻，要和意志一致行动。若意志要看书，这眼去看了桌旁的一盆花；意志要讲英语，这口去操法语；意志要走，这脚偏不动；这岂不是变了一个疯子吗？团体的精神，就是团体的意志。若分子不照这意志行事，这个团体就变了疯。

所以团体结合的要素，不是在章程，是在养成一个公共的意志。换一句说，就是养成一个精神。在学校里面，我们也叫他做"学风"。我们旧时办学校的，也时时讲这"学风"两个字。我国从前的太学生，在历史上很占重要的位置；他们聚了几万人伏阙上书的时候，虽很有权势的狠吏，也怕他们。因为他们都从"富贵不能淫，威畏［武］不能屈"的"学风"中培养出来的。

* 载《新教育》1919 年第 2 卷第 2 期。

学生自治，并不是一种"时髦"的运动，并不是反对教职员的运动，也不是一种机械性的组织。学生自治，是爱国的运动，是"移风易俗"的运动，是养成活泼泼的一个精神的运动。学生自治，要有一个爱国的决心，"移风易俗"的决心，活泼泼的勇往直前的决心。没有这种人决心，学生自治是空的，是慕虚名的，是要不得的。

第二是学生自治的责任——学生自治既不是一个空虚的美名，大家就要去干这自治的事业，大家就负了重大的责任。诸君，学生没有自治以前，学校学风不良，你们可以归罪教职员。有了自治之后，学风不良，你们只能归罪自己了。中国教育不良，大家骂办学校的人，办学校的人也不能逃罪。若学生自治以后，教育不良，大家就可以骂学生。到那时候，诸君岂不是变了中国教育不良的罪人？我们主张学生自治的人，也要受人唾骂，没有面目见"江东父老"了。我想学生自治，有四个大责任：（一）是提高学术程度的责任。现在我们中国学校程度太低，教员说，学生太懒惰，不肯好好儿求学。学生说，教员不好，不能循循善诱我们。这两边的话，都具一方面的真理。今日讲学生自治，我把教员一方面的责任暂时搁起来不讲。我想做教员的应该责备教员，做学生的应该责备学生，不要彼此互相责备，彼此责备，就是彼此逃责任，那就糟了。做学生的，先要从自己身上着想，自己问自己，自己的责任是不是已经尽了？若还没有尽，不要责人家，先责自己罢了。这就是真正的自觉。学生对于学术方面，要有兴会，要想得透，要懂得彻底，不要模模糊糊的过去，过一天算一天，上一课算一课。照这样做去，那里能够提高学术程度呢？（二）公共服务的责任。自治是自动的服务，是对团体服务。自动的服务，是自己愿意服务，不是外面强迫的。本自己的愿意，对于团体做公益的事。这是有两方面：一方面是消极的，一方面是积极的。消极方面是个人不要做对于团体有害的事，积极方面是个人要做团体有益的事。消极方面就是自制，是削除乱源的办法；积极方面就是互助，是增进公共利益的办法。自治之中，自制和互助都不能少的。（三）产生文化的责任。学生自治团体，不是组织了以后，学校里不闹"乱子"就算满足了。自治团体要有生产力。农人自治，要多生农产；工人自治，要多出工作；学生自治，要多产文化。多产文化的方法，就是多设种种学术研究团体。如演说竞争会、学生讲演会、戏剧会、音乐会等等，互相研究，倡作种种事业。（四）改良社会的责任。学生事业，不仅在校内，要与社会的生活相接触。以学生所得的知识，传布于社会，作社会的好榜样。使社会的程度，渐渐提高。真正的自治，要负这四种责任。诸君，自治不是好玩的事吓。

第三点是学生自治的问题——学生团体是全校团体的一部分。学生团体所做的事，是全校负责任的，所以学生团体与学校中他团体有密切关系。要联络进行，共谋全校幸福，这就生出几种问题来。这几个问题不解决，将来恐生出种种阻力。（一）学生个人和教职员个人或团体的问题。自治会成立后，学生个人行动是否应受教职员的干涉？我说学生个人行动不当，不但教职员当干涉，学生团体亦当干涉，学生团体不干涉个人不当的行动，这自治就破坏了。所以学生团体不但要去干涉他，而且要教职员大家帮忙，共同维持全校的名誉。（二）学生团体和教职员个人的问题。学生团体应该欢迎教职员的忠告。诸君要知道教职员和学生，同是谋全校幸福的一分子。（三）学生自治团体和教职员团体的问题。这个问题比较以前两个问题复杂不少。将来的问题，恐怕都从这里生出来。活泼有精神的自治会，必欢喜多干事，范围必渐渐儿扩大。那时因这范围问题，就会和教职员的团体生冲突。有一件事发生，学生团体说，这是在学生团体的范围内的；教职员团体说，这是在教职员团体的范围内的。此时两方面各要平心静气，推诚布公，把这个问题大家来讨论，讨论有了结果，然后来照行。不要因一时之激愤，生出许多无为［谓］的误会。两个团体之间，凡有一个问题发生，终要照这个办法来做，行了一二年，范围就定了，学生自治的机关就稳固了。有了精神，知道了责任，又能平心静气来解决问题，学生自治会没有不发达的道理。

我们对于学生的希望[*]
（1920 年 5 月 4 日）

今天是五月四日，我们回想去年今日，我们两人都在上海欢迎杜威博士，直到五月六日方才知道北京五月四日的事。日子过的真快，匆匆又是一年了！

当去年的今日，我们心里只想留住杜威先生在中国讲演教育哲学；在思想一方面提倡实验的态度和科学的精神；在教育一方面输入新鲜的教育学说，引起国人的觉悟，大家来做根本的教育改革。这是我们去年今日的希望。不料事势的变化大出我们意料之外，这一年以来，教育界的风潮几乎没有一个月平静的，整整的一年光阴就在这风潮扰攘里过去了。

这一年的学生运动，从远大的观点看起来，自然是几十年来的一件大事。从这里面发生出来的好效果自然也不少：引起学生的自动精神，是一件；引起学生对于社会国家的兴趣，是二件；引出学生的作文演说的能力，组织的能力，办事的能力，是三件；使学生增加团体生活的经验，是四件；引起许多学生求知识的欲望，是五件。这都是旧日的课堂生活所不能产生的，我们不能不认为学生运动的重要贡献。

社会若能保持一种水平线以上的清明，一切政治上的鼓吹和设施，制度上的评判和革新，都应该有成年的人去料理。未成年的一代人（学生时代的男女）应该有安心求学的权利，社会也用不着他们来做学校生活之外的活动。但是我们现在不幸生在这个变态的社会里，没有这种常态社会中人应该有的福气。社会上许多事被一班成年的或老年的人弄坏了，别的阶级又都不肯出来干涉纠正，于是这种干涉纠正的责任遂落在

---

* 载《新教育》1920 年第 2 卷第 5 期。

一般未成年的男女学生的肩膀上。这是变态的社会里一种不可免的现象。现在有许多人说学生不应该干预政治，其实并不是学生自己要这样干，这都是社会和政府硬逼出来的。如果社会国家的行为没有受学生干涉纠正的必要，如果学生能享安心求学的幸福，而不受外界的强烈刺激和良心上的督责，他们又何必甘心抛了宝贵的光阴，冒着生命的危险，来做这种学生运动呢？

简单一句话：在变态的社会国家里面，政府太卑劣腐败了，国民又没有正式的纠正机关（如代表民意的国会之类），那时候，干预政治的运动一定是从青年的学生界发生的。汉末的太学生，宋代的太学生，明末的结社，戊戌政变以前的"公车上书"，辛亥以前的留学生革命党，俄国从前的革命党，德国革命前的学生运动，印度和朝鲜现在的独立运动，中国去年的五四运动与六三运动，都是同一个道理，都是有发生的理由的。

但是我们不要忘记：这种运动是非常的事，是变态的社会里不得已的事，但是它又是很不经济的不幸事，因为是不得已，故它的发生是可以原谅的。因为是很不经济的不幸事，故这种运动是暂时不得已的救急办法，却不可长期存在的。

荒唐的中年老年人闹下了乱子，却要未成年的学生抛弃学业，荒废光阴，来干涉救正：这是天下最不经济的事。况且中国眼前的学生运动更是不经济，何以故呢？试看自汉末以来的学生运动，试看俄国、德国、印度、朝鲜的学生运动，那有一次用罢课作武器的？即如去年的五四与六三，这两次的成绩可是单靠罢课作武器的吗？单靠用罢课作武器，是最不经济的方法，是下下策，屡用不已，是学生运动破产的表现！

罢课于敌人无损，于自己却有大损失，这是人人共知的。但我们看来，用罢课作武器，还有精神上的很大损失：

（一）养成依赖群众的恶心理。现在的学生很像忘了个人自己有许多事可做，他们很像以为不全体罢课便无事可做。个人自己不肯牺牲，不敢做事，却要全体罢了课来呐喊助威，自己却躲在大众群里跟着呐喊，这种依赖群众的心理是懦夫当〔的〕心理！

（二）养成逃学的恶习惯。现在罢课的学生，究竟有几个人出来认真做事？其余无数的学生，既不办事，又不自修，究竟为了什么事罢课？从前还可说是"激于义愤"的表示，大家都认作一种最重大的武器，不得已而用之。久而久之，学生竟把罢课的事看作很平常的事。我们要知道，多数学生把罢课看作很平常的事，这便是逃学习惯已养成的证据。

（三）养成无意识的行为的恶习惯。无意识的行为就是自己说不出为什么要做的行为。现在不但学生把罢课看作很平常的事，社会也把学生罢课看作很平常的事。一件很重大的事，变成了很平常的事，还有什么功效灵验？既然明知没有灵验功效，却偏要去做。一处无意识地做了，别处也无意识地盲从。这种心理的养成，实在是眼前和将来最可悲观的现象。

以上说的是我们对于现在学生运动的观察。

我们对于学生的希望，简单说来，只有一句话："我们希望学生从今以后要注重课堂里、自修室里、操场上、课余时间里的学生活动，只有这种学生活动是能持久又最功效的学生运动。"

这种学生活动有三个重要部分：

（1）学问的生活；

（2）团体的生活；

（3）社会服务的生活。

第一，学问的生活。这一年以来，最可使人乐观的一种好现象就是许多学生对于知识学问的兴趣渐渐增加了。新出的出版物的销数增加，可以估量学生求知识的兴趣增加。我们希望现在的学生充分发展这点新发生的兴趣，注重学问的生活。要知道社会国家的大问题，绝不是没有学问的人能解决的。我们说的"学问的生活"并不限于从前的背书抄讲义的生活。我们希望学生——无论中学大学——都能注意下列的几项细目：

（1）注重外国文。现在中文的出版物实在不够满足我们求知识的欲望。求新知识的门径在于外国文，每个学生至少需要能用一种外国语看书。学外国语须要经过查生字、记生字的第一难关，千万不要怕难。若是学堂里的外国文教员确是不好，千万不要让他敷衍你们，不妨赶跑他。

（2）注重观察事实与调查事实。这是科学训练的第一步，要求学校里用实验来教授科学。自己去采集标本，自己去观察调查。观察调查需要有个目的——例如本地的人口、风俗、出产、植物、鸦片烟馆等项的调查——还要注重团体的互助，分工合作，做成有系统的报告。现在的学生天天谈"二十一条",究竟二十一条是什么东西,有几个人说得出吗?天天谈"高徐济顺",究竟有几个指得出这条路在什么地方吗?这种不注重事实的习惯,是不可不打破的。打破这种习惯的唯一法子,就是养成观察调查的习惯。

(3)建设的促进学校的改良。现在的学校课程和教员一定有许多不能满足学生求学的欲望的。我们希望学生不要专做破坏的攻击,须要用建设的精神促进学校的改良。与其提倡考试的废止,不如提倡考试的改良;与其攻击校长不多买博物标本,不如提倡学生自去采集标本。这种建设的促进,比教育部和教育厅的命令的功效大得多咧。

(4)注重自修。灌进去的知识学问是没有多大用处的。真正可靠的学问都是从自修得来。自修的能力是求学问的唯一条件。不养成自修的能力,决不能求学问。自修应注重的事是:(一)看书的能力;(二)要求学校购备参考书报,如大字典,词典,重要的大部书之类;(三)结合同学多买书报,交换阅看;(四)要求教员指导自修的门径和自修的方法。

第二,团体的生活。五四运动以来,总算增加了许多学生的团体生活的经验。但是现在的学生团体有两大缺点:(一)是内容太偏枯了,(二)是组织太不完备了。内容偏枯的补救,应注意各方面的"俱分并进":

(1)学术的团体生活,如学术研究会或讲演会之类,应该注重自动的调查、报告、试验、讲演。

(2)体育的团体生活,如足球、运动会、童子军、野外幕居、假期游行等等。

(3)游艺的团体生活,如音乐、图画、戏剧等等。

(4)社交的团体生活,如同学茶会、家人恳亲会、师生恳亲会、同乡会等等。

(5)组织的团体生活,如本校学生会、自治会、各校联合会、学生联合总会之类。

要补救组织的不完备,应注重世界通行的议会法规(Parliamentary Law)的重要条件。简单说来,至少须有下列的几个条件:

(1)法定开会人数。这是防弊的要件。

(2)动议的手续与修正议案的手续。这是议会法规里最繁难又最重要的一项。

（3）发言的顺序。这是维持秩序的要件。

（4）表决的方法。（一）须规定某种议案必须全体几分之几的可决，某种必须到会人数几分之几的可决，某种仅须过半数的可决。（二）须规定某种重要议案必须用无记名投票，某种必须用有记名投票，某种可用举手的表决。

（5）凡是代表制的联合会——无论校内校外——皆须有复决制（Referendum）。遇重大的案件，代表会议的议决案必须再经过会员的总投票，总会的议决案必须再经过各分会的复决。

（6）议案提出后，应有规定的讨论时间，并须限制每人发言的时间与次数。

现在许多学生会的章程只注重职员的分配，却不注重这些最紧要的条件，这是学生团体失败的一个大原因。

此外还须注意团体生活最不可少的两种精神：

（1）容纳反对党的意见。现在学生会议的会场上，对于不肯迎合群众心理的言论，往往有许多威压的表示，这是暴民专制，不是民治精神。民治主义的第一个条件就是要使各方面的意见都可自由发表。

（2）人人要负责任。天下有许多事都是不肯负责任的"好人"弄坏的。好人坐在家里叹气，坏人在议场上做戏，天下事所以败坏了。不肯出头负责任的人，便是团体的罪人，便不配做民治国家的国民。民治主义的第二个条件是人人要负责任，要尊重自己的主张，要用正当的方法来传播自己的主张。

第三，社会服务的生活。学生运动是学生对于社会国家的利害发生兴趣的表示，所以各处都有平民夜学、平民讲演的发起。我们希望今后的学生继续推广这种社会服务的事业。这种事业，一来是救国的根本办法，二来是学生的能力做得到的，三来可以发展学生自己的学问与才干，四来可以训练学生待人接物的经验。我们希望学生注意以下各点：

（1）平民夜校。注重本地的需要，介绍卫生的常识、职业的常识和公民的常识。

（2）通俗讲演。现在那些"同胞快醒，国要亡了！""杀卖国贼""爱国是人生的义务"等空话的讲演，是不能持久的，说了两三遍就没有了。我们希望学生注重科学常识的讲演，改良风俗的讲演，破除迷信的讲演。譬如你今天演说"下雨"，你不能不先研究雨是怎样来的，何以从天上下来，听的人也可以因此知道雨不是龙王菩萨洒下来的，也可以知道雨不是道士和尚求得下来的。又如你明天演说"种田何以须用石灰作肥料",你就不能不研究石灰的化学,听的人也可以因此知道肥料的道理。这种讲演,不但于人有益,于自己也极有益。

(3)破除迷信的事案。我们希望学生不但用科学的道理来解释本地的种种迷信,并且还要实行破除迷信的事业。如求神合婚,求仙方,放焰口,风水等等迷信,都该破除。学生不来破除迷信,迷信是永远不会破除的。

(4)改良风俗的事业。我们希望学生用力去做改良风俗的事业。譬如女子缠足的,现在各处多有。学生应该组织天足会,相诫不娶小脚的女子。不能解放你的姊妹的小脚,你就不配谈"女子解放"。又如鸦片烟与吗啡,现在各处仍旧很销行。学生应该组织调查队、侦探队,或报告官府,或自动的捣毁烟间与吗啡店。你不能干涉你村上的鸦片吗啡,你也不配干预国家的大事。

以上说的是我们对于学生的希望。

学生运动已发生了,是青年一种活动力的表现,是一种好现象,绝不能压下去的,也绝不可把它压下去的。我们对于办教育的人的忠告是:"不要梦想压制学生运动。学潮的救济只有一个法子,就是引导学生向有益有用的路上去活动。"

学生运动现在四面都受攻击,五四的后援也没有了,六三的后援也没有了。我们对于学生的忠告是:"单靠用罢课作武器是下下策,可一而再,再而三的么?学生运动如果要想保存五四和六三的荣誉,只有一个法子,就是改变活动的方向,把五四和六三的精神用到学校内外有益有用的学生活动上去。"

我们讲的话是很直率,但这都是我们的老实话。

蒋梦麟总务长演说词[*]
（1920 年 9 月 16 日）

今日趁开学的机会，我可以同我们全校的同学晤聚一堂，实在非常的高兴。我觉得这个机会是很可宝贵的，因为我们平时虽也常同学生接触，但总只是一小部分。近来学校中都有一种通病，就是教员和学生除了课堂见面之外，毫无个人的接触，所以弄得好像不关痛痒的样子。这不但中国如此，就在外国也免不了。现在同诸君虽然不是个人的接触，却也是一个大聚会的好机会。我前天曾同校长谈过，打算下半年办一个校长与学生间的星期茶话会。每星期在第一院对面新租房子的本校教职员公会内，预备一点茶点，约定二三十位同学，同校长随便谈谈，可以彼此互达情愫。

还有关于社会方面的。我们现在不是天天讲新文化运动吗？那天在胡适之先生那儿谈天，他说现在的青年连一本好好的书都没有读，就飞叫乱跳地自以为做新文化运动，其实连文化都没有，更何从言新。这话实在说得非常的沉痛。所以我们此后，总要立定志向，切实读书。还有一层，就是物理、化学等物质上的文化也应该同文字方面的文化并重。比方现在饥民这样的多，因为交通等等关系，赈济就这样的困难，有时传染病发生，也往往弄得手忙脚乱，死丧无算。这都是物质文化太不发达的弊病，我们不可不注意。

最后对于同学自治问题，也有点意见。我近来学生认识得不少，据各方的闻见，觉得最可惜的就是学生会总没有好好的组织，开会时秩序亦不甚整齐。我们时常说国会省会如何捣乱，其实像这样子，叫学生们

---

* 载《北京大学日刊》1920 年第 694 期。这个演说词的记录者为陈政。

去办国会省会，又何尝不会捣乱呢？所以开会时必须注重议会法才好。学生会章程上半年已经订好，采取委员制，现在已经付印。希望新旧同学平心静气地讨论，确定以后就大家遵守。本校的特色，即在人人都抱个性主义。我尝说，东西文明的不同，即在个性主义。比如希腊的文化，即以个性为基础，再加以社会的发达，方能造成今日的西方文明。孔子虽然也讲个人，但是相对的而非绝对的，讲起个人总是联说到社会上去。所以真正的个人主义，就是以个人为中心，以谋社会的发达，并不是自私自利。西方近代文明之所以如此发达，就因个人与社会同时并重，譬如双马车，定要两匹马步骤和协，这车才能走得快利。我觉得北大这么大一个学校，研究学问，注重品行的件件都有，就是缺少团体的生活。所以我希望大家，一方面各谋个人的发达，一方也须兼谋团体的发达。从前严厉办学的时代，"治而不自"，现在又成了杜威先生所说的"自而不治"，这都不好。我们要"治"同"自"双方并重才好。因为办学校用法律决计不行的，只可以用感情化导，使得大家互以良好的情感相联络。这是我最后的希望。

北大化学会成立大会演说辞[*]
(1922 年 11 月 5 日)

　　今天化学会开成立会，是很好的。我想现在无论研究何种学问，大家都有二种困难：一是精神上提不起，学生无大兴味；一是设备不完全，研究上不方便。有这二种困难，在学校在同学均觉得不易进行。然而有了团体，慢慢研究，就觉得有兴趣了。研究会有二种性质：一研究学理，一谋贡献于社会，以引起旁人的兴趣。我在中学时学化学，在实验室把药水自这个管子倒进那个管子，看见黄的绿的，觉得很好看，但当时不知化学的道理。有一天，先生说试验瓶里的氢气，如混杂着空气，被火烧着，是要炸的。我不相信，后来果然炸了。先生责我，我说没有燃火，瓶里氢气自己爆发的。这当然是谎话。后来在美国，先生说科学与道德有关系。科学不说谎。如氢气和空气在瓶里，见火要炸，你不信，他就炸了，科学叫你不要说谎。我国人多不知科学与人生之关系。口头上只知道说要科学，而头脑内部却无科学。我看这是科学体魄已来，而科学精神未来，我希望诸君能把科学精神搬过来。美国有一工厂，于某处置废物一大堆，后来有人利用废物，制出物品，获利甚丰。学生们听说废物中可取出东西来，于是大家都高兴去研究化学。这是就成绩言。有了成绩，可以提起兴味。

---

[*] 见《过渡时代之思想与教育》，世界书局，1962。

革命时代之青年 *
（1927 年）

我国青年，在革命史上占一个很重要的地位，无论谁何也不能否认的。就理论上言，青年人的责任只在预备担任将来国家社会的责任。预备将来既不是规避，其重要且与现在为国家社会服务一般。

但是，现在革命尚未成功，凡是担当革命责任的人，还要特别努力。方才不至使反动派有复活的机会。我们的青年既然担当了革命的责任，此时如果把这个责任搁下，那么革命的前途一定很危险；遗下的责任，又交谁人负去呢？在表面上看，我们革命的势力业已增大，我们革命的分子业已加多。但是我们的敌人也正在那里团结内部，巩固防线，而要入我们革命团体来的，未必有的不含有投机的意味。所以我们真实革命的青年同志，在此一发千钧的时候，无论如何不可把责任放下，革命的群众运动还是要努力参加的。这是革命时代青年的第一个责任。

青年准备将来担当党国社会的责任，仍然是很重要的。准备的意思，便是造成自己为"专家"，为"人才"，造成自己"有革命的真本领"。总理的三民主义，实现是有阶段的，要许多专家、许多人才方能促其实现的。所以在我们国民党里智识阶级是需要的，专家是需要的，人才是需要的，有人才，有专家才能破坏才能建设。我们一方面革命，一方便在建设。……

回头我们看看究竟人才在那里，专家在那里，一个社会里真正能担当得了一件比较重大事体的人有多少。中国社会上有名的西医，还是外国人。许多工程的事体非外人不可，有些学校非外国教员不可，最可恨而又无办法的是全中国的兵工厂，都有外国人在那里当技师。人才、专

---

* 载《青白》1927 年创刊号。

家不能独立，不够用，帝国主义很难彻底扫除的。说到革命的工作，这造成自己有革命的本领当然比之上阵打仗，是相等的。所以在这革命的时代，青年人努力研究学问是第二个责任。

这两个责任——努力革命与努力研究——似乎不是同时可以兼做的。不错，我们也曾看见埋头读书的人，只能埋头读书，革命的工作，他们是不去作，不会作的结果成了书痴。革命的青年只会奔走运动，不会静坐读书的，结果学无所成，不能担任建设的革命工作。但革命与读书并不是不能兼做的。我们青年应当"得革命的机会便革命，得研究的机会便研究"。革命的群众运动究竟是不常有的，一则有的时候，我便当一齐搁下书本，出了研究室，走到社会上去。一到工作完了之后，我们应当一齐立刻回到研究室，重新继续研究。我们青年最怕冷得任何国家重大事体不足以动其心，也怕热得一发而不可收，忘却了准备自己成为建设人才的责任。所以我们对于革命时代的青年有两句贡献，就是——

以热诚勇敢的心情参加国民革命，
以冷静细密的头脑对付学问事物。

冷静细密的头脑，在研究学问时万不可少的。坐在研究室里，脑神经仍然在那里沸腾般的跳动，学问便要跑掉的。冷静细密的头脑不但研究学问重要，在革命运动中对付事物更是重要的。有一次天津学生请愿，被直隶的省长曹锐，警察厅长杨以德，唆使卫兵警察开枪；打死了好几十个学生，这个消息传到了北京，北京〈学〉生气愤了得〔得了〕不得，好几千学生开一个大会，慷慨激昂的演说，商议对付之法。有一位青年走上台去说得真痛快动人，而他的办法是"派人到天津去将杨以德抓回来"。此言一出，掌声雷动，异常受欢迎的。派学生去抓得了警察厅长，这是老鼠为猫儿系铃的笑话！这一个故事，可以证明对于一件事体，不用冷静的头脑去对付，必定要闹笑话，必定要失败的。……所以我希望革命的青年们，要以勇敢热诚来参加革命工作，以冷静细密的头脑考虑革命中的事件。

哲学系一九二八级友会演说词[*]
（1928 年）

据干事报告此会组织，我觉甚为完善。至于各种学会之设立，近已普遍欧美各大学。我在美国加利福尼亚大学读书时，哲学系教师中便有一个辩论会。每礼拜亦开会一次，讨论各种问题，我常去旁听。当时所谓心理学还是属于哲学的。大学尚没有添设心理学系，心理学一门功课，仍附在哲学系中。此会对于心理问题时常辩论。记得有一次辩论松鼠食松子问题，有人主张此种天然能力乃上帝所赋，有人主张是生物竞争，适应环境之关系。又有一次一位先生讲伦理学，大排宗教。由是各报纸大哗，痛责学校中不应有此教授。又有一位教授主张心理学无论如何发达，总难超出宗教。以上是当时辩论之情形，然心理学在美国后渐发达。本校尚没有设哲学心理研究科，图书仪器亦不完备，研究上诸多不便。你们自动地组织学会，甚好！你们的精神，亦似与前不同。但愿以后不拘形式，共同努力去研究，将来必有发展之一天。今日所述并非演说，不过随意谈谈而已。

---

* 见《过渡时代之思想与教育》，世界书局，1962。

农村复兴

农复会工作基本思想之演进[*]
—— 农复会工作之基本原则以及基于此等原则而演进之方针
（1949 年 12 月）

一、什么是不应该做的

此一原则自另一国际合作机关之经验得来，农复会开始计划之前，即已详加讨论。该机关曾耗去大量金钱，其结果与其所使金钱相较，极堪怀疑。由此经验，吾等了解何者不应为。农复会之计划与工作异于其他机关者，即吾等开始了解何者不应为也。

甲、不从事巨大建筑。该等机关曾耗费大量金钱于建筑，装置最新设备等。吾等了解此等建筑与设备不适合于中国农村，因标准太高，非中国农村所能维持也。

乙、不自行设立机构以与地方原有机关相竞争。农复会仅寻求经办机关推行本会所定计划。换言之，即吾等扶助原有地方机构继续存在，继续生长，并不与之竞争，使之萎缩，而终至消灭。

试举例言之。设有一血清制造所，其经费甚为困难，工作人员待遇亦极微薄。一般所采之办法，为设立一新而规模完备之制造厂，以大量生产血清。农复会所用之方法则为扶植此一原有机构，并了解其需要。如该机构值得扶植，则吾等选之为负责办理本会计划之机构。吾等予以补助，使之能继续并改进其工作。吾等所选择之经办机构均为农村原有组织、农村原有事业之一部分。吾等注射新血液于该等原已贫弱之机体，使之恢复活力。因此，吾等之工作乃真能直透农村生活之核心者。

---

* 见《孟邻文存》，正中书局，1974。

仅知何者不应为，尚只是消极方面，然有时消极方面较积极方面尤为重要。盖了解不应为时，即确定了应为范围之一半。基于前述该一国际合作机关之试验，吾等所获经验良多。

二、应该做的是什么

甲、自地方及农民处了解彼等需要，而非教导彼等何者乃彼等所需要。因彼等所需，彼等自身了解最清楚也。由此一方针，故农复会工作常在进步中，常从农民处获得新的经验。吾等不以先入之观念推行工作，但虚心自农民处学习。此乃农复会方针所以不断进步之一重要因素。不问吾等之意向如何良好，计划如何健全，倘不为农民所需要，吾等无法勉强使之实行。

乙、进行增产工作应不忘社会公道原则，谨记公平分配一事。分配不公已在西方引起困难。西方国家自工业革命以来，财富日趋集中，此乃分配不公有以致之。或有人以为"中国人民皆赤贫如丐，何从而言分配。奈何于仅有饭一碗之群丐中言公平分配，彼等迟早终将饿死"。然而不然，设一丐有饭一盂，而余丐均无，则彼等将群起争夺，然如将之平均分配于各丐，虽最后同死于尽，仍为彼等所乐为。彼等将谓"同伴，此乃公道"。故当吾人推行生产工作之际，吾等应切记另一方面，即公平分配是也。

丙、寻求负责机关推行农复会工作。如无适当经办机关，则不如终止该项计划。农复会应行推进之工作甚多，但因无适当机构办理，故并不立即一一举办。因无适当机构办理，即从头设立一新机构以推行一项计划，此固并非难事，然当农复会补助一旦终止，该机构即无法继续。例如农贷，乃吾人应办之一项重要工作。试思农民所受高利贷之压力，月息四分八，在一般情形下，已属较低之利率。故农贷乃一极重要之农村问题，但迄今吾人对农贷尚未推行任何计划，良以无适当办理机关也。

前述何者应为与何者不应为之原则，迄今未尝变更。然吾等之政策，则不断因时因地而改进。

三、根据基本原则解决问题之方法

甲、由视察各省实际情形所获经验以改进政策，经常与地方领袖、实地耕作之农民等交换意见，由此了解彼等之需要与痛苦。

乙、比较各地需要，以发现各地之共同问题以及各该地区之特殊问题。农复会循此途径了解粮食为一全国性问题，并由此演进而得一全国性计划。然此全国性计划并非由吾人脑中原有观念演绎而来，乃实地考察各省情形后所得之结论。

在南京时期，吾人有增加主要都市近区粮食生产之计划，并由此连带及选种、灌溉、植物病害等问题之解决。此后，吾等赴四川考察，地方人民告知吾等，四川最重要之工作为筑堤。筑堤愈多，生产愈增。湖南、广东情形与四川相同，北平附近则需要增加井数。皆为充裕水源。因此，水利遂发展为中国粮食生产之最重要工作。由良好之灌溉，农民始能增加粮食生产。

兹复举畜病一例。在广东吾人知农民深以畜病为苦，四川亦然。实际，牛瘟、猪瘟以及其他畜病乃一全国性之问题。由与农民晤谈间，吾人了解，防治畜病较改良畜种对农民更为需要。中国原有畜种或较西方畜种为小，然只须不死，仍属有用。故在农民眼中，使其牲畜免于死亡，乃最重要者。在广西，吾人自善后救济总署获得一良好之经验。该署曾输入澳洲牛种，以后发现该批牛只之胃力过弱，不能消化广西之粗草，故羸［羸］瘦可怜，然本地牛只生活良好。

吾人了解选牛种繁殖，需要各种饲料。此等饲料须自国外输入或引进，同时尚须教导农民种植方法。故依农民之需要，使牲畜免于疾病远较繁育良种为重要。

丙、另一因素为时间。吾人必须谨记能在有限时间内获得最大效果者方是最佳之方法。若干极具价值之计划，因需时较长，未能予以补助。如农贷工作即需一极长时间，始能推行有效。吾人以一百万美元之等值（地方自筹相等一百万美元之数），在湖南从事灌溉工程之推进者，其部分理由在完工以后之第一期收获，即可增加相当于一千二百万美元之粮食。有如此巨大收获之事业，世界殆无其匹。故当吾人在湖南之际，吾等深切了解，在有限时间内，灌溉工程应为首先推行之工作。因吾人在数月之内，即可保证农民之谷物生产增加也。仅洞庭湖复堤一项工程，即可减少全国粮食进口总数之三分之一。此项工程与本会最初所定增加都市近区粮食生产之原则全然符合，盖湖南之米，可沿江而下，连济华中、华东各都市也。

丁、战事刻刻变化，必须采取最迅速而最有效之办法推行本会工作。吾人不能停在一地，并在一地工作相当时期。当我等因战事而撤离华中移至华南后，吾等在新的环境中，重又面对新的问题，新的需要。

在各地纷杂之各种不同之需要中，吾人仍可发现其共同点，由各种繁复之活动中，吾人抽出其共同性，但未定一固执不变之原则而思普遍适用于全国。依地方需要，吾人由各项个别计划演为一全国性之计划。此一计划依其重要性，当如下述：

（一）土地改革

（二）水利工程

（三）肥料

（四）农民组织

（五）农贷

（六）动植物病虫害防治

（七）良种繁殖

（八）家畜饲育

（九）乡村卫生

（十）社会教育

从上述可知土地改革为最重要之工作，同时亦为最难推行之工作。需费甚少，但负责执行当局须有坚强意志。其精神成果，在社会意义上，乃无可衡量者。

最易而又最能收效之工作为水利。此项工作需要大量经费，但为人人所欢迎，其物质收获，在增加生产上，乃最大者。

土地改革与水利工作相辅进行，则同时具有精神与物质两重收获。土地改革与水利工作乃解决落后地区问题之两把重要锁匙。倘耕者均能有其地，而复有充分之灌溉，则和平与繁荣之基础已经奠定，凭此基础，技术与农业科学始能发荣滋长。

农民组织倘能有效发展，将为推行一切农村改进及保护农民自身权益之有力机构，同时亦为民主政治坚强之基础。

台湾农会过去甚有成就，惟自光复以后，农会与合作社分离。若干问题因以发生，故本会乃建议合并改组，俾能充分发挥效能。当时并拟在四川小规模组织农会，但以军事情势演变，未能实现。

上述综合性方案乃指导农复会全国性方案之一种类型，但如只是一种类型，则不是动态的、进步的与客观的。从实际经验中不断学习，不断改进，乃本会之精神、原则，亦是农复会之方法，同时并可普遍应用于远东各地者也。

但在工作进程中，吾人无法发现此种类型，仅于事后逐渐发展而成。如土地改革，衡以美方报道，最初农复会似未尝有何计划。然而事实并不如此，土地改革非突然出现。当本人受命为农复会委员之际，曾谒见总统并申述土地改革之需要，建议在南京附近选择一区或一县，作为土地改革之实验地区。土地改革并非易事，实行之时，地方可能发生叛乱，甚或需要武力制止。故曾请示总统，为实行改革，需请求武装协助时，政府是否能支持本人，总统当时即立予本人同意。此为推行土地改革方案之最初种子。在委员会尚未成立，美籍委员尚未来华之前，各省均有代表来询农复会将如何服务人民。彼等请予援助，本人则请实行土地改革。彼等答复，生产第一，土地改革其次。当吾等在四川考察之际，本人曾私语穆懿尔博士，如吾等先要求土地改革，将遭遇强烈反对。故决定先行讨论生产问题，土地改革稍缓，待时机成熟再提。

故当福建龙岩代表来会请求协助推行该区土地改革计划时，农复会即派人前往实地考察该县实施情形，并决定龙岩邻近六县亦同时推行土地改革。吾等作此决定，因吾人由龙岩实施结果，了解土地改革，真能改善佃农生活也。

推行积极性之改革恒须成熟之时机，故吾等必须逐步推进。在农复会与湖南所定水利合约中，规定地租于复堤工程完竣后，不得较复堤前增加。在广东吾等强调如需本会补助筑堤，则地主必须实行"三七五"减租。最初发现土地改革之重要，请求农复会协助者为福建省主席刘建绪氏。推行全省土地改革之第一人为台湾省主席陈诚氏，此后则四川、广西、贵州先后继起。上述乃农复会土地改革方案之进展情形，实系一种演进，而非一种固定而不变之类型。

吾等推行计划，同时必须考虑其社会价值。利用科学增加生产易，解决社会问题难。如吾人推行增产计划，而不同时实施土地改革，则增产成果为地主所得者多，而佃农所得者少，此固大有背于农复会宗旨者也。

适应中国历史、政治及社会背景之 农复会工作[*]
——此一工作能否适应于远东其他地区
（1951 年 2 月）

农复会之工作不仅为若干增产计划，予数百万食不足之人民较多粮食。增产虽重要，然并非农复会唯一之目标。增产而外，尚有土地改革、乡村卫生、农贷、加工、运销、地方自治等问题，以及调整商品对农产物之供应，俾解决正在发生之剪形问题等。

为解决上述各问题，故农复会经常努力使其工作能适应中国历史、政治及社会诸方面之进展。

一、历史、政治及社会之背景

近五十年来，中国人民深受西方思想之影响。在其初期，中国人民所见之西方，系日本人眼中所见者。盖当时西方思想，主要由日本转输而来。

（一）民族主义之兴起

甲午中日战争以后，民族主义，政治改革——其后演变为政治革命，成为中国思想上两股领导主流。日本因采用西方文化而富强，中国何独不能，此为当时一般人民之想法。因此，中国乃经由日本介绍入西方文化。但当时之所谓西方文化，其概念十分含糊。采用西方文化之目的在使中国富强，故一时西方文化被认为疗治中国贫弱之一种万应灵药。

---

[*] 见《孟邻文存》，正中书局，1974。

（二）民主主义之兴起

其时西方之民主思想业已进入中国。西方民主主义之自由主义，与中国儒家之人本主义，及道家之自然主义颇有相同之点。因此基础，西方自由主义之思想，逐渐开始在中国发生力量。

（三）思想自由与研究自由

第一次世界大战以后，西方民主思想又迈进一步，此一进展，导使人民反抗牧民政治、封建制度、殖民政策与帝国主义。

在此时期，思想自由之精神在学校、研究机关中蓬勃滋长，科学与民主成为年轻一代最尊奉之口号。

思想自由运动，其后又分成两道支流。其一引导入个人自由之研究，其另一则引导入社会改革之研究。

思想自由运动，最初在政治上发展为反抗牧民政治之宪政运动，在经济上发展为反抗帝国主义与殖民政策之企业自由与自由竞争。

（四）社会主义思潮

研究自由在社会制度方面，其后演进为国家统制之社会主义及计划经济，取法于苏联之经济制度及政治组织。

此两股思潮相互激荡，有时合流，有时冲突。

在此种政治思想之冲击下，注意中国前途之发展者，均未尝不知社会革命即将来临。但究将以何种形式出之，则无人敢预断矣。

第一次世界大战后之十五年间，中国完全处于前述西方两种相反思想冲击之下。

西方民主主义内容较为复杂，在中国文盲遍地、普遍贫穷之情形下，人民了解民主主义之进程，自极缓慢而艰辛。因此，比较单纯之阶级斗争与无产阶级专政之理论，在"左倾"而年轻之知识分子间逐渐得势。……

（五）孙中山先生之社会革命

辛亥革命之前，中山先生即曾提出，除非社会革命与政治革命同时并进，则另一次激烈之社会革命无法避免。故尝谓"吾等革命工作何必多来一次"。但多数中产阶级未能拥护中山先生社会革命之主张。政治方面中山先生主张从训政达到民主政治，以替代牧民政治；经济方面主张节制资本，以免中国将来工业化以后，再来一次社会革命。

国民党政纲中耕者有其田之政策，其目的固不仅在改善农民生活，同时亦在避免一次农民革命。

中山先生之政治主张，在中国传统政治哲学上有其渊源，故人民易于接受。经济主张则因中国尚是一完全之农业国家，根本无资本可言，如何节制资本，人民全无兴趣。耕者有其田之口号一经提出，即受地主反对，即农地减租亦因反对而不获实施。故其结果耕者有其田之政策，流为空谈，农地减租方案亦束之高阁。

当统治阶级无视于此项演进之时，历史巨轮已在悄悄前进。

（六）中国苏维埃之背景

国民党政治理论之有中国传统政治哲学之渊源，既如前述。……

国民党之若干政策，如银行、铁路、石油、钢铁、盐等之国有等，即已超过目前英国工党政府推行之国营政策范围。……

（七）苏联之支持

除上述内在原因外，其外在原因则为苏联之支持。苏联之支持中国共产党为其既定之政治政策。中国共产党亦一贯遵奉莫斯科共产国际之一切指示，如军事、青年组训、政治组织以及没收与分配土地等。共产党之能获得贫农支持者，主要系由于分配土地一政策。

…………

（八）历史上政治地理之作用

此后，历史上政治、地理之作用开始发挥。即凡能控制东北者，即能控制华北；能控制华北者，即能控制华南。

吾人研究中国历史，知北宋为金所亡，南宋为元所亡，金元皆来自北方。其后，清崛起于东北，遂以亡明。二次大战期间，日本占有东北，几于席卷中国。

前述各节，其目的在使读者对中国近代历史之演进，能有一简要之概念，而因以了解农复会工作如何竭力适应人民之需求。

（九）工作地区之选择

农复会成立之初，正值中共在东北获得军事胜利之际。农复会预见当时军事上可能之发展，随时密切注意一切军事行动。

在思想冲突、经济紊乱、社会不安、政治动荡、军事失利诸种情形下，农复会开始推动工作。

因此，农复会首先考虑为一般军事情势。鉴于华北……日甚一日，农复会因限其工作于华中及华南。行有余力，则推进于西北各省。

农复会之工作开始于扬子江下流，然后再推至华中、四川诸省，再后，扩展至广东、广西、福建、台湾诸省。吾等并赴西北青海、甘肃等省考察，但除甘肃、宁夏之若干乡村工业外，其余工作，均已不及推动。

……吾等自大陆完全撤退，而转移其全部工作于台湾。

二、适应西方思想于中国状况

中国自甲午中日战争以后，为适应西方制度，业已历尽艰辛，几经挫折，然前进之方向并未稍变。

农复会之工作，即在应用西方民主思想于中国实际状况，其指导原则有下列各项：

（1）农村大多数之福利应首先考虑。

（2）计划必须根据农民最迫切之需要。

（3）计划应在辅导机关辅导下，由人民自行推进，以建设地方。

（4）加强地方政府及辅导机关对当地农民之服务。基本原则应为协助人民自助，以解决其迫切之需要，而非自上而下强制人民进行某项工作。此乃民主方法之一种运用。

吾人发现自助一政策，在中国农村应用最为适宜。

历来中国政府均建筑于牧民政治之上，但中国土地广大，人口众多，为民牧者无法全力照料，因之道家之自然主义乃行之而无阻。中国农村，若干世纪以来，即生活于不干涉主义之自由空气中，但同时最受忽视者亦为农村。故少许外来帮助，即能产生甚大效果。

农村社会因一向为政府所遗忘，故农民不能不自行努力解决其自身之问题，此种自助精神系自长期艰苦及有限之农业设备中培育而来。故协助人民自助，即教导彼等利用较好及较有效之方法，以协助自身。

彼等因不受注意，故必须自行认识其需要，并以其简陋之方法自行解决其问题。

道家学说造成中国人民为一极端之个人主义者，但儒家之伦理哲学——亲仁睦邻之道，则使之和睦相处。

农会及合作社即利用此种邻里之谊组成，以沟通社会情感，并合力从事农村劳动。

农复会刻正针对台湾现有农会，及合作社从事一研究改进计划，希望将来农会与合作社之组织能臻于健全，并能有效担负其工作。

中国农民经长时期之文化陶冶，彼等虽为文盲，但不能谓为未受教育。

中国每一乡村即为一地方自治单位，人民自行处理地方事务。彼等或甚贫苦，但多能自立与自尊。

中国农民因经常受天然灾害之侵袭，故均具有相当丰富之常识，彼等相信事实，但不易接受空言。

三、实　　施

将上述原则付诸实施，农复会之工作计划因有下列二项主要目标，即一增产，二社会安全。

（一）增产

中国农民多数不愿接受空洞之增产理论，除非彼等亲眼见到作物生产数量确已增加。彼等最能了解之增产设施为水利。此一工作效果在农民眼中最为明显，即水利愈溥，增产愈多。

另一彼等所能了解之事实，为畜类与作物疾病之防治。一头牛之死亡或一季作物之歉收，对于农民为一极大之灾害。

使用肥料可以直接增加生产。在台湾一吨肥料可以增产两吨之谷。肥料一吨之价约等于谷一吨之价。故农民使用肥料一吨，即可多获一吨之谷。大陆方面，除珠江三角洲及其附近沿海地区农民已习惯使用化学肥料外，其余各地，则尚未普遍。在大规模推广应用化肥之前，必先办理试验与示范。

繁育作物及家畜良种亦为增产之一法，但比较不易为农民所了解。栽植良种作物，以较保守之估计而言，平均可增产自百分之五至百分之十。

推行乡村卫生所以保持农民生产能力及解除农民之痛苦。此一工作效果对于农民十分明显。但在大陆若干地区推行之前，必须先加指导，因若干地区人民对西药尚无十分信心也。一经指导并知其效果，彼等自乐于接受矣。

其余有关生产计划亦可以同样方法推行。

其要点在如何经由各试验地区推进至全省或全国，以达到该计划之全盘效果。如零星分散，而不顾及全盘计划，则力量将因以浪费。故吾人推行一计划，必先选择若干据点，再连点成线，然后连线成面，以及于全省或全国。

介绍农民所未习知之新方法，在大规模推广之前，必须先行办理示范工作。

对于引进新的机械发明，事前应十分小心。农业工业化当然为农村建设之最后阶段，大规模生产亦仅能由应用机器获得。但就目前中国农村情形而论，则大规模机械化生产之时机尚未成熟。改进现有农业设备，或引进简易之机器反较能适合目前之需要。在目前农村，除水利外，兽力较机器尤为欢迎。吾人不能强迫乡村加速进步，此所以在胜利之初，因外援设立之若干大规模工厂（该等工厂曾耗费数百万元于装置最新设备及建筑），终因生产之新式机器无法销售而枯萎。

现阶段中之农村建设工作，科学方法与技术乃农村所能接受而获益者。

关于农村中贷款一问题之重要，农复会亦已鉴及。现正详密研究中，希望能为台省树立一良好而健全之农贷制度。农贷基金并非问题，问题在如何创立一健全之制度，能有效而良好运用此项基金。

（二）社会安全

目前世界各国均同样遭遇两问题，一为国防安全，一为社会安全。国防安全不在本文讨论范围之内。社会安全或社会公道则最后决定吾等农村建设工作之成败。

在工业化之国家，社会安全之症结在劳资关系及生产与分配关系之调整。目前各国推行之社会福利政策即由此等关系之调整中发展而来，如美国之新政或公政，英国之工业国有等是。

在农业国家，社会安全之症结在土地改革。……本会之所以全力支持农地减租方案之推行者，其故在此。

如前所述，共产党由分配土地获得贫农之拥护，其方法为清算地主与富农，没收其土地，而将没收之土地分配于无地之农民。此正列宁在苏联革命初期所施行者。

农复会深信农地减租为将来实施土地改革方案之良好开端。农地减租方案包含两要点，一为减租，即将租额减低至年正产物百分之三七.五，一为保障佃权。次一步为限田，即地主仅能保有某一数量之田，余田须售与其佃农。最后一阶段为实行耕者有其田。

杜鲁门总统于上年十月十七日旧金山之演词中，曾谓：

吾人了解亚洲有若干社会不平之问题待解决。亚洲人民希望耕者能有其田，并能享受其辛勤之果实，此正为吾国立国基本原则之一。吾人深信家庭式农场制，此为吾国农业之基本，影响吾国政治制度者至巨。

同年十二月二十日美国国务卿艾契生在其对联合国大会演词中，曾谓：

> 日本实施土地改革方案之结果，已使三百万农民——日本农民总数之过半数，获得土地。

> 此一事实表明基于合作与民主之基础，由尊重个人尊严，个人自立与正常生活之和平步骤所可达到之结果……

四、人 口

（一）台湾之人口问题

关于生产，虽有现代科学与技术之改良，然仍有其一定之限度。生产增加，人口亦趋向增加。如生产已届限度，而人口不因自然原因或人为方法加以限制，则继续增长结果，势必将生活标准减低至无法生存。

以印度为例，据《纽约时报》Robert Trumbull 之报告：

> 印度，每年人口增加百分之一又四分之一，约为五百万人一年，而耕地面积则因生产力之丧失及漏水等原因而逐年减少，如印度之孟加地区。

台湾之农民总人口为三五七八一七五人，五五三三〇八户，平均每一农户约六口稍强。

台湾之可耕地为八三三九一五甲，平均每户耕作一.五甲，或三.七五英亩。为维持一合理之生活水准，每户应有三甲或七.五英亩之耕地。

台湾每年人口之增加率为千分之三十（过去为千分之二十四，但近年因医药进步，死亡率已减少千分之六）。依三十七年人口调查为六五〇〇〇〇人……由大陆陆续移入台湾之人口估计为一百万（非农业人口）。以每户所有耕地面积之狭小及可资垦殖土地之有限（不足六万甲），台湾之人口问题确属严重。

农民由农复会协助及政府，或地方合作机关办理所得之利益，如依上述人口增加状况，势必逐渐抵销，终至一日，生产所得尽为过度人口所消费。

依台湾人口之增加率，则其人口（大陆移入人口不计）至民国四十四年时应为七五〇二〇〇〇人，四十九年时应为八六九七〇〇〇人，至五十四年，如无自然或人为限制，则依理论推断，应增加为一〇〇八二〇〇〇人。

对此问题，农复会曾经予以研究。但认为提供解决此一问题意见之时机，尚未成熟。

（二）中国历史上之治乱循环

一部中国历史常在治乱循环中。造成此种一治一乱之主因，即农村人口问题。当农民因政治不修，天然灾害，不能耕作其土地，而此项人数达相当数量时，则此失去生活依凭之农民即啸聚而成流寇，到处窜扰。经过长期之战争，人口大量死亡。然后一新朝代自废墟中出现，重新恢复和平。时间继续前进，历史不断重演。在十八世纪以前，中国无人口过剩问题，因在该时期以前，中国人口向未超过六千六百万。农民叛乱之主要原因为政治腐败与天然灾害。但目前中国已有四亿余人口，而每人耕地面积仅有三亩，故农村问题因人口之过剩，益趋于复杂，由此所生困难似甚不易克服。

五、结　　论

农复会之工作，在以简易而可行之方法，协助解决若干中国当前之主要问题。农复会使用经费相当有限，在大陆各省所使用之经费为三百余万美元之等值。在台湾使用者，截至目前为止，共为二百余万美元之等值。一九五一会计年度（自卅九年七月起至四十年六月）预算为四百余万美元之等值。省政府方面，对各该同一计划所列之预算共为八百万美元之等值，地方县市政府及乡镇人民所自筹之经费尚不在内。本年度农复会所用之经费，略较以往为多，因吾等根据两年经验，知如何有效使用经费也。以比喻言之，则农复会供给酵母，政府与人民则供给发酵之面粉。

吾人自近五十年来历史与社会之进展，了解国人思想主流趋向民主。此所以农复会在大陆以民主方法解决问题得以顺利进行。……

至于台湾，虽经日人五十年统治，然对于国人之生活并未发生多大影响。日治时代生活在台之国人，一如生活于香港、澳门、鼓浪屿、菲律宾、马来亚、印尼、越南、泰国、美国等地之国人。无论居住何地，生活何处，中国人始终为中国人。且日本人与中国人之生活颇多共同之点，故其改变生活之影响更少，此所以根据在大陆时所定之原则与所得之经验，能顺利在台推行，与在大陆实无二致。

日人在台曾在各种建设方面进行若干工作，此等工作正农复会所欲进行者。日人在台推行之现代科学技术与组织，将农复会之工作进程缩短甚多。现代技术与组织乃农复会推行计划之重要方法。

日人在台之各种成就，可于下述数事见之。如现代化之公路网，农村之电气化，义务教育之几乎普及等，此除日本以外，在辽东其他地区所不易见到者。此外，则为全省之安定与和平。

台湾电力虽已十分普及，但并无工厂制造电气用具，化学肥料在台湾早已大量应用，然而无大规模之肥料制造厂。此为一极饶意味之事实。理由何在，一言以蔽之，殖民政策是也。

由殖民政策产生之另一问题，目前本会所遭遇者，乃地方领袖人才之不敷分配。本省遣回日人之际，所有技术部门之日籍领袖及专家亦均遣送返国。多数中国人均在日籍技术人员领导下协助工作。欲使之递补日人所遗之缺，除若干人能胜任愉快外，其余则尚须予以进一步之经验。

基于上述理由，故农复会正进行一专门人员训练之计划。第一期计划将选送学生四十名赴美研究及实习，另一计划则在本省就地予以研究机会。

六、农复会工作能否适用于远东其他地区

此一问题之答案，当视下列各项因素了解之程度：

（一）该地历史与社会进展之方向为何？

（二）该地人民共同之意愿为何，彼等所顾虑者为何？

《纽约时报》记者 Robert Trumbull 所发上年十月于印度拉卡诺举行之太平洋学会消息，有下列报道。司丹福大学之 Robert North 于该会议上聆听各亚洲民族（多数为印度及巴基斯坦）代表攻击美国政策与企图以后，记述下列各点：

> 如西方加以援助，则怕西方帝国主义侵入；如不加以援助，则

被称为漠不关心。

如表示并无政治意味，则被称为维持现状，协助反动；如扶持进步力量，则责为干涉内政。

换言之，即无论吾人行动或不行动，总是挨骂。

…………

（三）良好之政策与专家之意见，远较经费为重要，尤不宜在农村投入大量资金。其困难在推动工作之地方领袖与专家太少。开始必须借才美国，继之应为训练设施，此乃一长期性之计划。

（四）探求人民目前迫切之需要，切勿以为吾等较彼等所知为多，其困难在使彼等了解将来之需要，此需一长时期之教育工作方能达到。

（五）开始工作应先从小规模入手，除水利而外，万勿应用美国之大规模办法。美援应如酵母，专家与技术人员应如面包师，政府与人民则供应所需发酵之充分面粉。用此方法，吾人方可使美国纳税人所负担之一元美援获得十元之收获，此种社会公道、自动、自立与民主方法等之精神价值，乃无可衡量者。

工作地区内之一切社会之不平，慎勿忽视。……

上述乃农复会工作之大要，作者曾旅行朝鲜、越南、缅甸、暹罗、印度等地，对各该地一般情形颇为了解。由所获了解，故特提出上列各项，并益以下列一项。

增产与社会公道以外，应复益以民族主义一项——协助增强各该国家之独立。

注：据民国四十年（一九五一年）六月份统计，台湾人口总数七六八五八〇五人。内包含由大陆移来之二六八九四五人（军队不在内）。故与上项依据三十七年（一九四八年）统计之数，已不相符。此后计算人口当以四十年六月份之统计为准。

论美国世界性经济援助方案[*]
（1951 年 5 月）

　　杜鲁门总统十一九四九年一月廿日在其就职演词中宣布，美国将从事一项合作计划，以技术上之协助界与世界经济落后地区，正谓此一计划将为美国外交上四大支持之一，是即一般所简称之第四点计划。其目的，在协助世界之自由区域人民，借彼等自身之努力，生产更多之粮食，更多之衣服，更多之房屋材料。俾能由此促进世界和平，使所有人类达到"自由、尊严与富足之生活"。一九五○年十一月杜鲁门总统任命洛基费尔（Nalson A. Rockefeller）为国际发展咨询局主席，从事研究上项计划之实施。该局经五月研究，于本年三月向杜鲁门总统呈送一报告，内提出一援助世界经济落后地区之具体方案，并建议以五亿美元在各落后地区从事经济建设（军事援助在外），以抵御共产主义。原报告节要载本年五月十三日《纽约时报》。本文系就农复会两年余来工作经验对该方案所作之建议。

引　　言

　　农复会在其二年八个月之艰苦工作进程中，获得甚多之宝贵经验，吾人相信此等由不断试验与改进所获之原则与方法可以用于解决中国当前若干重要农村问题。但目前吾人正遭遇若干为吾人力所不及，或尚未见到，或在本会工作范围以外之新问题。此如邻居失火，倘不急起自救，则自己房舍之安全可虞，其最佳办法，莫如协助邻居共同消灭危险。

---

　　[*] 见《孟邻文存》，正中书局，1974。

如各有关方面——政治、军事、美援——各行其是并各自主张其重要性，则最后必共同走入口袋胡同，而进退维谷。

故吾人现今必须重行厘定吾人今后工作之方针，否则吾人之工作将真如该方案所指称"具有价值"，但"不够完满"之情形。最后则此"具有价值"之工作，亦将因邻舍失火而变为灰烬。

本文原旨在对美国世界性援助方案作若干讨论，但同时亦可作为本会工作与本省全盘经济关系之检讨。

一、国防安全与社会安全

今日之世界正遭遇两问题。其一为国防安全，其二为社会安全。此两问题彼此关联，进行其一，必牵涉其二。诚如该方案所指出："吾等自由世界人民现正遭受两重危胁，其一为武力侵略，其一为饥饿、贫穷、疾病与愚昧。"

（一）社会安全

该方案特别着重于构成反极权侵略共同防卫基础之社会安全。此为一健全之政策，因国防安全不能建筑于为饥饿、贫穷、疾病、愚昧所困之社会。此种社会本身盖即为社会革命之温床，其结果必然招致侵略。

（二）社会安全不能单独抵御侵略

以四川为例。四川为中国富庶省份之一，本会曾在该省进行若干农村建设工作，并协助省府推行一农地减租计划。由此计划受益之农民，计达一千七百五十万人。据美国土地问题专家雷正琪氏报告该项减租方案之顺利完成为一"奇迹"。在不足六月之短短期间内，该方案全部推行完成，其成就实非始料所及。据一视察报告"一日夜之间，无数农民之精神与活力于久经桎梏下澎湃涌出"。

············

（三）社会安全为防止变乱之有效武器

············

但此仅为全部事实之一方面。倘无政府及经合分署之肥料、农复会之督导及水利设施之推广等，仅凭农地减租一项，并不能获得上述效果。实施减租，同时复辅以足够肥料之供应、水利设施之推广，使三十九年之稻米产量突破二十七年日治时代之最高产米纪录。其余如防治牛瘟、促进乡村卫生、建设乡镇自来水系统等经合分署及农复会所协助推行之工作均有助于台省之增产工作，并予农村人民以信心与希望。

本省军粮民食全年需米一二一五八〇〇吨。民国三十九年米产总量，除前述消费数外，尚获余粮二〇四二〇〇吨。民国四十年之米产总量估计可达一五一〇〇〇〇吨，如是则可有二九四二〇〇吨余粮。此将更形增强人民之信心与希望。

二、国防安全与社会安全之均衡

台湾目前正遭遇一项困难，此为目前民主国家所共同遭遇之问题，即社会安全与国防安全之冲突。过于重视国防安全，则社会安全必多少受到忽视，反之亦然。战后美国国内尽力于种种社会安全之措施，但未尝及于国防安全。……苏联在国内之设施，则一反美国之所为，致其全力于军事措施。因此国内生产虽然增加，而人民仍不能提高其生活。

如何于国防安全下维持经济之健全

目前台湾之问题为在相当庞大之军费下，如何维持其经济状况之健全。纵有军援，而利用此项军援之费用亦非目前本省所能负担。就理论与现实而言，则军援之来，必须继以适量之经援，方不至有违军援之目的，影响社会安全。

国防安全与社会安全，其关系如是之切，已如前述。兹吾人进一步论另一问题，即生产与公平分配（社会公道）。

三、生　　产

农复会推行生产应用原则方法及其所收效果

农复会推行社会安全计划所采用并经试验之若干重要原则与方法如下：

（1）了解农民迫切之需要，不必强迫彼等接受所未经准备接受之事物。农复会工作之所以能获得农民之全力合作，因各该推行计划真能解决彼等之需要。

（2）寻求适当之经办机关以担负本会所委托之任务，不必自行设立机构与地方原有事业竞争。地方机关及事业因此协助，遂获得生长与发展。

（3）在增加生产进程中，应经常注意公平分配，由此途径，增产所获成果，始能如原报告指称真正达于农民。故本会工作在平民一阶层中充分具有公平之意义。

（4）在耕地面积狭小及劳力过剩之国家，应多应用科学技术增加生产，不必大规模应用机械及其设备。机械仅能在水利设施与垦荒工作中应用方能有利。在现阶段中国，兽力及改良现有农业设备较之引进新式机械更为重要。

（5）经常由专家以医生探访病人之精神赴各处实地视察。农民现已了解本会专家之指导及精神之鼓励有时较之经费补助，尤形重要。彼等多能自动筹集大量款项以配合本会有限之补助，此在乡村卫生工作方面尤为显著。彼等自行建筑房舍，并聘请医生，以配合赠与之药品，及听取本会专家之意见。本会之政策为本会供给酵母，人民供给所欲制造面包之面粉。

（6）上项专家视察与督导，须从头至尾彻底实施，并继续不断地予以注意和努力。如范围较小或较单纯的工作，尚不难办到。但如范围较广，关系较复杂的工作，须长时间的继续不断加以努力。有关问题发生即须从速解决，不可拖延，不然必功败垂成。"三七五"减租即其一例。台湾减租虽已实行三年，若非继续督导，仍有变质可能。

（7）从一点或若干点开始。经过有效示范之后，然后再连点成线，连线成面。此如蜘蛛结网，先行定着数点，然后由点成线，由线成网。健全之计划经过相当时间之推广，自能产生良好效果。本会推行计划之所以能在各地永久生长者因此。

（8）计划之推行，必先考虑该计划是否能对一般生产发生相当影响，对于一般人民福利是否有所贡献，其零碎并与整个增产计划不相适合者应从缓办。

（9）建立制度以保持工作之经久。如繁育作物良种制度，吾人先由原种站开始，由原种站分配与改良种站繁殖，再由改良种站分配示范农家繁育推广种，然后再将推广种分配一般农家栽种。改良畜种亦以同样办法办理。此说明吾等工作系由各区中心推及全区。至乡村卫生，则吾人先在各区分设卫生站，然后再在该区设立一卫生所，以联络各站。

（10）工作成就应归功于经办机关，此为获得充分合作之途径。与政府或其他国际机关办理同性质之工作者密切合作，亦甚重要。本会经由此种合作精神业已充分获得人民之信赖。

本会于开始推行新计划之前，必经详密考虑。经试验或示范成功以后，则必以其全力推行此一计划，使之充分实施。唯不可使本会整个方案因此而失其均衡。

基于上述理由，所以本会在福建、台湾实施减租成功以后，另以银元四十万枚飞运成都，动员十一万四千人协助该省推行减租。为推行大规模生产，复以一百万美元（地方人民亦自筹此数）在洞庭湖区办理复堤工程。计划完成后第一年收成估计即达一千二百万美元。此工程虽未全部完工，但在施工区域人民心理上业已产生甚大效果。盖当湖区各处受……扰乱之际，唯独施工区域始终安定，此因人民对于将来业已具有希望故也。此一工程最后终因共产党之进入湖南，于使用九十万美元工款之后中断。

四、生产与分配之均衡

上述二例，充分说明本会力求生产与分配平衡之努力——获得社会安全之唯一途径。

该方案关于"根除饥饿、贫穷、愚昧及疾病"之主张，即系本会正在推行之工作，不过本会之工作另多一项，根除社会不平耳。前述本会所依据之方针及其所使用之方法，乃提供推行第四点方案者之一种参考。除文盲实际只能用强迫教育扫除外，吾人在台所作一切努力皆可作为第四点方案所需推行之工作。就台湾与大陆教育普及程度一点相比，使本会充分了解，教育在树立社会秩序上之价值。

台湾具有若干优点，使本会工作（亦即第四点方案所拟推行之工作）得以有效推进。如（一）良好之交通；（二）电力普遍及于乡村；（三）文盲极少；（四）良好之水利设施；及（五）安定与秩序。

除五项安定与秩序为其余四项之结果外，在任何落后地区，道路建筑、电力设施、水利工程等皆可从小规模开始进行。

（一）文盲问题

用成人识字教育办法消除文盲，无论办法如何良好，终只能作为一种临时办法。其进程十分艰辛，但其结果并不能如预期之永久。故作者建议以电化教育代替识字教育，其目的并不在减少文盲，而在应用图画、照片、影片、无线电等工具传授实用知识。扫除文盲之唯一有效办法为设立一普遍之公立学校制度。根据大陆四十年之经验及在台二年余观察之结果，吾人了解扫除文盲并无捷径。

吾人相信解决生产与分配等问题用图画、卡通、照片等方法直接说明，较之先经成人识字教育为简捷而有效。

（二）社会公道为社会安全重要因素

该方案曾提及土地改革，但略而未详。此间所见仅系《纽约时报》所载节要，而未见全文，究不知原报告是否尚有有关土地改革部分未经节入。

吾人均了解土地改革为一棘手问题，该方案作者或已了解此点，故对土地改革一点未能多加论列，其或恐引起若干落后地区合作国家政府之不安乎？生产为统治与被统治阶级所共同欢迎，但公平分配只为被治阶级所欢迎。倘如政府无实行决心，则难望有何成就。但吾人必须了解，只有生产与分配均衡之计划其效果方能持久。美国纳税人是否愿见第四点方案实施之结果，穷人所得者为骨，而富人所得者为肉乎？该方案曾指出："此等基本工作，如卫生、教育、农业，欲求成功，则必须直接达到农民。"但如何方能直达人民乎？仅凭善意不能产生所希望之结果。

如何使社会安全与国防安全，生产与分配保持均衡，乃今日民主世界所共同面对之严重问题，非独落后地区然也。

（三）思想之了解与互信

欲求解决落后地区之问题，其最要者为实施者与受益者双方思想之了解。前者必须如一良好之医生，后者必须如愿意合作之病人。医生应同情病人，病人应听从医生劝告。如彼此缺少互信，则任何工作皆不能有效进行，无论本会经验或其他任何经验，皆属无用。但单有互信，尚感不足，必须互相合作，然后方能共同思想，共同研究与共同行动。

其困难在引用一批愿以其若干年光阴，在落后地区努力工作之合格人员，及自各该地区遴选一批适当人员互相合作。此而解决，则良好之合作基础业已奠定。

五、农业与工业之均衡

落后地区之多数人民均从事农业，故此等地区之工作必须自农业开始。农业逐渐发展，则工业问题及农业产品与工业制品价格失调之"剪形问题"终须发生。虽然农业生产增加，但价格低落，受损者仍为农民。

兹试举一例说明。农复会尝就农业产品与工业产品价格作一比较研究，发现本年三月米价较上年三月米价仅增加百分之六，而同时期之棉布批发价格则增加达百分之一百五十，零售价格达百分之二百五十。此种失调乃今日台湾所遭遇之一严重问题。

在另一方面，大陆上建设城市工业之经验使吾等了解，如不注意乡村农业，则农村凋弊之结果，城市工业亦无由生长。

日本治台政策，在使台湾成为工业日本之谷仓，故以全力发展台湾之农业。若干工业，如电力、〈交〉通、水利、制造厂等，亦曾予以建设，但其目标仍为农业，此等建设纯为发展农业树立基础。过去政府在大陆建设工业，与此完全相反，即纯以发展工业为目的，甚少顾及农业一方面。电力大部为供应城市及其工业，乡村并未受益。交通仅在连接城市，乡村则偶然受益而已。政府以其全力发展矿业，然而为农业发展所必需之修渠筑堤等工作之进行，则比较偶然，且总多少带有若干救济性质在内。

吾人必须了解，农业与工业实为一连续的进程。吾等从事生产，生产需要灌溉及技术，继以加工、运销、出口等，则赖交通、电力及工厂，需要机器设备及工业技术。

六、平衡经济

一地区之一切经济问题必须作为一个整体研究。农业生产、工业生产、外汇、进出口、税则、政府支出、军费等均互相关联，其中任何一项必须视为整个计划中之一部分，否则将遭遇不可克服之困难。

政府目前为应防御需要，故不能不在农民增加之生产中课征一部分，以充实军备，然在台湾农民已经感觉负担沉重。

除上述外，农民尚有其他负担，一为高利贷款，一为农业产品与工业产品价格之失调。

如只知取蛋，而不知养鸡，则鸡即停止生蛋。所以吾人必须在生产与消费上力求均衡，以获得一平衡发展之经济。

此一问题，已在政府经合分署及农复会各方面考虑中，其解决，必须由各关系方面联合努力。各该机关顷正研究各有关主要问题并密切合作中，希望能由此商定一完整之计划。但此为一长期性之计划，同时包含若干复杂因素。最重要两项为，（一）复杂之人事关系；（二）复杂之经济活动，需要精明及曾受训练之人员来侦查与管制。此一计划需相当时间方能具体化。

前论各节，虽问题牵涉甚广，但仍未能包括问题之全部。

七、民　　主

最后之目标则在保障此一地区人民之民主生活。该方案曾谓："吾人所称之经济发展，同时尚包含民主生活之训练，俾人民均能参加公共事务，具有受司法裁判、工作、组织、罢工及选举等权利，并进而谋取免于匮乏之自由。"

上节所述，旨在说明何为民主及如何训练人民行使民权。然对多数不熟悉英美民主制度之亚洲人民，并无多大兴趣。

农复会在民主方面对人民所施之训练，（一）在一般原则方面，则就生产与组织两方面培育力求自助之精神；（二）在实施方面，则协助增强各级农会组织，自各村农事小组起以至省级农会皆实行自由选举。

（一）历史的与政治的背景

此一地区大多数人民之需要诚甚简单。彼等所需不过为一良好之牧民政府，能协助彼等加多生产，减轻彼等之负担而已。美国人民所行使之复杂之民主组织，尚非亚洲多数农村人民所感迫切需要。

民主之起源当追溯至一二一四年英国《大宪章》之签定。自此以后，英皇权力大为削减，尤以征税权力为然。此为诸侯对皇室之一种叛变，与今日民主之含义相距尚远。《大宪章》之重要作用，在将平民与贵族之权利义务分别明定，并予以保障，近代民主政治之发轫，盖在于此。

亚洲今日反殖民主义运动之精神，与英国当年贵族反抗皇权正相类似，皆为被治阶级反抗统治权力，而今日则为被治阶级胜利时代。

印度、缅甸两地人民民主之观念系由英国殖民政府所引进，越南则为法国之观念，印尼为荷兰之观念，菲律宾则为美国之观念。各该殖民地区所孕育发展之民主思想，原系殖民政府于无意中引入，然而今日已成为反抗各殖民政府之武器矣。

（二）应任民主种子自然生长

吾人目前所能做者厥为听任各地之民主种子，自然生长，此需一相当时期方能发展成熟。如认为一切国家推行之民主皆须为同一之类型，则为一种错误。盖一国民主制度之完成，必须适应一国之历史、政治及其社会背景也。

（三）信心与希望

中国民主立宪政府之发展……业已五十年于兹。虽中间几经挫折，然民主思想业已深植于改革前驱之知识阶层心中。……人民今日所需者为信心与希望——民主之信心与较好生活之希望。此对亚洲一切民族如此，非独中国然也。

补　　论

（一）私人投资

作者前丁木文内未尝涉及落后地区私人资本之投资。因在此世界局势动荡之际，美国私人资本在不十分安全地区投资顾虑甚多故也。设系如此，则以小规模之私人资本在台湾作一试验是否可行。前已述及，台湾农民现正受农业产品与商品价格失调之苦，如美国私人资本投资半数，其余半数由地方人民公开投资，从事建设若干小规模之工业，则将有益于一般人民，尤以农民为甚。台湾人民对美国之管理与效率，深具信心，同时游资复可因以导入工业建设正轨。此在进行之前，当然尚须经过一番详细调查。

（二）人口之增加

该方案充分了解人口问题之严重。故谓"……多数落后地区均处于生产与人口之竞赛中。一般情形，人口之增加总超过生产"。又称："多数地区人口生长之速率远超过生产所能增加之程度"。

今日东亚人民普遍贫穷之主因为人口过多。贫穷又为其他罪恶之原因，民主与进化不能自饥饿中生长。但一旦免于饥饿，则人口生长速率又将大增，从而再造成饥饿。

中国自第一世纪（汉代）起，迄十八世纪初期（清雍正）止，人口在经常时期，恒保持五千万人左右，此为一极富有意味之事实。自十八世纪初期以后，中间每四十年，人口即增加一倍。迄十九世纪末（光绪年间），达三亿七千七百万人。迄一九一八年（民七），中国人口为四亿三千八百万人。

（三）番薯与中国人口

据典籍所载，番薯系于十六世纪（明万历年间）由马来群岛传入中国。番薯、玉蜀黍、花生之传入，种植方法之改良及国内工业品运销海外交换粮食等，对于以后中国人口之增加影响甚大，而其中尤以番薯之影响为最大。

但此新增之千百万人口不仅需食，同时复需衣着，然原有织绸制麻之法过于费力，不足应广大之需要。

棉之引进恰可解决此一衣的需要。棉种之进入中国系在十三世纪（元初），但当时棉花去子纯用手工，弹棉则用弹工。其后轧棉机引入以后，棉之种植与应用方大量推广，以适应人口增加之需要。

设如人口之增加无适当方法加以充分节制，则世界性援助方案其将重演中国番薯之历史乎？

思想、政治、增产[*]
(1952 年 4 月 19 日)

　　人生不能离物质而生存。所以孔子说："足食足兵，民信之矣！"又说既庶矣富之。《管子》甲说："仓廪实而知礼节，衣食足而知荣辱。"三民主义以衣食住行四件事为政治的基础。一国之中欲求思想之发达，政治之改进，非先求一般国民足衣足食不可。我们在大陆上的失败，原因固然复杂，但一般国民衣食的不足是一个大原因。

　　历代王朝的覆没，没有不是由贫苦的农民聚众造成的。赤眉之于西汉，黄巾之于东汉，黄巢之于唐，李自成、张献忠之于明，先后一千四百多年，其起事之原因相同——民不聊生，其结果亦相同，毁灭了统治的王朝。

　　美国共同安全总署，在东南亚各国推行的经济援助政策，其注意点为增产，就是要使大多数的平民足衣足食，建立社会安定的基础。

　　增产——为足衣足食而增产，是建设现代民主国家的入手途径。如从这条路开步向前，那就是坦坦大路，荡荡王道，如其不然，就是处处荆棘，步步坎坷。

　　但是事实也不是如此简单，要使一般国民足衣足食，是很费劲的。我们要实行增产，第一就碰到政治问题，若政治当局无政策、无方法、无排万难的勇气，要增产就感觉到困难。我们要增产，不能使富者愈富，贫者愈贫。故增产以前或与增产同时，我们要讲公允的分配。这就完全是政治问题了。在农业方面，这个政治问题，就是三七五减租问题。以本省而论，若没有像当时省政府陈辞修主席之具有勇气，敢排万难，即使美援金钱堆积如山，恐怕不能拔地主一根毫毛，更那里谈得到

　　* 载《新生报》1952 年 4 月 19 日。

减租？

即以直接增产而论，如无各级政府机构、社团及民众的诚心合作与推动，单靠美援是绝不能生效的。其他如农会的改组，虽经行政院、省政府及农林厅的赞助，但因为牵涉到政治上的复杂因素，费了一年多的时间，修理了几十处的仓库，至今尚未见改组法的颁布。

我们这几年的经验告诉我们，增产并不太难（只要有专家和经费的帮助），但是碰到人事纠纷和政治上的复杂关系，就使我们头痛。专家就无所使其力，金钱亦不能解其困。

昔孔子碰见一位老太太，住在一个多虎的乡村里。她对孔子说："我父死于虎，我夫死于虎，我子死于虎。"孔子问道：您为何不搬到别处去住呢？这位老太太说：这乡村的政治好。孔子叹了一口气，对学生们说：苛政猛于虎。这是说明政治的重要性。

所以要增产，就连带到政治问题，这些问题不能应付，就会碰壁。生产不过是方法，其推动力要靠政治。

讲到政治上的推动力，有两个方面。（1）关于思想方面的是政策；（2）关于实施方面的是行政的效率。中国古史里有两个例，一个是儒家，是偏重政策的。一个是法家，是偏重实施的。所以荀子批评孟子，说他只知高谈仁政，没有推行的方法。若以法家而论，他们也是偏于一面的。他们只知道求目前实际问题有效的解决，讲目的而不择手段。我国政治上的王霸之分，就从这两派思想里分出来的。但是实施终离不了原理，原理要实施才见功效。所以千百年来，我国政治是儒法混合的。

政治而不求实施的功效，一切好原理，就变成了口头禅，即近时所谓标语式的政治。俗语说，只听扶梯响，不见人下楼。可以形容但有政令，而不彻底执行的状态。

然而一切政治的后面，发号施令的是思想。增产也不过是政治方面的一个政策。生产增加，不过是政策实施的效果，生产有他的政策，有他的实施方法，但最基本的还是要有思想。

我们要增产，为什么同时要讲分配呢？这是从思想方面来的。但讲生产，不讲分配，可以使贫富更悬殊，贫富悬殊是造成社会革命的原因。上面已说过是一个政治问题，但是这背后却有一个思想问题存在。

行政院设计委员会土地组，对于大陆收复后之土地问题，讨论了一年之久，终于成立了三个方案，无法并成一个，这是因为背后有三种不同的思想存在。大家都持之有故，言之成理，不能调和。强使调和，必成为《封神演义》里所说的一种"三不像"。

　　生产、分配、国有、私人竞争等问题，是世界上两大壁垒争执的焦点，我们讲增产，应先把那些思想问题搞个清楚。不然，增产问题便无归宿。

运用政治的力量保森林保子孙[*]
（1952 年 5 月 15 日）

作者年来常到本岛各地视察，无意中映入我的眼帘的是全岛四周及较深的山地里，到处烧山，烟头蠱上青天。于某处山地上，同时看见八个烟头，在森林中直起，有如八条青龙，同时扶摇登天。烧出的结果，东一块，西一块，使葱郁的山头尽成了癞痢。甘薯、花生、香茅草、香蕉，盘据其间。水土冲刷，二三年后土肥用尽，再烧他地的森林。如此不断的损毁，因此水源逐渐干涸。若此时不用绝对的政治上的权力来阻止烧山砍木，少则二十年，多则三十年，全岛的水源都将淤塞，积水潭将为沙石填满，工业生命线的水力，农业生命线的水利，都将毁灭无余。淮河流域的历史，雨则泛滥，干则枯槁，将重演于本省。真是：

> 满目青山成癞痢；
> 惊心宝岛变沙丘。

现在的森林问题，我认为是政治问题。用政治力量来保林，其难不在于已砍去的地方植林，而在于未砍去的地方保林。不能保林，就谈不到植林。

植林是技术问题，只要有经费，有专家就可办到，保林便不如此容易。立法、行政、司法、执行、管理，都有关系。

我在昆明的时候，看见童山濯濯，唯昆明湖之灌溉堤两旁，纵横数十里，古柏参天。问这是什么缘故。据地方人士说，这是乾隆年间禁令之功效。当时凡盗砍堤上林木者，即斩首示众。因之二百年间，无敢盗窃者。此种严法当然不合现代，但其彻底执行法令之精神，则仍可采。

等到抗战时期，昆明的驻军砍木煮饭，乡民效尤，不数月而古柏尽

被摧毁。

以上两事，足证禁令不可不有，执行尤须彻底。

当我旅行本岛的时候，尝问地方人士、山林警察为什么不禁止砍木与烧林，他们的答复有两种：一种说警察人数不够，常受老百姓的威胁，不敢阻止。另一种说警察与老百姓勾通。这两种解释大概都有相当来由。

还有一个基本的原因，就是人口压迫森林，在大陆上因人口增加，耕地不足，围湖水筑堤，与水争地，水的报复，是于洪流急湍之时，把堤防冲毁。人与水争地，水于短期内立即报复。因水是动态的，但森林是静态的。人与森林争地，不但森林无法即刻报复，而且人可得到相当利益。但于数十年后的报复，能把全部耕地变成荒丘，使你无法恢复，其残酷比水更厉害。

保森林，保水土，保本岛，保子孙。

台湾农业与工业发展之原则
及其实际问题[*]
(1952 年 7 月 18 日)

五十年来，我们无处不听见"中国以农立国"这一句话，但是农村生产日就衰落，粮食进口年有增加，却无人过问。

从西洋人的坚甲利兵而知道机器的重要，从机器而知道用机器生产的工业的重要，于是"工业救国"之声，处处可闻。

中国农村衰落的一个原因，是家庭工业和乡村工业被价廉物美的舶来品所打倒，使男耕而女不织，家庭收入减少，壮男只有农而无工，致耕地更形不足。近年以来，国内工业稍形发展，代替了一部分洋货，但农村之受害，洋货与国货，并没有分别。

这是作者为五十年来中国农业和工业的写照。

数月以前，陈辞修氏说了"以农业培养工业，以工业发展农业"的一句话，施干克氏作了"农业与工业如鸟之两翼"的一个比喻。一位是行政院长，一位是安全分署署长，所见一样，这可以说是一个农业与工业发展原则方向的指南。

这原则可以说大家没有不同意的。比较"以农立国"、"工业救国"片面之论，完满得多了。以农立国，国没有立住。以工业救国，国没有救成。这种可怜情形，都是那一偏之见的结果。

但是陈、施两氏也知道，原则虽然如此，实施起来，尚须煞费周详。

实在农业与工业之分，只在原料上面。农业一到加工运销，就进了工业范围，由地面上培养原料出来是农业，从地底下挖掘原料出来是工

---

* 载《新生报》1952 年 7 月 18 日。

业。甘蔗是农产品，经过加工，就成为糖，糖在一般看来，仍是农产品，但是因为用动力机器制成，所以也是工业品。棉是农业产物，但加工纺织却成了工业的重要部门。曼彻斯特是英国工业中心之一，它的兴起，就是因为纺织工业的发达。中国农村五十年来，男耕而女不织的情形，就是曼彻斯特所造成的。

只有香蕉、柑橘等鲜果可以不经加工，直接运销，即以凤梨，也须加工装罐。

黄麻加工而成麻袋，番薯加工而成酒精。假如糖麻生产不够，制糖厂和麻织厂就要部分停工。反过来说，如无制糖厂和麻织厂，本省产的甘蔗和黄麻就不会有出路。

地下挖出来的煤、五金和其他矿产当然是工业原料，似与农业无关。但是工业产品的出路，除外销外，大部分要靠广大农村吸收。农村生产不够，就无多余产品来交换工业成品，工业就会萎凋。

反过来说，如果制造品不够，农民所必需的日用品就会涨价，农民要以多量的农产品换少量的制造品，他们的生活水准，就会降低。

农业生产要靠水利和肥料。水利要靠洋灰，是工业品。肥料也是工业的产物。假如洋灰和肥料不够，农业生产就会受重大影响而大量减产。

目前本省的工业计划人士和农业计划人士在联系上尚觉不够，步骤往往彼此参差。例如甘蔗生产与糖厂问题，黄麻生产与麻织厂问题，农业专家和工业专家间尚多争辩，但只要彼此接触机会加多，意见就会渐趋一致。农工两业愈推广，这种实际问题愈增多，欲求解决，往往煞费心力。

土地改革工作，在工业专家眼中，纯是农业问题，故多数工业专家对于这一工作漠不关心，或竟认为多事。但因说明了这是安定农村的基础，增加生产的要道，农村安定与农产增加，是发展农业和工业的共同基础，工业专家也已逐渐了解这个问题的重要。

另外一个农工两业的共同基础是动力。动力不够，工业生产品减少，城乡均受其害。农产品加工也仗动力，农产品不能加工，则价格低落，农村便受其害。

无论农产品或矿产原料加工都赖动力。现在本省电力，供给的最高量只二十一万六千基罗瓦特，要适应工业需要，须增至三十万基罗瓦特。据安全分署专家估计，要达到这个目标，共需美金两千四百万元，台币三亿元。

本省目前水力发动总量，颇有减少可能，因为水源地的森林破坏甚速，这又牵涉到农林问题了。恢复森林，培养水源，是保持动力和水利的重要设施。

本省产煤，本年五月份计十九万八千吨，要适应工业需要，每月须产三十万吨，尚差三分之一。故要解决本省工业问题，首须解决动力问题——电与煤。一方面需要外汇与台币，一方面需要时间。例如安全分署于三十九年决定以一千三百六十万美元发展和修复电力的计划，至今只有四分之一的机件到达。因在美国购置，亦颇困难也。

动力问题不解决，工业无从扩展。目前每晚全省停电十五分钟，就是因为发电量不够。如不停电，则电力供应量估计须达二十三万六千基罗瓦特，与现在最高发电量相较，超过二万基罗瓦特。

与农产增加有密切关系的是肥料。现在本省所产主要肥料为氰氮化钙，本年五月份产量为六千公吨。其次为过磷酸钙，五月份产量为三千八百公吨，其他肥料各数百公吨，统共约计年产十二万吨。本年进口肥料约需二十三万吨。若要肥料自给自足，自制肥料尚须扩充两倍以上，这也要靠动力的增加。

总之把农业推广出去，就会碰到工业。把工业发展起来，就会触及农业。两者合则俱荣，分则两枯。原则不过是一个方向，实施起来，农工两方都尚有自己的问题须待解决，而且各种问题正多着呢。

为什么要限田？限田以后怎么办？[*]
（1952 年 7 月 25 日）

　　中国土地问题已经闹了二千多年了，这是历史上最头痛的问题。历朝兴亡，土地问题关系最大，上古的时候，据孟子说，有井田制度。八家各耕私田一份，养各家的家属。共耕公田一份作为贡赋。《诗经》里说："雨我公田，遂及我私。"这是证明各家各有私田，而共耕公田。不过未必像井字一样的整齐罢了。耕字从耒从井，是谐声字，或亦是会意字。耒即耜柄，耕器也。耕字或即代表在井田里耕种。春秋战国之际连年征伐，公田制度逐渐破坏。至秦开阡陌的时候，大概只有公田制度的残余。商鞅不过是因势利导罢了。

　　汉朝初期兼并日甚，遂形成富者田连阡陌，贫者无立锥之地，土地问题严重极了。

　　王莽知土地问题严重，便想设法补救，于是收天下之田为王田，希图恢复公田制度，但积重难返，卒致天下大乱。

　　一直到北魏开始，才以受田为解决土地的方法，其主要为男夫十五岁以上受田八十亩，妇人则减半。

　　隋唐两朝的受田制度，亦大同小异，不过较为详密罢了。唐代并且把纳税人的面貌画出来，好像现在的身份证上贴照相一样。

　　那时日本采唐化，所以把唐代的受田制度也采用了。

　　中唐以后，兼并又起，受田制度毁坏。自此以后，历五代宋元明清诸朝，一千多年间，不再谈受田制度了。但王田的思想，依然存在。

　　一直到孙中山先生，才提出耕者有其田的政策。民国十五年，国民党定"二五"减租办法，为实行耕者有其田的初步。民国十七年浙江省

---

　　[*] 载《"中央"日报》1952 年 7 月 25 日。

首先推行减租，不久而被破坏。至陈辞修氏主政台湾，奉蒋总裁之命，实行"三七五"减租，而始告成功。至最近吴国桢氏奉蒋总裁之命竭力促成限田政策。此一问题，大方针业已制定，只待立法程序而已。

几千年来兴亡所关的土地问题，至今谋得解决的方法，可谓划时代的政策。

中国历史上向来认为土地的主权是国家所有的。所谓"普天之下，莫非王土，率土之滨，莫非王臣"。即土地与人民均在国家主权笼罩之下。王莽收天下之田为王田，即本此意。北魏隋唐，实行受田。其根本意义，即国家有土地的主权，因此可以计口授田与人民。总裁本总理"土地国有之法，不必要归国有"的主张，引申而为"土地国有的原则，并不一定要将所有全部土地收归国有"。这就是说，土地的主权是国有的。其所有权经法律的许可，可以为民有的。

"耕者有其田"是经法律的程序，将土地所有权归诸"耕者"。国家既操有土地主权，故可以拒绝把土地所有权给予不耕者。

"限田"是"不耕者"在某种限度以内，亦可享受土地所有权。这个限度，在目前台湾限田政策之下，是凡在乡不自耕的地主，得保留中级水田二甲，或畑田四甲，并得因等则之高下，而损益之。在其限外，均须转政府之手售与耕者。

土地的主权是属于国家的。土地所有权经法律的程序（法律代表国家）可以收归国有，如山林水利矿场等，亦可归诸民有，如"耕者有其田"与"限田"。

这是我从历史上推演出来的浅见，还要请诸位同志指教。

限田办法要点，数星期前财政厅任厅长，数日前省府吴主席，已有简明的报告，我无庸复述了。各位要知道详细的统计，请向地政局询问。有一件事我们要知道，限田的实行不但靠理想与决心，还靠实行的方法。在实行上所以能生效的是总归户，这方法是一年多以前，经好多位专家规划的。动员了二千八百多人，经过一年半辛苦的工作，费了四百多万的金钱，填写了六百五十万张的卡片，才能按图索骥，一目了然。世人但见和尚吃馒头不知和尚受戒！

内政部长黄季陆氏，根据民生主义的意思，曾以"有饭大家吃"和"大家有饭吃"来讲分配与生产，我在此把它们借用一下。在民众日常生活看来，为什么要限田？就是要使有饭大家吃。这是讲分配，是求社公的公平。限田后怎样办？是要使"大家有饭吃"，并且还要使大家吃得饱饱的。这是生产，是限田以后，政府要用全力推动的。

据事实看，这三年多来，政府的政策，是双管齐下的。一面实行"三七五"减租，要使有饭大家吃；一面努力增产，要使大家有饭吃。只要看米与猪数量的增加，就可知道了。米前年产一百四十万吨，今年可增产至一百六十万吨。我近日接到报告，因为今年肥料配合得适当，并如期分配与农家，员林、神冈、丰原等地方，去年平均每甲产六千斤的，今年增产到平均一万斤，这是很可观的。

科学技术的改进，病虫害的防治，使农产品增加。猪种的改良，猪瘟的防治，饲料的增加，使前年一百六十万头的猪，今年增加到二百五十万头。

其余各种农产亦多相当增加，都有数字可据，在此略而不谈了。唯有两件事，要请诸位注意的：一是森林的保护和补植；二是远洋渔业的发展。这两件事政府才开始筹划，要到相当时期才可见效。

还有人口问题，相当严重，我们也要研究。农业以外，还有工业问题。农业问题，政府已有全盘统一的计划。工业方面，方才开始。也要等待相当时间。

政府计划偿还地价的五亿国省营工业的股票，尚须详细商讨。一是估价问题，举一个粗浅的比喻，卖鸡是照鸡肉重量估价呢，还是照产蛋数量的多少估值呢？二是流动资金的筹措问题。三是技术的改进与管理问题。这三个问题，都要加以研究，妥善解决的。不然，拿了一只不会生蛋的病鸡，有什么用呢！

这些问题如能解决，那么农地资金，才能向工业方面走。

我近来在各处视察，见到小型工业，在好几处地方，都蓬勃起来了。我觉得本省发展工业的希望很大。

政府有决心奖励生产，人民才有信心，有信心才能对前途发生希望。

孔子说："足食足兵，民信之矣！"

《管子》里说："仓廪实而知礼节，衣食足而知荣辱。"

我们要继续不断地向生产方面努力，光明的前途就在我们的眼前。

"拜拜"是一个社会问题，社会问题要科学的研究[*]
(1952 年 8 月 15 日)

我们三年来，尽力讲求增产，已有相当的效果。因为讲增产，就连带到节约问题，节约就是反浪费。因反浪费引起的是反"拜拜"运动。人们说，本省"拜拜"，每年虚耗两亿元，又有人说是十亿元，所以要反对。

两亿元与十亿元相差很远，显然是靠不住的。这要依据社会科学的方法，经切实调查统计后，才能得到可靠的实数。若以仿佛感觉为事实，人云亦云，是很危险的。即使真费了两亿元，或竟至十亿元，这些猪孝敬菩萨，菩萨不过闻一闻肉香罢了，最后还是到人民肚子里去的。农民终岁勤苦，难道不许他们一年之中痛痛快快地大嚼几次肉吗？

他如人民以共同信仰寄托于"拜拜"，岂不是一种安慰，岂不是社会一种向心力？聚集成千成万的人民，欢天喜地，求感情上的发扬，忘记了终岁的劳苦，岂不是一桩好事？所以孔子对"乡人傩，朝服立于阼阶"。这是说周朝乡人"拜拜"的时候，孔老夫子还穿着大礼服，毕恭毕敬地立在阶上观礼。因为他老先生知道"民之所好好之"的。

我们这几十年，在大陆上打城隍庙，打土地堂，最后打孔家店，有什么好处打出来呢？几十年痛苦的经验，都忘记了吗？

"拜拜"是本省最显著的社会现象之一。是否浪费，要以社会的价值而定。这社会的价值，有时不可以金钱数量估计。人民感情的发扬，宗教信仰的安慰，社会向心力的维持，不是金钱可以买得到的。

我们讲社会问题，要用科学的方法来处理。我们讲"拜拜"，就是

---

[*] 载《新生报》1952 年 8 月 15 日。

为需要科学的研究举一个例。

乡下有一种传说，台湾回到祖国怀抱以后，因为没有干涉"拜拜"，菩萨保佑，所以连年没有台风。信不信由你。这种传说，给乡村社会很大的安慰，也是很大的安定力。

一个社会生产技术进步、生产增加，社会的变化必随之而来。其变化趋势，必先露端倪，有远见的人们，可以仿佛感觉。这就是通俗所谓有先见之明。但如以仿佛的感觉来定施政的方针，轻则无效，重则还要贻患无穷。

"拜拜"是一个旧存的社会现象，并非因生产技术进步、生产增加而新生的，所以我们可不必过虑。我所要时时注意的是新发生的社会变迁的趋势。

我们要先见人之所未见，但有了先见之明，还不够。我们还要进一步用社会科学的方法去证明它。如发现的趋势是有好处的，我们可以不要管它，任它自然生长。如发现有坏处，才应该设法补救。

新发生的各种趋势，往往非人力所能抑制。但是两害相权，我们可取其轻，两利相较，我们可取其重。轻重的选择，我们可以做得到的。可是这种选择力，能在日后发生重大影响。

"三七五"减租与肥料增加，水利改良后，生产增加。因此民间住房新、衣服新、买耕牛、送子女入学等，是生活水准提高的好趋势。我们可以不必管它。但是子女受教育的人数增多，将来影响"拜拜"的情形如何呢？这是很有趣的一个问题。因生产增加，人口是否也跟着增加呢？因此将来是否要仍旧回到吃不饱的旧路去呢？这是一个很重要的问题。

扶植自耕农的是政策实施后，城乡经济都将发生变动，将来整个经济的趋势怎样呢？

这些问题以及其他种种问题，都靠科学的研究，现在我们不过举几个例罢了。

如果经过实地调查，各地"拜拜"确有浪费或影响农村经济的情形，自可予以相当的限制，但把它取消则是不必的。

以前在大陆上的政策，我们想先把政治搞好，但是没有成功。现在政府的政策，是先从经济生产问题入手。接着，我们应该研究与解决社会问题。最后，让我们解决政治问题。笔者相信这是一条正路，照实际讲起来，在解决经济和社会问题的过程中，政治本身就在不知不觉中在那儿改进了。

台湾"三七五"减租成功的因素及限田政策实施后的几个问题*
(1952年8月21日)

一、农复会的基本哲学——生产与分配并重

中国近代的土地改革,起源于孙总理的倡导。孙总理以平均地权与耕者有其田为解决土地问题的目标。蒋总统继承孙总理遗志,定为国策,努力推行。虽因内忧外患受到阻碍,但过去已有了很好的成就,今后当然有更大的收获。

佃农二五减租是国民党的惠农政策,是走向耕者有其田的一个过程。自从民国十五年决定了这个政策以后,已经在不少省份试行过。其中如浙江,推行了几年,农民生活的确有了改善,但后来被地主反对,前功尽弃。陈辞修先生主政湖北时,也曾指定县份实施,当时农民负担显见减轻,惜在战时,无法全面推行。其他各省,虽也实行减租,但成效不大。

抗战胜利以后,美援进入实施阶段。民国三十七年农复会成立时,蒋总统召见本人,郑重指出中国土地制度必须改革。当时我向总统建议,由农复会协助政府择地试办土地改革,俟办有成绩,再推行全国。蒋总统当即采纳。那时首先选定的是无锡附近地区。我所以选择这个地点,是有两个理由:第一,无锡为京沪线上一个都市,工业相当发达,地权移转后,地主可以转向到工业方面发展,不致因土地改革而生活受到影响;第二,无锡邻近首都,如果发生问题而非地方政府所能解决

---

* 载《土地改革》第二卷十二期,1952年8月21日。

时，则中央易于处置。蒋总统深韪其说，并说应该赶速进行。由此可知：农复会这几年来协助政府土地改革，开始就是蒋总统的鼓励和指导。

农复会成立之前，美国方面所提出的方案着重于生产，计划在扬子江下游地区，以及广州、上海、天津等大都市附近，发展增产工作。既可增加农村收益，也可减少舶来品的输入，用意未始不善。但是我们以为如果专讲增产，而土地制度未改革，则增产收益势必尽归地主所有，结果使富者愈富，贫者愈贫，失了复兴农村的意义。

因此，经过详细的研讨，认为在中国目前的状况下，只讲生产不讲分配是不能解决问题的，所以农复会决定工作方针时，以生产与分配并重，务使增产的果实归之于农民大众。这个工作方针，可说是农复会的基本哲学，过去如此，现在也如此，未来的工作方向，当然还是不变。

"生产与分配并重"这个基本哲学，渊源于孙总理的思想。孙总理在民生主义中，对此有剀切说明。他说："我们讲民生主义，就是要四万万人都有饭吃，并且要有很便宜的饭吃，要全国的个个人都有便宜饭吃，那才算是解决了民生问题。"又说："我们要解决这个吃饭问题，是先要粮食的生产很充足，次要粮食的分配很平均。"又说："中国的农民又是很辛苦勤劳，所以中国要增加粮食的生产，便要在政治上法律上制出种种规定，来保护农民。中国的人口农民占大多数，至少有八九成，但是他们由很辛苦勤劳得来的粮食，被地主夺去大半，自己得到手的几乎不能够自养，这是很不公平的。我们要增加粮食生产，便要规定法律，对于农民的权利，有一种鼓励，有一种保障，让农民自己可以多得收成。我们要怎么样能够保障农民的权利？要怎么样令农民自己可以多得收成？那便是关于平均地权的问题。"又说："照道理来讲，农民应该是为自己耕田，耕出来的农产品，要归自己所有……假如耕田所得的粮食，完全归到农民，农民一定是更高兴去耕田的。大家都高兴去耕田，便可以多得生产。"又说："我们解决农民的痛苦，归结是要耕者有其田，这个意思，就是要农民得到自己劳苦的结果；这种劳苦的结果，不令别人夺去。"——上边我引了孙总理的几句话，证实"生产与分配"立论的正确，同时又可认识："耕者有其田"这个主张，不仅是解决了分配问题同时又解决了生产问题的。

解决吃饭问题不但要"有饭大家吃"，而且要"大家有饭吃"。单是"有饭大家吃"只是分配问题，饭不够吃时还是要挨饿。"大家有饭吃"

是生产问题。把生产的成果归之于大家，使大家吃饱，这才解决了民生问题。——以上的几句话是黄季陆先生根据孙总理的民生主义内所讲的意思，在党部开会时说的，我就把他在这里引用。

二、"三七五减租"的成功因素

陈辞修先生出任台湾省政府主席以后，根据在湖北时所得的经验，决定推行减租政策。并以过去土地法曾经规定过的三七五地租标准作为依据，定名为"三七五减租"。

依照一般租佃惯例，田地正产收获，业佃对半分派，在地主应得部分中再减去百分之二十五之后，应缴的租额是全收获量百分之三七.五。所以从原则上说，二五减租和三七五减租并无分别。但是有些地方，原来的租额不是五五对分，而是四六分甚之〔至〕于三七分，就是说：地主要分到收获量的百分六十或七十，像这样高租，即使实行二五减租，还是不符三七五的地租标准，佃农还是吃亏。所以硬性规定三七五缴租比较合理。

三七五减租实施以来，有了显著的成功。检讨它的成功因素，第一是政府当局的决心，第二是地政人员的努力，第三是农复会经费和技术上的帮助。

"政府的决心"是减租工作——也是一切土地改革工作——最重要的动力。

我们的土地改革采用和平手段，但在不劳而获的地主看来总认为是损失。台湾固多开明地主，唯不明事理的地主也不乏其人，如果和他们去商量等于与虎谋皮是永不会成功的。政府认为这政策是对的，是对多数人民有利益的，就该决心去做，这是成功的最重要的因素。

不过仅有决心还是不成，决心加上经费与技术，再加上努力，三七五减租才获致了辉煌的成就。

三七五减租如此，今后进一步土地改革，实行耕者有其田，也少不了这几种因素。

在大陆"沦陷"以前不久，农复会希望在四川普遍实行二五减租。我去重庆对张岳军先生（时任西南军政长官）谈起，他深为赞成。又去成都见川省主席王陵基先生，他也认为重要，不过他以为四川大地主中很多是有枪军阀，引为顾虑。不久，蒋总统去川巡视，当面对王主席指示：二五减租十分重要，应该排除万难实行。当我第二次晤见王主席时，他说四川决定实行二五减租，我已请示过最高统帅。在实行时倘有人敢武力反抗，我也不惜用兵镇压云云。因此四川的减租工作积极展开，我自己就常住在那边负责视察这工作。此事完成以后，万民欢腾。

政府在福建龙岩试行耕者有其田政策。于民国三十二年起实施扶植自耕农办法，至三十六年完成。农复会也曾不断地予以经济上和技术上的帮助。在三十八年春天，会中派员去实地视察，亲见该县农民生活大见改善，农业增产的比率逐年提高，而且社会秩序安定，没有盗贼乞丐，于此益信扶农政策的正确。

三、实施限田地主并不吃亏

台湾的三七五减租奠定了土地改革的基础，就在这个良好的基础上，政府又办了公地放领。现在又准备实施限田和扶植自耕农的办法。

蒋总统于本年五月初，对《纽约时报》记者李博文发表谈话，对于当前在台湾的土地政策，总统说："这是我们的第一步，我们已经实施三七五减租。"又说："耕田的人将保有其耕地，但是对于地主也应该有所补偿。"本月二十四日，"中央"改造委员会在蒋总裁亲自主持之下，决定于明年一月起，推行限田政策，责成本党从政负责同志，将上项政策之执行，列为明年施政之中心。

回顾自1948年农复会成立时，蒋总统召见本人，剀切指示土地改革的迫切需要，直到这次中改会议会席上，恭聆蒋总统当面诏示限期实行限田政策。这四五年中，政府实行耕者有其田国策颇有成就。此种成就不是偶然，是蒋总统的决心和感召，是党的忠贞干部如陈辞修、吴国桢诸位先生的毅力主持，是专家和土地改革运动者，更多同志的努力奋斗等等的结果。

《台湾扶植自耕农条例》目前尚是草案，还要经过立法程序，但在原则上不会有重大变更。

依照已经公布的草案来看，地主并不吃亏。充其量，亦不过是资本的转向，从农业资本转变到工业资本而已。

草案所定的地价补偿比率：发行土地实物债券十五亿六千一百九十六万余元，现金二千三百九十二万余元，其余五亿二千零六十五万余元，是公营事业的股票。除了制糖和电力以外，台湾公营事业今后将完全转为民营。地主将由不劳而获的寄生阶层跃入新兴的工商企业，这和世界任何一个国家的土地改革比较，台湾的办法是最公平合理的了。

而在农民则获益就大了。全省百分之八十三的出租地变为自耕地，三十万户佃农变为自耕农。由于这个巨大的转变，农业和工业将同趋繁荣。

本党中央这一次的决议，是执行既定的国策，也是划时代的决定，我们相信必能在明年一年内成功。

四、今后面临的几个问题

台湾土地改革获得成功以后，所要面临的问题，约为下列几个：

第一，是农业与工业的协调问题。大家知道，农业和工业关系密切，不能单独发展。因为多数的工业原料是农产品，而农产品必须经过加工始可销售。例如种蔗是农业，制糖是工业，种植凤梨是农业，制成罐头是工业。其他许多农产品都是如此。所以农业和工业关系应该密切配合，不可分离对立。

第二，是社会变动问题。多数地主由靠地寄生变为工业生产分子，更多的佃农变为自耕农。因为经济关系的变换，社会的一切也必然跟着变动。我国近百年来，由于帝国主义的侵略，农村破产，经济文化一切剧变，旧的种种悉被破坏，而新的一切没有建立起来，因之洪水泛滥，一发不可收拾，我们过去先打城隍庙，再打土地堂，又打孔家店，把一般人精神寄托概予打破。到今天，连家庭也给打了！这是残酷的教训，我们应该引为前车之鉴。台湾社会现正走向变动，我们必须适应人民的知识水准，作合理的改进，万不可漫无目的的破坏。

例如现在有人主张禁止"拜拜"，所谓"拜拜"，是农民庆祝丰收的自慰娱乐。虽属迷信，但是一种精神寄托。我们只能想方法从社会教育着手，慢慢导入另外方面的娱乐，而不能说禁就禁。据说"拜拜"要年耗两亿，实则这个数字不甚可靠，即使消耗很大，实际上菩萨不吃东西，大鱼大肉还是自己享受。农民终岁辛勤，快乐一下似乎不算过分。

当然，我们不能说社会上各种不良习俗永不改革，但改革应有步骤有计划，应该针对现实，适应需要。

农复会现在决定做这工作：聘请专家，研究台湾社会问题，预备一年时间，先半年研究农村，后半年研究城市。研究所得，作为协助政府移风易俗张本。

第三，是人口问题。经过限田扶农后，生产必然增加，但增产的结果并不是就可解决人民生活。为什么？因为这里有一个严重的人口问题。原来生产和人口的增加，必然呈相互竞争形态。就是说，生产增加人口亦必随之增长，而且后者的增加率必然超过前者。

依据过去的统计，台湾人口年增百分之三，所以在二十四年后，本省人口将增加一倍。何况现在农村卫生改进，生育率也许更大。而耕地的面积不会扩大，土地增产也有限度。因之人口与生产不平衡，生活水准永远不能提高。这个挺现实的问题我们不能熟视无睹。农复会顷已请美国匹林司登大学一位专家，来从事研究这个问题，希望提供解决的意见。

第四，是森林问题。尽人皆知，森林对农田水利有莫大的关系。台湾近年因人口激增，农民为了扩地增产，开伐树木，发展山田，或者就林地改种香茅，也有借樵薪增加收入。因之森林日少，发生水灾。毁坏森林是容易的事，要重建森林却非二十年不可。这与人口问题有连带关系，所以必先解除人口压迫土地的严重性，然后"与水争地""与林争地"的现象可以慢慢纠正。

综结起来说，土地问题是一切问题的根本。耕者有其田既是解决土地问题最合理的方法，则举凡存在于社会上的各种问题，都可因土地改革成功而获得了解决的基础。

农业工业化及农业机械化与工艺化[*]
（1952 年 10 月 4 日）

这二三十年来，我们在大陆上常听见一句极普通的口号："中国要工业化。"

这一口号的提出和实行，曾表现了相当的功效。虽在长期动乱之中，工业确有相当的进步。这是无人能否认的。但是对于农业，国人却未能予以相当的注意。

近世工业革命起源于英国，英国的工业化造端于农业。这是历史的事实，无庸多加说明。

抗战胜利以后，因国际之援助，农业工业化不单是一个口号，而且付诸实行。但因为国际人士只知道西洋的历史和实况，而不知道中国的历史和实况。所以大量的耕作机器源源而来。

这种机器，用之于垦荒或大块的旱地里，确属有效。但在小农制度下分割细碎之农地里，恰如把鹅放在鸡笼里，寸步难行。这种耕作机在南方的水田里，更没有办法使用。作者在南京参观中央农业研究所，看见一部小型的水田耕地机器，问效用如何？答："不行。"何以不行？答："入土太深，水要漏掉。面积太小，动弹不得。"

广西曾使用耕作机垦荒。有几处地方，垦了一部分，成绩很好。种植以后，生长亦不差。但因四周未垦地里的虫，都跑了过来，把作物全部吃掉了。又有一处，四面未垦草地里的麻雀，成队飞过来，把所种的麦子吃了精光。

用机器垦荒，要有整个计划。多种问题必须同时顾到，一起解决的。

---

* 载《新生报》1952 年 10 月 4 日。

国际人士也知道在中国现况下，耕畜是不可缺少的。澳洲运来的马，因为吃不惯广西的草，瘦得可怜。本地马虽小，但爱吃本地的草，而且生活得很健康。当然，大的病马，不如小的壮马。又从外国运来的驴子，它们只听得懂英语的指挥。要指挥它们，就要先教农民说英语。无奈农民没有机会学英语，驴子又不肯听中国话。

用外国钢制造的好多新式农具，东西虽好可是价钱太贵，乡下人买不起。钢制的外国犁，太贵亦太重。农民出不起钱买，中国的牲口也拉不动。

以上的种种事实，都是想要把中国农业来工业化，目的是对的，可是方法却并不适合中国实况。

为求适应中国的现况，我们可以把工业化这一个名词，分成两方面来解释，一方面是农业机械化，另一方面是农业工艺化（或科学化）。合之则称为工业化。

再进一步说明，工业化实包含三个因素：（1）动力，（2）机械化，（3）工艺化。无工艺化，则机械化之效用不过节省人力而已。在人多地少的小农制度下，人力不是最重要的问题。

动力（火力或水力）为工业化之根本，没有动力不能谈工业化。机器是工业化的工具。工艺是由应用科学发展而成的。最重要的是化学和生物学，如肥料、杀虫剂、猪瘟疫苗、牛瘟疫苗、作物育种、品种改良等。

动力与机器是前期工业革命的产品，工艺是后期工业革命的产品。后期工业革命的效果，使工业化的效用比较前期不知增加了几千百倍。

以台湾的农业而论，我们所采用的是后期工业革命的工业化，就是工艺化。这并不是说不用动力与机器，不过用法有直接与间接的不同罢了。

在农业生产以前，我们要水利。修筑水利工程，要用水泥。水泥是用动力和机器造成的。工程有时要用钢筋，更是工业品。起重、挖泥都是要用动力和机器的。在目前台湾，当然还有一部分工程是用人工的。

在农业生产时期，要用化学肥料、杀虫剂等，这许多都是工艺产品。其他如改良种籽、防治虫害等，都要靠科学的技术。这便是工业化。

农产品收获后，轧米、制糖、制罐头等，都是用动力和机器的。

综上所说，生产前后，台湾农业都已机械化了。只有在生产期中，用工艺而未用动力与机器。然工艺品本身是机械生产出来的。所以也可以说是间接的机械化。

在生产期中，台湾何以不用动力的耕作机、收割机呢？其理由已在上文说明，这里不再复述了。

我们从印度买来的黄牛，是为适应本省的需要，用来改良本省牛种的。这因为本省农地经营状况，尚不能使用机械来耕作。

糖业公司现在已试用机械来耕作。所以可能，因为糖业公司的土地面积是集中的。

事实既是如此，何以在台湾不设法改良农具呢？这事言之似易，行之实难。不用动力而只改良农具，它的效力是有限的。动力的机器，以力与巧相配合，故效果大。兽力或人力的农具，它的改良完全要靠巧，而且不要因巧而增加它的力。以兽力或人力之有限，故巧之效用亦有限。在小农制度下，农具不但要靠巧，而且要价钱便宜。不然，巧则巧矣，在经济方面，农民不能负担，则虽巧而无用。巧与便宜两全，诚如俗语所谓既要马儿好，又要马儿不吃草，实在是困难的。改良农具曾经有好多人试验过，然而至今尚少成绩表现，就是这个缘故。

耕地少，人口多，其必然的结果是小农经营制度。在这制度下农业只能在生产前后机械化。在生产时期只能工艺化，其效用亦比机械化为高。台湾如此，大陆之华东与华南亦复如是。但在淮北、东北、西北等区域，还是应该机械化的，因为各该区域，土地广而人口少也。

这不是说，只要把机械大量运进来，农业工业化的问题就解决了。事情并不这样简单，因为还有其他种种因素哩！

台湾之土地改革[*]
（1953 年 2 月）

一、两种改革方式

土地改革为一极复杂之问题，而在远东，土地改革又为一最重要之问题。一国政治之趋向于民主或极权，端视其所用土地改革之方式而定。

以极权方式从事土地改革，其手段十分残酷，采用暴力清算地主及富农，其最后目的为土地国有与集体农场。

民主方式之土地改革，系根据公平之原则，逐步实行，其办法尊重个人，合乎人道。改革之目的为实现家庭式之农场，亦即杜鲁门总统所称："吾人信任家庭式之农场，家庭农场为吾国农业之基础，并曾强烈影响吾人之政制。"

二、民主方式之土地改革——三项实施步骤

自由中国之土地改革采用民主方式，其步骤有三。第一步将农地地租减至全年总生产量百分之三七.五及保障佃权，并以之订入租约。第二步为限制私有耕地面积，由法律规定地主所有耕地不得超过某种限度。第三步系将私有土地之超额部分土地，由法律规定公允价格，由佃农优先承购，于若干年内将地价偿还地主。

第一步骤系一种佃制改革，其主要目的在解除贫苦佃农之经济压

---

* 见《孟邻文存》，正中书局，1974。

迫。此类佃农每户之平均耕地面积，常在二英亩半左右，次要目的在减少地主从土地所获得之地租利润，促其将土地出售。第二及第三两项步骤，可连续实施，其最后目的为实现"耕者有其田"，即家庭农场。

三、大陆各省之土地改革——三项步骤均经试验

本会协助复兴中国农村，其目的在促进大多数中国农民之利益。本会工作所循途径，为发展一种以民主为基础之农村复兴方案，使由实行所得之大部利益，归诸农民享受。为实现此一方针，本会主张任何农业建设之实施，必须以土地改革为基本条件。在任何农村实施农业改良之前，必须实行某种程度之土地改革，俾由改进农业所产生之大部利益，得直接归诸佃农，而不为地主所剥夺。本会在大陆各省进行之农村复兴工作，即以此为基础。本会在福建省第七行政督察专员区内，曾实施第三项土地改革，即扶植自耕农。[1] 在四川、广西两省曾实施第一项土地改革，即农地减租（广西省之土地改革系减租与限田同时进行，但重心则在减租）。前列大陆各省之土地改革工作，虽因变乱之迅速延及而未能全部完成，但在极短期内初步推行成果仍甚显著。由于此项成就，社会秩序趋于安定，并在国际间引起广泛之注意。凡此种种，均应首先予以说明者。

四、台湾之土地改革——第一步业已有效实施

民国三十八年陈辞修先生主政台湾时，台湾省在农复会之经济与技术协助下，实行第一步土地改革，即农地减租，此为陈氏推行进一步土地改革之准备。台湾经此项土地改革，兼以政府努力增产，美国经合署之肥料供应及本会之技术与经费之协助等原因，于减租计划推行后之六个月内，即显见下列各项效果。即农业生产增加，农民收益加多，农村社会安定，经济渐趋繁荣等，使本会在改善台省多数农民经济生活上所为之努力，大部获得良好之收获。

作者曾参与此项工作，深信农地减租计划，为农复会与台省府合作推行计划中之最重要一项。作者并曾数度实地考查其实施状况。兹将该计划之概况分述如后。

五、减租办法之立法根据

首先应予说明者为台省减租计划之实施办法及其法律根据。中国过去之减租办法，计有两种，一为三七五减租，一为二五减租。此二项办法，实系一物两面。二五减租办法根据民国十五年中国国民党全国代表大会通过之议决案，而由国民政府于民国十九年订入土地法者。该法第一七七条规定："农地地租不得超过正产物全年生产总量千分之三七五。"三七五减租之立法依据即在此。

民国三十八年四月十四日台湾省政府公布《台湾省私有耕地租用办法》，实施三七五减租。该办法规定："农地地租不得超过生产物全年收获总量千分之三百七十五。其约定地租超过千分之三百七十五者，应减为千分之三百七十五，不及千分之三百七十五者，从其约定。"

前项三七五减租原则系假定佃农所缴租额，系将其正产物总量与地主对半均分。依此对分原则，如将地主所得百分之五十之地租，减去百分之二十五，则其剩余租金，即等于全年正产物总收获量百分之三七.五。故此项办法称为三七五减租，亦即二五减租。

为保障佃权起见，实施减租时，并须登记及换订租约。此一步骤极为重要。所有减租后之新租率及租期等，均须载入新约，俾业佃双方共同遵守。此种租约登记及换订工作为减租实施过程中最繁重之一部。

六、农民生活已获得改善

就政治言，台湾省之三七五减租，实为该省政治设施中最成功之一项。首倡并实现该计划之陈诚将军已由于该计划之实施而获得台湾人民之普遍支持。作者数次下乡实地考察，曾目睹身受减租之种种利益。

减租后佃农能获得利益若干，换言之，由于减租之结果，佃农之收入已增加若干。据地政研究所实地调查结果，民国三十八年减租后，佃农每耕种一甲水田，平均可增加相当于稻谷一〇〇、二〇〇台斤之收入。此项新增之收益，如将其全部或一部用于改善生活，显有相当效果。如台省减租前之农民大部均无充分米粮供家庭消费，必须向市场购买。减租以后，佃农家庭所需之米粮，已可自给。事实上，甚多佃农，除食用外，尚有余粮出售，以购买其他生活必需品。佃农之衣着及居住，亦有显著之改善。减租前衣衫褴褛之佃农，减租后，衣着已较整齐。减租前居屋湫隘之佃农，减租后，均纷纷建造较大之农舍。此种情形，于实地考察时到处可见。

减租成果之又一具体事例为农业生产之增加。三十九年台省米粮生产达一百四十万吨。此项增产，半由于佃农有余力购买及施用更多量之肥料以改良其土地之结果。盖佃农除依土地等则缴付定额地租外，其余增产之米粮，尽归佃农自身所有，故乐于增产也。

七、减租后之种种问题

台湾实施减租后之成效，已如前述。但若干问题亦随之而发生，例如在减租过程中，土地等则、撤佃、退耕、水租及押租等问题，均纷纷发生，尤以等则及退耕两问题最为严重。

等则问题于实施减租之初期即已发生。盖地租租额决定于全年总收获量，而土地之全年总收获量，又为土地等则所决定。土地等则不正确，则租额难期公允。在日治时代，日本政府规定土地等则每十年调整一次，以求与土地使用情形及生产力相一致。最近一次之调整系于民国三十二及三十三年间举行，距今已达六七年之久，中间土地使用情形之变动自在意中。故原定之土地等则，已不适合现在之使用情形，其中颇多较实际状况为高或低者。土地等则为决定地租之标准，故等则较实际状况为高之土地，地租亦随之较高，而不利于佃农。等则较实际状况为低之土地，地租亦随之较低，而不利于地主。当作者实施考察农村时，经常有人提出调整土地等则之要求。

为求地租规定之公允，土地等则之重行调整，极为必要。如依日治时代十年一调整之办法，非至民国四十一年不再举行，此在时间上显嫌过迟，不及应目前迫切之需要。事实上，台湾省实施减租不久，吾人即感觉此项调整工作之需要。但欲求调整结果之正确与精密，则事功甚为艰巨。唯不久台省府即决定一地目等则调整办法。三十九年六月，在农复会之技术及经费协助下开始办理。

与等则调整同样严重者为撤佃与退耕问题。撤佃为地主将土地停止租赁与佃农而将租约废止之一种行为。退耕则为佃农自愿取消其土地之租约，由地主将土地收回自行耕作或另租与其他佃农耕种。故在本质上，撤佃与退耕两种行为截然不同。但在事实上，佃农真正自愿退耕者实甚少见。其要求退耕者无非受地主之威胁与利诱造成。所谓自愿退耕或同意退耕者，实为撤佃之变相。故实际撤佃与退耕并无区别。

减租后之又一问题为小地主要求将土地收回自耕。台省自减租后，若干中小地主因地租收入减少，乃援引土地法条文要求政府准许彼等将租出之耕地收回自耕。此项要求，大部均获成功。在若干场合中，佃农虽拒绝地主之要求，但地主往往向法院提出诉讼而获得胜诉。此种矛盾之发生实由于行政与司法两部门缺少联系，致司法机关未能于判决时援用法律作配合政策之决定（此项办法以严格之法律观念而论，自有种种困难）。事实上，提出收回土地自耕之此类地主，于收回土地后，甚少真正自耕者。彼等非另租他人耕种，即雇工耕作。

欲解决此类法律原则与社会公道矛盾之问题，不外两种办法。一为司法机关于某种限度以内，以社会公道立场解释法律，以适合政策之需要或由立法机关制定新法律，以顺应社会需要。

鉴于此一问题之重要，行政院已向立法院提出一减租法案，现正在立法院讨论中，不久可望通过，以加强减租工作之实施。（作者按：该项三七五减租法案，业于四十年五月二十五日由立法院通过，同年六月七日由总统公布施行。）

八、地价跌落佃农开始购地

行政院为调查减租后所发生之种种问题及考查减租后一般农村经济状况，曾于三十九年十二月间组织三七五减租考查团，分两组深入全省农村考察。该团人员系由行政院、省政府、立法院、司法行政部及农复会等各机关代表组成，于四十年二月间考查完毕。

该团考察所得结论如次：

（一）台湾佃地地价，经两年减租后，已跌落三分之一至二分之一，但自耕地地价则无变动。

（二）佃农已开始从减租增加之收入中购买土地。据约略估计，全省佃农约有百分之二购买土地。根据四十年二月台湾省地政局报告，全省佃农户数中约有百分之二.七已自地主手中购进土地，在同时期内，地主间几无购地交易。此百分之二佃农所买土地，约占全省佃耕地面积百分之〇.七。

（三）由于农民增加肥料施用及实施其他土地改良之结果[2]，农地单位生产量已告增加，生产活动亦愈为开展。

（四）佃农满意之情绪，甚为明显。[3]

（五）就学儿童显著增加。在某一拥有一万七千人口而百分之七十为佃农之乡村，当地小学校内就学儿童已由减租后增至一千五百人，计增加达百分之五十。减租前佃农须耕作四甲土地始有余力送一儿童入学，现则耕作两甲土地已足送一儿童入学。

（六）该团于考察途中，曾解决若干法律纠纷。但如等则、水租、押租金及佃农购地贷款等问题之解决，尚待继续研究。据该团表示，农复会如能予以协助，政府对于该团提出之建议，当可接受执行。

九、地主之困难

据与考查团同行考察之记者声称，减租后之台省地主，似已陷入于进退两难之境。减租以后，土地之增产均归佃农所有。同时土地价格则骤然下跌，更使地主蒙受不利。过去地主坐食地租逍遥享受之黄金时代，正在迅速消逝。因之，目前此等地主均愿设法将其佃耕地出售，以期将售得之地价，投资于商业或其他小工业。地主之希望如此，但在佃农方面，彼等虽受减租之惠，但所得之积蓄，尚不足购买其所耕之土地，同时又以借款利息过高，无力筹款买地。若干佃农曾筹得款项购地者，于偿还借款时，往往陷入极大之窘境。故目前地主如将土地出售，甚少佃农能有力量购买。但此等地主又不愿继续保有其土地，盖土地投资，减租后获利已甚小。

某一地主曾称："吾等以为将地租减至土地全年总生产量百分之三七.五，甚为合理。盖此举有助于台湾秩序之安定。如无减租，台湾或已发生社会不安，甚至发生骚动。予一家五口，有地五甲。减租前每年可收租米两万台斤，现则已减至一万三千五百台斤。今日时代潮流已在转变，此后坐食地租，已不为时代所允许。故余已自积蓄中拨出一部款项交予之子女，改业从商。"此一地主，盖已在另谋生计矣。

就大地主而言，减租并未十分影响彼等之生活。[4]受减租影响至于进退两难之程度者为中地主。[5]

十、地主之问题

台湾省此次租佃改革，有两大要点：一为将地租减至土地全年总生产量百分之三七.五，另一为将佃农之耕作权予以保障。改革之结果，土地所有权人虽仍能出售其土地之所有权，但土地之使用权由于租约关系仍属于佃农，地主不能同时予以出售。此两项改革使耕地地价骤然下降。另一报告称由于减租结果，小地主最受影响。此类小地主之土地面积，普通为一甲至两甲。全省小地主数估计约十万户[6]，占全省地主总户数百分之九。故此类小地主之出路问题，必须加以注意。所幸者，此种小地主，一般均有其他职业或收入以维持其生活。彼等势须逐渐转业以解决彼等之生计。一般意见均认为小地主所受减租之影响，仅属暂时的。如假以时间，彼等将能自谋适应其经济环境也。

十一、今后之出路

吾人欲求解决因减租而起之地主间之困难。主要在建设工业以吸引地主阶级之土地资金，进入工业生产途径及建立一健全之农贷制度，俾农民能得较公允利率之资金以购买其所需之土地。问题至此，已引导吾人入于农业与工业交界之处，问题乃益趋复杂矣。

最健全之办法，厥为将农工两项生产联系于同一线上发展。应用现代之科学与技术，将农业之生产、加工运销等业务连成一线，作为整个生产过程而促其连续发展。在另一方面，一切利用农产与原料之工业，应着重于农民生活必需品之生产。此为解决一国经济发展过程中所遇"剪形问题"之最有效办法。而此一"剪形问题"今日已在台湾发生矣。

农复会在台之种种试验性计划，对于中国大陆将来工业化方案将有明确之启示与指引。过去大陆上工业与农业之脱节情形，将来应力加避免。

十二、不流血之革命

前节所提及之记者，对于此次台湾土地改革，曾有下列之观感，但其观点或稍嫌乐观。

时代之轮，正朝向社会改革之大道加速前进，过去剥削农民血汗坐食地租之时代正在消逝。不久之将来，吾人均须自食其力，台湾农村不久将成为自耕自食之乐园。一种不流血之和平革命，正在台湾演出也。

台湾之土地改革，为期不过两年，但农村社会组织业已开始演变。此后如假以时日，吾人所推行之工作将愈多，从而产生之变革亦愈多。吾人如能将本省之经济与军事始终保持良好情形，则台湾将成为远东方面实施社会改革极有意义之试验区也。

民国四十二年二月

[注释]

[1] 民国三十八年五月，本会曾派员赴福建省第七区龙岩县调查，发现该县自耕农民，每户平均分得土地十五亩。境内农舍整洁，秩序安宁，乞丐盗贼均甚少见。在此种环境下，本会如实施任何计划，其成果显然将由农民享受。最近（四十年二月）据自龙岩来台之某君称，该县自"失陷"后尚无"清算"等情事发生。

[2] 该报告称全省共有五八五九户佃农购买土地，所购土地面积共为二九八八甲。按台省佃农总户数为二二五六六户（三十八年统计），全省佃耕地面积为六六三二七一〇甲（二十八年统计）。

[3] 据调查报告，台省自减租后，佃农常表示一种忧虑，即一旦国民政府迁回大陆，本省地主可能强迫彼等重行依照减租前旧租额缴租，而将减租后所得利益全部偿还地主。

[4] 据民国二十八年统计，全省拥有十甲至百甲之大地主约有八一三三户，拥有百甲以上之地主仅二七七户。

[5] 据民国二十八年统计，拥有土地五甲至十甲之中地主约有一六〇一一户。

[6] 据民国二十八年统计，拥有土地一甲至二甲之小地主，全省共有七四一五一人。彼等均为一户之主，故实际即等于七四一五一户。此项数字系十年前编制，今日全省人口已增加百万余人，此项数字当有若干变动。

怀

旧

1925 年北大毕业同学录序 *

　　本届毕业诸君和我同年到北京大学来的，那时正在五四运动的一年，我代蔡先生来到北京大学，办理校中各事，那年的入学试验，是我代蔡校长主持的。所以诸君毕业离校的时候，引起了我无限的感情，在此六年中，我们可算是患难之交了。在此期内于前四年中，学生罢学，教员罢教，闹了没一日安宁，诸君牺牲的光阴和学业真是不少。到了后二年中，我们方得安稳度日，教的教，学的学，还算过得去。但这两年中，政府欠发校款，竟积至十二个月以上，物质上的痛苦，真一言难尽。此后诸君毕业去了，我们留在学校的，不知还要受多少的苦痛。然而我们仍当本奋斗的精神向前进行，望诸位到社会里去，也本着本校奋斗的精神向前进行！

---

* 见《蒋梦麟学术文化随笔》，中国青年出版社，2001。

1926 年北大毕业同学录序 *

　　青年时代，得有求学的机会，在中国现在的状况之下，是很不容易的。诸位同学，在本校研究学问六年了，这六年中，政治的扰乱，学校的困难，一年增加一年。诸君所受的痛苦，实在不少，所虚耗的光阴，至少占了百分之二十，这是我们对于诸君很抱歉的地方。前途茫茫，此后学校的困难，不知要比从前增加多少呢！

　　诸君离学校而去了。在社会上立身的困难，恐怕比在学校里求学还要加甚。若非立志奋斗，则以前所受的教育，反足以增加人生的苦恼，或转为堕落的工具。这是诸君所当特别注意的。事业的成功，须经过长时间的辛苦艰难——成功的代价，走过了许多荆棘的路，方才能寻获康庄大道。立志是砍荆棘的斧斤，奋斗是劳力。万不可希望以最少的劳力，获最大的成功。

---

　　* 见《过渡时代之思想与教育》，世界书局，1962。

赠励志社[*]
（1929 年 1 月）

　　我们中国近十年来的教育，太偏于发展个性方面了，对社会性方面过于忽略。所以近来各种集会结社，多不健全：只认得个人的自由，不顾团体的福利。现在我们应该把个人的发展和团体的组织并重：以健全的个人组织健全的团体。

　　有了健全的团体，不但能够保存健全的分子，而且可以把少数不健全的个人扶植起来。古人说："蓬生麻中，不扶而直。"

　　励志社的意义，就是要组织一个健全的团体，来扶植个人，使个个入社的人，成健全的分子。

　　集合许多健全的团体，便成健全的社会。

＊　载《励志社月刊》1929 年第 2 期。

《教育与职业》百期纪念感言[*]
（1929 年）

　　《教育与职业》于十年前出版，第一期的发刊辞是我做的，至今满一百期了。我记得当时我还任《新教育》的编辑人，现这《新教育》早经停版了，而《教育与职业》竟能继续不断地出到一百期，这是何等难得的事吓！我不能不佩服编辑诸君的毅力。

　　十年来人事沧桑，回忆旧日共事之人，共做之事，犹历历在心目中。旧事重提，读我十年前所作之旧文，我现在对于职业教育之意见，自己知道还没有什么变更。所以我也就不再谈了。

　　且等到二百期纪念号再看如何？

---

　　* 载《教育与职业》1929 年第 100 期。

北大三十二周年纪念[*]
（1930 年 11 月 20 日）

　　得翟永坤君信，以北大三十二周年，嘱为文纪念。这在我是一件义不容辞而且是欢喜做的事。至于北大本身，当然是非常值得纪念的。

　　真是"岁月如飞"，北大已有了三十二年的生命。就是我，离开北大，离开如手如足的北大同人，离开像故乡一样的北平，也已经有四年多了。惭愧的是四年多来，这边两年那边两年的，多少计划都不能如愿实现。即使已经实现的也没有多少成绩，只是周身的创伤。而北大，这几年来，虽曾受了多少的磨折，但因同人们的努力和维持，还依然矗立，还不失为一个中心。则我之于北大，于北大同人，又岂止是怀念呢！

　　我们可以毋须顾忌的说：北大不仅是一个文化中心，同时也是一个北方革命策源地。曾牺牲了多少同人的生命和热血，曾牺牲了多少同人的光阴。我们请愿，我们宣传，我们奋斗，我们到沙场上和野兽去斗，个个都负了伤回来，我们却不因此消失我们的勇气，我们继续着牺牲。直到现在，才有个眉目，才有点成绩。一定的，在革命的前线去扫荡军阀，是要武装同志的热血。可是在后方，那是无疑的要我们的热血了。现在呢，依然如总理所说的"革命尚未功成"，当然我们还有我们的责任。我们先要准备，要观察，要仔细观察，要看清我们残余的敌人，要认明我们的使命，要保持我们北大以往的精神。

　　可是，诸同人以往的牺牲，不能算少了，尤其是青年的光阴，我们晓得比什么也该宝贵。现在统一告成，政府方面，正将从事于物质与文化的建设。我们就可乘此时机来做准备的工夫了。只要我们不要忘记还

　　* 载《北大学生周刊》1930 年第 1 卷第 2 期。

有我们的敌人残留着，只要明白了我们的使命是什么，你就准备罢。等充实了之后，再到战场上去树奇勋。然而如何准备呢？这准备便是我们乘这时机且安心读书。

也是近年来的事，我们感到一般先进的不可凭信，或者只靠几个先进的力量太单弱，没有法子，还没有培养够的青年，便不得不来参加来协助了。几年来相习成风，来就学的诸位，几乎每个人都把最显明的一件事忽略了。也许因为太显明了，所以忽略。这事便是诸位之来是为"就学"的，因不得已才放下书包，去参加我们可不必参加的事，去协助不定要我们去协助的人。实际上，这参加在诸位本身是一件意外的损失。果然，这几年来因为军事的影响，尤其在北平的更感到杌隉，同人们虽欲安心而不得，也可不必讳言。但是今后该与以前不同了。统一告成，诸般应较先前安定，我们且安心读书，——这便是我们最稳妥的准备。准备充实了，我们可以毫不顾忌的来肃清残余的敌人，完成我们的使命。那就不只是保持北大以往的精神。北大将因我们多方面的努力而更荣誉。

十一月二十日八晚

蔡孑民先生的精神 *
（1942 年 10 月 10 日）

　　这是作者与《世界学生》记者黄席群的谈话，记者在发表此文时有如下按语：

　　先生说我们第一要知道蔡先生的度量大。蔡先生平生对于批评毁谤和物议，都毫不介意。这种精神，并非偶然的，勉强的，是由涵养而来的。记得民国九年的光景，社会上盛行一种推翻尊称的风气。某次有一个朋友，是浙江的青年学者，他写信给蔡先生，呼他为孑民，并不加上平时的客套语。信里面还责备他做北京大学的校长，处在这样一个重要的地位，对于时局，竟无所表示，很是不妥。蔡先生知道这位学者有思想，有头脑，便写信给我（蒋先生自称）说这种人不足与言，请我写信时，代问一声。我收到这信后，很奇怪先生火气太大。不一会儿，蔡先生忽然亲自来了，请我不必写信。说他等一会，另外有一封信来，要我代发。果然，他后来又送给我一封信，内容十分客气。先生自称为弟，并说承他赐教，很为感激。不过因为时代和环境的关系，还以慎言为宜，请他曲加原谅。由这一件小事，可以证明蔡先生度量之大，自然能容人，毫非勉强。后来此人对他很好，也可说是受了先生宽容大度的感动。我认为蔡先生这种精神，是由于时时修养，用克制的功夫，养成宽大而能容物的态度，普通说来，一半也是天生的。

　　第二，蔡先生对于一切持之有故，言之成理的学问，都能容纳。他以为一切学问，应该听大家的采择，任其受自然的淘汰。对于大学，他采取兼容并包的主义。但他对学对事，都是有主张，无成见，不与人争一日之长短。他自有判断，却不拒绝人家的判断。□有时且学人长，牺

牲自己的主张，如果别人发现他的主张不□□□□□□□□，他并不因为人家反对他，而不高兴，反而表示感激□□□□"告之以有过则喜，禹闻善言则拜"的风度。这也是豁达大度的一种表现，值得我辈模仿。

第三，谈到蔡先生个人治学的特点，也有几件事值得提出。

（一）蔡先生阅读很快，真有一目十行的能力。只谈一件小事。我和蔡先生谈话，见他一面谈，一面披阅信札，很快阅读完了一封，并且知道其中的要义。他平时看书也是如此。

（二）蔡先生不独阅读快，而且记忆力强。好久以前的事，都能够记得，他能通德、法两国文字。对于中国的经史，更是熟悉。

（三）因为阅读快，记忆强，所以他事半功倍，造成了渊博的学问。不持偏颇之说，不拘于一孔之见，不囿于门户之争。他在中国学术史和教育史上的地位，可算是承先启后。他个人中国学问的根柢，既很广阔，再加上西洋学问的造诣，于是融会贯通，兼收并蓄，蔚为通儒。所以他在北京大学办学的时候，除了提倡科学以外，也很注重文学、哲学，从无轩轾或歧视。

蔡先生的伟大，本来不是这几句话可以概括得完的，不过举其荦荦大端，以概其余。

三十一年十月十日重庆

第五届中国红十字周献辞[*]
（1946 年 10 月 31 日）

中国红十字会到今天，已有四十二年的历史。最近，经过八年抗战，大家对红十字会的认识渐渐地加深了，可是对于它在战前的工作和今后的动向，恐尚不十分的清楚，特地借着举行第五届红十字周的时候，向大家作一次扼要的报告。

首先要说明的，红十字会为什么要举行红十字周？谈政治，大家都知政治是管理众人之事；谈红十字会工作，乃是为谋众人福利而工作。不过，要发挥它的工作本能是从"取之于众""用之于众"之上而发生的，换句话说，它是取之有力有钱之众，用之于无力无钱之众，所以，红十字会有帮助人人之义务，人人有帮助红十字会之义务，而且，人人帮助红十字会有限，红十字会帮助人人无穷，因为它是有计划，有目的，有效率地去用众人之钱，谋众人之事，集少数之力，成广大之业。因此，各国红十字会例于每年举行红十字日，红十字周，或红十字月，将一年的工作，宣告国人，同时，以工作争得国人同情换得国人捐输，去继续发展红十字的事业。我国红十字周，规定于每年十月一日至十日举行，是从民国二十九年开始的，中间虽受战争影响，停顿了两次，但其效果，仍值得我们重视。兹值国土重光的周年后，又将迎国庆纪念，我们在首都举行红十字周，其意义格外值得重视。

其次要说明的，中国红十字会以往的工作，偏重在总会，经过这次战争，世界上所知我们的贡献，都是总会的贡献，而这个贡献的发源，不是出之分会，而是总会跳落了分会，直接取国内外的援助，完成了抗战救护的大任。等到今天，战争中止，而各地分会依然徒有组织，而无

实际工作，这以往的方针，我们不能不坦白的认错，自复员以还，我们深知打定会的基础，必先从健全分会开始，要想分会健全，又必须放弃一切工作集中总会，而必须一切工作出之分会，因此，在今年，总会只不过居于督导和设计的地位，至于一切工作都由分会来实施了。以红十字周为例，明年的红十字周，应该是南京市分会招待各位，宣布它的工作，而不是总会来做主人。这样一来，今天的招待会，正好是一个机会宣布我们变更了一个重大的方针。

说明了这两点，我们回到正题，且将本会的工作，作一简单的介绍：

第一，本会工作的大方针。不离国际红十字公约之协定，它最早的起源是战争救护和灾难救济，如今随着时代的演进，已趋向到（一）医疗服务，（二）康乐活动，（三）灾难救济，（四）服务训练，（五）国际合作等五大类，总目标的归趋，是促进社会安全。不仅如此，最近国际红十字会会议对于保障人类的建议，（一）禁止原子战争；（二）在将来战争中，平民将受国际协定之保护，其性质与目前保护战俘伤兵及病兵的协定相同。虽然，这个建议一时尚难成为事实，须待国家政府分别批准需时约需三年，但我们中国红十字会一定也要为贯彻这个建议而努力！

第二，本会战前的工作。归纳起来也有十项：（一）战时辅佐陆海空军的卫生勤务，即所谓战地救护；（二）救护战地平民出险并设法收容；（三）于各省受灾区域施放急赈；（四）平时设立医院诊所救助贫病；（五）协助卫生当局提倡公共卫生和防疫工作；（六）救济平民散放冬赈，施棺义埋和资助回籍；（七）参加国际救护最大的，如日俄战争及日本地震，并资助外侨回国；（八）缴纳国际红十字会会费并拨捐各国红十字会救济费；（九）设立护士学校及青年部，训练救护人才，储备救护材料；（十）保障各级会员自由，如受非法蹂躏，予以依法伸理。以上十项，我们是尽过最大的努力，忠实地履行过国际红十字公约的协定。

第三，本会战时工作。因为时不远，比较与大家有亲切之感，且不细说，总计八年抗战，救护军民一千七百万人，救护队最多的时候，达一百五十队，医护工作人员三千四百人，保有救护汽车二百辆，卫生材料千吨以上，工作区域，遍及全国前后方各地。我们不是单纯救护军人，我们还做了救护战俘，救护病侨，救护空袭，救护难胞，救助大学教授的病苦，我们发挥了后人而退，先人而进的精神，我们帮助军医和地方卫生当局推行了保健和防疫的工作。

第四，本会复员的工作。如今，是在两个方针，十一个项目之下进行的，打定会的基础和促进社会安全是我们的工作方针；调整总会组织，健全分会机能，推广征募运动，建立服务中心，扩大医药救济，试行会员保健，训练专业人才，加强国际联络，出版宣传书刊，整理本会会史，搜集服务资料，是我们工作的项目。我们经九个月的努力，大致都已完成了准备，只待今后努力实施。

以上十一个项目，特别要提出两个切要的工作，向大家介绍的，一个是健全分会机能，一个是推广征募运动，这与举行红十字周的关系十分密切。第一，会员的征募。依据一九三九年全世界红十字会会员的统计，已有七千多万人，约每三十个人口中，便有红十字会会员一人。一九四四年，美国红十字会会员的统计，三千六百五十余万人（三六五四四一五一），另有青年会员一千九百九十余万人（一九九〇五四〇〇）。苏联红十字会会员现有一千二百二十万人。回顾我国呢？在抗战以前，仅有二十二万余人（二二四六五二）。今年经我们一年的努力，预计可突破二十万人，几与四十一年总和相等，但合拢起来，也不过四十余万人。美苏两国人口，均不如我之多，我们显然落后了。第二，分会的组织。美国现有分会三七五〇四处，支会五五七八处，苏联现有基本组织二十二万处，然而我国现有二千余市县。可是在战前的分会只有五百十二处，战时保持联络的仅九十处，如今，经我们调整的，甫达九十九处，还不满一百，我们又显得十分贫乏了。中国经过八年抗战，已经被人称为四强之一。可是我们仔细想想，不但组织落后，就是目前的事业费用，还依赖美国红十字会支持。我们如果不迎头赶上，只有觉得可耻，我们要求自力更生。我们吁请新闻界特别予以倡导，我们感谢香港的新闻界，在中国红十字会九月的香港征募运动中，所组织的四百一十个征求队，新闻界担任了十八个征求队。我们敢于吁请首都及各地驻京新闻界的先生们，能够特别予以帮助，在首都协助南京市分会，在各地协助各地分会，扩大予以宣扬，蔚成广泛的红十字运动，使我们中国红十字会，追踪先进国家，不落人后。此不但本会之荣，也是全世界、全人类所渴望的福音。

中国红十字会筹募事业基金之意义[*]
（1947 年 6 月 30 日）

本会创立于前清光绪三十年（一九〇四年），迄今已有四十三年的历史。我们自信，在此动荡激变的近代中国史中，能如本会之屹然自立不懈不息的工作，是不容易的。尤其是以一个富有国际性服务团体的地位，几十年来，致力于国际情谊的交换，国外灾难之共同救济，其有益于我国国际地位之增高与夫国际合作的收获。本会虽不敢自诩自满，但由始终一贯的努力，亦已有其相当的贡献，这是本人与全体红十字会的同人所同感自慰的。抗战期间本会救护军民二千六百万人，此等贡献，在珍珠港事变以前，多由华侨捐助支持，事变以后则多赖国外红十字会之援助。战事结束，本人代表本会被推举为红十字会国际联合会副主席。举此两例，即知本会已在国际间为我国争取合作与声誉，并非侈言！

本会具有如此悠久之历史及地位，故其业务之范围至广，自须具备雄厚之力量，始能赴机泛应。然就本会目前各项事业分析，则无不深受经费支绌之困难，以致不易作充分之发展。查本会目前主要事业，第一当推平民医疗服务，计在全国一五八处分会中，已设有医院诊疗所八十余处，但除上海、重庆、西安、昆明、北平及新接收东北、台湾各地医院，或与教育医药机关合作，或自行办理，尚具规模以外，其他各处大多数均未臻现代化之标准。灾害救济为本会向来办理之重要业务。目前仅于各地分会零星办理，缺乏积极而统筹之事工，行总结束后，本会责任势必加重，尤非预先筹划不可！社会服务与青年康乐事业为本会新创事业，年来各分会创立营养站、服务站、阅览室、儿童福利、乡村福利

---

* 载《红十字月刊》1947 第 10 期。

等事业，均已顺利进行，加强今后设施，尚有待继续不断的努力。自屡次派员赴国外联络，国际合作已开其端。但自助人助，首先尚待国内同胞之热心支持。检讨目前困难，觉得本会事业需要继续努力，而事业基金尤为当务之急。

本人及全体理事，无时不深感本会责任之重大，亦无时不凛觉目前困难之严重，故经本会理事会决定，于本年八月至十月，举行筹募事业基金五十亿运动。一方面呼吁国内同胞的捐输，一方面争取国外人士的合作。古人有云："众擎易举"，我们相信以本会之历史和责任，定能获得全国同胞的襄助，本会亦愿乘此机会，保证更当加强本会服务力量，增进民众福利，对外争取国际同情和合作，提高我国国际地位。这是本人所愿向全国同胞阐述此次筹募本会事业基金的意义。

第七届中国红十字周献辞[*]
（1948 年 10 月 31 日）

中国红十字会自民国三十年起，每届十月一日至十日举行红十字周，以期加强社会人士对于红十字会之认识，并增进对于红十字会之同情，俾红十字会之服务普及社会。兹值第七届中国红十字周举行之期，敬向国人略陈数言。

红十字会为一国际性组织，其最初成立者为日内瓦之国际红十字委员会，时在一八六三年。其后各国红十字会即相继设立，迄今全世界已有六十五个红十字会。考其任务，战时则依据《日内瓦公约》及《海牙公约》之规定，补助政府当局，救护伤病兵，保护俘虏并保护被拘禁平民，暨救济战时灾难之平民。平时则为促进人类健康，防止疾病及减除一切灾害与痛苦，而行广泛的服务。

我国红十字会自一九〇四年创设以来，迄今已四十四载。其初期工作以兵燹救护及灾害救济为主。自日俄战役起，历年战乱，几无役不从。而水旱疫疠之灾，亦竭尽救济之能事。即如欧战，俄国流民，日本地震，或驰赴救护，或踊跃输将，亦免尽厥能。各地分会同时办理施衣、赠米、送诊、给药、施棺、掩埋、资遣、留养等工作。抗战初起，我红十字会即从事大规模之辅佐陆海空军卫生服务，成立救护总队部，分赴各战区抢救伤病官兵，担负医疗、看护、预防急救等工作，足迹遍国内外，出生入死，冒险犯难。迨后又□致后方平民治疗，空袭救护，荣军福利，俘虏保储等工作。八年抗战受惠军民计达二千六百万人。

日本投降，战事结束，我红会一面组织医疗队遣送难民回籍，一面筹划各地分会之复员。三年来成立分会一八九处，征求会员三七六三一五人，设有医院诊所三〇四所，巡回医疗队等三十八单位，医护院校及训练班十七处，为人民解除疾苦，并培育医护人才。救济方面，以及遇有水灾、兵燹、风旱、灾荒、冬令、贫穷等，各地分会莫不随时发动食物、衣着、住所、现款、慰问、医疗等服务及救济。其中以丰顺分会之劝募侨胞捐米一千一百七十九大包，赈济水灾难民二万七千余人为最著。积极性之社会服务如军人、妇婴、儿童、监犯、图书、营养、消防、掩埋等服务，各分会视当地需要推进。如总会半年来供应全国狱院拘所四十五处，监犯医药，计四百三十四种价值金圆一〇三五〇元。并举办国际红十字通讯服务，从事战俘及失踪人士之查询，组设红十字少年会，启发博爱思想，倡导康乐活动，训练服务技能，交换国际礼物，促进国际红十字少年之联谊，以奠立世界和平之有效基础。

红十字会以博爱襟怀服务社会，敌友亲仇一视同仁，绝不以政治、经济、宗教、种族之关系而些微之差别，举凡战争、灾害、时疫、饥馑，均为红十字会工作之所在。红十字会又为一人民团体，其人力物力来自社会，用之社会，所谓"取之于众，用之于众"，而且取之于有力有钱之人士，用之于贫病不幸之大众。际兹七届红十字周之期，谨吁请社会共起赞助或捐献金钱，咸慨输物资，或以精神、时间贡献红会担任义务工作，庶几红十字会之事业日趋光大，而博爱人群、服务社会之理想得以普遍达成。

忆孟真[*]
（1950 年 12 月 30 日）

十二月二十日午前，孟真来农复会参与会议，对于各项讨论的问题他曾贡献了很多宝贵的意见。其见解之明澈，观察之精密，在会中美两国人士，无不钦佩。他忽尔讲中国话，忽尔讲英国话，庄谐杂出，庄中有谐，谐中有庄，娓娓动听，我们开了两个钟头的会，他讲的话，比任何人多。孟真是一向如此的。他讲的话虽多，人不嫌其多，有时他会说得太多，我们因为是老朋友，我就不客气地说："孟真你说得太多了，请你停止吧！"他一面笑，一面就停止说话了，我们的顾问美国康奈尔大学农业社会学教授安得生先生会后对我说："你太不客气了，你为何那样直率地停止他说话。"我回答说："不要紧，我们老朋友，向来如此的。"我记得好几年前有两次，我拿起手杖来要打他，他一面退，一面大笑，因为我辩他不过，他是有辩才的，急得我只好用手杖打他。

同日午后，他在省参议会报告，他就在那里去世了。我于第二天早晨看报才知道，那时我有说不出的难过，我就跑到殡仪馆里吊奠了一番，回到办公室做了一副挽联，自己写就送了去。算是作了一个永别的纪念。挽联说：

> 学府痛师道，
> 举国惜大才。

孟真办台湾大学，鞠躬尽瘁，以短促的几个年头，使校风蒸蒸日上，全校师生爱戴，今兹逝世，真使人有栋折梁摧之感。

孟真之学，是通学，其才则天才，古今为学，专学易，通学难，所谓通学就是古今所说之通才。

---

* 载《"中央"日报》1950 年 12 月 30 日。

孟真博古通今，求知兴趣广阔，故他于发抒议论的时候，如长江大河，滔滔不绝。他于观察国内外大势，溯源别流，剖析因果，所以他的结论，往往能见人之所不能见，能道人之所不能道。他对于研究学问，也用同一方法，故以学识而论，孟真真是中国的通才。

但通才之源，出于天才，天才是天之赋，不可以侥幸而致。国难方殷，斯人云亡，焉得不使举国叹惜！

我识孟真远在民国八年，他是五四运动领袖之一，当时有人要毁掉他，造了一个谣言，说他受某烟草公司的津贴。某烟草公司，有日本股份，当时全国反日，所以奸人造这个谣言。我在上海看见报上载这个消息，我就写信去安慰他。但是当时我们并没有见过面，到这年（民八）七月里，我代表蔡子民先生，到北平去代他处理北京大学校务，我们两人才首次见面。他肥胖的身材，穿了一件蓝布大褂，高谈阔论了一番五四运动的来踪去迹。那年他刚才毕业，但还在北大西斋住了一些时，此后他就离校出洋去了。我们直至民国十一年方才在英国见面，他那时在学心理学，后来我在德国，接到他的一封信，他劝我不要无目的似的在德、奥、法、意各国乱跑。他提出两个问题要我研究：第一个，比较各国大学行政制度；第二，各国大学学术的重心和学生的训练。这可证明他不但留心自己的学业，而且要向人家贡献他的意见。

他后来在广东中山大学担任教授。我在北平，他在广东，彼此不见面好几年。直到后来他担任中央研究院历史语言研究所所长，见面的机会就多了。

当时我在南京教育部，中央研究院也在同一街上，两个机关的大门正对着，所以见面的机会特多。当我在民国十九年回北京大学时，孟真因为历史研究所搬到北平，也在北平办公了。九一八事变后，北平正在多事之秋，我的"参谋"就是适之和孟真两位。事无大小，都就商于两位。他们两位代北大请到了好多位国内著名的教授，北大在北伐成功以后之复兴，他们两位的功劳，实在是太大了。

在那个时期，我才知道孟真办事十分细心，考虑十分周密，对于人的心理也十分了解，毫无莽撞的行动。还有一个特点使我永远不能忘记的，他心里想说什么就说什么。他说一就是一，说二就是二，其中毫无夹带别的意思，但有时因此会得罪人。

十二月十七日为北京大学五十二周年纪念。他演说中有几句话说他自己。他说梦麟先生学问不如蔡子民先生，办事却比蔡先生高明，他自己的学问比不上胡适之先生，但他办事却比胡先生高明。最后他笑着批评蔡、胡两位先生说："这两位先生的办事，真不敢恭维。"他走下讲台以后，我笑着对他说："孟真你这话对极了。所以他们两位是北大的功臣，我们两个人不过是北大的功狗。"他笑着就溜走了。

孟真为学、办事、议论三件事，大之如江河滔滔，小之则不遗涓滴，真天下之奇才也。今往矣，惜哉。

追忆中山先生[*]
（1955 年）

我在此文中所要讲的，只是我与中山先生个人关系中的几件小事。

先生从事革命时，我还只是一个学生。虽然对于革命很有兴趣，但因学业关系，行动上并未参加。1908 年（光绪末年），我到旧金山卜技利加州大学读书，那时先生时时路过旧金山，直到 1909 年（宣统元年）某日，我才有机会与先生见面。见面地点是旧金山唐人区 Stockton 街一个小旅馆里，那一天晚上由一位朋友介绍去见先生。这位朋友就是湖北刘麻子，他的朋友都叫他麻哥的刘成禺（禺生）先生。我和他是加州大学同学，又同是旧金山《大同日报》的主编。《大同日报》是中山先生的机关报，因这关系，所以与先生很容易见面。麻哥为人很有趣味，喜欢讲笑话。中山先生亦戏称其为麻哥而不名。中山先生虽不大说笑话，但极爱听笑话，每听笑话，常表示欣赏的情绪。

第一次在 Stockton 街谒先生，所谈多为中国情形、美国时事，若干有关学术方面的事情，详细已不能记忆。其余则为麻哥的笑话，故空气极轻松愉快。中山先生第一次给我的印象是意志坚强，识见远大，思想周密，记忆力好。对人则温厚和蔼，虽是第一次见面，使人觉得好像老朋友一样。大凡历史上伟大人物往往能令人一见如故，所以我与中山先生第一次见面是很不正式的，很随便的。

此后，先生在旧金山时，因报纸关系，时时见面。武昌起义时，我尚在报馆撰文，刘亦在。而先生来，谓国内有消息，武昌起义了。闻讯大家都很高兴，约同去吃饭，一问大家都没钱，经理唐琼昌先生谓他

---

* 见《国父九十诞辰纪念论文集》，中华文化出版事业委员会，1955。

有，遂同去报馆隔壁江南楼吃饭。谈的很多，亦极随便。大家偶然讲起《烧饼歌》事，中山先生谓刘基所撰一说是靠不住的，实洪秀全时人所造。又连带讲到刘伯温的故事。一次，明太祖对刘基说："本来是沿途打劫，那知道弄假成真。"刘谓此话讲不得，让我看看有没有人窃听。外面一看，只一小太监。问之，但以手指耳，复指其口，原来是个耳聋口哑的人。于是这小太监得免于死。大家听了大笑。

我讲这些话，不过要青年知道许多伟大人物不是不可亲近的，亦与我们一样极富人情味的。所谓"圣人不失赤子之心"，就是此意。

过了几天，先生动身经欧返国。临行时把一本 *Robert's Parliamentary Law* 交给我，要我与麻哥把它译出来，并说中国人开会发言无秩序，无方法，这本书将来会有用的。我和刘没有能译，后来还是先生自己译出来的。这就是《民权初步》。原书我带到北平，到对日抗战时遗失了。先生时时不忘学术，经常手不释卷，所以他知识广博。自一九〇九年迄一九一一年期间与先生见面时，所讨论的多属学问方面的问题。

民六至民八期间在沪与先生复经常见面，几乎每晚往马利南路孙公馆看先生及夫人。此时，先生正着手草英文《实业计划》，并要大家帮他忙写，我邀同余日章先生帮先生撰写。每草一章，即由夫人用打字机打出。我与胡展堂、朱执信、廖仲恺、陈少白、戴季陶、张溥泉、居觉生、林子超、邹海滨诸先生，即于此时认识。

有一时期，季陶先生想到美国去读书，托我向先生请求。先生说："老了，还读什么书？"我据实报告戴先生。戴先生就自己去向先生请求。先生说："好，好，你去。"一面抽开屉斗，拿出一块银洋给季陶先生说："这你拿去作学费罢。"季陶先生说："先生给我开玩笑吧？"先生说："不，你到虹口去看一次电影好了。"

先生平生不喜食肉，以蔬菜及鱼类为常食。一日席间，我笑语先生是"Fishtarian"，先生笑谓以"Fishtarian"代替"Vegetarian"，很对。

民八，五四运动发生。北大校长蔡子民先生离平南来，北大学生要他回去，他要我去代行校务。我于到平后不久，即收到先生一信，其中有句话，到现在还记得，那就是"率领三千子弟，助我革命"。以后，我常住北平，唯有事南下，必晋谒先生。

北平导淮委员会绘有导淮详细地图。我知先生喜研工程，因设法一张带沪送与先生。先生一见即就地板上摊开，席图而坐，逐步逐段，仔细研究。该图以后即张挂于先生书房墙上。

杜威先生来华，我曾介绍去见先生，讨论知难行易问题。西方学者都知道这个道理，所以他们谈得很投机。杜威先生是个大哲学家，但亦是极富人情味的，有时讲一两句笑话，先生则有时讲一两句幽默风趣话。他俩的会见，给我的印象是极有趣味的。

民十（一九二一年），太平洋会议在美举行。上海各界不放心北京政府，上海商会、教育会、全国商业联合会等各团体推我与余日章两人以国民代表身份前往参加。我因欲取得护法政府之同意，因赴粤谒先生。先生欣然同意我等参加，并即电美华侨一致欢迎。那时北京政府想要妥协，是我们联合一批朋友共同反对阻止的。

民十一，于太平洋会议后取道欧洲返国。先到粤复命，并电告先生。至港，见郭复初先生乘轮来接，始知陈炯明叛变，先生避难舰上，无法晋谒，因由港返沪。

民十三，先生为求南北统一北上。余至天津张园谒见，告以段执政对善后会议无诚意。先生说："那么我们要继续革命。"先生到平以后，一直卧病。十四年三月十二日在北平铁狮子胡同顾少川先生宅逝世。我闻讯赶到，先生已不能言语了。

先生在北平协和医院卧病时，有中医陆仲安，曾以黄芪医好胡适之先生病。有人推荐陆为先生医，先生说他是学西医的，他知道中医靠着经验也能把病医好，西医根据科学，有时也会医不好。但西医之于科学，如船之有罗盘。中医根据经验，如船之不用罗盘。用罗盘的有时会到不了岸，不用罗盘的有时也会到岸，但他还是相信罗盘。

以上所叙，是我个人所知道的关于先生的几件日常琐事。自旧金山小客栈开始，一直到先生在平逝世为止。所记都是小事，但从这许多小事里，或者可以反映当年一部分大事。

《丰年》五周年[*]
(1956年7月16日)

　　《丰年》自民国四十年七月发刊到现在，转眼已经五个年头了。五年时间并不长，但也不算短。五年来，承农友们爱护，这一农业刊物已经从幼小而成长了。《丰年》同仁也始终抱着为农友们服务的热诚在努力。在读者的爱护与编者的努力下，相信《丰年》必能一天一天地发荣和苗壮起来。

　　今天趁五周年的机会，我和农友们谈两件事。

　　第一，现代是科学的时代。这两天在台北举行的远东作物改良会议，就是各国专家集会商讨如何用科学的方法来试验、选择、繁育和推广新的优良品种。自从原子能广泛应用以后，动植物品种改良已展开了一条新的途径。将来新品种的出现，可以说是希望无穷。

　　选择良好品种是增加作物产量的重要因素。报载台中县大雅乡上枫村张深渊农友因为采用改良新品种，本年第一期稻谷的产量，一公顷达18519台斤生谷的优异成绩。这是注意品种和比较试验的结果。我相信全省农友都可以像张深渊农友一样不断试验，不断求取进步。

　　第二，台湾人多地少，农村常有劳力过剩。充分使用劳力的方法，就是发展农村副业。现在本省农家，几乎家家都养猪、养鸡和养鸭的。这几种事业是农村重要的副业，也是现金收入的主要来源。

　　减少农村人口的压力，主要解决途径是发展工业，把农业人口转变为工业人口。本省工业正在逐渐开展，并且已吸收了一部分农村人口。但是人口还在不断增加，农村仍有劳力剩余。所以讲求副业，来增加收益，还是很重要的。

　　农村人民都是勤劳的。我国有句俗话说"勤能致富"，只要双手愿意劳动，再勤加学习，任何一种技艺，都可以增加收益和改善生活的。

---

　　[*] 载《丰年》第六卷第十四期，1956年7月16日。

一个富有意义的人生[*]

——他是我国学术界一颗光芒四照的彗星

（1964 年 3 月）

　　吴先生，江苏无锡县人，原名眺，字稚晖，后改名敬恒。先生尝自述身世云："曾祖母早寡，吾祖为独子，生吾父亦独子，十岁丧母。吾母十八嫁吾父，曾祖母与吾祖，切望吾母生子。不料吾母至家之年，为同治二年（1863），曾祖母近九十，祖父六十，先后去世。至同治四年（1865），吾母生我伊方二十岁。二十五岁死时，遗吾六岁及吾大妹四岁，时洪杨之乱已平，外祖母本无子女，故抚吾兄妹二人如己孙，同回无锡北门老家。外祖母养我至二十七岁（时光绪十九年，公历 1893），而彼死，其恩至笃。"

　　照此身世看来，曾祖母寿近九十，祖父六十，外祖母养先生至二十七岁，其寿当在八九十之间。是先生之血液中含有长寿之血统，故先生之长寿，亦非偶然。

　　他伶仃孤苦的身世，从小养成了他安贫向学、意志坚定的习惯。此实奠定了他一生安贫乐道、生活俭朴的基础。

　　他早年是科举出身，二十三岁（1889）考进县学，二十五岁（1891）考进江阴南菁书院，二十七岁（1893）中了举人。

　　他治《皇清经解》很有功力，长于史论，学桐城派古文笔法。二十八岁（1894）入北京会试，试卷虽经"堂备"而未中进士。

　　有一次写了一个三千字的折子，要光绪皇帝如何变法。就在戊戌（1898）年的元旦，候左都御史瞿鸿禨朝贺回宅，上前把轿拉住，送上折子。瞿看了一个大概就说："唉！时局到了如此，自然应该说话，你的折子我带回去细看再说，你后面写有地址，我有话，可通知你，你们认真从事学问，也是要紧的。"

戊戌（1898）年春天，先生在北洋学堂教书。六月康梁在北京变法，他已回无锡，不久就到上海南洋公学任教，每月薪金四十两，比在北洋学堂多了十两。

辛丑（1901）〈年〉三月，他到东京去留学。壬寅（1902）〈年〉赴广州，又自广州带了二十六个少年再回日本。后因事率领学生大闹公使馆，诸人被日本当局驱逐出境，先生愤而投水，为警察所救，得不死。

壬寅（1902）〈年〉五月回上海，十月爱国学社成立。以后苏报案起，捕房到处捕人，先生出亡英伦，约同人创《新世纪》报于巴黎，鼓吹革命。

（以上事实节录张文伯《稚老闲话》。先生常与我谈往事，大致相同，惜我未曾笔录。）

*   *   *   *

我于民国六年（1917）在上海环球中国学生会演说会中初次碰到吴先生。那年我刚从美国留学毕业回来，好多地方请我演讲，那时我的言论大概都是讲西洋文化的根源并和中国比较。

大意是西洋文化起源于希腊，重理智、重个性、重美感。中国思想则重应用、重礼教、重行为。因此常常提到苏格拉底、亚里士多德几个希腊哲学家的名字，并提到科学的发展，是从希腊重理智而演化出来的。中国科学不发达，是因为太重应用。我们现在要讲工业，根本要从科学入手。

我这套理论为当时舆论界所不欣赏。有一张报纸，画了一幅插画，一个戴博士方帽，面庞瘦削的人，满口吐出来苏格拉底、亚里士多德两个西洋名字在空中荡漾。

我想这条路走不通，所以我就讲要中国富强，我们先要工业化并讲工程学对于工业发展的重要，工程学是要根据科学的。工程是应用科学，是要以理论科学或自然科学做基础的。那几个希腊名字就从此不提了。

那天演说的晚上，我所讲的话，大概就是最后一套。

演讲以前，我照例坐在第一排，旁边坐了一位约莫五十余岁，不修边幅的人士，着了一件旧蓝布长衫，面庞丰裕，容貌慈祥，双目炯炯有光，我暗想这人似乎"此马来头大"，绝不是一位俗客。

一忽儿主人朱少屏先生站了起来，为我们介绍。说一声吴稚晖先生，吴先生站了起来，笑容满面，活像坐在大寺门口的那尊眯眯佛（弥勒佛），非常谦恭地说了几声"久仰"，我虽觉受宠若惊，但是心里却很高兴。

大概我讲了一个小时，走下讲台来，回到原座以前，吴先生又站起来了，笑容可掬地说了几声"佩服"。那个晚上大概我所讲的是工业和科学，拨动了他老先生的心弦。在这次讲演里，我给他老先生一个好印象。

五六年后（民十一），我在法国里昂，一个借法国旧炮兵营房为校舍的中法大学里讲演，时先生任校长。我想在外国留学，读中国书的机会不多，我就说几句鼓励他们读中国书的话。我讲完后，他老先生急遽地大步踏上台来，圆溜溜的两眼似乎突了出来，迸出两道怒火，这眯眯佛顿时变成了牛魔王，开口便说某先生的话真是亡国之谈。这次世界大战以后，没有坦克大炮，还可以立国么？那些古老的书还可以救国么？望你们快把那些线装书统统丢到毛厕里去。

我好似在静悄悄的云淡风清的环境中，蓦地里碰到了晴天霹雳。

讲完以后，他雨过天晴似的顿时平静起来了。漫步下台来，慈祥地走向我这里来，我站起来谦恭地向他服罪。他笑眯眯地说："没有什么，不过随便说说罢了。"

以后在北平、在上海、在南京、杭州，时时有会面机会。他的长篇大论，一谈数小时，总是娓娓动听。戴季陶先生曾对我说，先生更乐与谈天的人，并非我们，而是不晓得什么角落里的老先生们。但他对我们的态度，也老是春风时雨似的和蔼可亲的。只有民国十九年（1930）在教育部里那天晚上，他老先生像在里昂一样，又向我示威了一次。在拙著《西潮》里有记载如下：

> 我以中央大学易长及劳动大学停办两事与元老们意见相左，被迫辞教育部长职。在我辞职的前夜，吴稚晖先生突然来教育部，双目炯炯有光，在南京当时电灯朦胧的深夜，看来似乎更觉显明。他老先生问我中央、劳动两校所犯何罪，并为两校诉冤。据吴老先生的看法，部长是当朝大臣，应该多管国家大事，少管学校小事。最后用指向我一点说道："你真是无大臣之风。"我恭恭敬敬站起来回答说："先生坐，何至于是，我知罪矣。"第二天我就辞职，不日离京，回北京大学去了。刘半农教授闻之，赠我图章一方，文曰"无大臣之风"。

提到刘教授，就会使我联想到他在旧书摊里找到的一本大约于同光年间出版的一册老书，他印了出来。这书长于以粗俗文字写出至理名言，书名《何典》。卷首有一句粗话说：

> 放屁放屁，真是岂有此理。

半农为这本讽刺书设计了一张封面插画，也很不雅驯的。一个乡下佬口含短烟筒，蹲在道旁，一缕轻烟，从烟斗里袅绕上升。他的背后蹲着一条小狗，向他凝视着，希望饱食一顿。

刘教授在序文里说，吴丈嘲笑怒骂的作风，是从这本书里得到的法宝。我不见吴老否认，大概半农先生序中所言的是有根据的。

此后余常在北平，吴先生则在南方，故不常见面。抗战期间，我在昆明，他在重庆，只偶一会晤。以后我任职行政院，事忙亦不常往访。至民国三十七年（1948）任职中国农村复兴联合委员会，常乘飞机视察南北各省乡村，彼此更不相见。只有在台北于"总统府"纪念周时，因并肩而坐，得稍事寒暄，当时笑容可掬的表情，至今犹存于我的想象中。但是他的体力似乎已走向衰退道上去了。

在我于民国十九年离教育部以前，彼此多见面之机会，故常得聆教。

先生在北平时（当时称北京，民十二），寓石达子庙。他住在旧式东侧厢房，花格长门而无窗，在纸糊的花格里透入了光线。一张板床，两张桌子，几张凳子，在一张桌子上放了一只火油炉，他自己烧饭吃的。另一张是放书籍的，看书写字就在这里。此时此地，他写成了他的《一个新信仰的宇宙观及人生观》，他老先生的重要思想就在这篇文章里发表的。他进出常步行，不坐人力车。日常不在寓，用两条腿走向各角落里，探访北京的古迹。

后来在北平，他邀集十几个小学生，都是当时国民党领袖的子弟们，由他亲自施教。蒋经国先生就是其中之一。

据蒋经国先生说，有一天，有人送他老先生一辆人力车，先生要他拿一把锯子来，把这辆车子的两根拉杠锯掉。他以为先生在开玩笑，不敢动手。后来先生说："我要你锯，你就锯。"锯了以后，先生看看杠子锯断，哈哈大笑，就同他把这辆没有拉杠的车身，抬到书房里。他老先生一面坐上去，一面对他说："你看舒服不舒服？我现在有了一张沙发椅了！"接着他老先生又说："一个人有两条腿，自己可以走路，何必要别人拉。"（蒋经国纪念先生文，1953 年 12 月 9 日台湾《新生报》）

在抗战时期，他老先生住在重庆上清寺一间小屋里，和在北平时一样简陋。他的卧室兼书房，最多不过十尺或十二尺见方。一张木板床，挂上一顶旧蚊帐，床上一袭蓝布被，一个古老式的硬枕。对着一张小书桌，桌旁墙上贴了一张自己写的"斗室"两字，每字约三四寸长方形。（陈伯庄纪念先生文，《今日世界》第四三期）

有人问他，政府为他盖上了一所小房子，为什么不搬过去住。他回答说，他生平不修边幅，坏房子住惯了，好比猪猡住猪圈里，住得很舒服。如果有人把猪猡搬到水门汀的洋房子里去，猪猡反而要生病的。救救他的老命吧，他是住不得好房子的。（罗敦伟纪念先生文，《畅流》第八卷第七期）

这种简陋的生活，人以为矫情。我知道他并不如此。他以为一个人当逍遥于宇宙之间，纵横万万里，古今万万年，短短的人生寄居于斗室之中或高轩之内是没有多大分别的。只要读过先生所著《上下古今谈》的人们，都会知道先生之思想，常以无穷尽的天体，无限数变化万千的星辰为对象。无论高轩大厦，在先生看来，直与虾房蟹舍等耳。而且他住惯了斗室，要他搬入大房子，好像乡下佬入城，反而觉得有些不自然。猪圈的比喻，不是完全说笑话。

我在昆明的时候向先生乞书，先生以篆书为我写小中堂一幅，信笔拈来书《庄子·逍遥游》篇中的"背负青天，而莫之夭阏者，而后乃今将图南"句以赐余。让我将这句话译出来，使大家容易懂得。

这句话的上文，为描写一只大鹏鸟，它的背长，约莫有几千里，发怒飞上天空，它的两翼像从天垂下来的云朵，飓风一起，就会乘风飞向南冥去。南冥是天池。飞的时候，击动水面三千里，旋转而上九万里，于是凭借风力，"背负青天，一无障碍，乃乘风向南冥飞去"（原句意译）。

这幅小中堂里所引庄子的寓言，可以代表先生的人生观。像大鹏鸟一样纵横万里，任风所至而至，自由自在，逍遥天地间。先生一生行动，脱胎于此种观念，这是根据老庄的自然哲学。故其行踪所至，必游山玩水，力避尘嚣，不受繁文缛礼的羁绊。独来独往，视富贵如浮云，纵观山高水长，游目林泉之胜，使他在大自然中度生活。

抗战前夕，最高军事领袖驻节庐山，这时战事气氛浓厚，人们心绪紧张。他老先生还独自一个人步登汉阳峰，这是庐山的高峰，海拔六千多尺。那是一位贵州矿师谌湛溪君说的。那次天色将黑了，谌君步到峰

头，却见吴先生一个人正在那里赏玩暮景。（陈伯庄纪念先生文）

我在牯岭的时候，有时也碰见先生独自缓步，踏登青苔滑步的石级，穿云雾，涉松林，听鸣泉。他襟上常挂着一只计步表，表针每步一跳，返寓后看表而知所行之步数。这小小的一个仪器，可以为先生欣赏近世机器之象征。

先生之篆书颇具独特风格，但他说："装饰墙壁与其挂字画对子，不如挂锯子、挂斧子。"（董作宾纪念先生文，《中国一周》第一八五期）因为这些工具是机器的简单代表，可用以制造物质文明的。

先生虽极力提倡科学，并相信在物质方面，人工可补天工之缺陷。但对于近世卫生之道，不甚讲究。对于自己身体，仍采用顺天主义，不以人工补救人体的缺陷。大概因为先生体力健康逾常人，自己认为得天独厚，既无缺陷，无须补救。他牙脱不肯镶补。他说人老齿落，是个天然的警告，告诉你体力和消化力都衰了，不要再馋嘴了，你该用那疏落的余齿慢慢地细嚼食物，自然节减食量，适应那衰退的需要。（陈伯庄纪念先生文）这几句话当然有一部分的理由，但信之过度，是危险的。

我在浙江大学任内，请他住在校长公舍里，和我的卧室间壁。知道他在那时候夜间但假寐，不脱衣。黎明不吃早餐就出门去了，夜间回来才知道他独自信步漫游西湖，欣赏湖山林泉之美。吃饭也不按时间，饿了就在小食铺里胡乱吃一顿，花不了几个铜板。

他像一位苦行僧，虽然他不信超世主义，也像一个游方道士，虽然他不相信由自然主义变质而成的道教。到了晚年他病了不愿就医，就医不肯吃药。

李石曾先生曾对我说，吴先生如能略讲卫生，以他的体力之健，今日必尚健在。

中国学者往往把老庄哲学和孔孟学说融化为一。经世则孔孟，避俗则老庄。当然后者也吸收了不少释家超世哲学，不过各人有不同的成分罢了。

先生却反对释道混合的超世主义，尤反对儒释混合的宋儒心性之学。后者即为清儒所一致反对者。清儒之反宋儒，就是这个道理。

他的人生观是任自然的人生观。海阔天空，上下数万年，纵横数万里，人生其间，自由自在。先生之思想行动，实为老庄哲学之本色。前面所述的《庄子·逍遥游》中语，足以为先生写照。世人不察，以为其行为怪僻，诚如庄子所说的"蟪蛄不识春秋"也。

先生自己的思想里存有两个古今相隔三千年的观念。以今之机械文明教人，以古之老庄哲学处世，因此我们看不懂他的生活习惯。我们若把先生看作手操电动机器，制造近世应用物品的一位道人，就相去不远了。先生要把线装书抛入毛厕里，但他的脑袋里却留着两部线装书——《老子》和《庄子》。他的宇宙观开始的几句话，就是《老子》"有物混成，先天地生"的一个观念，凑合了近世的进化论——宇宙不断地在变化中。现在让我们把他自己的话引在下面：

> 在无始之始（此系由佛家"自无始来"改编而成的），有一个混沌得实在可笑（采取老子"有物混成，先天地生"的观念），不能拿言语来形容的怪物（即"名可名，非常名"的意思），住在无何有之乡（借庄子语）……自己不知不觉便分裂了（如细胞的分裂）……顷刻变起了大千宇宙，至今没有变好。（这是说宇宙永远在变化中）……这是我的宇宙观及人生观。（《一个新信仰的宇宙观及人生观》，《吴稚晖学术论著》30 页）

先生又说：

> 人便是宇宙万物中叫做动物的动物……后面两脚直立……（这样虽）止剩两只脚，却得了两只手。（他的）内面有三斤二两脑髓，五千零四十八根脑筋，比较占有多额神经系的动物。（同上，33 页）

人以宇宙作戏台，玩弄他的把戏。所以先生说：

> 生者演之谓也……生的时节就是锣鼓登场，清歌妙舞，使枪弄棒的时节。未出娘胎是在后台，已进棺木，是回老家。（同上，34 页）

这里说"舞枪弄棒"是一个比喻，犹如说用双手制造机械，又以机械帮助双手制造物品，所以先生又说：

> 物质文明为何？人为品而已。人为品为何？手制品而已……手之为工具，能产生他工具。（同上，45 页）
>
> 用两只手去做工，用脑力去帮助两只手制造机械，发明科学，制造文明，增进道德。（钱思亮引先生话，《中国一周》185 期）

为什么物质文明会增进道德呢？先生说：

> 吾决非（只知）崇拜物质文明之一人，惟认物质文明为精神文明所由寄而发挥，则坚信而无疑……物质备具，充养吾之精神……而后偶任吾个体之返本自适，遂有若天地甚宽，其乐反未央耳。（《吴稚晖学术论著》145页）

广义的道德，即属于精神文明。物质具备，始能使个人返本自适，得优游自在之机会，欣赏大自然之美，享精神上之快乐。先生之主张发展物质文明，其用意在此。先生之刻苦自持，实因中国物质未具备，以节俭作"返本自适"之代价耳。

先生认东西之所以不同，以物质是否具备为标准。所以他说：

> 以东方不能备物之民，与西方备物甚富之民较，固无异由人力车夫之短垣，以窥吾室，备物周与不周而已。（同上，145页）

东西之所以不同，虽不能说如此简单，但不能不认此为最显著之对照。

吴先生上承顾、颜、戴实事求是之余韵，下接近世西洋物质文明，而以发展科学为人生之要图，救国之大道。主张把线装书抛入毛厕，为旧日学问暂时作一总交代。

他于民国三十年自己宣布他的信仰是（同上，83页）：

（一）我坚信精神离不了物质。

（二）我是坚信宇宙都是暂局，然兆兆兆兆境没有一境不该随境努力，兆兆兆兆时没有一时不该随时改进。（这是说宇宙永远在进化。）

（三）也许有少数古人胜过今人，但从大部分着想，可坚决的断定古人不及今人，今人不及后人。（因为永远在进化，所以今胜于古，后将胜于今。）

（四）善也古人不及今人，今人不及后人，知识之能力可使善也进，恶亦进，人每忽于此理，所以生出许多厌倦，弄成许多倒走。（这是说善恶均在进化之中。）

（五）我相信物质文明愈进步，品物愈备，人类的合一，愈有倾向，复杂的疑难亦愈易解决。（此所以使先生信仰物质文明。）

现在让我们谈一谈先生经世的功绩，是"语同音"的工作，即是现在我们所熟知的"注音符号"的制成。

我们先讨论注音符号之制成与效果。先生有一度曾很热心地赞成采用世界语，后来却不谈了，只一心一意向注音符号的一条路走。

据梁容若先生在《中国一周》185 期里所说，先生在国语上的主要贡献有六点：（1）主持民国二年的全国读音统一会，制定注音字母（以后改称符号），审定常用字读音，手编第一部《国音字典》，为国语统一奠定基础。（2）从民国八年（1919，即五四运动那一年）起以三十年的长期领导教育部的国语统一会。（3）审定各种国语重要书籍，如《国音常用字汇》《中华新韵》《国语罗马字拼音方式》等。（4）设立国语师范学校，并于师范学校增设国语科，训练推行国语人才。（5）倡导语文的科学研究。（6）注意平民教育教材，使其通俗化、简易化。

国语教育在台湾推行于全部中小学校，在短短十数年中，使台湾与北平同为国语区域。这是于将来使全国"语同音"立了一个好榜样。两千几百年前秦李斯作小篆，使"书同文"奠定基础。以后继续改进与简化，使成一种比较简便的标准字体，即现今通行之楷书，沿用至今已二千余年了。民间虽代有减少笔画之简体字流行，但官书之标准未改。

"语同音"的影响，我们不相信将来会比"书同文"为小。我们在台湾只要和青年人谈天，就知道他们说一口标准的国语。有一次黄季陆先生在乡间对几位本省青年说话，最后向他们问："你们懂我的国语么？"其中有一位摇摇头笑了一笑，答道："先生说的不是国语。"诚然，黄先生说的是四川官话，本来是很接近国语的。注音符号使每字读音标准化，因此造成了标准的语音。我们在广播里听小姐们说话和歌唱，我们就听到更漂亮的标准国音，使我们分不出那一位是台湾或广东姑娘、江苏或山东姑娘、新疆或东北姑娘。

"语同音"现在已经达到标准化了，我们不得不感谢吴老先生三十年领导之功，我们希望历代民间所用的简字，也使它标准化，并因时代之需要，增制新简字。这事比较容易办，只要民间有一团体发起研究，最后政府自会采用的。这种成就不能不归功于先生三十年长期的领导。

说到注音符号与汉文的结合，先生更取韩文、日文来评较一番。他说："把留声机字济急，实系圣品，然竟把他代用文字，又变痴愚。"文字之所以着变化，异状貌，设繁多之条例，乃随事类繁赜，学理艰深而滋乳，出于不得已，非故为其吊诡。朝鲜人造着有音无别的谚文，欲适用于平民教育，初意或亦有当。然竟与汉文严划鸿沟，谚文亦不入汉文一字，汉文亦不入谚文一字，且使谚文所任职务，未免过重。非但算留声机器，竟且认为普通文字，置汉文为高等。于是高等的汉文自然变成敬鬼神而远之，而谚文遂牝鸡司晨矣。从此高深之学问，即停滞而难治。(按越南亦犯同病。某日，农复会为吴廷琰总统作简报，译人说越语，余见其所笔记者，纯为汉文。)

就文字功用说，日本的文字可以说是世界上最占便宜的文字。因为：(1) 它居然也可算拼音，好在几几乎声母韵母都不分。在文字上失资格，固即为此，而在拼用上十分简便，亦即为此。(2) 假名独用，谚文的功用，即已包括在内。(3) 倘若要陈说高深学理，或要分别契约条件，他老了面皮，竟夹入汉文，也不顾非驴非马。所有诔墓颂圣，吟风弄月，装饰品的文字又能也请汉文撑场，无朝鲜之蠢而有其雅。日本有如是最占便宜的文字，所以帮了他，能够学理精造，仰企欧美各国，智识普及，远高西班牙、俄罗斯了。

我国今以注音符号与汉文结合，在文字功用上，未尝不可更占便宜。既可利于平民教育的进行，亦无妨于高深学问的研讨，无损于汉文固有的优美状况。总之，离之则两伤，合之则双美，倚此双美，最轻便的解决二百兆平民大问题。(《稚老闲话》)

"实事求是"本来是清儒共具之精神。在光绪年间，杭州有求是书院之设立，即为表示此种精神的一个实例。至与"莫作调人"联起来，那是见之于江阴南菁书院的山长(校长)黄以周先生之座右铭。

据吴先生自己讲，他在二十五岁考入南菁的时候，第一天去见黄山长，见其座上写着这八个字，在他一生留下很深的印象。(杜呈祥纪念先生文，《自由青年》一卷三期)

先生秉性偏强，凡他认为是的主张，不肯轻易放弃，但一旦认为非是，即毅然决然的改变。我好几次听见他所讲的两个故事，就是两个实例。他说他赴日本留学，临行以前，有人劝他剪辫发。他勃然大怒说："留学就是要保存这条辫子，岂可割掉!"

在日本留学时，好多人劝他去看中山先生，他又勃然大怒说："革命就是造反，造反的就是强盗，他们在外洋造反的是江洋大盗，你们为什么要我去看他!"后来一见中山先生，听其谈论就五体投地地佩服他。可见吴老一旦知其所见非是，就会立刻改变，但不作模棱两可的调人。

吴先生有一良好习惯，几十年来，他把人家写给他的片纸只字，包括请吃饭的请帖在内，都分类归档。汪精卫给他的信，没有一封不入档的。所以他与汪辩论起来，汪所忘了的，他偏忘不了。所以两人打笔墨官司的时候，汪总吃了亏。有时我与汪谈起先生来，他常嗤之以鼻，有时会急遽地说一句"这个人我不理"，同时右手在空中掠过作势，表示轻蔑他的意思。

他老先生于 1949 年 2 月到了台湾以后，健康日趋下坡。于 1953 年 10 月 30 逝世，享年八十九岁。

先生有一篇遗嘱，内容都是讲的家事，但很富有意义。他把几年来的账目，算得很清楚。到台湾以后，先生的全部收入是薪水一万四千元，"总统府"拨给的医费四万九千元，写字收入的润资共计一万七千元。这些钱除了开支以外，本有些剩余，但是因为存在合作社里，结果被倒掉了。所以在结账的时候，写上"恰当"二字。后来先生身边又余了一点钱，这是他在写遗嘱以后的少数收入。他希望把这点钱送给亲戚，并在遗嘱上写了一句："生未带来，死乃支配，可耻。"（蒋经国纪念先生文）

后来，他又亲笔为政府拟了一道命令，开头写着"'总统府'咨政吴敬恒"字样，其余的话都是用先生平日幽默的语气写成的，所以未完全为政府所采用。这道手拟的命令是狄君武先生当时给我看的，因为狄君是始终陪伴着先生的。

先生认为死是"回老家"，来自大自然，仍向大自然回去，所以处之泰然。

后来政府尊重吴先生的遗意，把他的遗体火化，又把骨灰装入一个长方形的匣子里，由蒋经国先生等诸位乘一小船伴送到金门附近海上，在海军舰上所奏哀乐悠扬中，沉入海底。时在 1953 年 12 月 1 日。

这颗彗星乃悄然投向天边地角而去，倏忽幻灭了。五千年之期到时，果如他老人家所说，无政府主义实现了。在一个满天星斗闪烁，一道银河耿耿的长夜里，人们会看见一颗光芒万丈的扫帚星，横扫天空而过，那是他老人家的化身，来庆祝无政府社会的成立。

让人们等着吧，只短短的五千年！

最后请以先生之宇宙观及人生观综合的两句话作本文的结束：

> 悠悠宇宙将无穷极，愿吾朋友，勿草草人生。（吴著《一个新信仰的宇宙观及人生观》）

蒋梦麟年谱简编

1886 年　1 岁

1 月 20 日（清光绪十一年乙酉，即旧历一八八五年十二月十六日），生于浙江余姚蒋村。原名梦熊，后更名为梦麟，有时也写作梦邻、孟邻，或梦麐，字兆贤、少贤，笔名有唯心等。蒋梦麟上有三个哥哥，一个姐姐。

1891 年　6 岁

入塾念书。

1892 年　7 岁

蒋母病逝。蒋母是一位很有教养且姿容美丽的女人，能抚琴幽歌。

1897 年　12 岁

入绍兴府中西学堂第一斋，修英文、日文等。

1898 年　13 岁

仍在绍兴府中西学堂读书。是年冬，蔡元培出任绍兴中西学堂监督。

1899 年　14 日

随家人迁居上海，读英文。

1900 年　15 岁

因义和团动荡，举家迁回故乡蒋村。稍后因乡下土匪猖獗，举家迁往余姚县城，入学校习英文、算术，另延聘家教习中文。

1901 年　16 岁

至杭州教会学校习英文，后因学潮而全体学生离校集体创办自治学校，并请章太炎命名为"改进学社"。半年后，学生渐渐离开了这个学校。

1902 年　17 岁

考入浙江省立高等学堂。因原名"蒋梦熊"已列入闹事学生名单，故更名为"蒋梦麟"。

1903 年　18 岁

回绍兴参加郡试，录取为余姚县学附生，俗称秀才，稍后仍回浙江省立高等学堂读书。

1904 年　19 岁

上半年仍在杭州浙江省立高等学堂读书，暑假后考入上海南洋公学，以为留学做准备。其时，南洋公学课程分两类，一为中国旧学，一为西洋新学。

1907 年　22 岁

暑期，与友人乘轮船赴日本参观，逗留月余返回上海。其间，得知原中西学堂教员徐锡麟刺杀安徽巡抚恩铭失败。

1908 年　23 岁

夏，参加浙江省官费留美考试，未被录取，蒋父怀清公遂提供数千元供其自费留学。8 月底，自上海乘轮船赴美国，行前剪去辫子。经 24 天旅行，9 月下旬抵达旧金山，补习英语。

1909 年　24 岁

2 月，入加利福尼亚大学农学院；秋，转入加州大学社会科学院改习教育学。是年，因刘成禺之介与孙中山相识于旧金山，此后至 1911 年，与孙中山多次见面，讨论教育学术问题。兼《大同日报》撰述。

1912 年　27 岁

6 月，毕业于加利福尼亚大学教育系，获学士学位，旋入哥伦比亚大学研究院，师从杜威习教育学。

1915 年　30 岁

陪同访问美国的黄炎培处理相关事务，并代表黄炎培出席 8 月 16 日在加利福尼亚举行的万国教育联合会。

1917 年　32 岁

6 月，获哥伦比亚大学哲学博士学位，毕业论文题为《中国教育原理之研究》（A Study in Chinese Principles of Education）。8 月，离美回国；秋，任商务印书馆编辑兼江苏教育会理事，开始在《教育杂志》发表文章，在上海一些公共场所就教育、社会问题发表公开演讲。

1918 年　33 岁

6 月，陪黄炎培赴东三省调查教育状况；辞商务印书馆编辑。

1919 年　34 岁

2 月 1 日，与黄炎培、陶行知等创办《新教育》，以"养成健全之人格，创造进化之社会"为宗旨；4 月 30 日，与胡适等在上海码头迎接杜威；5 月初，陪同胡适拜访孙中山，讨论"行易知难"及"建国大纲"等话题。这几年，与余日章等人协助孙中山撰写《实业计划》等。5 月 4 日，五四运动爆发；5 月 9 日，蔡元培离开北大，宣布辞职，引发学潮；5 月 12 日，与胡适一起陪同杜威拜访孙中山；5 月 22 日，致信胡适说：假如北大不幸在这次运动中被解散，他们江苏教育会欢迎北大新派教授南下上海。6 月 5 日，上海开始罢市，声援北京学生运动。6 月 6 日，被推举为上海商学工报联合会临时干事；大总统徐世昌任命胡仁源署北大校长。6 月 16 日，出席在上海先施公司东亚酒楼礼堂（一说在大东旅社）召开的全国学生联合会成立大会，并以来宾身份发表演说。7 月 9 日，蔡元培复电教育总长傅增湘，宣布放弃辞职以平息动荡。7 月 21 日，受蔡元培委托与北大学生代表张国焘一起乘火车北上，代表蔡元培主持北大校务；8 月 9 日，蔡元培返回北大。9 月 12 日，受聘为北大教育学教授兼总务长。

1920 年　35 岁

3 月 31 日，兼任浙江第一师范学校校长，旋即推荐姜琦接任；3 月北大本教授治校之宗旨，组织评议会、行政会议、教务会议、总务处四大部。评议会司立法；行政会议司行政；教务会议司学术；总务处司事务。教务会议仿欧洲大学制，总务处仿美国市政制，评议会、行政会议，为北大首创。5 月 4 日，与胡适联名发表《我们对于学生的希望》，以为学生罢课是于敌无损，于己却有很大损失，并养成依赖群众的恶心理、逃学的恶习气、无意识行为的恶习惯，是下下策。10 月，再次代理北大校务。本年，对北大学科、课程设置进行改革，扩充文理两科，停办工科、商科，将原文、理、法等科改组为五个部。第一部：数学系、物理系、天文系；第二部：化学系、地质系、生物系；第三部：心理系、哲学系、教育系；第四部：中国语言文学系、英国语言文学系、法国语言文学系、德国语言文学系等；第五部：经济系、政治系、法律系、史地系。

1921 年　36 岁

6 月 3 日，北京各校师生向政府索薪，与军警发生冲突；翌日，北大等八校校长向政府提交辞呈；6 月 13 日，京中各校全体大罢课。7 月

28 日经教育总长范源濂调停，北京国立专门以上八校教职员议决复课。
9 月 7 日，受上海总商会等团体推举，以北大代校长身份至广州晋谒孙
中山，征询对太平洋会议的意见；10 月 12 日以北大代校长身份在上海
出席全国商会联合会、全国教育会议联席会议，并与余日章一起被推选
为两联合会代表，赴美为华盛顿会议事宜宣传民意。两代表之任务为：
一是，监督政府代表之工作。二是，从事宣传工作，以影响美国之舆
论；并以蒋廷黻、何思源为秘书，襄办各项事务。10 月 15 日，离沪赴
美。11 月 12 日，华盛顿会议开幕。11 月 29 日，与余日章及山东代表
徐树人、唐恩良等，建议中国代表施肇基：山东问题"拒绝直接交涉，
提出大会公决"，如被拒绝，中国代表宜宣告脱会。

1922 年　37 岁

2 月 6 日，华盛顿会议闭幕，《九国公约》签订；取道欧洲回国；
途经英法时，与吴稚晖、傅斯年、徐志摩、罗素、凯恩斯、拉斯基等多
次面谈；2 月，女儿出生；4 月，介绍提倡节制生育的山格夫人来华访
问；7 月 6 日，在济南与胡适等联合拟定英日两国庚款用途计划；10 月
17 日，北大发生讲义费事件。

1923 年　38 岁

1 月 1 日，被全国商会推为"裁兵劝告员"，与蔡元培、余日章等
联名发表声明，倡导裁兵与和平统一。1 月 17 日蔡元培以教育总长彭
允彝干涉司法，蹂躏人权，羞与为伍，辞职离校。1 月 18 日，接替蔡
元培再度担任代理北大校长兼"国立北京八校校长联合会"主席；北大
学生集会，力主挽留蔡校长、驱逐彭允彝、警告国会。1 月 19 日，北
京各高校学生集会抗争，号召全国教育界一致行动驱逐彭允彝。1 月 30
日，彭允彝就任教育总长。1 月 31 日，北大等六校评议会议决凡彭允
彝签署的教育部文件一律不接受。2 月 9 日，大总统黎元洪严禁师生聚
众干政。3 月，与蔡元培、陈大齐等联名提出《筹办杭州大学之意见》。
5 月 4 日北京学生纪念五四，驱彭运动再起，并结队毁彭允彝住宅；彭
向法庭控北大教职员蒋梦麟主使，蒋梦麟等反控彭诬陷。11 月 17 日，
北京国立大学及专门学校八校教职员联席会议议决因政府欠薪九个月，
宣告八校难以维持，只能关闭。12 月 6 日，教育部宣布，经国务会议
决议，自 1924 年 2 月起每月拨盐款 15 万元指定为京师国立八校及公立
学校教育基金。12 月 27 日，教育部任命蒋梦麟在蔡元培考察欧洲归来
前为北大代理校长。

1924 年　39 岁

9 月 17 日，被政府派为中华教育文化基金中方董事；11 月 20 日，代表蔡元培出席"办理清室善后委员会"会议；12 月 4 日，到天津欢迎孙中山，稍后被告以段祺瑞对善后会议没有诚意。12 月 31 日，在前门火车站欢迎抱病北上的孙中山。

1925 年　40 岁

2 月 1 日，善后会议在北京召开。2 月 2 日，北京临时执政府教育部成立教育行政讨论会，与范源濂分任正副会长。3 月 12 日，孙中山在北京逝世，弥留之际，蒋梦麟陪侍在侧。3 月 23 日，主持北大孙中山追悼会，吴稚晖、李石曾、邵元冲等发表演讲。4 月 28 日，出任"中法教育基金会委员会中国代表团"代表。是年，博士论文《中国教育之原理》在上海印行。

1926 年　41 岁

3 月 12 日，冯玉祥国民军与奉系作战，日本军舰掩护奉系军舰驶入大沽口，炮击国民军，国民军奋起反击，将日舰驱逐出大沽口。3 月 16 日，日本联合英美等八国向段祺瑞政府发出最后通牒，要求撤除大沽口防务设施。3 月 18 日，北京数千民众在天安门广场集会。会后游行至国务院，要求拒绝八国通牒。段祺瑞卫队向游行民众开枪，数十人死亡。蒋梦麟闻讯赶到出事地点，处理善后，北大学生三死五伤。当天，段祺瑞及国务院通电此惨案乃徐谦等人鼓动所致，下令通缉徐谦、李大钊、李石曾、易培基、顾孟余五人，北大教授朱家骅、北大代理校长蒋梦麟等几十人也在黑名单上。4 月 9 日，段祺瑞倒台，张作霖进京，派军队闯进北大、女师大等学校及报馆，肆意查禁书刊，肆意抓捕人员。4 月 26 日凌晨，《京报》名记邵飘萍被秘密处决。是夕，得前国务总理孙宝琦面告，得知被列入张作霖通缉名单中，遂搭乘来访王宠惠的汽车，急避东交民巷六国饭店，将北大校务委托总务长宇文灿代理。秋，化装潜至前门火车站秘密搭乘火车至天津，换乘英国轮船至上海蛰居。12 月 5 日，任浙江政治分会委员。

1927 年　42 岁

2 月，国民革命军收复杭州；3 月 1 日，出任浙江临时政治会议委员兼秘书长；3 月 24 日，与邵元冲、蔡元培、马叙伦前往上海国民革命军前敌总指挥部，与白崇禧、潘宜之、吴稚晖、李石曾等会晤，共商应付党务办法。吴稚晖以屡为陈独秀等所诒，忿然以为非分裂不可，李石曾意亦激昂。3 月 27 日午前，应蒋介石约请，随吴稚晖、李石曾、蔡元培、张静江、马叙伦等迁入丰林桥总部行营。此后数日，参与讨论与共产党分裂办法。4 月 12 日，国民党在东南各省下令全面清党，国共决裂。4 月 14 日，与蒋伯诚、邵元冲、马叙伦等离开上海回杭州，接办浙江党政事务。4 月 20 日，出任政治会议浙江分会政治委员兼秘书长。5 月 6 日，兼浙江省教育厅长。5 月 24 日，晨，与张静江、蔡元培、李石曾、邵元冲、马叙伦、褚民谊等雇舟湖上商议党政及浙江大学研究院事；5 月 25 日上午，省政府省务会议通过浙江大学研究会筹备员名单，与张静江、蔡元培、李石曾、马叙伦、邵元冲、胡适、陈世璋、邵斐子等为筹备员。6 月 8 日，向浙江省省务委员会提出收回外人教育事业办法案，规定外国人所办教育事业于 9 月 1 日前移交省政府或有中华民国国籍之人民或团体接办，听候审查立案。立案后可与私立学校享受同等待遇。外国人或外国人团体，不得担任董事或校长。省务会议通过了此项提议。6 月 23 日，国民党中央执行委员会政治会议通过蔡元培、李石曾、褚民谊等提议，设立中华民国大学院，作为全国最高学术教育行政机关。6 月 28 日，根据中央政治会议决议，任第三中山大学校长，负责浙江大学区，处理省内教育行政一切事务。7 月 26 日，召集浙江全省中学校长会议，讨论实施《实施党化教育大纲》，强调以训练党员的方法训练学生，以党的纪律为学校之规约，以三民主义中心思想确定学生的人生观。11 月 3 日，以国立第三中山大学校长身份致函浙江大学区各市市长，令各县县长限期禁止各小学采用古话文，规定自 1928 年 2 月起，本省各小学一律不得再用古话文教科书。

1928 年　43 岁

2 月初，国民党中央执行委员经亨颐、朱霁青、丁惟汾、白云梯、陈树人等建议设立教育部，废止大学院。蔡元培、李石曾等主张维持大学院制。4 日，国民党二届四中全会决议大学院制暂保留，待三次代表大会再决存废。2 月 6 日，国民政府大学院改第三中山大学为国立浙江大学。5 月 15—28 日，在南京出席第一次全国教育会议，会议议决废止党化教育名称，改称三民主义教育。6 月 18 日，国民政府决定改组北京国立九校为中华大学，任命李石曾为校长，李书华为副校长，北方学潮渐起。10 月 3 日，接受中央政治会议任命，接替蔡元培为大学院院长。10 月 19 日，大学院改为教育部，遂改任教育部第一任部长，仍兼浙江大学校长，主持浙江大学区。11 月 7 日，兼中央政治会议委员。

11月29日，北京大学学生反对北平大学区改组方案，要求学校独立，增加经费，恢复公费，未果，愤而破坏北平大学校长李石曾、副校长李书华住宅。12月1日，李石曾派兵强行接受北大，为学生所拒。12月6日，与蔡元培联名电劝北平大学生不要听信谣言，致走极端。

1929年　44岁

1月4日，任中华教育文化基金董事会副董事长，蔡元培为董事长。6月18日，接待中央大学区中等学校教职业联合会请愿代表时表示，浙江大学区制可立即取消，中央大学区制需延长半年再行取消，河北大学区制俟与李石曾会商后再定取消日期。7月26日，国民政府颁布《大学组织法》，规定国立大学由教育部审察全国各地情形设立之。省立、市立及私立大学之设立变更、停办须经教育部核准。大学分文、理、法、教育、农、工、商、医各学院。凡具备三学院以上者始得立为大学。不具备三学院以上条件者为独立学院。大学得设研究院。大学各学院教员分教授、副教授、讲师、助教四种，由院长商请校长聘任，大学修业年限除医学院5年外余均4年，修业期满考核成绩及格由大学发给毕业证书。10月14日，主持"教育方案编制委员会"会议。

1930年　45年

2月3日，通令全国中小学励行国语教育，禁止采用文言文教科书；6月6日，教育部奉令停止国立劳动大学招生；劳动大学师生反对，学潮渐起。7月12日，辞国立浙江大学校长职；9月24日，国立劳动大学校长易培基去职，北大校长蔡元培辞职，陈大齐代理。10月21日，国立中央大学校长张乃燕因校内纠纷请辞；10月25日，朱家骅接任中央大学校长。11月26日，因中大易长、劳大停办等一系列事件与诸元老意见相左，吴稚晖突然来到教育部兴师问罪，为两校抱不平，以为教育部部长为当朝大臣，应该多管大事，少管学校小事，严厉指责蒋梦麟"无古大臣之风"。11月27日，鉴于吴稚晖的批评，断然辞职。12月4日，受命担任北京大学校长。

1931年　46岁

1月9日，在上海出席中华教育文化基金董事会第五次常会，会议议决此后五年拨款二十万资助北大延聘学者，设立讲座及专任教授。1月，聘任胡适为北大文学院院长，并明确要求胡适等新任院长大胆改革，中兴北大，对各位院长表示："辞退旧人，我去做；选聘新人，你们去做。"这让胡适等人很感动，以为"有理想，有魄力，有担当"。9

月 17 日，主持北大开学典礼，宣布北大中兴方案，特聘汪敬熙、王守竟等 15 人为研究教授。9 月 18 日，九一八事变爆发，北平进入多事之秋。是年，依据《大学章程》改组北大，评议会改为校务会议，全校分文理法三个学院。是年，曾至菲律宾一行。

1932 年　47 岁

1 月 23 日，受聘为"国难会议"委员。1 月 28 日，下午，原计划由沪乘火车北返，因"一·二八抗战"受阻，遂居于租界旅馆。2 月 1 日，与蔡元培、刘光华、邹鲁、王世杰、梅贻琦等大学校长联名致电国际联盟，要求迅速采取有效方法，制止日军破坏文化事业及人类进步之残暴行为。4 月 7 日，在洛阳出席"国难会议"，12 日会议结束后返回北平。是年，北大设立研究院，改研究所国学门为研究院文史部，另为研究院设立自然科学、社会科学两部。

1933 年　48 岁

1 月 30 日，当选为中国民权保障同盟北平分会执行委员；次日请辞，理由为"身任学校行政，未便担任"。1 月，日军进犯长城，华北危机。2 月 16 日，被推举为东北热河后援会理事。3 月 10 日，与胡适、丁文江、梅贻琦等应张学良之邀谈话，张当面解释已遵蒋介石之意请辞。4 月 19 日，晚，应邀与胡适、丁文江至北平军分会与何应钦、于学忠等商谈华北形势，与会者一致建议蒋梦麟往访英国驻华公使蓝浦生，询问可否居间安排中日停战事宜。4 月 20 日，以私人名义往访蓝浦生，协商中日停战的可能性。4 月 22 日，何应钦致电蒋介石，汇报蒋梦麟与蓝浦生接洽情节，请予备案。是日晚，外交部亚洲司司长沈觐鼎会晤蓝浦生，表明蒋梦麟所进行的交涉，并没有得到南京外交部训令。盖外长罗文幹不以中日直接交涉为然。再访蓝浦生，告以南京政府的意向。蓝浦生的调停至此结束。5 月中旬，因割盲肠住院协和。5 月 31 日，《塘沽协定》达成。夏，出任行政院"驻北平政务整理委员会"委员，委员长为黄郛。暑假，与夫人约同杨公亮游太湖、庐山。是年，《过渡时代之思想与教育》由商务印书馆出版。

1934 年　49 岁

6 月 6 日，遵照教育部《大学研究院暂行组织规程》改组北大研究院，分设文科、法科、理科三个研究所，由各学院院长兼任研究所主任，校长兼任研究院院长。12 月 17 日，抵马尼拉参加东亚教育会议。

1935 年　50 岁

秋，北大规定体育为必修课。11 月初，被日本使馆列入应于逮捕的名单；11月21日，与胡适、梅贻琦等联名宣言，坚决反对一切脱离中央的组织及举动，维护国家领土及行政的完整；11月24日，与北平各大学校长、教授等联名宣言，反对一切脱离中央的特殊化举动。11月25日，殷汝耕为首的"冀东防共自治委员会"成立于通县，宣布脱离中央。11月26日，与北平各大学校长、教授访新任冀察绥靖主任宋哲元，力斥冀东伪组织，宣称任何脱离中央的言行均为"卖国的阴谋"。11月29日，被日本宪兵胁迫至东交民巷驻防军司令部。12月2日，与梅贻琦等致电国民政府，甚盼政府消除乱源，全力维持国家领土及行政之完整。12月9日，一二·九运动爆发。下午，用小汽车运送受伤的学生；被日本驻防军指控为主谋者之一。12月14日，电话北大教授许德珩，责备他不该到清华演讲鼓动学生上街游行。12月16日，北平大学生为反对华北自治再次上街游行。12月17日，教育部长王世杰电示北平各大学校长，劝导学生尽快恢复常态。与北平各大学校长数度集会，两次发表《告同学书》，劝导学生认清救国目标，即日复课。12月下旬，北平学生筹备南下宣讲团。12月21日，与胡适等联名宣言，反对一切脱离中央的阴谋活动；22日，从天津致信胡适、傅斯年，以为时局混乱，学生罢课无法收束，加之经费拮据，无心办事，故弃职南下。12月23日，蒋介石同意各地学生选派代表会同校长于明年1月15日进京"聆训"。24日，被日本军方视为反对华北自治运动的领袖之一。12月26日，与北平各大校长等往访宋哲元，力斥冀东伪组织。12月30日，北大学生集会反对派代表进京聆训。12月31日，召集北大学生谈话，讨论进京聆训，力劝学生尽早复课。

1936年　51岁

1月4日，晨，北平学生南下宣讲团出发。为劝学生复课，在红楼门前与学生发生冲突，力劝学生明白北大是培养领袖人才的地方，北大出去的人多半都有"单枪匹马，独往独来"的精神。2月18日，下午，北大学生集会开除受命进京聆训的三名学生。2月20日，在北大三院礼堂全体学生大会上发表讲话，解释派遣代表进京聆训，要求学生维护秩序，遵守纪律。3月9日，河北第十七中学生郭清死于狱中。郭清只是一个普通学生，但当局却将之视为领袖，严刑逼供，折磨致死。3月30日，北平学联决定借郭清之死发声。3月31日，上午，北平学联为郭清举行追悼会，抬棺游行。与胡适、郑天挺、樊际昌等闻讯后，数次赶往会场予以制止，以为外校学生潜运棺材入校，系侮辱北大，必须停止，宣布解散学生会，并下令开除几位集会游行的组织者。数人被警方拘捕。4月1日起，每天都有数起为被开除学生求情的学生，直至3日下午，方才答应尽师生情谊，尽力援助，争取保释。10月，北大举行体育大检阅。12月12日，西安事变。12月25日，从中央社获知西安事变和平解决，立即告诉胡适。12月29日，上午，与北大学生会主席陈忠经、副主席葛佩琦，执行委员刘玉柱、董觉民等六人谈学生会事，表示本校学生会甫经成立，既不能领导同学意见一致，且有提议改组学生会者，学生生活辅导委员会决定的此项处理办法甚为公允，无须重加考虑。

1937年　52岁

1月5日，与张季鸾、梅贻琦、周炳琳、潘光旦、陈岱孙、陈之迈、张奚若等在胡适家座谈时局，张季鸾转达蒋介石邀请部分学者去南京谈谈的意思。7月7日，卢沟桥事变。7月22日，在参加蒋介石召集的庐山谈话会后与梅贻琦等人一起下山去南京。8月1日，与胡适、张伯苓一起出席蒋介石为平津教育界领袖举行的宴会，蒋介石宣布对日抗战方针，强调随时随地抵抗。9月中旬，长沙临时联合大学筹备委员会成立，与清华大学校长梅贻琦、南开大学校长张伯苓任常务委员，湖南省教育厅厅长朱经农、湖南大学校长皮宗石及教育部代表杨振声为委员。秋，致电留在北平的周作人、孟森、冯祖荀、马裕藻等，委托他们代为照料北大。10月25日，长沙临时联合大学开学。11月20日，国民政府宣布迁都重庆。12月，战火逼近长沙，临时联合大学决定西迁昆明。

1938年　53岁

2月，长沙临时联合大学第一学期结束后，稍后启程赴昆明。其时交通困难，除女同学及部分体弱之男同学由粤汉铁路到广州经香港、越南入滇外，男同学200余人组织湘黔徒步旅行团，由长沙步行至昆明。4月2日，湘黔徒步旅行团抵达昆明。5月4日，国立长沙临时联合大学奉命改为国立西南联合大学，简称西南联大，或者联大。同日开学。秋，西南联大增设师范学院、师范专修科。

1939年　54岁

春，西南联大新校舍落成。7月23日，约请西南联大三校院处长以上教授茶会，宣布凡在联大及三校负责人，其未参加国民党者，均应先行加入。9月，西南联大学生增至三千人。

1940 年　55 岁

是年，西南联大设分校于四川叙永。是年，出任中华教育基金董事会主席、国民政府行政院设计委员会土地组召集人。

1941 年　56 岁

3 月，发表专著《书法探源》。7 月，兼任中国红十字会会长，并以此身份视察后方红十字会工作，将所见之兵役状况写成报告，送呈最高军事当局，当局据此将负责役政某要员交付军事法庭判处死刑。8 月 28 日，率领中国访缅团飞赴仰光，参观了炼油厂、锯木厂和碾米厂等，9 月 4 日归国。8 月 31 日，西南联大叙永分校结束。12 月 8 日，太平洋战争爆发。

1942 年　57 岁

10 月 25 日，在重庆《世界学生》发表《蔡孑民先生的精神》。12 月 5 日，出席在加拿大举行的太平洋学会国际会议，当选为副主席。

1943 年　58 岁

10 月 6 日，在重庆道门口银行进修礼堂参加穆藕初追悼会，主祭并宣读祭文，冯玉祥、黄炎培、江问渔、杜月笙、吴蕴初、董必武、章乃器等数百人参加。12 月 23 日，致信胡适，请其在美代为处理回忆录《东土西潮》（*Tides From West*，后定名为《西潮》）出版事宜。

1944 年　59 岁

12 月 17 日，与张伯苓等联名宣言，要求盟国修改战略，立刻采取有效军事行动。12 月 25 日，晨，与钱端升、张君劢、宁恩承、杨云竹、吴文藻、邵玉麟等飞抵美国，出席太平洋学会国际会议，任中国代表团首席代表，兼任该会中国分会会长。

1945 年　60 岁

1 月 6 日，在美出席太平洋学会第九次会议，会议主题为：战后如何处置日本？5 月，在中国国民党第七次全国代表大会上被选为中央监察委员。5 月 31 日，国民政府行政院改组，宋子文任院长。6 月 25 日，出任行政院秘书长。8 月 14 日，日本正式投降。

1946 年　61 岁

3 月 11 日，晏阳初在华盛顿拜会美国总统杜鲁门，商谈中国农村复兴问题。5 月 5 日，国民政府还都南京。8 月 27 日下午，出席北大欢送会。席间，胡适劝其早日脱离行政院，仍回北大当校长。11 月 16 日，复函首都高等法院，证明华北沦陷时，确曾派周作人、孟森、冯祖荀、马裕藻保管北大校产。

1947 年 62 岁

3 月 1 日，宋子文内阁倒台，随之辞去行政院秘书长。3 月 16 日，与胡适在家长谈，劝趁着此次退出政治，重回北大执掌校务。4 月 18 日，出任国民政府委员。4 月，美国援华法案特别设置"晏阳初条款"，批准设置"中国农村复兴联合委员会"。10 月，赴伦敦出席太平洋学会国际会议。10 月 18 日，晚，与胡适、陈雪屏在寓所谈话，胡适依然力劝回北大接任校长，仍未允。是年，《西潮》英文版由美国耶鲁大学出版社出版。

1948 年 63 岁

3 月 19 日，美国众议院外交委员会通过杜鲁门总统提出的援助中国的建议，授权国务卿商议同中国政府组织以联合委员会管理中国农村复兴与建设。8 月 5 日，美国政府与国民政府同意联合成立"中国农村复兴联合委员会"，简称"农复会"。8 月 11 日，国民政府行政院通过以蒋梦麟、晏阳初、沈宗翰为中国农村复兴委员会中方委员；两位美方委员为穆懿尔（R. T. Moyer）、贝克（J. E. Baker）。11 月 1 日，农复会在南京成立，接受中美五委员互选结果，出任主任委员，晏阳初为执行长。旋与沈宗翰等分赴各地考察，决定先积极增加农作物生产，改革阻碍生产的租佃制度等不利因素。12 月 4 日，农复会随国民政府迁往广州。是年，兼国民政府顾问、戡乱建国动员委员会委员。

1949 年 64 岁

2 月，在台北会见省政府主席陈诚，洽商筹设农复会台北办事处。8 月，农复会由广州迁台北。10 月 3 日，乘包机离开成都飞香港。10 月 9 日，农复会在台湾开始工作。

1950 年 65 岁

2 月 10 日，主持召开农复会会议商讨两大问题：第一，万一局势危急时，农复会同仁如何从台湾撤退？第二，尽量裁减农复会职员，以减少撤退时困难。2 月 16 日，农复会改组土地、水利等七个组。不久，飞美国。6 月 25 日，朝鲜战争爆发。8 月初，自美返台。

1951 年 66 岁

7 月，发表《土地问题与人口》。

1952 年 67 岁

7 月 25 日，发表《为什么要限田？限田以后怎么办？》。8 月，发表

《台湾三五七减租成功的因素及限田政策实施的几个问题》。

1953 年　68 岁

5 月 13 日，农复会划拨台湾省政府新台币一千万元，资助实施耕者有其田。

1954 年　69 岁

2 月 28 日，晚七时，在台北家中宴请刚从美国归来的胡适。5 月，《孟邻文存》由台北正中书局出版。

1955 年　70 岁

5 月 12 日，发表《四健会与农村建设》。7 月 7 日，石门水库开工。是年，任台湾政府经济委员会委员。

1956 年　71 岁

1 月 27 日，71 岁生日，蒋介石亲临致贺。2 月 8 日，农复会贷款一千万协助台湾农民增产。2 月 29 日，农复会贷款五百万元，选定台湾 12 乡镇示范农贷。7 月 7 日，石门水库二期开工。是年，接受教育部颁布的"当代儒宗"匾。

1957 年　72 岁

10 月 2 日，发表《谈谈台湾的人口问题》。

1958 年　73 岁

5 月，夫人陶曾谷病逝。8 月 5 日，兼任石门水库建设委员会主任委员。8 月 31 日，在马尼拉接受麦赛赛奖，获奖颂辞是："服务是以谋取大众福利，而不是以取得个人报酬为尺度的。"

1959 年　74 岁

4 月 13 日，发表《让我们面对日益迫切的台湾人口问题》，提倡节育，力推家庭计划。12 月，《西潮》中文本在台湾出版。

1960 年　75 岁

2 月初，春节过后某日，由媒人介绍与杨杰将军前妻徐贤乐认识，很快开始交往，感情迅速升温。2 月 5 日，晚，与胡适、张群、王世杰等参加陈诚主持的会议，讨论修宪以及总统选举等。5 月 4 日，下午，在台北出席北大同学会五四纪念会，在演讲中强调中国百年来的大问题，就是富国强民。五四是一个新文化、新思潮运动，是要使民主和科学发展到广大的民间去。胡适、朱家骅、罗家伦、毛子水、劳榦、姚从吾、董作宾、罗敦伟等出席。12 月 16 日，石门水库开始导水。

1961 年　76 岁

1 月，宣布将与徐贤乐结婚。这一消息在亲友中引起了两种不同的看法，一种反对再婚；另一种赞成。而北大同学会师友几乎都不太赞成结婚，更反对与徐贤乐结婚。胡适本来是赞成结婚的，但因反对力量太强，一个礼拜后，也不赞成了。6 月 18 日，写来一封长信，陈述反对的理由。挚友章元羲曾当面提出三点建议：一，续弦的目的是要找个老伴，对方不能太年轻；二，未来的蒋太太不能太奢侈，因为你的积蓄有限；三，未来的蒋太太要爱护整个农复会，如果只爱你一人，农复会的同事便一定会感到失望而渐渐地离开你。6 月 19 日，下午，与陈诚晤面，就再婚事谈了不少。6 月 20 日，一大早，再见陈诚，再谈再婚。7 月 11 日，去医院看望住院的胡适，有放弃再婚的意思。然几天后，7 月 17 日，下午，正式告诉陈诚太太，说婚礼定于明天中午在陈家举行。7 月 18 日，在台北临沂街 59 巷 18 号陈府与徐贤乐举行婚礼，之后新婚夫妇去台湾中部度蜜月。

1962 年　77 岁

6 月，《过渡时代之思想与教育》由台湾世界书局再版，列为《蒋梦麟先生全集》之一。12 月 6 日，因不慎跌断腿骨，入台北荣民总医院施手术。

1963 年　78 岁

1 月 19 日，徐贤乐将自己原在蒋家户口迁出，行李亦搬离。1 月 23 日，经由律师致信徐贤乐，决定分居，每月支付新台币三千元，但徐拒绝，后协约离婚。8 月 11 日，石门水库开始放水，受益地区达一万五千公顷。

1964 年　79 岁

6 月 10 日，入住荣民总医院。6 月 17 日，蒋介石夫妇来医院探望。6 月 19 日，零时 28 分，因肝癌病逝于台北荣民总医院。6 月 23 日，葬于阳明山公墓，与前妻陶曾谷女士合葬。

图书在版编目（CIP）数据

蒋梦麟卷/马勇，黄令坦编. —北京：中国人民大学出版社，2018.7
ISBN 978-7-300-22863-1

Ⅰ.①蒋⋯　Ⅱ.①马⋯②黄⋯　Ⅲ.①蒋梦麟-教育思想-思想评论　Ⅳ.①G40 -
092.6

中国版本图书馆 CIP 数据核字（2016）第 099451 号

蒋梦麟卷
马勇　黄令坦　编
Jiang Menglin Juan

出版发行	中国人民大学出版社
社　　址	北京中关村大街 31 号　　　　　　**邮政编码**　100080
电　　话	010 - 62511242（总编室）　　　010 - 62511770（质管部）
	010 - 82501766（邮购部）　　　010 - 62514148（门市部）
	010 - 62515195（发行公司）　　010 - 62515275（盗版举报）
网　　址	http://www.crup.com.cn
经　　销	新华书店
印　　刷	涿州市星河印刷有限公司
开　　本	720 mm×1000 mm　1/16　　**版　次**　2018 年 7 月第 1 版
印　　张	27.5 插页 1　　　　　　　　　**印　次**　2024 年 7 月第 2 次印刷
字　　数	446 000　　　　　　　　　　　**定　价**　128.00 元